全国高等学校外语教师丛书

U0625965

英语文体学
重点问题研究

张德禄　贾晓庆　雷茜　著

Major Issues in
English Stylistics

外语教学与研究出版社
FOREIGN LANGUAGE TEACHING AND RESEARCH PRESS
北京 BEIJING

图书在版编目 (CIP) 数据

英语文体学重点问题研究 / 张德禄，贾晓庆，雷茜著. — 北京：外语教学与研究出版社，2015.1 (2016.3 重印)
（全国高等学校外语教师丛书. 理论指导系列）
ISBN 978−7−5135−5564−7

Ⅰ. ①英… Ⅱ. ①张… ②贾… ③雷… Ⅲ. ①英语−文体论−教学研究−高等学校 Ⅳ. ①H315

中国版本图书馆 CIP 数据核字 (2015) 第 027461 号

出 版 人　蔡剑峰
项目负责　解碧琰
责任编辑　毕　争　解碧琰　董一书
装帧设计　外研社设计部
出版发行　外语教学与研究出版社
社　　址　北京市西三环北路 19 号（100089）
网　　址　http://www.fltrp.com
印　　刷　北京京华虎彩印刷有限公司
开　　本　650×980　1/16
印　　张　22
版　　次　2015 年 3 月第 1 版　2016 年 3 月第 4 次印刷
书　　号　ISBN 978-7-5135-5564-7
定　　价　56.90 元

购书咨询：（010）88819926　电子邮箱：club@fltrp.com
外研书店：https://waiyants.tmall.com
凡印刷、装订质量问题，请联系我社印制部
联系电话：（010）61207896　电子邮箱：zhijian@fltrp.com
凡侵权、盗版书籍线索，请联系我社法律事务部
举报电话：（010）88817519　电子邮箱：banquan@fltrp.com
法律顾问：立方律师事务所　刘旭东律师
　　　　　中咨律师事务所　殷　斌律师
物料号：255640001

目　录

总　序

　　"全国高等学校外语教师丛书"是外语教学与研究出版社高等英语教育出版分社近期精心策划、隆重推出的系列丛书，包含理论指导、科研方法和教学研究三个子系列。本套丛书既包括学界专家精心挑选的国外引进著作，又有特邀国内学者执笔完成的"命题作文"。作为开放的系列丛书，该丛书还将根据外语教学与科研的发展不断增加新的专题，以便教师研修与提高。

　　笔者有幸参与了这套系列丛书的策划工作。在策划过程中，我们分析了高校英语教师面临的困难与挑战，考察了一线教师的需求，最终确立这套丛书选题的指导思想为：想外语教师所想，急外语教师所急，顺应广大教师的发展需求；确立这套丛书的写作特色为：突出科学性、可读性和操作性，做到举重若轻，条理清晰，例证丰富，深入浅出。

　　第一个子系列是"理论指导"。该系列力图为教师提供某学科或某领域的研究概貌，期盼读者能用较短的时间了解某领域的核心知识点与前沿研究课题。以《二语习得重点问题研究》一书为例。该书不求面面俱到，只求抓住二语习得研究领域中的热点、要点和富有争议的问题，动态展开叙述。每一章的写作以不同意见的争辩为出发点，对取向相左的理论、实证研究结果差异进行分析、梳理和评述，最后介绍或者展望国内外的最新发展趋势。全书阐述清晰，深入浅出，易读易懂。再比如《认知语言学与二语教学》一书，全书分为理论篇、教学篇与研究篇三个部分。理论篇阐述认知语言学视角下的语言观、教学观与学习观，以及与二语教学相关的认知语言学中的主要概念与理论；教学篇选用认知语言学领域比较成熟的理论，探讨应用到中国英语教学实践的可能性；教学研究篇包括国内外将认知语言学理论应用到教学实践中的研究综述、研究方法介绍以及对未来研究的展望。

　　第二个子系列是"科研方法"。该系列介绍了多种研究方法，通常是一本书介绍一种方法，例如问卷调查、个案研究、行动研究、有声思维、语料库研究、微变化研究和启动研究等。也有的书涉及多种方法，综合描述量化研究或者质化研究，例如：《应用语言学中的质性研究与分析》、《应用语言学中的量化研究与分析》和《第二语言研究中的数据收集方法》等。凡入选本系列丛书的著作人，无论是国外著者还是国内著者，均有高度的读者意识，乐于为一线教师开展教学科研服务，力求做到帮助读者"排忧解难"。例如，澳大利亚安妮·伯恩斯教授撰写的《英语教学中的行动研究方法》一书，从一线教师的视角，讨论行动研究的各个环节，每章均有"反思时刻"、"行动时刻"等新颖形式设计。同时，全书运用了丰富例证来解释理论概念，便于读者理解、思考和消化所读内容。凡是应邀撰写研究方法系列的中国著作人均有博士学位，并对自己阐述的研究方法有着丰富的实践经验。他们有的运用了书中的研究方法完成了硕士、博士论文，有的是采用书中的研究方法从事着重大科研项目。以秦晓晴教授撰写的《外语教学问卷调查法》一书为例，该书著者将系统性与实用性有机结合，根据实施问卷调查法的流程，系统地介绍了问卷调查研究中问题的提出、问卷项目设计、问卷试测、问卷实施、问卷整理及数据准备、问卷评价以及问卷数据汇总及统计分析方法选择等环节。书中各个环节的描述都配有易于理解的研究实例。

第三个子系列是"教学研究"。该系列与前两个系列相比，有两点显著不同：第一，本系列侧重同步培养教师的教学能力与教学研究能力；第二，本系列所有著作的撰稿人主要为中国学者。有些著者虽然目前在海外工作和生活，但他们出国前曾在国内高校任教，也经常回国参与国内的教学与研究工作。本系列包括《英语听力教学与研究》、《英语写作教学与研究》、《英语阅读教学与研究》、《英语口语教学与研究》、《口译教学与研究》等。以《英语听力教学与研究》一书为例，著者王艳博士拥有十多年的听力教学经验，同时听力教学研究又是她博士论文的选题领域。《英语听力教学与研究》一书，浓缩了她多年来听力教学与听力教学研究的宝贵经验。全书分为两部分：教学篇与研究篇。教学篇中涉及了听力教学的各个重要环节以及学生在听力学习中可能碰到的困难与应对的办法，所选用的案例均来自著者课堂教学的真实活动。研究篇中既有著者的听力教学研究案例，也有著者从国内外文献中筛选出的符合中国国情的听力教学研究案例，综合在一起加以分析阐述。

教育大计，教师为本。"全国高等学校外语教师丛书"内容全面，出版及时，必将成为高校教师提升自我教学能力、研究能力与合作能力的良师益友。

　笔者相信本套丛书的出版对高校外语教师个人专业能力的提高，对教师队伍整体素质的提高，必将起到积极的推动作用。

文秋芳

北京外国语大学中国外语教育研究中心

2011 年 7 月 3 日

前　言

　　2013年伊始即收到外语教学与研究出版社邀我写一部《英语文体学重点问题研究》的信函，并发来文秋芳教授的《二语习得重点问题研究》的前言作为样本，我感到十分高兴。文体学是一个以研究目标为驱动的、开放性的学科。一方面它的研究目标，从宏观上讲，比较明确，探讨文学及其他体裁语篇的文体特色；另一方面，它没有自己固定的理论基础，而是博采各种语言学、文学及其他相关学科理论的精华。文体学的多学科性、跨学科性，加之只研究文学文体，还是研究包括文学在内的所有体裁语篇的文体等争议性因素，使得文体学研究呈现学派林立、百家争鸣的局面。这样，研究文体学中的重点问题便成为一个有意义的选题，可以达到"纲举目张"的效果。

　　文体学研究在西方可以追溯到2500年前古希腊时期的论辩术，然而，直到19世纪中叶文体学才作为一个术语出现（Enkvist et al., 1964）。20世纪60年代，随着语言学文体学的诞生，文体学独立的学科地位才得以正式确立。然而，学界对文体学在诸多领域仍存有争议，如文体概念的范围和定义、文体效应产生的机理等。同时，对于文体学应该重点研究什么，不同的理论流派和不同研究领域的学者持有不同观点：如文体学是重点研究文学，还是研究包括文学在内的所有体裁的语篇；统计学、语料库语言学、心理实验等在文体学研究中，特别是在文学文体学研究中到底有没有作用，占据着什么位置；文体特征是表现为共性特征，还是特殊特征；文体学研究是局限于研究语言文体，还是研究包括语言和其他模态整合协同形成的多模态语篇的文体等。本书主要探讨英语文体学中上述几个重点研究领域。

　　本书共分为九章，分别探讨文体学研究中九个方面的重要问题。

　　第一章为理论溯源，论述文体学和修辞学之间的关系。实际上，在古希腊时期，并没有文体学这个概念，与文体学相关的概念是修辞学，探讨如何运用修辞手段来更加有效地进行演讲和辩论，把对方辩倒，文体学研究只是其中一个重要方面。本章重点探讨修辞学在两千多年里如何发展，如何在20世纪初发展出文体学学科，以及修辞学与文体学之间有什么联系和区别，两者又各有什么作用。

第二章为概念定义，探讨文体和文体学的定义以及文体学的研究范围。文体学研究在西方虽然可以追溯到古希腊时期，但直到 19 世纪才正式启用文体学（stylistics）这个概念。而且，由于其研究重点不断转移，即使是在采用了文体学这个术语后，学界仍然存在许多争议，如针对文体特征是共性特征还是特殊特征的辩论：一方面，文体表示的是某个语篇所表现出来的特点和产生的效应，所以，它本质上是特殊的，是某个语篇所特有的；另一方面，文体研究的基本目标是探讨规律和规则，因此，文体具有所有语篇或者某个类型的语篇所具有的共性特征。本章首先梳理前人对文体学和文体概念定义的研究，并通过对前人研究的归纳和对文体学研究目标的思考，论证文体学研究的范围和本质。

第三章探讨文体效果产生的方式和机理。最早的研究认为，文体效应是通过偏离常规形成的，如亚里士多德在《诗学》中就提出"偏离常规用途的非熟悉化"可提高效果；Shklovskij（1965）则提出了"非熟悉化"、"陌生化"等概念来描述产生文体的机制；布拉格学派的 Havranek 提出了"前景化"概念，认为文体效果是违反语言常规形成的；功能文体学的创始人 Halliday 重新解释了"前景化"概念，区分了突出和前景化，认为突出是形式上的，需要在合适的语境中才能前景化，文体是"有理据的突出"；认知文体学则从认知的角度探讨文体产生的机理，认为文体是作者或者人物独特的认知方式和情感反应。本章的重点是论述不同观点产生的理据和根源，探讨文体效应产生的根本机理。

第四章重点探讨文体学的研究方法。文体学的发展促使文学研究由依赖直觉向科学化发展。文体学研究在开始阶段主要采用定性的实证研究方法，对文本进行分析，得出数据，解释其文体效应；后来，随着语料库语言学的发展，定量分析和语料库分析方法开始用在文体学研究中，但这些方法是否合适学界仍然存在很大争议。本章将探讨定量、定性分析方法以及实验研究方法等在文体学研究中适用的领域，以及它们各自对文体学研究的贡献和其局限性。

第五章讨论如何从不同的角度来探讨语篇的文体。在现代文体学中，早期研究文体的主要是形式主义语言学家，他们用分析语篇中词汇和句法结构的分布和数量等形式来探讨语篇的文体，但遭到文学批评家的强烈反对。文学批评家认为，文学的文体效应不是通过语法结构和数量产生的。后来功能主义发展起来，从语境和功能的角度探讨语篇的文体，提高了分析的解释力。近来，随着认知语言学的发展，以认知科学为基础的认知文体学发展起来。本章探讨从以上三个角度进行文体研究的现状、区别和各自的优势、不足等。

第六章探讨文体学研究对象之一：文学文体学。文体学开始于文学研究，是语言学在文学研究领域的应用，但后来文体学研究的对象开始扩大到其他研究领域，如法律、媒体、商务、科技、会话等。然而，在文体学研究的对象中，文学始终占据主要地位。本章首先对文学文体学的多义性进行辨析，包括其与语言学文体学、社会历史／文化文体学和非文学文体学，即实用文体学的关系；接着重点探讨各体裁文学文体学（包括诗歌、小说和戏剧三大类）；最后探讨了文学文体学的发展趋势。

第七章探讨文体学的另一个研究对象：实用文体学，包括法律文体、新闻文体、会话文体、科技文体等文体学研究。在 20 世纪 80 年代，文体学研究开始从文学研究延伸到非文学研究领域，即把文体学研究的理论框架和分析方法应用于分析非文学体裁，研究这类语篇具有什么特征，是否实现了它们的功能，以及在实现这些功能的时候表现出什么文体特点。本章不能穷尽所有领域不同体裁语篇的文体研究，所以只能选择其中几个主要的、与人类的社会生活密切相关的领域示例说明。

第八章探讨文体学与叙事学的交叉学科：叙事文体学。尽管叙事学和文体学都研究形式，但是发源于结构主义的叙事学主要研究叙事作品中的宏观技巧；现代文体学主要是细察语言特征。本章探讨如何在分析文学作品时将叙事学和文体学结合起来，对文学作品的形式特征作出更全面的分析，对其主题意义作出更深入的阐释。

第九章探讨文体学的新发展，即多模态文体学理论及其合理性和研究方法。随着多模态话语分析理论的发展，交际变得越来越多模态化，因此，文体学研究也应该能够适应这种新形势的发展，把文体学理论扩展到多模态语篇文体的研究上。实际上，文体学很早就把语言和其他模态联系起来了：前景化理论是布拉格学派从绘画等艺术领域借用的；而语言学理论则被巴黎学派应用于绘画、摄影、戏剧、电影等领域。本章探讨多模态文体学的理论框架和特点，以及如何将其应用于多模态语篇文体的分析中等。

　　本书的作者有三人，其中张德禄负责第一、二章全部和第七章主要部分以及前言、目录、文体学术语汉英对照表的编写工作以及全书的统稿工作；贾晓庆负责第三、五、八章全部以及第六章主要部分的编写工作；雷茜负责第四、九章全部和第六、七章部分内容的编写工作。

　　本书的出版将有利于文体学领域的新手认识文体学所涉及的主要理论和方法，将有利于本研究领域的学者及时把握最新的学科动态，将有助于研究人员在阅读过程中辨明理据，寻找焦点，确定选题。

　　由于时间紧张，还没有时间对此进行更加深入的研究，还需要通过对语篇的文体的分析和论证来得出合理的、有效的结论。

张德禄

同济大学外国语学院

2014 年 5 月 10 日

第一章　理论溯源：文体学与修辞学

1.1　引言

　　西方的文体学研究实际上始于修辞学研究。西方修辞学在两千多年前就已经成形，而文体学研究则是 20 世纪初开始的，两者相差两千多年。虽然从两千多年前一直到 20 世纪初都是只有修辞学，没有文体学这个名称，但在修辞学研究中，语言的文体始终是主要研究对象之一。

　　虽然修辞学和文体学具有这样的渊源关系，而且它们的研究对象也具有重叠性和相似性，但关于二者之间的关系却一直没有明确的界定和定义。所以，在研究文体学时对修辞学的研究历史进行梳理，以便理清两者之间的确切关系显然是文体学的重点研究问题之一。

　　在本研究中还有一个问题需要说清楚。本书的研究对象是英语文体学，而我们在讨论文体学的产生和发展时所说的"文体学"则是指西方文体学。如果从修辞学的产生和发展开始算，西方文体学可以算是包括英语文体学在内的所有语言的文体学研究的鼻祖，所以，在探讨英语文体学时，如果不探讨西方文体学的发展，则英语文体学就成为无源之水、无本之木，难以进行比较深入的探讨。因此，本章要首先探讨西方修辞学的产生和发展，然后探讨西方文体学的产生和发展，最后回到本书研究的重点上——探讨英语文体学的产生和发展。

　　在现代，虽然英语文体学来源于西方修辞学，但英语文体学却基本上能够代表西方文体学，因为在 20 世纪，特别是 20 世纪末 21 世纪初，西方文体学基本上就是指英语文体学。在西方文体学产生的初期阶段，索绪尔（Ferdinand de Saussure）的学生 Charles Bally 借用索绪尔的结构主义语言学反思传统修辞学，力图将文体学作为语言学的一个分支建立起来，为文体分析更为科学化和系统化作出了突出贡献。德国文体学家 Leo Spitzer 被普遍尊为（文学）文体学之父，在文体学理论的建构和研究方法上作出了贡献。20 世纪 50 年代，俄国形式主义、布拉格学派和法国结构主义等均对文体学的发展作出了贡献。但在这期间和其后的时间里，英美国家的文体学专家异军突起，逐渐占据了文体学研究的主流（见申丹，2000）。

1.2 西方修辞学和西方文体学的历史渊源

在古代西方，大约公元前 700 年前，修辞学诞生了。可以说，西方修辞学的诞生是当时对修辞的重视的结果。"传统上把修辞学的缔造者归之于在今意大利南部西西里岛上锡拉丘斯的柯腊克斯（Corax of Syracuse，公元前 476 年）"（胡壮麟，1997）。但修辞学研究和实践最活跃的时期则是在公元前 700 年左右的古希腊时期。

古希腊文明是世界古典文明中一颗璀璨的明珠。在这个文明中，古希腊人在文学、艺术、哲学、史学、科学技术等方面都创造了辉煌的成就，对于后世，特别是欧洲的历史产生了极其深远的影响。古希腊文明形成的原因可以从经济和政治两个角度来看。从经济上讲，古希腊的奴隶制经济出现了前所未有的繁荣，一方面为古希腊文明奠定了物质基础，也在经济上解放了古希腊民众的思想和精神。从政治上讲，古希腊统治者采用奴隶民主制度，让民众有一定的自由，尊重民众的独立人格，让民众有发表自己意见和见解的环境；民众可以享受到充分的民主，每个公民都像是国家的主人，参与政事、发表政见或直接担当起国家重任；人们都能够探索世界的秘密，发挥自己的聪明才智，提出关于世界本源的各种见解，并就一些哲学、文学、科学等方面的问题进行辩论，通过辩论去追求真理，从而出现了百花齐放、百家争鸣的局面，形成了希腊文明的兴盛。在这个过程中，以修辞为核心的雄辩术产生了巨大的作用。

古希腊人可以在关系到他们生活和国家命运的许多领域进行辩论，但在三个主要领域的辩论最为兴盛，包括政治、法律和宣德（胡曙中，1993：10）。例如，"因财产引起的纷争在西西里时有发生，希腊哲学家 Empedocle 等雄辩术教师（rhéteur）便在该岛的锡拉丘斯教授用于法庭辩论的雄辩术"（王文融，1984）。

后来，雄辩术传入雅典，人们开始在那里创立培养演说家的修辞学校。公元前 2 世纪以后，古罗马也开设了许多修辞学校，向贵族奴隶主阶级的子弟传授演说辩论的技巧。这一时期的修辞学论著主要有：公元前 4 世纪古希腊哲学家亚里士多德（Aristotle）的《修辞学》（*On Rhetoric*），公元前 1 世纪古罗马政治家和演说家西塞罗（Cicero）的《论演说家》（*On Oratory and Orators*）和公元 1 世纪古罗马教育家和演说家昆体良（Quintilian）的《演说术原理》（*De causis corruptae eloquentiae*）等（王文融，1984）。

修辞学虽然是由柯腊克斯提出的，但在高吉亚斯（Gorgias）、苏格拉底（Socrates）和柏拉图（Plato）那里得到了提高和发展。高吉亚斯留下来的主要是两部著作：《海伦颂》（*Encomium of Helen*）和《帕拉米提斯》（*Palamites*）。高吉亚斯把修辞艺术看作言语魅力的艺术。用他自己的话说："神幻的力量，通过其魔力，迷惑、劝诱和改变人的灵魂"（胡壮麟，1997）。从这里可以看出，修辞在那个时期主要用于口头的论辩术，致力于通过选择有效的语言来劝诱听话者接受说话者的观点，改变他们自己的思想和灵魂。同时，高吉亚斯也对演讲所涉及的许多方面都有自己的观点，例如，他认为演讲的"题材应当是人类关心的最重要的事，涉及人类最大利益的事"；"修辞家在谈某事时，他理解并知道这位修辞家所用词语的意义"；"修辞家比非专家的劝说力大，但比专家无知（所掌握的知识要少）"；"修辞学对使用好坏的态度是中性的，它不以传授美德为自己的目的"（胡壮麟，1997）。从这个角度讲，高吉亚斯所关心的修辞学是口头演讲的修辞学，不包括现在意义上的书面写作等。苏格拉底也认为，修辞学是有关演讲的知识，是认识如何能够利用这些修辞手段来取得所要求的效果的知识。他把演讲叫作逻各斯（logos），认为它包含四个方面：(1) 一般的说话或谈论；(2) 系统的有组织的说话，如演讲者的连续说话，或讨论；(3) 理性的叙述而不是故事或神话；(4) 提供理由和解释。

当时的修辞术很容易变成诡辩论。苏格拉底当时反对诡辩论者，但不是因为他们传授修辞学，而是由于他们散布一种错误的哲学观点，把自己的能力夸大到可以改进整个人类。也就是说，诡辩论者的修辞术不是以事实和真理为依据，而是为了达到目的可以采用夸大其辞、诱骗等手段。

柏拉图在其《高吉亚斯》（"Gorgias"）一文中，用高吉亚斯与苏格拉底对话的形式论述了他自己的修辞和修辞学观点。他对高吉亚斯的修辞学的某些部分提出了批评，同时，提出了他自己的所谓"真修辞学"的理论。

首先，他认为，一个好的语篇应当具有明确的有机的结构。这就是说，当要阐明一个主题时，要对它作出定义。要作定义，就需要将部分"集中"在一个统一的"型式"中。有了这个单一的型式，还可把它分解成次型式。这是对语篇结构与主题关系作出的规定。

其次，一个真正好的语篇的先决条件应当是产生这个语篇的人了解自己题目的真正价值。这就把演讲的修辞与演讲的内容结合起来了。

第三，对善恶的正确知识是政治家风度的不可或缺的先决条件，但政治家也需要掌握修辞学的技术规则以使公众信服。

第四，一个语篇一旦写成后，可掌握在理解力有强有弱的不同人的手中，很容易被误解。这就需要作者站出来为自己进行解释或辩护。

第五，一个人的人格应当高于他的文学作品。这个观点可看作"文如其人说"或"文体道德论"在西方的最早表述。

但在语言和真理的关系上，他认为，语言至多是对自然的聪明的模仿，对语言的研究不能代替对真理的直接的和立即的探索。语篇的肯定性和清晰性决定于知识，不决定于文体技巧，他否定了思维的特定体现方式的任何价值，似乎真理只与视觉意象有关。他这种观点把语言形式和意义割裂开来，完全否定了形式的作用，从而也否定了修辞的作用。

柯腊克斯、高吉亚斯、苏格拉底和柏拉图都研究的是修辞学，其研究对象主要是演讲，包括政治、法律和艺术等领域，没有提到文体或者文体学，但他们的研究和现在的文体学有千丝万缕的联系，对文体学研究的重点问题进行了解释，如：形式和内容的关系，效果和政治观点与道德的关系问题，体裁和题材问题等。修辞学的研究重点是演讲者如何根据题材和目的选择合适的语言来获取演讲的劝说目的，而文体学则关心所选择出来的这些语言特征是如何在一定的情景中产生相应效应的。

柏拉图的学生亚里士多德（Aristotle）对修辞学作了进一步的研究和发展，研究和总结了修辞学的理论体系，主要内容包括以下几个方面：修辞的体裁类别；修辞的听众心理分析；演讲修辞的步骤等。

1.2.1 修辞的体裁类别

修辞学在古代主要是演讲的艺术，而演讲可以发生在不同的领域、不同的体裁中，而在不同的体裁和领域中，演讲的艺术是不同的。根据亚里士多德的观点来看，演讲主要发生在三个领域中，分别是议政演讲、法律演讲和宣德演讲。这三个领域实际上涵盖了修辞学的整个领域。

开始，修辞学主要发生在演讲体裁中，但后来被推广到文学创作领域，在文学的各种类别中得到运用，产生了有关体裁的理论。在文学写作中，作者首先要选择适于表达自己思想的体裁，如小说、诗歌、故事、寓言等。每种体裁都包含一种本质，并有高雅低下之分。每种体裁也有其相应的表达手段，这些手段决定作家应采用哪些词语、句式、修辞格等等。

1.2.2 修辞的听众心理分析

演讲的对象是听众，而演讲的修辞效果也是在听众中产生的，也只有在听众中才能被发现。演讲者在演讲前和演讲中都要了解和理解听众的好恶、情感、立场等，对听众进行心理分析。亚里士多德认为，人们都在关心和谋求自己的利益，而不同的人对自己的利益是什么和包括哪些方面有不同的认识，因此会对同样的演讲作出不同的反应。鉴于此，亚里士多德分析比较了具有不同年龄、不同政治背景和不同财富的人，发现了大家在心理上的共性特征和由社会地位、政治利益、历史背景决定的特殊的心理特征。他认为，这种方法有助于选择不同的修辞手段来诉诸不同的心理特征。这种分析方法从文体学的角度将演讲者使用的修辞手段与文体效果联系起来。

1.2.3 演讲修辞的步骤

在古希腊，可诉诸的心理特性有多个方面，但亚里士多德把它们分为三个类别：理性诉诸，从逻辑推理和真理方面使听众理性地认识所谈论的主题，从而劝诱听众；情感诉诸，从听众的好恶等方面来劝诱听众；人品诉诸，以人品好、道德高尚的人为榜样来劝诱听众。

这样一来，演讲的修辞便不仅仅是选择合适的表达方式，即合适的语音、词汇和语法来提高修辞效果，而是把整个演讲过程纳入其演讲修辞中，包括五个主要阶段，分别为觅材取材、谋篇布局、文体风格、记忆和演讲技巧。

第一，觅材取材：演讲者在准备阶段根据演讲题目而选择合适的实证材料来提高自己演讲的说服力的手段。演讲首先是诉诸理性，通过摆事实、讲道理来打动听众，这样演讲者就需要用事实和广博的知识，通过逻辑推理来证实自己演讲的合理性。当然，只是诉诸理性还是不够的，还需要诉诸情感、人品和道德来提高演讲的效力，但这些方面也需要以事实和广博的知识为基础。

演讲虽然有一定主题性，但不局限于某一主题，与报告研究成果大不相同，要涉及各个领域的知识，包括哲学、历史、法律、文学、天文等学科。然而，除了要讨论的主题以外，其他学科的知识都是十分模糊的，这也使得修辞学家和他们所掌握的知识之间的关系模糊起来，以至于成为修辞学理论上一个持续已久的主题。

在亚里士多德时代，修辞学被看作是认知的，即是能够产生知识的，并认为所有的语言使用都是以修辞为目的的，即其使用意图是劝说性的，所有话语都受到修辞的制约。这种观点受到当时的诡辩论者的有力辩护，认为所有的知识都要受到情景的制约，视情景而定。诡辩论受到柏拉图的批判和攻击，在修辞学历史上受到贬低，但诡辩论者"修辞是认知"的观点一直是讨论的话题之一。

第二，谋篇布局：觅材取材完成以后，下一步任务便是把演讲以最有效的方式组织起来，在这里，体裁概念成为主要的研究对象。亚里士多德认为，所有的演讲都由引言、问题的提出、论证说理和结尾四个部分组成。这可以说是亚里士多德粗略提出的体裁结构。在演讲的这四个部分中，每个部分都要诉诸用以劝说和劝诱的一种手段，即理性、情感和人品。根据亚里士多德的观点，各个部分的分工为："引言"诉诸情感，诉诸人品；"问题的提出"诉诸理性；"论证说理"诉诸理性；"结尾"诉诸情感，诉诸人品。

西塞罗也对演讲的谋篇布局进行了研究，他认为演讲实际上包括五个部分：引言、问题的提出、问题的叙述、观点的阐释和结尾。各个部分的分工为："引言"诉诸伦理，诉诸情感；"问题的提出"诉诸理性；"问题的叙述"诉诸理性，诉诸情感；"观点的阐释："诉诸理性；"结尾"诉诸伦理，诉诸情感。

这种谋篇布局方法把演讲的功能和目的与演讲的话语结构联系起来了，但诉诸什么手段还需要考虑听众的特点、感受和类型等。

第三，文体风格：选择什么样的文体风格、使选择的语言更加适合于语境也是演讲者要认真考虑的问题。亚里士多德曾经把文体风格看作一种装饰点缀，认为它是一种满足人们感官享受的、低级的人类欲望而对其不屑一顾，但亚里士多德本人却开创了对修辞格的研究，他使修辞研究由四步说或五步说发展成为主要对文体风格，即修辞格的研究。这种现象在古希腊后延续了两千年的时间。

产生这种现象的原因是，选择修辞格被认为是觅材取材的过程。运用修辞格是一个思维过程，可以把演讲内容表现得更容易使听众接受、理解和记忆。同时，寻找合适的修辞格也是一个探索过程，选择比喻、夸张、讽刺等手段可以使表达更加有效，更易于发现新的思想，开阔演讲者的眼界。

诡辩主义者曾经把思想和文体风格联系起来，这种做法遭到了学界的猛烈批评，但后来却成为了修辞学的主要研究内容，而且一直延续至今。即便后来修辞学的研究对象由演讲转变为书面语写作，这种现象仍然延续着。

文体风格是文体学研究的重要对象，因此也研究修辞格的作用，从这一点来看，似乎和修辞学没有什么区别。的确，在研究范围上两者基本是一致的，但修辞学注重的是选择什么样的语言表达手段才能产生相应的修辞效果，而文体学则主要关注语篇中运用了哪些修辞手段，这些手段产生了什么修辞效果，或称文体效应。

第四，记忆：记忆在现代修辞学中似乎是没有地位的，因为现代修辞学大多关注的是书面语的写作，或者演讲稿的准备等。演讲者可以根据现成的稿子来阅读，所以记忆显得不是那么重要。但在古希腊时期，演讲，特别是辩论式演讲在很多情况下是即兴的，而且要根据情况不断调整自己的话语，所以记忆就成为十分关键的因素。

古典修辞学提倡通过可见的形象场景来通过联想把相关事物联系起来，以提高记忆。但柏拉图的要求更高，记忆不仅要与地面上的场景联系起来，还要与天上的场景联系起来，也就是说，还要有想象力，把理想的知识和真正的知识联系起来，这样才能培养出能够接触那些遥远的、超越宇宙的知识的人，即有创造能力的人。

第五，演讲技巧：演讲技巧是实现演讲过程的手段。演讲者应该具有表演能力。这些技巧包括除所选择的语言之外的其他演讲表演技巧，包括语气、手势、面部表情、身体动作等。亚里士多德对于这些非语言手段是鄙视的，其后的昆体良也是如此，但这种非语言手段后来得到了重视，典型代表是 18 世纪的雄辩演讲派和 20 世纪后期发展起来的多模态话语分析理论。

有人认为，修辞学是古代人的文体学，文体学是现代人的修辞学。显然，这种说法无法解释目前修辞学和文体学同行并存的局面。

实际上，尽管修辞学和文体学关系密切，但它们不属于同一个学科。两者之间的关系可以概括为：(1) 两者不属于同一个学科，而是两个独立的学科，所以，仍然可以说研究修辞学不完全是研究文体学，而研究文体学也不完全是研究修辞学。(2) 两者的关系十分密切，在许多方面是相互重叠的，如对体裁、文体风格、修辞格等的研究。(3) 修辞学和文体学各有侧重。修辞学侧重于对演讲之类的话语产出的研究，是对将来要做的事的研究；文体学侧重于对选用的语言特征和修辞手段的研究，是对现在要做的和过去已经做的事的研究。(4) 从历史发展的角度看，文体学属于修辞学的一个重要组成部分。修辞学是对整个话语过程的研究，包括准备阶段和演讲阶段，而文体学则是对话语过程中某些特征的研究，包括对选择的体裁的研究、修辞格效应的研究以及对突出的语言特征的研究。古代修辞学的研究范围远远大于现代修辞学。同时，由于那时没有文体学这一学科，因而对文体的研究也显然归入到修辞学研究中。(5) 从现代的角度讲，虽然文体学派生于修辞学研究，但修辞学仍然作为一个独立的学科存在。它存在的价值就在于文体学和修辞学是从不同的角度来探讨话语的结构特征和意义特征的。现代修辞学一般适用于写作等学科，而现代文体学则适用于对已有的语篇进行分析。两者在一定程度上具有比较明确的分工。

1.3 古典修辞学后修辞学的发展

从亚里士多德的古典修辞学到现代修辞学的诞生，中间经历了中世纪、文艺复兴、启蒙时期几个有代表性的时期。

1.3.1 中世纪

在中世纪（Middle Ages，约 476—1453），修辞学界影响最大的是 Aurelius Augustinus，虽然他实际上还早于这个时期。他在皈依基督教之前是一个诡辩主义学家；皈依基督教后，他的修辞学思想也发生了变化，极其厌恶诡辩主义思想，还写下了著名的《忏悔录》（Confessions）。他把修辞学看作劝说的一种方法，而不是一种表现人的思想和经历的方法，从而从作用上把修辞学的研究范围缩小到劝说这个范围内。但不难看出，他对修辞学的研究主要集中在讲经布道上，如同将修辞用于演讲一样，具有目的性。同时，他抛弃了诡辩主义者把研究范围局限于文体风格上的做法，像古典修辞学家那样从多个方面来对修辞学进行研究。从这个角度来看，他扩大了修辞学的研究范围，即把说明、描述和论说等包括在修辞学之内。

与此同时，在中世纪，还活跃着一批诡辩主义者。他们使用华而不实的、浮华的表现手段，所以，尽管他们的名声很大，但对修辞学没有作出新的贡献。同时代的还有其他一些修辞学家，但他们都集中对古典修辞学进行翻译和阐释，没有对修辞学发展作出任何贡献。

1.3.2 文艺复兴时期

文艺复兴时期（The Renaissance，14—17 世纪）是修辞学发展比较活跃的时期，有三个流派发展成形：(1) 传统派，以古典修辞学的"五艺说"为研究内容，研究范围广泛；(2) 拉米斯派（Ramus School），只把文体风格和演讲技巧作为修辞学的研究对象，而把觅材取材和谋篇布局划归为逻辑学；(3) 修辞手段派，只研究修辞格和比喻等修辞手段，其他不作为修辞学的研究对象。

虽然该时期有三个学派研究修辞学，但真正占据主导地位的是拉米斯学派。该学派把文体风格和演讲技巧作为主要研究对象，其主要代表人物是Petrus Ramus，主要在修辞学中研究文体风格、记忆和演讲技巧。这个时期也产生了一批学术著作，如Sherry（2012）的《论构式和转义》（*A Treatise of Schemes and Tropes*）等，都是对修辞格的研究；Fenner（1584/1966）的《逻辑学和修辞学的艺术》（"The artes of logike and rhetorike"），则把五艺说的研究内容划分为逻辑学和修辞学。同时，在这个时期还有两部英语著作，分别是Cox（2009）的《修辞学艺术和技巧》（*Arte or Crafte of Rhetoryke*）和Wilson（2009）的《修辞学艺术》（*Arte of Rhetorique*）。

在这个阶段，英语修辞学开始在西方修辞学中登场亮相，并发挥其作用。16世纪，Erasmus和Vives在英国的课程设置中加进了修辞学的内容，推动了修辞学在英国的发展。修辞学成为当时英国都铎王时期（Tudor Dynasty，1485—1603）文法学校和大学的主要课程之一。当时占统治地位的是西塞罗和昆体良等拉丁修辞学家的理论，然而，由于英国地位的不断上升，他们开始编写英语教科书，用英语来教学生们有关演讲和写作的理论。

Cox成为英国第一个编写修辞学教材的学者。他的《修辞学艺术和技巧》一书基本上还是按传统方法编写的，主要探讨觅材取材。而Sherry的《论构式和转义》则重点研究辞格和比喻，是英国第一本英语教材。一开始，英语写的教材还不能与拉丁语写的教材竞争，但随着英语新教材的不断出现，英语教材逐渐地替代了外语教材。

第一本在英国得到广泛承认的修辞学著作是Wilson的《修辞学艺术》。他仍然以五艺说作为基础进行研究，但他广采博引了许多经典的学说，同时，他还穿插加入自己的评述、阐释和例证，英文的行文风格流畅、引人入胜。

在研究演讲的劝说能力的同时，英国人还把修辞学的研究范围扩展到写作中，例如，Day（1599）的《英语秘书学》（*The English Secretary*）用修辞学理论探讨了写作的修辞。他把书信分为四个类别：论证性书信、商议性书信、司法性书信和通俗性书信，分别探讨了它们的写作方式，并同时探讨了书信中的修辞手段。

与此同时，Puttenham（1970）把修辞学的研究范围扩大到文学领域，出版了专著《英语诗歌的艺术》（*The Arte of English Poesie*）。这部著作仍然是以辞格为主要研究对象，但研究的是诗歌中运用的辞格，并且把这些辞格根据对人的不同感官的刺激，划分为不同的类别。

- 听觉辞格：以语音为媒介的辞格（如声响、节拍、重音、语调等）；
- 感觉辞格：以感官发生变化来刺激听话者的感官，产生修辞效果；
- 说教辞格：既对听觉，又对大脑产生刺激的修辞格。

他研究了英语诗歌中所涉及的大多数修辞格。另外，他还用英语命名了所有原来以希腊语和拉丁语命名的辞格。后来，又有许多新的修辞学著作面世，推动了修辞学的进一步发展。

1.3.3 启蒙时期

启蒙时代或启蒙运动（Age of Enlightenment），又称理性时代（Age of Reason，17—18 世纪），是指在 17 世纪到 18 世纪欧美地区发生的一场知识及文化运动，该运动相信理性发展知识可以解决人类存在的基本问题。

17 世纪初，受拉米斯学派的影响，修辞学的研究范围仍然局限于文体风格和演讲技巧，但随着实验科学和归纳性逻辑学的发展，逻辑学与修辞学的界限不那么明显了，西塞罗派占据上风，"五艺说"重新归入修辞学，成为修辞学研究的基础，并贯穿于整个 17 和 18 世纪。在这个阶段，传统修辞学与美文学、历史、诗歌和文学评论结合起来。这一趋势一直延续到 19 世纪。

与此同时，培根（Francis Bacon,1561—1626）把人的大脑的作用分为"记忆、想象、理性、爱好和意图"，发展了他的心理学理论。他的这些理论被应用到修辞学中，形成了比较完整的心理学和认识论理论，诉诸人的智能来达到劝说的目的。

另有三位修辞学家试图对古典修辞学重新进行解释、阐述和扩展。第一位为 George Campbell，他在《修辞哲学》（*The Philosophy of Rhetoric*）（Richards & Campbell, 1965）一书中对修辞学进行了重新定义，即"话语用来达到适合其目的的艺术或能力"；修辞学可用于四种目的：启迪理解、满足想象力、移情和影响意愿。第二位为 Blair（2005），在《修辞学与美文学讲座》（*Lectures on*

Rhetoric and Belles Lettres）（Downey, 1993）中集中研究觅材取材之外的几艺，提出了以鉴赏标准而不是读者的反应为主要标准的理论，认为有效的修辞必须符合他对鉴赏所规定的标准。第三位是 Whately，他（1964）在《修辞学原理》（*Elements of Rhetoric*）中发展了亚里士多德提出的某些概念，如或然性、举例论证、类别论证等，提出了讲演者的人品只能根据听众的感觉来决定的论断。

到了 19 世纪，美文学和修辞学分家了，修辞学的研究内容被分割到心理学、哲学、文艺批评等学科中。

在英国，由于在中世纪修辞学家广采各个时期的理论，所以各种理论并存，无法形成主导型的理论，因此写作的方式各异。英国人逐渐放弃了意大利文艺复兴时期的人文主义思想，而选择了法国评论家的按照一整套固定的语言使用规则来写作的路子。与此相联系的是一套实用、简洁、朴实的写作文体的产生。这种新的思潮是当时十分流行的科学化思潮的结果，促生了一种"科学"文体，为 18 世纪的文章所具有的那种流畅的口语体的形成奠定了基础，从而也促使对谋篇布局和比喻研究兴趣的减小。

培根虽然没有专门写过修辞学著作，但在论述其他议题的著作中散布的修辞学思想影响很大。首先，他讨论了修辞学理论的发展方向问题。在《学问的进展》（*The Advancement of Learning*）一书中，培根把修辞学看作是将理性运用到想象中，以使听话者感动的一门学问。他还认为，想象受理性的支配，所以话语的形式受内容的支配。他集中探讨了三种文体特点：文体与主题的一致性；简洁文字的使用以及和谐协调的形成。

受培根影响，推崇简洁文体的修辞学家还包括 Thomas Bloont。他在《雄辩的学问》（*The Academy of Eloquence*）一书中提出，优美的文体有四个特点：简洁、清晰、风趣、得体。另一个学者是 John Wilkins，他在论述一个布道辞时说，"最高级的学问应该寓于最朴实之中"，并告诫布道者们不要进行"空洞乏味、华而不实、刻板拘谨的演说"（胡曙中，1993：51）。除此之外，有些英国皇家学会的成员也持有这种观点。

1.3.4 文体学在蛰伏中发展

从古典修辞学到 19 世纪末这两千多年的时间里，修辞学经历了不断"瘦身"的过程。虽然"五艺说"和"文体风格说"在大多数时间内是并存的，但文体风格说一直占据上风。与此同时，修辞学也吸收了心理学、哲学、历史等方面的知识和营养。另外，修辞学的研究对象也从演讲扩展到书面写作、文学批评、书信写作等领域，其作用也从简单的劝说发展到有效地传达内容，即通过劝解、说服等手段达到写作和演讲的目的。

文体风格、修辞手段、比喻等似乎都是文体学研究的内容，所以从这个角度讲，修辞学研究已经渗透到文体学中了。但仔细观察其研究过程，二者仍有一定区别。

修辞学家们把演讲技巧视为"觅材取材"的一个部分，认为它是演讲准备阶段而不是演讲过程中的成分，更与听话者的反应无关；而文体学则研究已经选择的语言和非语言特征在语篇中起什么作用，从而表现出什么特点。但无论如何，文体学的研究内容已经成为修辞学的主要研究内容之一。

如上所述，18 和 19 世纪英语文体的简洁性和直接性特征比较鲜明；培根还集中探讨了三种文体特点：文体与主题的一致性，简洁文字的使用以及和谐协调的形成；Bloont 提出，优美的文体有四个特点：简洁、清晰、风趣、得体；威尔金斯说，"最高级的学问应该寓于最朴实之中"（胡曙中，1993：51）。

1.4 20 世纪的修辞学

20 世纪是文体学正式诞生的时期，也是修辞学重生的时期。虽然修辞学的许多方面被划归到了其他学科，如逻辑学当中，但其他学科也发现了修辞学对它们的重要性，例如哲学和文学批评等学科就认为修辞学能够解决传统的意义理论所提出但不能解决的问题。修辞学中引入了话语概念，把语言视为一种社会行为，把知识看作话语的产物，把思想和力量看作通过话语来扩展其范围的途径，深化和丰富了修辞学理论。

在 20 世纪的修辞学中，语言和意义、伦理和思想、论辩和知识是贯穿修辞学研究的几大主题。但在 20 世纪的前 20 年中，几乎没有修辞学的相关研究，人们只是在教作文时用到修辞学。

两次世界大战期间，修辞学研究由于重视交流和劝说而得到了发展，但仍然受到冷遇。只有 Kenneth Burke 把修辞学和文学联系起来——把文学看作修辞学的一个分支。他出版了《动机语法》（*A Grammar of Motives*, 1945/1969）和《动机修辞学》（*A Rhetoric of Motives*, 1950/1969）两部著作。在书中，他把所有形式的话语都作为修辞分析的对象，并且还创立了有助于揭示话语影响动机的方法和概念。

Odgen 与 Richards（1923）发展了一种研究意义的语境理论，提出了著名的"语义三角"理论来解释意义，并且把修辞学和哲学联系起来，发展了哲学修辞学。Perelman（1984，2001）发展了新修辞学理论。他仍然把修辞学看作论辩和劝说的学科，认为它能够揭示诉诸理性的思想基础，但他还主张人们在使用符号力图实现与他人的合作时，必须将自己与受众"同一"起来。

Toulman（1958/2003）提出了一种使用修辞学的观点，认为知识往往是默契的假设，是所信奉的共同命题和劝说的一种作用，并由此提出了一个分析辩论的、由六个部分组成的论辩框架，它们分别是：事实依据（fact、ground）、权证（warrant）、支持（backing）、辩驳（rebuttal）、修饰（modifier）和断言（claim）；其后，法国哲学家福柯（Michel Foucault）和德里达（Jacques Derrida）的哲学思想也对英语修辞学产生了很大影响。他们的理论属于哲学的范畴，但却是在支持修辞学的观点。哲学是要寻求绝对的真理，而修辞学则寻求人类在具体情境中的特殊的真理，承认或然性和一致性是自然生成的，而不是被发现的。从这一角度来看，福柯和德里达的哲学思想更加支持修辞学的观点。

随着哲学、社会学、人类学、心理学、精神分析学等社会科学的发展，尤其是 20 世纪初以索绪尔为鼻祖的结构主义语言学的产生和发展，人们在传统修辞学的基础上逐步建立起现代文体学。索绪尔提出语言和言语这两个相互对立的概念：语言指的是同一社会团体的人代代相传的符号系统，包括词汇、词法和句法，具有社会性和约定俗成的特点，是一种代码；言语则指个人在某种情况下对语言的使用，是一种信息。现代文体学正是在语言和言语这两个不同的基点上发展起来的。

1.5 文体学的产生与发展

1.5.1 文体学的产生

真正把文体学作为一个学科进行研究的是索绪尔的学生、瑞士语言学家 Charles Bally。他创立了描述文体学，在《文体学概论》（*Linguistique Générale et Linguistique Française*）（1905/1932）和《法语文体学》（*Traite de Stylistique Française*）（1909）这两本书中对文体学的任务、研究对象和方法作了明确的阐述。

Bally 研究的是某一社会集团习用的语言表达方式，而不是个人使用语言的特色，因为他认为后者使用语言是有意识的，因而不能作为科学研究的对象。Bally 的文体学依据是二元论思想，他认为同一思想可以有几种不同的方式，其中一种是中性的、纯概念的，其余则是富于表现力的"变异"方式。Bally 为文体学规定的任务是：首先概括出一种不包含感情内容的，"理智的表达方式"，然后与其相比较，研究各种语言现象的感情内容；也就是说，同义家族中的各个成员，除表示"纯概念"的词语之外，都具有理智或感情上的附加特征。文体学研究的是感情特征，分为两个类别：（1）自然的感情特征或直接文体效果，表现为思想和表达它的语言结构之间存在着自然的联系；（2）联想的感情特征或间接文体效果，即不同性别、年龄、地区、职业、社会阶层、民族、时代、体裁等语言环境中所习用的语言。

1.5.2 文体学的发展

20 世纪 30 年初到 50 年代末是西方文体学的发展期，其总体特点是文学文体学地位的确立。为这一时期文体学发展作出重要贡献的包括德国文体学家 Spitzer、俄国形式主义学派、布拉格学派和英美新批评学派。

Spitzer 着重研究语言中各种表达手段产生的根源，即这些表达手段与其创造者和运用者（个人或集团）之间的关系。Spitzer（1948）认为，作品作为一个整体，其中包含着作者的精神，是构成作品内在凝聚力的要素，是作品的"精神源"，是足以说明与解释作品全部细节的"共同点"。任何细节都可以通过作品的中心的作者精神来解释。我们通过直觉选择作品语言方面的一个特点（或情节、人物、布局等方面的一个特点）作为进入作品的起点。这个特点是偏离习惯用法的特别的表达方式，是个人的文体变异，受作者的精神所制约。同时，同一时代或同一国家的全部作品也有一个"共同点"，一个作者的精神能反映他的民族精神。

把文体学推向新理论高度的是俄国形式主义学派和布拉格学派。俄国形式主义学派研究的对象是文学作品的语言特色，尤其是诗歌语言的特色。他们提出了：(1)"陌生化"（defamiliarization）概念，认为文学语言（特别是诗歌语言）使熟悉的东西变得"陌生"；(2)"突出"（foregrounding）概念，以此揭示了文学语言的本质（Mukařovský，1958）；(3)"语言功能说"，认为语言有六种功能：情感功能（emotive function）、意动功能（conative function）、指称功能（referential function）、元语言功能（multilingual function）、寒暄功能（phatic function）和诗学功能（poetic function）。在不同的情况下，不同的功能起主导作用。在文学语言中，诗学功能起主导作用。文体学研究的对象是文学语言的诗学功能和元语言功能，由此布拉格学派的功能文体学理论逐渐发展形成。

随着西方科学主义的盛行和语言学理论的蓬勃发展，20世纪六七十年代西方现代文体学研究进入发展繁荣期。这一时期的总体特点是研究重点从语言学文体学向文学文体学的转变和文体学的流派纷呈。

到了20世纪60年代，许多语言学家和文学批评家纷纷转向了"文学文体学"研究，研究的主要目的是探讨语言选择如何表现作品的主题意义和艺术效果，这是严格意义上的"文学文体学"。文学文体学家既注重文本，又不排斥作者和读者，也不摒弃对作品背景的了解。文学文体学的研究方法是对作品进行反复阅读，找出与主题意义和美学效果相关的语言特征，然后运用适当的语言学工具进行分析和描写，阐明它们的文学意义。

这一时期的另一个特征就是文体学流派纷呈，主要的文体学流派包括基于结构主义语言学和转换生成语法的形式文体学（formalist stylistics），基于系统功能语言学的功能文体学，以读者研究为中心的感受文体学和以教学为目的的教学文体学等。

1957年乔姆斯基的《句法结构》（*Syntactic Structures*）一书的出版打破了

结构主义垄断的局面。转换生成语法理论也引发了语言学家对文学作品研究的兴趣，Thorne（1970）和 Ohmann（1964）发展了生成文体学理论，认为深层结构是意义的源泉，同一深层结构通过不同的转换规则产生不同的表层结构，这些表层结构的差异就是文体风格的差异。

进入 20 世纪 70 年代，功能文体学得到迅速发展。Halliday（1971）提出语言的功能理论是进行文体研究的较好工具。他区分了语言的三种纯理功能：概念功能，人际功能和语篇功能；然后利用体现概念功能的及物性系统对《继承者》（*The Inheritors*）中的及物性过程的类型、参与者类型和数量、环境成分的类型和数量进行了详细的分析和统计，并揭示了及物性系统选择对小说主题的烘托作用。

20 世纪六七十年代，以读者为中心的感受文体学应运而生，该学派认为，形式分析和功能分析都存在从句法到语义的跳跃。感受文体学家 Fish（1970，1973/1996）认为文体是读者在阅读文本时引发的动态的效果，所以，文体学研究的对象是读者阅读过程中产生的假设、期望和解释性心理过程；此外，他还提出了"明智读者"、"超级读者"（Riffaterre，1959）、"模范读者"（Eco，1979）以及"理想读者"（Iser，1978）等概念，但是这些概念都是把读者概念化成一个整体而不是面对文本的单独读者。在感受文体学理论的基础上发展的文体学后来被 Wales（2001/2011：331）统称为"读者反应批评"（reader's response criticism）。

20 世纪 80 年代和 90 年代是文体学发展的又一个重要时期：话语文体学、批评文体学和女性文体学取得了新的发展。话语文体学的理论基础是语用学理论和篇章语言学理论。话语分析学家更关注自然发生的语言现象，研究话轮转换、语句衔接、话题转移等为完成交际任务而产生的言语方式；而篇章语言学家更多关注书面语段。所以，当话语分析理论被运用于文学文体学研究后，分析的重点仍然是戏剧、小说、诗歌中的人物会话、独白等（Fowler，1989：76-93；Leech & Short，1981；Pratt，1977；Toolan，1990：273）。

话语文体学对社会历史因素和意识形态的关注在 90 年代使文体学家不再把语言看成一种中性载体，而是意识形态的载体，认为语言和文本是意识形态和社会结构的产物，反过来又作用于意识形态和社会结构，所以文体学家的主要任务就是揭示和批判语言中蕴含的意识形态和权力关系（Fairclough，1989，1995，2000；Fowler et al.，1979）。

女性文体学旨在通过语言研究揭示意识形态领域与性别有关的话题；女性文体学家重点揭示语言如何附带意识形态信息，尤其是女性主人公的劣势的社会地位（Burton，1982）。

到了21世纪，认知文体学、语料库文体学、多模态文体学和历史文体学等学科也逐渐发展成形。

1.5.3 20世纪的文体学与修辞学

如果说文体学与修辞学是相同的学科，那么随着文体学的诞生，修辞学应该走向消亡；但实际上，文体学的发展是伴随着修辞学的重生而进行的。这说明，文体学和修辞学并不是完全相同的学科，而是有其独立性，能够单独成为一个学科。

20世纪的修辞学是随着许多相关学科的发展而重生的，如哲学、社会学、人类学、心理学、精神分析学等。然而，修辞学本身的学科基础并没有动摇，它仍然是为了达到交际目标而对整个交际事件的组织和运行。有时候其研究范围涉及整个交际事件，从而具有了"五艺说"以及其后的"变种"的特点；有时候其研究范围只涉及对于组织交际事件具有十分显著效果的部分，如修辞手段和演讲技巧。也就是说，修辞学主要关注讲话者，包括演讲者、作者等在组织语篇、实施交际过程中所采用的措施和手段，因此研究范围包括修辞手段和演讲技巧等。从哲学的角度来看，修辞学研究的是交际过程中交流的信息是绝对真理还是相对真理（即有条件的真理）的问题；从社会学和人类学的角度来看，修辞学研究的是社会文化和具体的情景语境对讲话者组织和实施交际事件的影响；从心理学和心理分析的角度来看，修辞学研究的则是讲话者在组织和实施交际事件时的心理活动及其对交际事件的影响。

文体学从诞生之日起就把讲话者的表达方式作为其主要研究对象，延续的仍然是古典修辞学中文体风格说的内容，主要表现为"绝对真理"、"纯概念"、"精神源"、"共同点"之外的变异形式，即Bally（1905）所说的"自然的感情特征"或"思想和表达它的语言结构之间存在着自然的联系"所形成的文体效果，"联想的感情特征或由不同性别、年龄、地区、职业、社会阶层、民族、时代、体裁等语言环境中所习用的语言"所产生的文体效果，以及 Spitzer（1948）所称的"作品语言方面的特点或情节、人物、布局等方面的特点"。布拉格学派和韩礼德的功能文体学派则把这种文体表达形式专门用"陌生化"、"突出"和"前景化"来突出出来。

文体学重点探讨语言在交际事件中产生的效应这一特性在感受文体学中得到了充分的表达。文体效应虽然是讲话者力图在他的交际话语中实现的，但真正感受这些效应的不是讲话者，而是听话者，包括读者、受众等，因此，Fish（1970）强调"读者反应"的重要性，主张从读者反应中探讨文体的效应。在演讲中强调听话者反应是正确的，因为听众是相对固定的。他认为，虽然古典修辞学没有明确强调"读者反应论"[1]，但他们的演讲效果显然也要从受众的反应上来得到反馈。因此，在文体学研究中提出"读者反应论"是十分自然的。Fish（1970）的"读者反应论"所面临的主要问题是，读者千变万化、类别繁杂，在地区、社会阶层、性别、年龄、时代、个体特性、情感因素等方面都有区别，因而以谁的反应为标准成为一个问题。如果说以"理想读者"为标准，则和以前的以文体学研究者的个人反应为主的研究方法趋同。当然，现在通过数据统计的方法来考察读者的反应，看大多数读者如何反应，或者哪个类别的读者如何反应，从而确定语篇的文体的方法也是可以尝试的。

20 世纪后期至 21 世纪的前十年中，文体学的研究重点开始转移到语篇在交际事件中所产生的效应上，实际上与"读者反应论"具有相似的特点。例如，批评话语分析、批评文体学、女性主义文体学等都不是把语言本身的特点作为主要的研究对象，而是利用这些特征作为手段来探讨语篇在语言之外产生的效果，如劝说效果、欺骗效果、示威效果、权位效果、威胁效果等。这些显然也和文体学的本质特色相关。

1　Fish 认为，这可能和修辞学重点研究演讲者对其演讲的准备和过程的组织相关。

1.6 文体学与修辞学的比较

虽然从历史的渊源关系上讲文体学是在修辞学的基础上发展起来的，但学者们仍对两者的关系意见不一。有的认为修辞学是古代人的文体学（Guiraud，1963），文体学是现代人的修辞学（Ulmann，1964：3）；有的认为文体学是古典修辞学派生出来的，"是新修辞学的一个分支"（顾曰国，1990）；还有的认为文体学与修辞学既有区别又有联系（Leech，1969）。

他们的观点各有其理论根源。文体学的学科地位直到20世纪初才得以确立，但在两千多年前，就实际上隶属于修辞学的研究范畴。因此，虽然那时人们没有使用文体学这一术语，但文体学实际上已经存在于当时的修辞学中。到了20世纪，文体学发展迅速，压住了默默重生的修辞学，似乎取代了修辞学，因此被视为现代的修辞学。然而，一方面，文体学虽然在古典修辞学中就有相关研究，但只是修辞学研究的一部分，不能涵盖修辞学研究的整个领域；另一方面，虽然现代文体学发展迅速，但现代修辞学也得到了重生，两者独立发展，不能混为一谈。把文体学作为修辞学的一个分支，也有其道理：在古典修辞学中，文体风格分析只是修辞学的五艺之一，在其后的发展中，也是作为修辞学的一个部分进行的。但在文体学诞生后，两者就分道扬镳，各自发展，各自成为独立的学科，研究的思路、角度和方法也有了很大区别，所以，不能认为文体学只是修辞学的一个分支了。综上所述，第三种观点更有说服力。

那么，如果说两者既有区别，又有联系，它们的区别在哪里？联系又在哪里呢？首先，从两者的联系上讲，文体学是在修辞学的基础上发展起来的，这使得两者在研究领域、研究角度和研究方法上有较大的重合之处。

1.6.1 修辞学与文体学的共性特点

1.6.1.1 注重对语篇和话语的研究

修辞学和文体学都注重在抽象的语篇和话语规范的基础上向具有特殊性的、受语言环境和社会文化制约的实际语篇研究倾斜，研究这些语篇和话语在实际的社会交际中如何强化规范，在符合规范的基础上组织话语，完成社会交际；或者如何偏离规范，在不同程度的偏离规范的基础上完成交际任务，取得文体效果。它们在这方面的不同只表现在分析方法的不同上：文体学认为，文体特征通过偏离常规的方式来获得，如 Halliday（1971）提出，超规则现象，如排比、对称等也是一种获得文体效果的手段。修辞学则把规则的、正常的、符合规范的语言现象和交际现象看作零度现象，而把取得特殊修辞效果的修辞手段或演讲技巧等看作对零度的偏离，包括正偏离和负偏离。从这个角度讲，两者的区别基本表现为方式和术语上的区别，而不是根本意义上的区别。例如，修辞学中的正负偏离说是一个很有效的方法，能够解释有效偏离和无效偏离的区别，下面是 Leech（1969：59）所举的几个例子：

a. My aunt suffers from terrible authorities.

b. Like your plays?

c. The Houwe of Commons.

他认为，第一例是词语误用，将 arthritis 误写为 authorities，这向我们提供了说话人的教育程度和性格等信息。第二例很可能是英语学得还不地道的外国人所说。第三例可能是印刷厂的问题，也可能是由于校对者粗心大意造成的。很显然这几例都属于消极方面的偏离。这在修辞学理论中可以得到很好的解释。

在文体学中，这些负偏离现象一般不被注意，只有具有正向积极效果的偏离才被视为偏离。在韩礼德的功能文体学（Halliday，1971）中，正向的偏离进而被分为两个类别：失协（incongruity），取得正向积极效果的偏离常规现象；和失衡（deflection），取得正向效果的偏离正态分布量的偏离现象。两种突出方式如能实现文体效果就被认为是"前景化"（foregrounding）的特征。这种理论就把正向积极偏离和负向偏离理论化了，并作了更加深入的研究。

1.6.1.2 注重对表达方式和手段的研究

如上所述，文体学和修辞学都把语篇和话语作为主要研究对象。在对语篇和话语的研究中，我们看到，虽然两者的研究范围不同，但都包括文体风格和表现手段。文体风格在古典修辞学中就是一个重要的研究领域，也是亚里士多德的主要研究对象。从亚里士多德对文体风格的研究中可以发现，他研究的重点都是所选择语言的特征，如词汇、语法、语音、语调等，研究如何用这些特征来取得特殊的修辞效果，提高演讲的劝说和诱导能力。亚里士多德对文体风格的研究实际上也是对修辞学的研究，因为文体风格是修辞学研究的一个主要方面，是"五艺"之一。

在之后的研究中，学者把文体看作"偏离"、"突出"、"前景化"，看作语境和社会文化中表现的特性，或看作语篇和话语的效应和效果等，也都表现出文体表现方式和措施是文体学和修辞学共同研究对象的特点。

1.6.1.3 语言选择的特性

文体学和修辞学的研究集中在对所选择的语言特征的表现形式及其他特征的研究上，也表现出研究的重点是在文体特征所表现的特点上，如"陌生化"、"突出"、"偏离"、"前景化"等，这些特征显然也是选择的语言在语篇中被"特征化"的结果。虽然研究的思路和方式有所差别，但修辞学和文体学都把这些概念作为它们研究的重点概念。

语言选择的特征化表现为两个趋势：一是向特殊性方向发展，即对常规偏离所表现出的距离，如修辞学研究所表现出来的对零度修辞的偏离度；一是向具体特征的发展，即从抽象到具体的距离。也就是说，文体学和修辞学都把研究的重点放在比较具体的、与交际语境相联系的方面。

自 20 世纪 60 年代以来，文体特征的意义特性逐渐成为研究重点，文体学的研究中心开始由语言特征转移到其表现的特性，再到其体现的意义特征上来，如语篇的语言特征所表现的讲话者的特性、来源、社会阶层、性别、年龄、民族、文化程度等，以及情节、人物、布局等语篇的内容特点。

在最近的几十年中，文体学又开始把研究重点放在语言特征所产生的文体效应上。例如，修辞学重点研究演讲的劝说效应和文学作品的欣赏功能；在批评话语分析中，探讨话语产生的欺骗效果、示威效果和威胁效果；在女性文学研究中，则重点探讨语言所表现出的男权主义特性。

尽管文体学研究在不断向前推进和发展，但其研究核心都是在交际事件中所选择的语言特征和使用的特殊手段。这与哲学修辞学所寻求的"人类在具体情境中的特殊的真理，承认或然性和一致性是自然生成的"的观点是一致的。

1.6.2 文体学和修辞学的区别性

1.6.2.1 研究的出发点

首先，文体学和修辞学的区别可以从两者各自的研究重点上看出来。修辞学研究的重点放在交际事件的准备阶段和产出阶段上。例如，古典修辞学的"五艺说"中的五艺都涉及交际的准备阶段和进行阶段，不涉及交际过程的结束阶段和接受阶段："觅材取材"是材料的准备阶段；"谋篇布局"和"文体风格"都是交际事件实施的设计阶段；"记忆"和"演讲技巧"是交际事件在进行阶段所使用的手段。在修辞学之后的研究中，研究范围不断缩减，研究重点逐渐转移到"文体风格"和"演讲技巧"上，但这些仍然属于语言交际事件的准备和进行阶段，如"恰当的表达方式"、"文辞"、"演讲技巧"等（Aristotle，1991），都属于此类。

现代文体学主要关心的是对语篇的分析和鉴赏，所以，其研究重点是对交际过程及其结果的分析和评价。大家需要考虑的问题是，既然亚里士多德两千多年前就开始研究语言的文体，那为什么文体学却一直没有建立起来？我们无法从历史上考察其原因，但从研究的范围上可以看到，亚里士多德的文体一直没有脱离修辞学的研究思路，没有考虑实际的话语所产生的效应，所以，没有文体学产生的土壤。在其后的两千多年的研究中，基本上都是延续相似的研究思路。而文体学尽管还没有完全脱离修辞学的研究思路，但从其诞生之日起就把研究重点放在语篇的语言特征所产生的效果上（见 Bally，1905/1932，1909）。当然，不同的研究者有不同的观点，研究的思路也不尽相同，相互之间的界限也没有严格的区分。

由此可见，修辞学和文体学之间的主要区别在于从不同的角度来研究同一现象。修辞学主要是针对演讲或写作的过程而言的，包括这种过程的准备阶段和进行阶段，重点研究语篇的生成，讲话者或作者对语言的选择过程与选择方式、方法和技巧等，强调修辞是一种过程或活动。文体学则重点探讨语篇对听话者或读者的影响。它把语篇视为产品或结果，然后从多种角度进行分析，看它为什么会产生这种效应。

1.6.2.2 研究范围

文体学和修辞学的研究范围都在不断变化和转移中。古典修辞学的研究范围是"五艺"，包括演讲从准备到实施的整个过程。后来，修辞学的范围不断缩小，把谋篇布局和记忆划归到了逻辑学，只保留了觅材取材、文体风格和演讲技巧等。之后，这一研究范围进一步缩小，去掉了觅材取材，只包括文体风格和演讲手段。在历史的发展进程中，有时扩大，有时缩小，有时两者并行，但到现代，修辞学的研究范围开始逐步向文体学靠近，向"变异"、"偏离"、"特殊性"、"情景性"等发展。

如果说文体学的初期阶段是包含在古典修辞学中的，那么就可以说，文体学的研究范围从一开始就集中在由选择词汇、语法、语音等特征所表现出的文体风格上，是修辞学的五艺之一。在文体学诞生时，文体学的研究范围就定位在表现感情色彩的语言特征上，尽管后来出现了从特征到特征的表现形式、再到特征产生的功能和效应的转变，其研究的核心仍然是语篇根据特殊的语境所表现出来的特性。

1.6.2.3 研究对象

修辞学和文体学的研究对象是可以重合的，但在实际的研究中，两者完全重合的情况不多。在古典修辞学中，研究对象是演讲和辩论，包括政治辩论、法庭辩论和宣德辩论。如果把文体风格看作那个时期的文体学，那么，其研究对象不仅是演讲和辩论，还包括文学，特别是诗歌。在其后的两千多年中，修辞学的研究对象既发生了变化，也发生了转移，先是把写作作为其研究对象，后来又把研究范围扩大到日常的各种交际过程。在现代，写作成为修辞学的主要研究对象，演讲等次之。

文体学的研究对象在开始阶段也是演讲，但当修辞学集中在文学研究上时，文体学则把研究范围扩展到所有的语言交际事件中；后来文体学研究又集中在文学上，重点研究文学作品中使用的文体特征，以及它们所产生的文体效果；随后，其研究对象又扩大为各种类别和体裁的语篇。

1.6.2.4　作者和读者

修辞学和文体学基本上都是以讲话者（作者）为主。在修辞学中，研究的是演讲者如何准备材料、设计语篇的布局和大纲、选择合适的语言特征和修辞手段、有效的记忆方法等，当然后来又集中在如何选择合适的语言特征和演讲手段上；而文体学则重点研究选择的语言特征和手段如何在语篇中应用，以及在社会交际中如何发挥作用，产生文体效果，达到交际目的等。那么，产生的文体学效果需要何人评价？显然，虽然它是由作者或讲话者设计和产出的，是他力图要达到的效果，但不能由他来作评价；这样一来，能够作出评价的就只有研究者和听话者（读者）了。由研究者作出的评价是隐性的，一般不标示由谁作出；那么，能够明确作出评价的就只有听话者了。在演讲中，很明显，听众的反应是关键，也左右着演讲者演讲的方式和选择，但修辞学却从来不研究听众的反应，这是因为它的研究重点集中在演讲的准备阶段和实施阶段，不考虑结果。而在文体学中，语言选择的效果和效应是其主要研究对象，听话者的反应应该是重要的依据，由此，Fish 提出了"读者反应论"，认为文体效果的主要评价者应该是读者，感受文体学从而成为重要的文体学分支。

由此可见，文体学和修辞学是两门相互交叉的学科，主要区别在于其研究重点的不同。然而，在实际的语言活动中，语言的选择过程和选择结果是同时的、相互交叉的，而不是这一过程结束、另一过程开始的现象。所以，人们在研究过程中也常常不区分过程和结果，或从结果来研究过程，或根据过程来推测结果。因此，在有些情况下或者对于某些研究者来说，很难将文体学和修辞学区分开来。另外，文体学和修辞学都有广义和狭义之分。一方面，广义的修辞学也包括语篇生成的全过程及其产生的结果，即包含狭义的文体学，但其重点在语篇产生的过程上，如古典修辞学以及后来的以"五艺说"为基础的修辞学研究；另一方面，广义的文体学也包括狭义的修辞学，如话语文体学、批评文体学、女性文体学等，但其重点在语篇产生的效应上。

第二章　概念定义：文体与文体学

2.1 引言

　　虽然文体学研究在西方可以追溯到古希腊时期，但直到 20 世纪初才开始正式使用文体学（stylistics）这个概念，而且其研究的重点不断转移，即使是在运用了文体学这个术语后，学界对文体概念的定义仍然存在争议，如文体特征是共性特征还是特殊特征。所以，文体概念本身是什么以及有什么特点是文体学研究的重点问题之一。文体学是对文体的研究，文体概念中的问题也自然会带到文体学研究中。因此，本章首先梳理前人对文体概念和文体学定义的研究，并通过对以前研究的归纳和对文体学研究目标的思考，论证文体学研究的范围和本质。

2.2 文体概念

2.2.1 术语辨析

　　文体在英语中是 style，但在汉语中却可包含多个概念，如"文体"、"语体"、"风格"等。首先，style 可以指汉语中所称的文体，表示各种类型文章的体裁，如文学文体包括诗歌、小说、戏剧、散文等；非文学文体包括其他各种类型的文章形式，如记叙文、说明文、论述文等。语体则指人们在各种社会活动领域，针对不同的对象和环境，使用语言进行交际时所形成的常用词汇、句式结构、修辞手段等一系列运用语言的特点，如系统功能语言学的"语域"（register）所覆盖的范围分为口头语体和书面语体，其中口头语体包括谈话语体和演讲语体，书面语体又分为法律语体、事务语体、科技语体、政论语体、文艺语体、新闻语体、网络语体等。风格是指具有区别于其他人的特点、表现、打扮、行事作风等，表现的是事物的独特性，不仅指语言的独特性特点，还指各种各样的行为或事物的独特特点；在文学创作中，指其表现出来的一种带有综合性的个体特点。

这些不同的概念在汉语里分布于三个不同的概念中，虽然它们也有重叠和互用的特点，但在英语中却集中在一个术语中。所以，文体概念在英语中具有很重的语义负荷。

2.2.2　历史沿革

文体像英语的其他概念一样，源自古希腊语和拉丁语，其词根为 stile、stilus，指一根一端削尖的棍子，是物体，不是概念。削尖的一方可以在纸上绘画、写字，类似于我们现在用的笔，如钢笔、圆珠笔、毛笔等，但它的意义还要广泛些，还包括雕刻的刀尖、留声机上的唱针、日晷仪的时针等。从现代技术的角度讲，它还指用计算机和打印机打印等，所以，爱普生就有一个系列打印机称为 stylus。而扁平的一方可以擦掉写错的、画错的、不需要的部分，其作用类似于黑板擦、橡皮擦等。

后来，在漫长的语义进化中，style 的意义不断转移、虚化和概括化，由写字的物质实体转化为所写的字的特色和特点等。在此基础上，style 的语义范围不断扩展，成为表达方式，如书写表达方式、说话表达方式等；成为风格，由选词造句形成的风格，由民族、时代、文学形式、个体特性引起的，通过选择特定词汇和语法形成的惯用表达方式等，如 Hemingway style（海明威风格）和 Faulkner style（福克纳风格）等。

另外，style 作为风格和表达方式由语言延伸到其他领域，特别是建筑和艺术领域，有 Gothic style（哥特式风格）和 Medieval style（中世纪风格）等。在绘画中，有 the impressionistic style（印象派风格）。在音乐中，有 the Gypsy style of music（吉卜赛音乐风格）等。Style 的意义范围是根据人类生活方式的扩展和科学技术、艺术、文学的扩展而不断扩展的。

Style 不仅指使用语言的表达方式和事物、建筑、艺术等的风格，还可以表示活动和行为动作的特定方式，如 style of rowing（划船的风格）、style of riding（骑马的风格）、style of singing（唱歌的风格）。

由于 style 用于表达一些比较高雅、高级的生活方式，如唱歌、跳舞、绘画、建筑等，其意义也开始向高端扩展，表示比较高级、高贵、高雅的表达方式，如 He takes the style of Lords（他获得了"爵士"的称号），a self-styled authority（一个自命不凡的权威）（胡壮麟，2000：3）。

从以上对 style 的种种定义、描写和示例来看，style 的使用基本上是描写性的。但它也有可能成为规定性的，如演讲中的文体风格指的是将来演讲中要做到的，具有规定性特性。

在文体学研究中，重点探讨语言的文体，通常不会考虑语言之外的其他学科和领域如何对文体进行定义和描述。

即使是在语言学内部，style 的定义也是一个十分有争议的问题。首先，在不同的历史时期，由于研究重点和范围的不同，或对这个概念的认识不同，会对它有不同的定义。

在西方，最早研究文体的是研究修辞的哲学家，主要研究演讲的修辞方式及其文体特征。其中，最早的应首推高吉亚斯，由于当时修辞学才开始得到研究，对于很多研究中的问题和基本的区别还不确定，因此，他还不能区分文体和修辞的关系，把文体等同于修辞，即"文体就是修辞"（style as rhetoric）。

到了亚里士多德时期，修辞学得到了比较全面的研究，修辞学研究的"五艺说"已经形成。在此，文体显然不是修辞，而是修辞艺术的一个组成部分，即文体风格部分。亚里士多德把它看作"表达方式"（style of expression），不是说了什么，而是"说应该说的话"（say it as we ought），帮助"产生正确的印象的话语"（producing the right impression of speech）（Aristotle，1954）。文体应该要"清晰"和"合适"（clear and appropriate）。好的文体要在五个方面达到要求：（1）正确运用连接词，并把它们以自然顺序排列；（2）对事物要以其专用名字称呼它，不能用模糊的称呼；（3）除了你自己故意表达歧义外，要尽量避免歧义；（4）要按照 Protagoras 对名词的分类方式，将其分为阳性、阴性和无生命三类；（5）用正确的形式表达复数、少量和一致性。由此可见，亚里士多德所关心的主要是如何使用正确和有效的语言表达方式。

西塞罗基本上延续了五艺说的基本思想，把演讲的修辞学研究分为五个方面：发现合适的思想和题材（inventio），把这些思想和题材以合适的方式排列（dispositio），流畅和滔滔不绝的演讲（elocutio），记忆（memoria）以及演讲的行动或者发声过程（actio, or pronunciatio）。其中，第三个方面是文体，即流畅的演讲（eloquence）；其后，他还研究了不同类型的文体特色，将其分为三个主要类别：豪华文体（grand style）、中间文体（middle style）和简单文体（simple style）（Corbeill，2002）。

在其后的研究中，虽然修辞学的研究范围在不断变化，但文体作为表达方式和修辞效果的基本意义却没有发生变化。直到 20 世纪文体学诞生后，文体的定义才开始向多样化发展，产生了不同类型、从不同角度或不同用途来定义的文体。

2.2.3 现代文体学中的文体概念

在现代文体学研究中对文体概念的认识出现了"百家争鸣"的局面，出现了许多对文体的定义。刘世生（1997：9-10）认为可以归纳为 31 种定义，而 Ferenčik（2004）却认为对文体的定义已经有几百种。有许多观点从表面上看是相互矛盾的，实际上是层次和角度上的不同表现而已。有些是正式的文体定义，而有些只适用于某些特殊的研究领域，如文学研究等。这些定义是 Hjelmslev（1961）所称的"操作定义"（operational definitions）。

2.2.3.1 一元论与二元论

从哲学的角度来看，文体研究中有对形式与内容关系的不同见解。以上定义可以分别属于下列理论中的一种或者几种。这些观点涉及文体概念的核心问题，会直接影响到相关文体学理论框架的设计。首先，一些人主张形式和内容是不可分割的，任何形式上的区别都会引起意义上的变化，对语言的形式的选择也是对意义的选择，同时也是对文体的选择。持这种观点的人被笼统地称为"一元论者"（monists）。

在一元论者中，有的强调意义的第一性，认为形式是意义的一部分。在文体研究中，这些一元论者认为文体是意义。任何形式的变化都会引起意义的变化，从而引起文体的变化；由此，任何语篇都无法用另一种方式来解释，也就是说，用其他方式来解释就会改变原文的文体。

在这些一元论者中，有的强调作者个体的作用，认为文体是个体特征的集合。这种观点包括把文体与作者等同起来的观点，如 Buffin 所说，"文即其人"(The style is the man himself)。也就是说，一个人，如一个作家，他的所有作品有一个共同的特点，形成他的写作风格或文体。文体研究就是要在他的作品中找到这些共性特征，即这个作家的个性特征。

与其相近的观点是把文体看作某个人、某个作家、某个演讲者等在选取表达方式时所表现出来的个体特征（personal idiosyncrasy）（Murry，1922）。

与把文体看作个体特征的观点相联系的是把文体看作整体的特征或整体的文学效果。其中一个观点是把文体看作作品所表现出来的一些集合特征（a set of collective characteristics）（Enkvist et al.，1964：12）。这种观点显然认为，文体不是由某个项目或者某几个项目产生的，而是由语篇的较大比例的语言项目共同产生的。这些项目又必须与语境的项目相匹配，而并非只是这些项目的堆砌。这就是说，这些语言项目要和语义项目、语境项目结合起来进行研究，是一种多层次的研究。

无论是个体特征，还是集合特征，它们都既表现出独特的特性，也表现出在特定语境中的共性特征。这些特征都不是单独的形式特征或者意义特征，而是形式特征和意义特征的结合，是不可分割的，或者说没有加以区分。

还有一种似乎是一元论的观点把文体看作句子之上的语言单位之间的关系（relations among linguistic entities that are statable in terms of wider spans of text than these sentences）（Hill，1958：406-409）。这显然是一种比较狭窄的对文体的定义，认为文体不存在于句子之内，而是在句子之间和之上，即在语篇中。文体在语篇中的观点显然是一元论的，因为语篇是由句子及其之间的联系体现的意义单位，是形式和意义的复合体。但文体不仅仅是这种关系，还包括它们所联系的意义所产生的效果。

还有一种更加笼统的文体观认为，文体是"表达力"(expressiveness)(Ulmann，1964)，也就是说，文体是语言表达所产生的效果。在表达上，要选择出合适的表达方式；从效果上讲，选择的语言表达产生效果才具有文体效应。这样一来，表达方式和效果是一体的，不能分割。没有效果的表达是没有文体效应的。

　　还有些一元论者认为，语言的形式是第一性的，内容不能独立存在，是形式的一部分。这些一元论者认为文体是形式。作品中包括了各种形式，从而形成多种不同的文体。这种一元论学派以法国的结构主义文体学家 Roland Barthes 为代表。他认为，不同的文体是由选择不同的表达方式形成的，表现为不同的语言"变异"（Barthes，1957/1972），包括表达不同情感和领域的变异，和表达不同的个体特征，如出生地域、年龄、阶层、民族等的变异。Stendha 认为，文体是赋予既定思想并适合产生出它应有效果的全部形式（见 Enkvist et al., 1964）。这和 Barthes 的思想基本相似。形式和效果融为一体，产生文体效应。

　　还有些文体学派认为，尽管语言的形式与意义关系很密切，但仍然是两个不同的范畴，应该分开来讨论。这些文体学家视文体为"附加在思想上的外衣"、"适当的表达方式"、"以最有效的方式讲适当的事"。他们常被笼统地称为"二元论者"（dualists）。

　　在这其中，早期的研究一般把意义作为已经存在的东西，然后寻找合适的方式表达它。选择了不同的方式就是选择了不同的文体。从哲学上讲，即思想和语言表达方式可以分离。这其中包括 Swift 的观点：在恰当的地方使用恰当的词（proper words in proper places）（见刘世生，1997），词用恰当了就可以产生文体。这里的文体实际上有一个突出的附加意义：即文体是在合适的语境中运用适当的词，仍然蕴含意义和形式可以区分的思想。这和 Enkvist et al.（1964）的"以最有效的方式讲恰当的事情"（saying the right thing in the most effective way）有相似的效果。它不仅强调要选择合适的表达方式，还要和讲恰当的事情结合起来。什么是"恰当的事情"，实际上是对选择好的意义提出了条件，而什么是好的意义显然是和当时的交际或者说语境的需要相联系的，和交际目的相联系。但他们提出这种观点时并没有作这种追根求源的探讨。

　　Murry（1922）和古典修辞学的观点比较相似，认为文体是"解说技巧"（technique of exposition），把"合适的表达方式"看作一种技巧和手段，和传统修辞学把文体风格看作演讲技巧、修辞手段的观点大致相同。其含义是：这些手段和技巧运用得好，就会产生好的文体效果，所以，文体与语言要表达的思想内容没有关系。

这一观点和下面这些把文体看作形式、方式、结构和对结构的操作的观点比较接近。最直接明了的观点是把文体和思想分开。先有思想，然后产生文体形式。思想产生后，选择合适的"外壳"（shell）包装它，像衣服一样使它华丽、漂亮、好看，即文体是"环绕在已存在的思想或感情内核上的外壳"（style as a shell surrounding a pre-existing core of thought or expression）（Enkvist et al., 1964：11-15）。当把思想和表达方式分开以后，就会产生"相同思想披上不同的外衣会产生不同的文体效果"的观点，文体选择实际上成为"在不同表达方式中的选择"（the choice between alternative expressions）。

与此同时，布拉格学派（The Prague School）开始研究文体。同结构主义语言学思想相一致的是，他们把文体看作对等结构产生的相同的文体效果。也就是说，他们把结构和文体联系起来，认为不同的结构会产生不同的文体效果。

另一个和结构相联系的是把文体视为在相同底层结构上，运用不同的表层结构所产生的不同的文体效果，因此，文体是"句子结构的转换"（transformation）（Ohmann, 1964）。这显然是从转换生成语言学的角度定义的，认为深层结构是没有文体特征的，只有当深层特征转换为表层特征时，才会产生文体效应。

生成文体学对文体的定义，使我们联想到另一个与此相似的区分文体的方式，即根据索绪尔对语言（langue）和言语（parole）的区分来确定哪些是文体特征。文体学家中有一些人从 la langue 的角度研究文体，Bally 即属于此类；另外更多的一些人从 la parole 的角度研究文体，分析语言使用中的具体特点。

2.2.3.2　突出、偏离与前景化

在现代文体学研究中，一元论与二元论的争论逐渐淡薄，人们逐渐把注意力转移到从语言的运用、语言的选择和语言的功能等角度来研究文体。当今最有影响的文体理论是：（1）把文体视为"选择"（choice），既包括选择意义，也包括选择适当的语言形式；（2）把文体视为"偏离"（deviation），即在常规

的基础上产生的意义及形式变化；（3）把文体视为功能（function）和前景化（foregrounding），即在特定情景语境中所起的作用。实际上这些理论仍然属于一元论，即形式和意义不区分，通过形式探讨意义，通过意义解释形式。对形式的选择同时是对意义的选择，因为任何形式的变化都会引起意义的变化；相应地，任何新的意义都需要新的形式来表达。

文体是选择的观点是 Brooks 和 Warren（1959/1979）在其《理解小说》（*Understanding Fiction*）中所推崇的理论。他们认为文体实际上就是对语言进行选择和排序（selection and ordering of language）。Enkvist et al.（1964）认为，这个理论本身有一些问题需要讨论。

首先，从选择的角度来确定文体自然蕴含选择是由作者进行的，因为语篇是由作者产出的。当然，也要考虑读者、听话者的理解程度和反应；另外，读者、听话者如何理解也是一个选择过程，但这里主要是强调作者、讲话者的选择。然而，在实际的交际过程中，作者作出选择一般是无意识的、自动的，因为他没有时间来细细考虑选择什么语音、语法、词汇以及意义。如果有时是有意识地选择的话，那他也可能在有意识地选择意义，而有意识地选择表达方式的情况比较少。另外，这个选择过程是心理活动，无法进行验证。

第二，选择的东西，无论是形式特征，还是意义特征，都是有意义的。Enkvist et al.（1964）认为，对语言的选择实际上分为三个方面：语法选择、文体选择和非文体选择。语法选择是由语法结构决定的，所以，不是讲话者的自由选择，没有文体意义；文体选择是对表达相同意义的不同表达方式的选择，所以，是有文体意义的，如在 he is an x 中，对 x 的选择，可以是 he is a fine man，也可以是 he is a nice chap。对 fine man 和 nice chap 的选择就是有文体意义的。

第三个类型是非文体特征的选择，实际上他指的是对意义的选择。对意义的选择是不具有文体意义的。在讨论文体是选择的观点时，Enkvist et al.（1964）实际上仍然认为，文体是独立于思想的表达方式，是二元论的观点。

然而，在最近几十年中比较流行的是一元论的选择观，即任何选择都是同时对形式和意义的选择，对形式的选择和对意义的选择都具有文体意义，即"没有不存在文体的区域"（Halliday，1971）。这样，对音系的选择也体现对意义的选择；对词汇和语法的选择都能产生文体效应。

把文体看作"突出"（prominence or foregrounding）和把文体看作"偏离"的观点是一致的。文体概念，从语言学意义上讲，通常表示明显与一般用途相反的每个特殊用途。更进一步说，文体可以定义为与一般多少不同的表达方式，这种不同是由主题的特点、讲话目的、读者的资历和讲话者人格促动的。

这个观点的问题是，标准和偏离都是相对的概念，所以，它需要首先确定标准是什么。标准有范围的区别，可以是几个语言社团共有的特征，也可以是某个作家的个体特征。这样，在个体特征中是标准的，可能在整个社团中就变成了偏离的特殊特征。另外，偏离的特征可以是对标准的违反，也可以是对标准的强化。例如，某个一般特征的高频率出现是一个偏离特征，但它对这个一般特征的标准本身是一种强化，如说明书和菜谱中高频率出现的祈使句和独立的名词词组等。它还有一个缺点如 Halliday（1971）所说，偏离的观点强调特殊的、偏颇的东西，把文体特征看作不正常的、违背常规的东西，但实际上，文体特征是语篇中最有效的、正常的特征。从这个角度讲，文体不再是偏离的、不正常的概念，而是更加显著和突显的。突出在此可以指质量突出，也可以指数量突出。然而，这种观点的问题是，它把突出的语言特征视为文体，却没有区分在语篇中适合语境和意义表达、取得特殊的文体效应的突出，和虽有突出的语言特征，但在语境中并不突出，没有多大文体效应的特征。

对这一概念形成修正的是系统功能语言学的功能文体观。Halliday（1971）认为，文体是前景化（foregrounding）。他接受了布拉格学派的观点，但对这个概念进行了重新认识和定义，认为文体不仅是突出（prominence，即布拉格学派所说的 foregrounding），而且是"有动因的突出"（motivated prominence）。也就是说，单独的突出特征，如排比、反衬、隐喻、拟人等，本身并不是文体特征。它们只有与语言的情景语境产生关系，在情景语境中起作用，才可以成为文体特征。这组特征与说话者的交际意图有关，在情景语境中有一定功能，由听话人（包括读者）译码出来时，在其心目中要产生一定的效应。

2.2.3.3　出发点

如上所述，文体学研究的重点是交际的过程和结果，特别是交际的结果，但文体概念的确定也可以从语言交际的不同阶段来确定。交际的开始阶段是发话人开口说话；交际的中间阶段是语篇的产生；交际的最后阶段是受话人接受理解语篇。由此，文体分析的出发点有三个：发话人、受话人和语篇本体。

1）发话人

以发话人为出发点进行文体分析强调语篇的生成过程，研究语篇是怎样产生的。修辞学主要以发话人为出发点。文体本身主要是选择的结果，而不是选择的起始和准备阶段。由此，以发话人为出发点进行文体研究只能作为文体分析的一种手段，但不是最终确定文体到底是什么类型的手段。语篇的文体最终还是得从受话人对语篇的感受中来确定。Spitzer 称这种本能感受为"心灵上的咔嗒声"（click）。由此，文体可视为"发话者的选择在受话人的感受中产生的效应"。具体地讲，把文体看作作者或者讲话者进行高级创作的、积极的创造性的创造原则，和把文体看作作者或讲话者的个体特征，或者某个团体的个体特征也是从发话人的角度来定义文体。

发话人发话总要有一定的目的。他所讲的话从他的主观上讲有利于实现他的目的。由此，进行文体分析时首先确定发话人的发话意图是有益的。在理想的语言交流中，发话人的发话意图和受话人的感受应是一致的。然而，在实际的交际中，两者都有很大的不确定性。在一般的交流中通常发话人不表明自己的发话意图。即使他明确表示出来，由于其他社会因素及心理因素（如周围有其他听众；隐瞒其本来目的用以保密或欺骗，耍弄对方；在文学作品中用以取得特殊的效果等）的影响，也不一定是他的真实意图。受话人只能从他讲的话中推测出他的讲话意图。这样得出其结果的可靠性和精确性就有可能不太高，甚至会出现误解。

2）受话人

同样，受话人的感受也会有很大的差别。Fish 的"读者感受论"即属于此类。影响受话人感受的因素可包括五个方面。（1）注意力：由于听话及阅读的目的不同，如随便看看听听、敷衍了事、索取重要信息等，给予的注意力差别很大，对同一语言材料的感受也很不相同。（2）态度：由于受话人对语言材料及发话人的喜恶的影响，不同的受话人也会对同一语言材料有不同的反应。

(3) 语言经历：语言经历不同的人会对同一语言材料有不同的接触频率，这也会引起受话人不同的反应。(4) 敏感程度：由于人的本能及外界阅历（包括语言经历）的不同，人们对语言文体的敏感程度不同。有的可体味到语言中的奥妙及特色，有的则区别不出来。(5) 文化程度：对以上诸因素都有影响的是受话人的文化程度；文化程度不同的人对同一语言材料会有不同的感受。Leech 把听话人或读者对文体的感受能力称为"文体能力"(stylistic competence)。

另外，以受话人为出发点还需要确定谁是受话人。在许多场合下，特别是在面对面的交流中，受话人会被明确地标示出来。但当语篇处在"移位"(displaced) 的状态下时，发话人与受话人都可能变成隐含的。在另外一些语篇中，受话人的范围又可能变得很大（如演讲、作报告、讲课等），或几乎不受限定（如小说、戏剧脚本、诗歌、广告等）。因此，在大多数情况下，分析人无法获得语篇所隐含的受话人的感受，特别是在受话人几乎不受限定的情况下。由于以上列举的多种因素的影响，受话人的感受差距很大，故难以根据受话人的直感来确定语篇的文体。这样，无论以发话人还是以受话人为出发点都具有很大的不确定性。向发话人或受话人直接采样通常是不现实的。因此，前人的文体分析都是通过语篇分析来推测发话人的意图以及受话人的感觉，因而主观性很大。

3）语篇

现代文体学主张以语篇本体为出发点来研究语篇的文体。其研究的主要方法是对语篇的特征进行分析。根据语篇中的语言特征来研究语篇的文体特征。现代文体学的大多数定义基本上都属于此类，如二元论中把文体看作附加在思想上的外壳，看作合适的表达方式，以及看作突出、偏离、前景化等。然而，由于语言形式与其意义不是一一对应的，"分化"(diversification) 与"中和"(neutralization) 现象十分普遍；语篇意义总是受到情景的制约，所以抛开发话人与受话人单独从语言特征的角度来分析语篇文体的方法局限性也很大。

因此，文体分析不应局限在某个出发点上。一方面，我们应利用从发话人、受话人以及语篇本体上得到的所有有关的材料和信息进行分析，以使分析系统全面；另一方面，我们应该根据交际的特点选择侧重点，或以分析发话人的意图为主，或以受话人的感受为主，或以分析语篇本体的文体为主。

在一般的文体分析中，分析人首先接触到的是语篇。因此，对语篇本体的分析是必不可少的。另外，要推测发话人的讲话意图需要了解他讲话的环境、进行的活动、与受话人的关系以及交际的方式或渠道等。而要推测受话人的感受则要了解语篇产生的情景语境，以及受话人在情景中的地位。如果受话人是隐含的，或其范围很大，大体上推测一下受话人的感受即可。

综上所述，文体分析的出发点应主要建立在语篇本体上，同时借助情景分析发话人的意图和受话人的感受。

2.3 文体的特点

如上所述，在英语中，文体可以包含风格、语体和体裁。但无论文体作为风格、语体，还是体裁，都表现出一个共同的特点，即文体是统一性和特殊性的辩证统一体。因为三者本身都表现出在特殊性基础上的统一性，和在统一性基础上的特殊性。也就是说，它们只有具有统一性才能成为风格、语体、体裁：一个偶然的语言现象的出现不能形成风格，只有某个特性成为一个突出的特征被前景化了，才能成为文体；同样，体裁和语体都有其自身的一致性和一个稳定的基本模式。然而，这个统一的模式在更大的范围内却是一个与众不同的特征，有它的特殊性。一种风格之所以成为风格是因为它具有区别于其他风格的特性；一个体裁显然与另一个体裁有不同的体裁结构（潜势），同样，一个语体与另一个语体也表现出在内容、交际者和方式上的不同。

2.3.1 文体的生成

首先，从文体生成的角度讲，文体表现为对已有模式的改变和新材料、新作用的产生。文体一般不是无中生有的，而是在对已有文体进行改变和改良的基础上出现的。例如，随着计算机技术和网络的发展，出现了一些新的交流方式，如电子邮件、网上聊天、短信等。电子邮件和短信都是传统的书信的延伸，但又和传统的书信有很大的区别，如用口语化的表达方式，开头用 Hi、Hello，或者直呼其名，甚至为了节约时间，根本就不用任何称呼；结尾用 cheers、have a good time，或者根本没有结尾部分。其语言更加口语化，表达方式更加简短，常用缩略语，如 ASAP（as soon as possible）、FYI（for your information）等；语体上也发生了很大变化，表现出网络语言和手机语言的特点；在结构上显示出电子邮件和短信的体裁结构特点。

第二，文体也表现为语篇功能和作用上的变化。例如，电子邮件和短信似乎都和传统的书信有相同的功能，但实际上是有区别的。传统的书信由于传递困难一般用以传达重要的信息，一般的琐事通常不用书信来传递，所以，书信具有较高的正式程度和书面语特点，且结构完整。而电子邮件和短信则由于其易于传播而包括各种各样的信息，包括正式和非正式的、重要和不重要的、口语的和书面的、个人的和公共的。同时，它还具有很强的交际和互动性的特点。鉴于其互动性特别强，电子邮件和短信都具有纲要性、不完整性和问答性特点，如在接近结尾处，可以问："你看这样可以吗？"或"你觉得这样合适吗？"，对方可以马上反馈，"可以"或"不合适，不能这样"等。

第三，文体也与题材有密切的关系。新的题材可衍生新的语言文体。例如，在"文化大革命"时期，语篇的主要题材是革命、斗争、专政，所以，所用的体裁具有"大字报"、"口号"、"传单"等形式，所用的语言也具有一些比较稳定的模式，如在写报告、演讲稿、心得等时，都要首先引用毛主席语录，再描述一下当前的大好形势，然后慢慢进入要讨论的话题等；所用的语言表现出很强的"文革式"特征，如"四个伟大"、"四个无限"、"文攻武卫"、"斗私批修"、"阎王殿"、"造反有理"、"黑五类"等。

最后，文体还与文化模式、思维方式、情感气质等相关，与民族性质和民族特性有关，还与人格等相关。

2.3.2 文体的区别特征

第一，基本材料：是什么因素使这种文体区别于另一种文体呢？上面我们在谈文体的生成的时候谈到了几个因素：基本材料，如技术和原料、题材、情感、思维方式等。实际上这些都是相关的区别因素。其中，基本材料（包括相关技术和物质）是基本区别要素。例如，新建筑材料的产生引起新的建筑风格的形成；有了新型的汽车才发展了房车这种新型居住场所；有了模块式的建筑材料才形成了现代的建筑式样等。

第二，文化情感要素：文化、宗教、信仰、思维方式、民族性质等这些似乎是"软"的方面实际上都是文体的区别性因素，例如，信仰不同宗教的人会在建筑风格、行为风格、讲话风格方面有区别。

第三，要素之间的关系：任何话语或者语篇都是由多种要素组合而成的，因而这些要素之间的关系就成为文体重要的区别性特征。在建筑中，形状、色彩、色调、线条、建筑材料等要相互合理搭配，各自居于自己应该出现的位置，并与其他要素成为一体才能形成合适的文体特色。所以，要素之间的关系，特别是结构关系也是重要的区别性特征。

第四，要素的性质和功能：要素的性质和功能是文体区别要素的外部表现形式。某个特性之所以被称为特性是因为它在外在表现，如外观、结构的长短、复杂程度、式样等方面表现出一定的特点；它的功能是要素在语篇或话语中的作用，因此也是外在的表现。

以上这些因素共同形成文体的区别性特征，是区分不同文体的重要因素。它们之间的关系和组合原则等也是文体学研究的重要方面。

2.3.3 文体的本质

如上所述，文体概念是一个一致性和特殊性的统一体。就文体概念本身来讲是一个统一体，也就是说，文体的特性是由一组特征（在语篇中是一组语言特征）统一表现出来的特性。例如，说海明威的文体简单明快，直截了当，而且细节之间似乎联系不很紧凑，但又寓意深刻，这样的结论应基于读过海明威的所有作品，或者大部分作品，发现他的作品都具有这些特点的基础之上。这些特点可以通过分析具体的语篇片段来发现，也可以通过对他所有的作品或者大部分作品进行量化统计分析得到。这就是海明威的文体特征的来源，是他的所有作品或大部分作品所表现出来的统一性特点。

文体特征的统一性是它的内部特征，即海明威的所有作品的特征所表现出来的内在的共性特征，然而，使它的内部特征成为文体特征还需要把它放到一定的、更大的语境中去衡量，因为它的这种统一性必须在更广泛的语境中是特殊的。也就是说，海明威的文体特征包括简洁明了、寓意深刻的特性是因为大多数的其他小说家的文体风格都不是这样的，是把他的文体与其他作家的文体进行对比后才发现他的写作风格、遣词造句、意义模式是独特的，因此是他特殊的文体特征。我们可以把这种关系用图 2.1 表示。

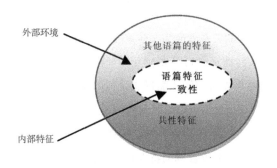

图 2.1 文体特征的一致性和特殊性关系图

文体是语篇所表现出来的统一性特征，但不是作品的所有特征都是统一性特征，有一些具体的、局部的特征对语篇文体的建构起不了太大作用。虽然这些特征也是语篇的重要特征，是建构语篇不可缺少的特征，但从总体上讲，它们不是语篇所表现出来的一致性特征。

语篇的一致性特征和语篇的局部、零散特征都是语篇建构所需要的特征，但是语篇的一致性特征代表了语篇的本质特征。这些本质特征具有表征这个语篇的特性。当我们说"冰山一角"的时候，我们认为它是冰山的一角，而不是其他的什么东西，是因为这"一角"具有表征"冰山"的特性，代表了冰山的本质特性，只通过这个特征便知道这个冰山是个什么样的。在其他学科，这个特性可能更加突出。例如，一位奥地利的当代建筑学家曾说，"如果一个灭绝的民族除了一粒纽扣什么也没有留下，我可以从纽扣的形状，推论这些人如何穿着，如何盖房，如何生活，什么是他们的宗教、艺术和心理"（胡壮麟，2000：6）。显然他说的有些悬，不知他如何能做到，但他强调了文体的一致性特征对于语篇或话语的标识索引作用。

"一致性"是一个语篇所表现出来的共性特征，但它不是相同的特征，可以是几个特征的结合，或者几个特征共同构建的特征。例如，莎士比亚的作品既有叙事情节，也有韵律，故事情节和韵律共同形成莎士比亚作品的文体特色。

文体的一致性有范围的区别，在一个区域内是一致性特征的，在另一个区域内则可能是特殊的。例如，莎士比亚、海明威、福克纳都可以说有一种自己独特的特征，但亨利·詹姆斯（Henry James）早年写的小说简洁明快，到晚年其作品却华丽繁复，显示出两种文体风格。

2.3.4 文体本质的特点

汇总以上研究可见，文体概念在其一致性与特殊性的统一体的基础上，表现出以下几个特点：层级性、比较性、相对性、功能性和分级性（张德禄，2005：24-30）。

2.3.4.1 层级性

文体的层级性（hierarchy）是指语言的文体可以体现在不同的抽象层上。某些较低层次的文体包含在较高层次的文体之中，是较高层次的文体的组成成分，或表示较高层次文体的独特性。例如，我们可以探讨广义上的不同言语社团的语言（方言）的文体特点（如美国英语、英国英语、澳大利亚英语；北京方言、上海方言等的特点），以及在较高抽象层上的语域的特点（如科技语言、文学语言、日常用语等的特点）。进而，我们还可以探讨在较小范围内的言语社团用语（方言）的特点，如某个或几个关系密切的村落方言的语言特点，某些在较具体层次上的语域的特点（如购物信函的语言特点或十四行诗的文体特点等）。这些不同层次上的文体特点都是由具体的语篇来体现的。

以上主要讨论的是语篇的文体特点。语篇层次以下的语言单位也可显示某些文体的特点，如某一语段的文体特点、某个句子的文体特点，甚至某些词汇的文体特点，如在文体学论著中经常见到的同义词汇的文体效应。如在涉及"死"这一事件时，可用不同的表达方式：pass away、be gone、go to the other world、cross the Styx、kick the bucket 等。这些表达方式都可在适当的情景语境中产生不同的文体效应。

综上所述，不同层次的文体特点之间的关系是组成关系：较低层次的文体是较高层次的文体的组成成分，或者是表现形式。在组成关系中，较低层次的文体在较高层次的文体中具有特定的功能，是其文体整体的一个部分。

2.3.4.2 比较性

当我们讲某一语篇或语段具有某种独特性时，我们总是在把这一语篇或语段与其他的语篇或语段相比较，从而得出这一结论。Halliday（1971）认为："文体学实质上是比较性的"，例如，在阅读海明威的小说时，我们会感到，海明威大多数小说的特点是简单明快、直截了当，而且细节之间似乎联系不很紧凑。我们研究其语言特征时发现，他的小说的语言特点是：句子短、修饰成分少、从属句子或小句偏少。

然而，句子的长短及复杂与否本来没有什么固定的标准。当我们说海明威的小说中短句多或句子简单时，我们都在不自觉地与其他作家的作品相比较；或更广泛地讲，是在与小说语言的"常规"（norm）相比较。例如，福克纳的小说中的句子要长得多，亨利·詹姆斯的小说中的句子复杂难懂。海明威小说的简洁性和福克纳小说的细致性可以通过以上数量关系的比较表现出来。有比较，才有鉴别。单就一家而言，难以断言各自的语言特点。

2.3.4.3 相对性

文体的以上几个特征同时决定了文体的相对性。首先文体的相对性表现在文体的层级性上。某个文体特征在一个层次上是共性的特征，而在另一个层次上就是独特的。例如，说海明威的小说简单明快、直截了当，在整个小说作品的层次上讲是独特的，而对于海明威个人的作品来讲，则是共性特征。

其次，文体的相对性表现在文体学的研究范围上。从语言单位上讲，小至词素，大至长篇巨著都可以说具有文体特征。例如，在两个篇章中，一篇中的形容词或动词的否定形式大部分由 not 体现，而另一语篇中的形容词或动词的否定形式则大部分由前缀 dis-，un-，in- 等来体现，如例 2.1。

例 2.1

disagree	do not agree
unimportant	not important
inactive	not active

这样一来，两个语篇表现出不同的文体特点，如讲话人个体特征的不同及话语正式程度的不同等。因此，我们可以说 un-，in- 与 not 具有不同的文体效应，或者说 disagree 与 not agree 可具有不同的文体特征。从更大范围来讲，即是说 John Galsworthy 的三部曲《福尔赛世家》(*The Forsyte Saga*) 与 John Steinbeck 的《愤怒的葡萄》(*The Grapes of Wrath*) 之间各有不同的文体特点。

从涉及的方面来讲，文体研究可以是共时的，也可以是历时的。如研究古英语的文体特点与现代英语的文体特点的不同或 19 世纪的小说与 20 世纪的小说的不同就是历时研究。文体研究可以是个体的，也可以是群体的。如我们可以研究个体作家或个体记者的不同文风，也可以研究某个流派、潮流的文体特点。文体研究可以以产出的语篇为研究单位，也可以以某个领域的潜在的语言系统为研究单位。例如，我们可以研究某个法律语篇的文体特点，也可以研究整个法律语言，以及某类法律语言，如宪法、合同、刑法等语言的文体特点。

再则，文体的相对性还表现在体现形式上。文体的中性特点常被认为是"共核语言"的特征，然而共核语言并非是一个统一体。有些语言特征适合于所有语体的语言，如 the、of 等；有些则在某些语域中受限，如 I、you 等在正式的科技文体中受限。同时，某个语体中表现出的文体特征一方面与其他语体相比较而产生，同时也与所谓"共核语言"相比较而突出。另外从数理统计的角度来讲，某些在文体上有意义的"异常"现象都是相对于某些常规建立起来的。然而，所谓常规是在直觉的基础上建立起来的。迄今为止，还未见有人利用科学的、客观的方法在任何领域确立过常规。然而，这种常规却可经常在"不确定和模糊的"基础上得到人们的接受。例如，在某一诗歌语篇中不出现任何喻化手段可看作对常规的偏离，而在科技语篇中出现某些喻化手段可视为偏离。

2.3.4.4 功能性

语言的文体都是与其功能密切联系的。在情景中没有任何功能的语言特征不是文体特征。某一语言特征，如某一词汇或修辞手段，如果在某一语篇中出现时与语篇在情景中的作用是一致的，对于实现交际者的目标起到了一定作用，那么在这一情景中它就是文体特征。例如，Halliday（1971）在其《语言功能和文学文体》（"Linguistic function and literary style"）一文的开头曾谈到 John Sinclair 教授几年前在剑桥语文学会宣读了一篇十分有欣赏价值的论文，要求我们注意 William McGonagall 的诗歌。同时，他要求我们注意，为什么这么规则的语言模式却出现在这么无聊的诗歌中；我们是否还应该注意语言的规则性。

但 Halliday（1971）在对 William Golding 的《继承者》的文体分析中发现，作品在对尼恩得瑟尔人（Neanderthalman）的描述中，不及物动词的出现频率很高。这种模式正好反映了小说的主题：尼恩得瑟尔人的行为没有效力，理解力有限，为他们最后在世界上绝迹埋下了伏笔。因此，不及物动词的高频率出现在此语篇中是明显的文体特征。然而，在某些篇章中偶然的不及物动词高频率出现可能与语篇的功能关系不大，可在文体分析中忽略。

由此可见，各种语言形式和手段都有成为文体特征的潜势，但不是"天生"就是文体特征。只有在情景中具有一定功能的形式手段才可称为文体特征。

2.3.4.5 分级性

在语篇文体的研究中，很少有人谈及语言文体的有无问题，因为语篇都是在一定的语境中用于完成一定的交际任务的。我们很难找到没有文体的语篇，所以，Halliday（1971）认为语篇中"不存在没有文体的区域"。同时，也很少有人谈及语篇文体的强度问题。然而，如果我们把语篇文体看作是由运用某些对常规的偏离等手段而产生的效应，这种效应是可以有大小之分的。另外，如果我们把语篇文体看作独特性，那么独特的程度也是有区别的。从这个角度讲，语篇文体的强度是可以区分的。

那么，以什么为标准来衡量语篇文体的级差呢？主要要结合两个方面来看。一是首先确定某个语篇的常规，然后根据常规来分析语篇中的语言特征偏离常规的程度。如果这种偏离常规的语言现象是有动因的，即在某个语境中有利于实现交际者的交际目的，那么我们可以用偏离常规的程度来衡量语篇文体的强度。二是根据语篇语境和交际者的交际目的来确定语篇动因的程度。这两个因素结合起来共同决定语篇文体的强度。

2.4 文体学的定义和特点

虽然对文体特征的研究不完全是在文体学研究中进行的，如在修辞学和其他学科中也有对风格的研究，但对文体特征的研究也是文体学的重要研究领域之一。文体学是用语言学的方法来研究语言的文体的学问。这个说法实际上是很笼统的。文体学作为一个学科有自己的理论体系、基本原则、研究对象和研究目标等。

2.4.1 研究对象

从研究对象上讲，由于文体学利用语言学理论为基础来研究文体，所以，文体学的研究对象主要是语言的语篇或话语的文体特性。当然，文体学理论和研究方法可以扩展到其他领域的话语研究当中，如对多模态话语的文体特征进行分析，但文体学主要的研究对象还是语言的语篇。就语言的语篇而言，文体学的研究范围也有变化。首先，Bally 重点研究一个语言社团的约定俗成的表达方式，包括地区、社会阶层、性别、民族等形成的惯用语言变体形式。后来，文体学的研究对象开始缩小，集中在文学领域，包括小说、诗歌、戏剧、寓言等体裁。但进入 20 世纪 80 年代后，文体学的研究对象进一步扩展，又包括了所有语体的语篇的特征，如商务、法律、会话、科技等语篇的文体。

2.4.2 研究目标

从总体上讲，文体学的研究目标是一定范围内的语篇所表现出来的一致性或者统一性。这些共性特征在更大的范围内表现出特殊性，可以在不同的研究对象中表现出不同的文体特性。例如，在文学中，它表现为语篇或一系列语篇所表现出来的美学效应和欣赏价值；具体到某个作家则表现为这个作家特有的意义模式和表达方式所形成的美学效果；在社团交际中，文体学研究的目标是这个言语社团惯用的表达方式和意义模式；在法律文本中，文体学研究语篇中的法律语言和意义模式所表现出来的共性特征。

2.4.3 基本原则

文体学的基本原则在文体学研究中涉及较少，但它是进行文体学研究所必须遵循的潜在规则。例如，Jakobson（1960）在研究语言学与诗学的关系时提出了"等价原则"，即在系统等价的项目中选择合适的项目进行排列生成语言结构，是把选择轴上的项目投射到组合轴上形成具有文体特征的结构。这些等价项目可以是词汇的、语法的、语音的等等。

其实，文体学研究还应该探讨其他的相关原则。这些原则是文体学研究的重要原则，可以总结为以下几个方面。

第一，语篇为分析对象的原则：文体分析总是从语篇开始，根据语篇中表现出来的特征来探讨某类语言、某个语言变体的文体特征。有时候，文体分析的目标是发现某个语篇的文体特征，如某小说或者诗歌的文体；有时候，文体分析的目标是发现某个作家、某个语域、某个文学流派、某个文学潮流的文体特性，所以，它不仅仅是一个或几个语篇的特征，而是整个意义潜势的某个部分的特征。但发现这些特征必须要经过对具体语篇的分析，而不是对整个系统或流派的特征的研究。因此，所有的文体学研究都始于对语篇的分析。

第二，突显性原则：在语篇分析中，文体分析的策略是对语篇的结构模式和形式特征进行分析，发现它们中特别突显的部分作为主要的分析对象，如某类词汇高频率出现，某类语法模式高频率出现，对某种语法规则、语音模式的偏离或违反，某个语义模式的突显等。这些都是文体学分析要首先寻找的对象，然后再对其进行文体特性的分析。

第三，效应原则：在语篇分析中，发现的语义、语法、词汇、语音等突显模式是否是文体特征的判断标准是它能否产生效应，也就是说，在体现语篇的整体意义模式上是否有突出的功能。没有功能的任何形式的特征和意义模式都不能确定为有效的文体特征。

2.4.4　文体学理论体系

文体学理论根据其主要的研究对象可以分为三个类别：对文体学的抽象的理论体系的研究，这是文体学的核心领域，称为"理论文体学"；对文学文体的研究，这一直是文体学研究的重心，称为"文学文体学"；对各种语言变体的研究，称为"语体学"。

理论文体学研究文体学的理论体系，主要研究重点概念的定义和本质，研究理论的研究对象、研究范围、研究思路和方法，以及相关的理论框架等。有关文体的定义、本质以及研究对象和研究范围，上面已经作了比较详细的论述。就研究思路和方法来讲，不同的语言学理论会涉及不同的文体学研究方法。例如，建立在形式语言学基础上的文体学研究如何通过转换来把深层结构转换为不同的表层结构从而探究文体特性的产生；布拉格学派通过探讨语篇中突出的、偏离的特征来研究文体特性；系统功能语言学则通过探讨语篇中结构成分的功能来探讨文体的特性等。正所谓，"条条大路通罗马"，这些不同的角度和思路都是为了探讨文体的本质。

文学文体学研究文学效应是如何由语言产生的。它以语言学的理论和方法为工具，对诗歌、小说、戏剧等文学语篇进行描述和解释。文学作品的研究因研究目的的不同而方法各异。语言学家分析文学作品是把文学作品当作提供语言素材的文本（text），以展示文本内各种成分之间的结构关系。文学批评家分析文学作品，是把作品当成信息（message），致力于发掘作品的审美意义和社会道德意义。文体学家分析文学作品，是把作品当成语篇（discourse），当成一种交际形式，说明作品中的语言成分怎样组合起来创造信息，探讨哪些语言特征最具有文体效果，有助于该作品完成其交际功能。

语体学研究语言的各种变体所表现出来的文体特性。语言变体多种多样，可以根据不同的标准分为不同的类型。例如，按交际媒介的不同，可分为口语和书面语变体；按交际双方的关系，可分为正式体、非正式体和亲密体；按社会实践活动的领域，可分为法律、科技、新闻、广告、体育报道、商业、医学、文学和日常用语等变体；按信息的传递特点，可分为电报、电话、信函用语等；根据讲话者的背景，可以分为不同方言变体，如地域、社会阶层、民族等。

这些研究的思路形成文体学理论框架的主要组成部分，为选择什么样的语言特征进行研究提供了框架。然而，无论是突出的、偏离的、还是前景化的，表层结构的特征都需要由具体的不同类型和不同层次上的语言特征表现出来。

语言或者由声音体现，或者由字符体现；语言的文体特征也会表现在语音或者字符上。这是文体特征体现的最低层次。在这个层次上，有些文体特征表现为语音或者字符上的突出，或者某个领域上的一致性（统一性），如在普通的叙述体中包含某一方言的话语。某种方言特征在某个讲话者或者一组讲话者的话语中表现出来的一致性成为突出的特征，代表着这个或这些讲话者的话语特色。其他的如拟声、押韵、双关、省音、平行结构等也具有这些特性。

字符和语音具有相似的功能，即通过模拟和隐喻等方式来形成突出的字符表达形式，如 Ronald Sukenick 利用页面的空间布局来模拟鸟儿在空中飞翔和群鸟在森林中引吭高歌、热闹非凡的景象。利用空间布局作为突出的手段，个体语篇中创造出"统一性"是这篇实验短篇小说的文体特色。大体字、黑体字、斜体字，以及在该用大写时用小写等都是利用这种手段，如例 2.2。

例 2.2

Pheasants waltz across the road

Grouse explode in the underbrush

a Hawk

              hangs

              in the air

                birds

     the

                    (Ronald Sukenick: Birds)

词汇是形成突出的最常用手段，如可以使用修辞格：明喻、隐喻、拟人、换喻、婉转、夸张、矛盾修饰法、反语、双关语、悖论法等等，或者使用口语词、书面词、古词、新词、专业术语、行话和隐语等和行业相关的术语，也都可以产生明显的文体特色。总之，某类词汇的高频率出现会形成突出的手段，在语篇整体或局部形成某种统一的特色。

在句法语法层面，某类句子的高频率出现，以及句子的排列方式都可以用来产生突出的形式。圆周句（periodic sentence）、松散句（loose sentence）、省略句（omission）、倒装句（inversion）、对偶（antithesis）、排比（parallelism）、设问（rhetorical question）等句式的运用都可以在语篇整体或者局部形成统一性，产生文体效应。

在语篇层面上，首先句子之间要形成一定的意义关系，通过 Halliday 和 Hasan（1976）所说的指称关系（reference）、替换关系（substitution）、省略关系（ellipsis）、连接关系（conjunction）和词汇衔接（lexical cohesion）来把语篇联系起来。

除了衔接关系外，每一个语篇都有一个体裁结构，由语篇的交际目的决定，由一个统一的主题统领，形成一个宏观的语篇体裁结构。语篇中的所有段落都统一于这个框架之中，由时间顺序、空间顺序、对比与比较、类比、渐进、分类、概括等体现。语篇的体裁结构可以是叙述、描写、说明、议论；就这个体裁的功能而言，可以是广告、请柬、信函、访问记录、演说辞、科技论文、诗歌、小说等。

从以上分析可见，文体学的理论模式主要由三个部分组成：（1）获取突出的手段，或者称技巧、方法，如偏离、陌生化、前景化等；（2）不同层次的语言特征，包括语音、字符、词汇、语法、语篇特征；（3）语境，包括文化语境、情景语境、交际目的，即语境因素促使讲话者选择突出的不同层次的语言特征，形成突出的模式，在语境中产生文体效应。

2.5 文体学的分类

文体学根据不同的标准可以有不同的类别。例如，上面把文体学分为理论文体学、文学文体学和语体文体学是根据文体学的研究领域和对象确定的。另外，文体学理论还可以根据语言学理论类别、作者或者读者、理论或者应用，或方法而分为不同的类别。

2.5.1 语言学文体学

根据文体学研究所使用的不同的语言学理论以及相关的理论划分文体学的类别是大多数文体学家使用的方法。根据 20 世纪流行的语言学理论，文体学包括以下几个类别：形式文体学、功能文体学（functional stylistics）、认知文体学（cognitive stylistics）、话语 / 语篇文体学（discourse / text stylistics）、语用文体学（pragmatic stylistics）、情景文体学（contextualized stylistics）和多模态文体学（multimodal stylistics）。

2.5.1.1 形式文体学

形式文体学指的是 1910 年到 1930 年间的一群被称为俄国形式主义者的理论家以及后来的文体学家，特别是 20 世纪六七十年代的文体学家所从事的一种文体学研究（Norgaard，2010a）。除了俄国形式主义之外，晚期的形式主义文体学主要是运用 Chomsky 的生成语法进行文体分析，即生成文体学。文体学家 Ohmann 在 1964 年的《生成语法和文学文体的概念》（"Generative grammars and the concept of literary style"）一文中提出了文体学的转换模式。Ohmann 认为深层结构是意义资源，向表层意义的转换并不会改变深层结构的意义。文体是一种写作方式；一种深层结构可以转换成不同的表层结构使得作者能够采用不同的方式来表达同一种意义。也就是说，如果两种或多种表层结构由意义相同的同一深层结构派生而来，那么这两种不同的表层结构之间就会产生文体差异。例如，The committee dissolved the meeting 和 The meeting was dissolved by the committee 表达同样的命题内容，其深层结构都是"委员会解散了会议"，然而它们的文体风格却迥然相异。前者使用主动句，而后者使用被动句。

用他的转换模式分析风格迥异的海明威和福克纳两位作家的作品，会发现两位作家风格的差异源自他们倾向于不同的转换规则：海明威更多使用删除规则（deletion rules），而福克纳较多运用添加规则（additional rules）。这就是为什么海明威的作品用词简约，句子以短句为主；而福克纳的作品用词华丽、句子结构复杂。

2.5.1.2 功能文体学

功能文体学指以韩礼德的系统功能语言学为理论基础的文体学理论。韩礼德的功能文体学理论的核心是"功能的思想"，把文体视为"前景化"，即"有动因的突出"（Halliday，1971）。韩礼德认为语言结构是在交际过程中根据其使用功能发展而来，并将语言的功能归纳为三个纯理功能，所有的语言结构都可以从这三大功能上给予解释。功能的思想把语言形式和情景语境联系起来，有利于我们从更深层次上把握语篇的文体特点。对情景语境的关注是系统功能语言学的另一重要思想，与语言的三个功能相对应，韩礼德认为情景语境包括三个组成部分：话语范围（field）、话语基调（tenor）和话语方式（mode）。功能语言学理论的系统性为我们从系统上进行文体分析提供了很好的语言学理论框架，这也与系统功能语言学的创建目的有关，因为功能语法是"为那些以语篇分析为目的的语法学习者而编写的"，"从功能体现的角度解释语法结构和语篇分析有着更为直接的关系"（Halliday，1994：x），而语篇分析是文体分析的第一步。

2.5.1.3 话语 / 语篇文体学

话语 / 语篇文体学是 20 世纪 80 年代初以来随着语用学和话语分析以及篇章语言学的发展，采用话语分析模式进行文体分析的文体学派别，以语篇作为分析对象，研究句子间的衔接、话轮间的关系和规律、语篇组成成分之间的语义结构关系等等。因为语篇是一个交际单位，所以三者都注重交际双方相互作用的过程，关注话语是如何产生的。主要的理论模式有伯明翰话语分析法以及韩礼德的衔接理论等（Toolan，1990：273-274）。伯明翰话语分析法也是借鉴韩礼德的阶与范畴语法级阶模式（句子—小句—词组—词—词素），建立了五个层次的话语模式：互动（interaction）、话段（transaction）、交换（exchange）、话步（move）、行为（act）。该分析模式是英国伯明翰大学的 John Sinclair 和 Malcolm Coulthard 创立的。伯明翰话语分析法的分析重点是交换、话步和行为，特别是话步。通过对话步分布的分析，可以观察会话双方的人际关系。Toolan 运用 Burton 对"开题话步"、"支持话步"和"挑战话步"的区分，对乔伊斯（James Joyce）小说中的人物对话进行了分析，发现乔伊斯使用大量挑战话步来表现人物间的冲突（Toolan，1989）。

2.5.1.4 认知文体学

认知文体学家把研究的重点置于心理过程上，探讨讲话者、听话者的设想、愿望、信仰等如何构建语篇的意义。首先，Fish 的感受文体学被看作认知文体学的早期形式之一。Fish 认为，"文体分析的对象应为读者在阅读时头脑中出现的一系列原始反应，包括对将要出现的词语和句法结构的种种推测，以及这些推测被证实或被修正等各种形式的瞬间思维活动。读者所有的原始反应都有意义，它们的总和构成话语的意思。"（见申丹，2009b）

到了 1992 年，Sperber 和 Wilson（1986/1995）开始把关联理论用于分析语篇的文体。他们否定认知形式与意义间借助惯例存在着固定的相互联系，认为语篇的意义仅是能解码而已。他们还认为意义创造是个推理过程，这会导致不同的解释，因为不同的读者在处理语篇过程中会用不同的假定。在他们的理论中，不确定性（indeterminacy）是不可否认的。这种不确定性是由关联性（即语言特征的主题意义和美学效果的关联性）所确定的。他们把关联性看作构成一切认知的基础性原则。

最有影响的认知文体学理论是 Semino 和 Culpeper（2002）所编的论文集中推出的理论，即把认知文体界定为跨语言学、文学研究和认知科学的新的文体学流派（申丹，2009a）。他们（Semino & Culpeper，2002）探讨了认知语言学的核心概念，如概念整合、隐喻、类比和讽喻、思维和语言体验；介绍了语言学理论和其他理论方法的应用，如反映认知过程的句法结构、否定以及概念隐喻、图形和背景理论、思想风格、语篇语言模式等；讨论了幽默、人物塑造、社会认知特别是社会图式等。

2.5.1.5　语用文体学

语用文体学是以语用学为理论基础的文体学理论，主张在文体分析上把语言语境化。此理论包括语言行为文体学，即分析者的兴趣不仅要放在说话人所谈论的事物上，而且还要放在他所做的事情上，言语所达到的效应是讲话者正在履行话语所做的事情（作一个许诺、发布一条命令或声明等等）（Pratt，1977）。言语行为分析的局限性暴露了语言行为分析依赖保守思想作为基础的假设。

第二种理论包括含义文体学，即通过含义（implicit meaning）来分析语言的文体特征。例如，Short（1982，1983）针对预先假定和推理含义提出如下问题：当讲话者表达一个特定话语时，他会预料到结果吗？预先假定或推理是形式还是内容，还是二者兼而有之？这样的分析成功地避免了陷入不完美的内容／形式的两分法。

2.5.1.6　语境文体学

语境文体学是文体学的一个新的分支（Mills，1992）。以往的文体学研究，如形式文体学、功能文体学、语篇文体学等，都研究文本或语篇的内在特征，属于文本内在批评。语境文体学在理论上更为关注能够决定文本内在特征的文本以外的因素。这似乎与注重社会历史语境的传统的文学批评雷同，其实并非如此。语境文体学强调文本特征（如词汇）同语境的联系，可以帮助读者避免传统文学所具有的那种对因果关系所作的漫无边际的概括。

2.5.1.7　多模态文体学

随着多模态话语分析理论的发展和文体学研究领域的扩展，文体学的研究范围开始从研究单纯由语言体现的意义，向研究由语言之外的多种符号系统体现的意义扩展。而传统的文体学理论则无法把这些意义纳入其研究范围中，多模态文体学理论应运而生。多模态文体学把文体学的理论、方法和实践与多模态符号学联系起来，目的是利用语言和其他模态，如印刷术、空间布局、图形图像、颜色等来构建文体分析框架，对文学作品及其他类型的语篇进行分析，探讨它们构建意义的方式。

多模态文体学的研究重点是不同的符号模态如何在意义构建中相互协同、交流，扩展文体学的研究范围，强调多模态文体学能够解释不同的模态如何共同创建意义。

2.5.2 感受文体学

大多数文体学理论基本都是从作者的角度，即从作者对语言进行选择的角度对语言的文体进行研究。美国文体学家 Fish 和法国文体学家主张，文体效应是通过读者发现的，所以，应该把读者的感受放在优先的位置上，他们把这类文体学研究称为感受文体学。Fish 攻击形式主义文体学对语言特征的描述，也攻击功能主义的语篇解释。他主张建立一个表达感情的文体学，每个读者用不同的想象，采取不同的解释过程。Fish 认为，读者对语篇的解释方法取决于他们所属的公众类型，文体是一种有生气的效果。这种效果是读者在阅读语篇的过程中产生的。他把文体效果定位在阅读活动中，而不是定位在语篇中。

2.5.3 女性文体学

女性文体学的倡导者是 Burton（1982）。女性文体学没有单独的语言学理论和其他基础理论的探索，而是以功能语言学为其理论基础，但它在文学批评上倡导思想性，在文体分析上倡导清晰的语法分析和采用读者反应（reader's response）的方式解释语篇的文学批评。文体分析上采用韩礼德的及物性（transitivity）过程分析方法，主张一种清晰的语法语篇分析，提倡文学评论要强调政治思想，要向社会上的主导思想进行挑战；反对性别歧视，提倡在文学作品和文学批评中树立妇女新形象（杨传普，2003）。

2.5.4 社会历史 / 文化文体学

社会历史 / 文化文体学源于一些文体学家把语言视为意识形态的物质载

体，把文本视为意识形态和社会结构的产物，又反过来作用于意识形态和社会结构这样一些观点。它以系统功能语法为分析工具，认为文体学的任务就是揭示和批判语言中蕴含的意识形态或权力关系。Burton（1982）是社会历史 / 文化文体学的开创人之一。她认为，后浪漫主义经典文学中有很大一部分掩盖矛盾和压迫，为统治阶级的意识形态服务，而文学批评，尤其是文体学，则通过对这些文体的分析和欣赏成为统治阶级的帮凶。她呼吁文体学家审视自己的研究，厘清自己要为统治阶级意识服务，还是要挑战这种意识。她认为文本分析是认识通过语言建构出来的各种现实的有效方法，是批评社会、改造社会的有力工具。Burton（1982）认为在语言结构和话语之间存在着密切联系；语言是社会符号，话语是社会政治现象，文学是社会语篇。文体学分析就是看社会语言变体在文本中如何适应有关文化的社会、经济、技术和理论要求，挖掘语言结构中蕴含的阶级观念、权力关系、性别歧视等意识形态，从而使语言表达带上各种烙印和偏见。

2.5.5　教学文体学

教学文体学（pedagogical stylistics）产生于 20 世纪 70 年代，代表人物是 Widdowson（1975）和 Carter（1978）。教学文体学家们认为文体分析是严密的，且可能是重复的；越来越多的文体学研究的目的不过就是显示文体分析作为一种阅读方法，可直接用于学生，不仅用于以英语为母语的学生的学习，而且用于以英语为外语的学生的学习。英国很多文体学家主张向着语言一体化的方向进行研究，提出了他们称之为先文学的，以语言为基础的研究活动（如整理、语篇比较、改写等其他类型的创造性写作练习）。人们期望这些活动不仅会培养学生们的阅读与写作技能，而且会唤醒他们运用语言的意识和灵敏度。

2.5.6　方法文体学

有些文体学理论是根据文体学研究使用的研究方法来定义的，包括利用计算机统计和计算来进行文体研究的计算文体学（computational stylistics）（申丹，2008c）和用语料库的方法对语篇的文体进行研究的语料库文体学（corpus stylistics）。

2.5.6.1 计算文体学

计算文体学并未采用计算语言学模式，请看下面两个定义：（1）计算语言学利用数学方法，通常在计算机的帮助下进行研究（Richards et al.，2000：90）；（2）计算文体学采用统计学和计算机辅助的分析方法来研究文体的各种问题（Wales，2001/2011：74）。它们都是利用数学方法（统计学方法）和计算机来进行研究。Wales（2001/2011：74）将计算文体学视为计算语言学的一个分支，是因为她看到了二者在利用统计学和计算机上的一致性，但二者之间实际上是一种并行关系：计算语言学利用统计学和计算机来研究语言问题（Richards et al.，2000：90），而计算文体学则是利用统计学和计算机来研究文体问题（Burrows，2002b；Hardy，2004；Stubbs，2005）。

2.5.6.2 语料库文体学

语料库文体学（孙爱珍，2009）把文体分析和语料库语言学结合起来，试图提供一种创新性的方法来描述语篇中的言语、写作和思想表达形式。语料库文体学通常强调语料库的使用，在对语料进行加工标注的基础上，通过词频统计、主题词检索、索引、词类分布以及特殊结构的人工标注与检索统计等手段，对文学作品主题、人物形象的塑造、叙事的发展以及作家风格等进行研究，也包括对非文学语篇的文体研究，如对新闻语篇、科技语篇、法律语篇等文体的分析。

基于语料库的研究已经在以下四个主要分析和描述类型上展开：（1）基于词汇的研究，从出现及出现频率的角度探索词汇的出现语境；（2）研究有语法标注的词汇共现，看这些词汇如何组成句型并为句法应用的量化分析提供基础；（3）研究不同语言项目或语言组合的共现，用因素分析方法对某个体裁的语言特征进行分析；（4）研究话语结构，以及口语和笔语语篇的衔接基础（Kennedy，2000：276）。

第三章 文体机理：偏离、突出与前景化

3.1 引言

最早的研究认为，文体效应是通过偏离常规形成的，如亚里士多德在《诗学》中就提出"偏离常规用途的非熟悉化"可提高效果；Shklovskij 则提出了"非熟悉化"、"陌生化"等概念来描述产生偏离的语言机制；布拉格学派的 Havranek 提出了"前景化"概念，认为文体效果是违反语言常规形成的。功能文体学的创始人 Halliday 重新解释了"前景化"概念，区分了突出和前景化，认为突出是形式上的，需要在合适的语境中才能前景化；文体是"有理据的突出"。突出即读者阅读时的心理效果，或者说是语言特征对读者造成的刺激。上述两种观点中，前一种是把突出这种心理效果等同于文体效果，并把文体效果的根源解释为偏离常规的语言特征；而后一种进一步让突出经过语境的检验，看引起突出这种心理效果的语言特征是否在语境中具有功能，即是否具有文体价值。也就说，对于功能文体学来说，突出只是心理效果，不足文体效果；只有当引起突出心理效果的语言特征在语境中具有功能，即被前景化时，这种语言特征才具有文体价值，该语言特征引起的心理效果才是文体效果。20 世纪 90 年代兴起的认知文体学则从认知的角度探讨文体效果产生的机理，认为文体"产生于作者与读者经由文本之互动过程"（刘家荣、林文治，2004）。

偏离、突出和前景化这三个概念在文体学研究中高频出现，但是常有重叠和混淆。国内对这三个概念的译法不统一是导致概念混淆的一个重要原因。张德禄（1999：44）指出，"国内学者常把 foregrounding 译作'突出'，把 deviation 译作'变异'"。他提出，"Halliday 接受了 Mukařovský 的观点，把文体视为'前景化'，但他明确把前景化视为'有动因的突出'"。因此，张德禄（1999）认为，"把 foregrounding 译作'突出'混淆了有动

因的突出与没有动因的突出（即与情景语境或作者的整体意义无关的突出）之间的界限，所以应将其译作'前景化'；同时，deviation 也应译作'偏离'，从而与 variation 相区别"。本书采取张德禄（1999）的译法，将 deviation 译为偏离，prominence 译为突出，foregrounding 译为前景化。在统一这三个概念的译法的基础上，本章重点探讨这三个概念的所指和它们之间的关系，按照先后顺序探讨文体学界，特别是三大文体学流派对文体效果产生的理据和根源的解释——从"文体效果源于偏离"到"文体效果源于情景语境中的前景化"，再到文体效果是文体特征与认知结构的呼应。另外，本章还细致地探讨了关于前景化的一些容易混淆的概念，特别是形式文体学派提出的"前景化"概念和 Halliday 的"前景化"概念之间的区别。

3.2 文体效果与偏离

偏离即违反常规。语言在使用中有语音、语法和词汇等方面的规则，约定俗成地成了语言的常规，而出于特定需要有目的地违背这些规则便构成了变异。"在文体学研究中，共核语言（common core）中大量地按照普通方式运用的基本词汇、基本句式、基本表达手段的通常用法构成语言的常规，而一种文体的特殊用法则是对这类常规的变异或偏离"（王佐良、丁往道，1987：1）。因此，偏离就是指超出共核语言之外的那部分特殊用法，"就是不符合语言的常规"（ibid.：412）。在实际的文体分析中，对常规的判断要比理论上所说的复杂，因为语言中不存在一个放之四海而皆准的常规。没有一组在所有情况下都可以参照的可预料的形式（Halliday，1973：114）。判断常规所参照的范围可以是不同的。它可以是整体语言，也可以是一种体裁、一个文学流派、一个作者的作品等。因此，一种语言表达在某一局部是常规的，但在更大的范围内就可能会成为偏离。例如，在诗歌中运用比喻手段是诗歌语言的常规，但与整体语言相比，这种用法是偏离的。语言在不断发展，因此一个时期的常规可能到了另一个时期就成了变异。同样，不同语体也有不同的常规。某种语言表达相对于普通语体是变异，在文学语体里可能就成了常规。某种语言表达看似变异，但是在一部作品中反复出现，就可能构成了该部作品中的常规，而原本看似常规的语言表达在该特殊语境中反而可能成为变异。常规的相对性和灵活性要求文体分析者依据具体语境来判断常规，并以其为基础来判断偏离。

偏离的提法最早见于亚里士多德的《诗学》，他提出"偏离常规用途的非熟悉化可拔高词语"（胡壮麟，2000：91）。而真正第一个使用"偏离"这个术语的人是布拉格学派的语言学家 Havranek。同一学派的 Mukařovský 接着将其用于分析诗歌语言，以偏离为标准把文学语言同日常用语、非文学语言区别开来。

如朱永生（2001:2）所说，"从德国的斯皮泽（Spitzer）创立文体学之日起，绝大多数文体学家都把文体看作偏离，把文体分析等同于偏离分析"。本书第五章将要探讨的形式文体学、功能文体学和认知文体学这三个文体学流派中，形式文体学认为文体效果即偏离。俄国文学批评流派形式主义代表人物之一的 Shklovskij（1965）认为，文学之所以被看作文学，主要在于其语言的"文学性"（literariness），即它特殊的语篇结构和表达方式。他在《作为技巧的艺术》（"Art as technique"）一文中指出，艺术的技巧就是要使对象陌生，使形式变得困难，增加感觉的难度和时间长度，因为感觉过程本身就是审美目的，必须设法延长。Shklovskij 认为，"艺术陌生化的前提是语言陌生化"（朱立元，1997：46）。形式主义把日常语言和文学语言区别开来，认为文学语言具有"陌生化"功能，能打破读者感觉上的"自动化"（automatization），使读者从一种"麻木不仁"的状态中清醒过来，以便去感知语言的艺术（秦秀白，2004：389）。换句话说，"陌生化"思想主要是为了打破人们对常规的既定感受，瓦解艺术形式和语言方式运作上的自动化和心理上的惯性化，重构我们对世界的感觉，从而走出审美疲劳。因此，"日常语言要成为文学语言，必须经过艺术家的扭曲、变形或陌生化"（朱立元，1997：47）。"在 Shklovskij 看来，经过陌生化处理的文学语言，不负载一般语言的意义，丧失了语言的社会功能，而只有'诗学功能'"（ibid.）。也就是说，文学语言之所以具有文学性或诗学功能即文体效果，是因为文学语言偏离了日常语言应用规则，从而失去了其在日常语境中的表意功能，而只具有自指功能。陌生化从读者心理的角度为判断语言是否偏离提供了依据，即偏离的语言是打破读者所习惯的语言常规、使读者感觉陌生的语言。

"Jakobson 和 Mukařovský 都把文学性看成是对语言使用的偏离。他们和布拉格学派的其他学者共同发展了语言学的'突出'或'前景化'这一文体学概念"（方汉泉、何广铿，2005：384）。Jakobson 对文体学最重要的贡献是他提出的"诗学功能"概念。他指出，如果在某个信息中诗学功能"占优势"（dominant），那么该信息（语篇）就可以称为"诗学的"、"美学的"、"文学的"或"艺术的"。他所创的术语"文学性"就是诗性，即诗歌是对日常语言施加有序的篡改，或是按诗歌的形式对语言有序地施压（Erlich，1955/1980：219）。在 Jakobson 等形式主义者看来，"文学性就在文学语言的联系与构造之中"（朱立元，1997：49）。在 Jakobson 看来，"诗的功能在于指出符号和指称不能合一，即诗歌（文学）语言往往打破符号与指称的稳固的逻辑联系，而为能指与所指的其他新的关系和功能（如审美）的实现提供可能"（ibid.：50）。Mukařovský用"前景化"这个概念来描述文学语言的特征。他指出，"前景化"是"自动化"的对立面，是对一种行为的"非自动化"（de-automatization）；客观地讲，"自动化"能使事件"程式化"（schematization）。"'前景化'则是对'程式化'的违背；语言的诗意化其实就是对标准语言规则的系统的违背"（秦秀白，2004：389-390）。Mukařovský 的"前景化"就是指文体中引人注目的、新颖的、系统地违背常规的特征。他认为诗歌语言的功能在于最大限度的"前景化"。前景化一词原用于绘画，意为让需要突出刻画的人或物处于画面突出的位置，即前景，其他的人或物则构成背景（background）。在绘画中，具有艺术价值的往往是偏离于仅对自然的抄袭，从而产生一种前景化的效果。当前景化原理应用于文学语言时，是指"语言上的偏离，而背景是人们一致接受的语言系统"（郭鸿，1998：195）。由 Havranek 提出、Mukařovský 进一步发展的前景化概念后来虽然成为判断文体特征的最重要的标准，并被功能文体学沿用，但是，Havranek 和 Mukařovský 的前景化是相对于语言标准这个背景的前景。换句话说，他们的前景化本质是偏离，即对语言标准的违背。Traugott 和 Pratt（1980：31）就把他们的前景化等同于生成学派的偏离。

需要特别强调的是，形式文体学家并不是关注所有违反语言常规的语言特征。人们往往想当然地认为形式文体学就是分析所有形式特征的文体学派，其实不然。几位主要的形式文体学家各自关注语言的某一种应用规则，并把文体效果等同于对该语言应用规则的偏离。比如，Jakobson 在分析诗学功能即文体效果时，以索绪尔语言学为依据，关注的语言应用规则是词汇之间的选择和组合关系。选择近似于索绪尔语言学中的纵组合概念，即语句中排列的词是从众多能够替换的对等词语中选择出来的。组合关系则对等于索绪尔语言学中的横组合概念，也就是上下文之间的联系。"Jakobson 认为，诗学功能就是把对等原则由选择轴投射到组合轴，形成诗句的对偶"（朱立元，1997：51）。换句话说，Jakobson 把语言系统中词汇之间的纵聚合关系作为常规，而当原本是纵聚合关系的词汇被投射到横组合轴上时，便违背了语言常规，从而产生了文体效果。另一位重要的形式文体学家 Riffaterre（1959）则认为，文体效果来源于词汇与语境的对比和冲突，即某词汇原本不应该出现在该语境中，因而当该词汇出现在该语境中时便违反了该词汇的应用常规。对于生成文体学来说，文体效果产生于从深层结构到表层的转换规则；对于 Dillon（2010）来说，文体效果来源于句子中的语言顺序。第五章中形式文体学部分将会对此作更详细的探讨。形式主义文体学家不仅在实践中以偏离为判断、分析文体效果的标准，而且在理论上发展了偏离的概念。如王佐良和丁往道（1987：507）所说，"他们对于文学语言中——尤其是诗歌语言中——的变异（偏离）作了深入的探讨，对于文体研究提出了理论上的解释"。

　　语言学家 Leech（1969）对文体效果产生的理据持相近的观点，并且对偏离现象进行了更加仔细的分类。他从二个方面肯定了偏离存在的意义和作用：（1）形式是为内容服务的，因此偏离的形式一定与某些内容相联系；（2）偏离是有意义的，所以作者选取某种偏离的形式一定有他自己的意图；（3）读者能识别出偏离现象，并能把偏离的形式和作者所要表达的意义联系起来。Leech 认为，诗歌必须注重带给读者的兴趣和惊喜而不是套用自动化的模式；诗歌语言要通过系统地违背语言的常规而使语言非惯例化，来突出语言的自身特点，把读者的注意力引向语言自身的音韵、词法、句法等形式上，也就是把视觉和听觉上的物质特征推到前台以刺激读者，即前景化（Leech，1969：57）。虽然 Leech 明确地赞成以偏离语言常规来判断文体特征，但是我们也看到这种判断不可避免地与读者心理相关。也就是说，从作者编码的角度看，作者是通过偏离语言常规，从而让读者感觉到语言刺激；从读者解码的角度看，读者是因为感受到语言刺激，才会注意到偏离常规的语言特征。Shklovskij 的陌生化效果，在 Leech 看来，"把视觉和听觉上的物质特征推到前台刺激读者，即前景化"就是读者阅读时的心理效果，即突出。从上述形式文体学家的文体分析实践和 Leech 的论述中可以看出，形式文体学派和 Leech 都把读者感受到的语言刺激或心理效果，即接下来将要探讨的突出，等同于文体效果。换句话说，在他们看来，读者在阅读中感受到的语言刺激就是文体效果，而上述形式文体学家各自规定一种语言刺激效应，并将其归因于偏离某种语言常规的语言表达。一言以概之，对他们来说，偏离是文体效果产生的唯一原因。本书第五章形式文体学部分将会对此作更加详细的阐述。

把偏离常规作为判断文体特征唯一标准的做法受到很多文体学家的挑战。主要原因有三：（1）偏离不是构成文体特征的必要条件。Halliday（1973）认为，人们在文体学研究中对偏离不感兴趣。相反，某个产生了很大影响的作品，如果一个词一个词或一个句子一个句子地来看，往往没有什么特别或引人注目之处。很多语言特征并没有违反语言使用的常规，而只是在数量上突出，也可能构成文体特征。（2）少量的偏离不足以成为文体分析的对象。某一个句子偏离语言常规并不能构成文体特征。也就是说，偏离必须达到一定的数量，才能构成突出，从而有可能成为文体分析的对象。Mukařovský（1970：44）说，"诗歌语言获得最大的前景化的手段在于前景化的连贯和系统的品质。连贯性表现为把被前景化的成分重新安排，使之出现在一个稳定的方向上"。其他体裁也都一样。Leech 与 Short（2001：50）是这样解释的，只有当突出的语言特征"与其他文体特征构成重要的关系，形成一种艺术上连贯的选择模式"时，这样的语言特征才是被前景化的，也才具有文体价值。简言之，是连贯的、系统的语言选择才可能构成前景化，而不是"一个孤立的语言特征"。（3）偏离的特征必须与语篇的整体意义相关，即被前景化，才能成为文体分析的对象。如申丹（1997，2002）所说，判断文体特征的标准是要考察这些语言特征与特定"作品大的主题与结构"之间的关系，考察这些语言特征是否对"文本的阐释"或"作品的整体意义"作出了贡献。把文体效果完全归因于偏离的语言特征割裂了语言特征与语境的关系，是典型的形式主义做法。

但是，不可否认，偏离是产生文体效果的主要理据的观点仍然具有一定的价值。偏离的现象确实在许多语篇，特别是在诗歌中大量存在。它打破了语言结构（如语音、音系、词汇、句法、语义等）的常规，从而使某一特征突现出来。因此，偏离即使不是判断文体特征的充足条件，也是其重要前提之一，仍然被应用在文体分析之中。薛玉凤（2006：85）通过分析小说《第二十二条军规》中偏离常规的语言现象，特别是从"结构与逻辑、重复、不可言说的言说三个方面简要分析小说中的偏离现象，进而透视其中的文化意蕴与文化内涵，阐明荒诞主题来自荒诞的形式"。韦兰芝（2006：60）也"就语符、格律音韵、词汇和语法层面对狄金森诗中的偏离现象进行阐释，旨在引领读者从语言偏离这一独特的视角来欣赏狄金森诗歌语言中丰富的意蕴和独特的艺术美感"。

如果说偏离是客观的语言特征，即语言表达对语言常规的违背，那么突出（prominence）则是一种主观感受、心理反应、心理效果。上文说过，形式文体研究也提到读者的主观感受。比如，Riffaterre 的感受文体学以读者的感受为文体分析的出发点，但是它不研究读者的不同感受，也不会分析读者感受的具体表现。Riffaterre 提到的读者感受只是出乎意料的情感反应，而且他也不会通过实验真正了解读者的这种情感反应，更不会考虑读者其他的不同情感的反应方式或者不同读者对同一语言特征的不同感受。不仅如此，他很主观地挑选出出乎意料的情感反应作为所有语篇的文体效果，并且认为让读者产生出乎意料的情感反应的理据就是语境中的对比，即语言表达的不可预测性。也就是说，Riffaterre 的感受文体学虽然提到突出这种读者的主观感受，却将其过度简单化为出乎意料这一种情感反应，并把这一种情感反应直接等同于文体效果，然后将其作为分析与语境冲突的词汇特征的假设或者引子。换句话说，形式文体学即使涉及突出这种主观感受，也没有明确地提出这个概念，且往往将其简单化为一种情感反应类型，并且在不考虑语篇语境的情况下将读者的心理效果直接等同于文体效果，然后将其完全归因于偏离语言应用规则的语言特征。在功能文体学体系内，突出这个概念得到了重视，成为文体分析中的重要概念。功能文体学全面地探讨了突出产生的方式，即突出的客观语言理据。功能文体学对突出的产生方式的探讨是以文体效果源于偏离的观点为基础的，但是功能文体学认为偏离的语言特征不是突出的唯一根源。更重要的是，功能文体学派不是把文体效果归因于突出的方式，即引起突出的语言特征，而是将突出作为判断前景化文体特征的基础。换句话说，对于功能文体学来说，突出只是心理效果，不等同于文体效果，而该心理效果是否是文体效果还需经过语境的过滤。只有当引起突出心理效果的语言特征与语篇的整体语境相关，即被前景化时，这种语言特征引起的心理效果才是文体效果。下文主要探讨功能文体学派对突出产生的方式，即突出产生的语言理据的解释，各文体学流派对突出的不同理解，以及突出与偏离和前景化的关系。

3.3 文体效果与突出

3.3.1 突出的方式

Halliday 一反之前的文体学流派所持的文体效果即偏离的观点，在 1969 年在美国召开的文学文体研讨会上宣读了题为《语言功能和文学文体》的论文。这篇论文可以称得上是功能文体学的理论奠基之作。Halliday 在论文中明确指出，偏离现象"对文体学来说价值十分有限"，认为"这种现象很少见，出现时一般也没有什么文体价值"。1983 年他又进一步指出，"如果语篇有变异（偏离）现象，而且这种（偏离）只是对于作者和读者共有的某种常规而言是有意义的，把它记录下来并作出解释当然是有趣的。然而，包括散文和诗歌在内的大多数文学作品并没有违背英语语法。恰恰相反，违背语法规则的语篇一般都不是我们所说的文学语篇。大量报纸上耸人听闻的标题所含的变异（偏离）现象多于典型的现代诗歌。依靠对语言常规的变异产生作用的文学语篇为数极少"（转引自朱永生，2001：2）。他认为在读者心理上造成"突出"之感的是某种结构在具体语篇中的数量明显超过其他结构的现象，而不是那些背离语言常规的偏离现象。他认为，"突出"是一个概括性术语，指语言显耀现象，即语篇中的某些语言特征以某种方式凸显出来（Halliday，1973：113）。

关于偏离与突出的关系，文体学界一直争议颇多。争议的核心问题是突出产生的方式，即把突出的方式视为偏离，还是把它看作数量上的显耀现象，也就是说，是从性质上看待突出，还是从数量上看待突出。关于这个问题，张德禄（1999：43-39）作了非常详细的探讨。生成学派倾向于把突出视为"偏离"（见 Traugott & Pratt，1980：31），即偏离语言常规的语言特征是突出的语言理据。就文学作品而言，作家采用偏离常规的语言就是为了产生"与众不同"的艺术效果或主题效果。Halliday 则倾向于把突出的根源视为数量上的显耀。Halliday 认为，把突出的理据视为对常规的偏离是自然的，它可以解释为什么这些突出显耀，特别是在我们强调显耀效应的主观特性时。但同时他认为，偏离说对古怪的东西给以太高的评价，意味着常规形式对文体研究没有用处。他同意 Wellek 的观点，"语言学文体学的危险在于把注重点放在了对语言常规的偏离和歪曲上。我们得到的是一种反语法、丢弃语法的科学。正常的文体学被文学研究者抛弃，只留给他们偏离文体学。但是，那些最普通的、最常规的语言成分常常是文学结构的组成成分"（Halliday，1973：113）。Halliday 考虑到很简单的语法特征也有文体特性的观点受到多数人的好评。"正如 Angus McIntosh 所说，通过完全常规和非偏离之间的语言可以得到印象最深刻的效应"（转引自胡壮麟，2001：6）。如朱永生（2001：3）所说，"这个观点的提出对于文体学的任务和方法都是一种重大的修正，从理论上指明了文体学的发展方向"。为了使"偏离"论能概括 Halliday 的这一观点，Levin（1965）提出"量的偏离"（quantitative deviation）和"质的偏离"（qualitative deviation）两者并蓄的理论。前者是频率上的偏离，后者是非语法性的出现。

Halliday 不仅提出这两种突出的形式，而且特别强调量的突出。Leech（1969）认为，突出有两种：一种为数量上的突出，即某些语言特征以超常频率重现，或从主观上讲，其出现频率超出了人们的预料，所以这种突出是获取常规的；一种为性质上的突出，即违反语言规则，偏离正常用法的突出，所以是背离常规的。Halliday 认为，这不是两种突出形式，而是一种。所有突出形式最后都可从数量的角度解释。这两种所谓突出实际上是观察突出的两种方式或角度，决定于讲话者从什么角度来观察它。是否可以把在一个较长的语篇中出现的一个不符合语法的句子，或特殊的语音模式，或一种特殊的表达方式看作一种偏离呢？ Halliday 认为，这大概可以看作一种偏离。但这种情况在实际的语言运用中很少见，即使出现，也是不相关的。因此，偏离语言常规并不是构成文体特征的充足条件。特别是数量很少的偏离常规不足以引起心理上的反应，构成突出，更不足以成为文体分析的对象。

笔者同意 Halliday "两种突出形式最后都要从数量的角度来解释"这一说法。偏离常规的语言特征也要达到一定的数量，形成一定规模的连续体，才能构成突出，也才有可能与语篇的整体意义相关。但是，关于 Halliday 轻视质的偏离，过于看重量的突出，甚至提出对两种突出方式不作区分的做法笔者不敢苟同。Halliday 的这种观点是对之前的"文体效果是偏离"的观点的反叛，但是难免有矫枉过正之嫌。笔者赞成申丹（2002：191）的提法，即"区分性质上的突出和数量上的突出有利于把握语言特征的本质"。申丹（ibid.）以 Halliday 对小说《继承者》中的及物性结构的分析为例，举出一个最典型的违反语言常规的例子，即"一根棍子竖了起来，棍子中间有一块骨头……棍子的两端变短了，然后又绷直了。洛克耳边的死树得到了一个声音'嚓！'"。该句所描述的内容如果用常规的语言来表达，应该是"一个男人举起了弓和箭……他将弓拉开，箭头对着洛克射了过来。射出的箭击中了洛克耳边的死树，发出'嚓！'的一声响"。申丹（ibid.）据此指出，Halliday 分析的及物性结构"尽管语法正确，但在概念的形成和表达上明显地偏离了现代语言的常规。这种偏离从本质上说，是性质上的偏离。正是通过这些违反现代语言常规的经验表达，戈尔丁直接生动地再现了原始人看世界的不同眼光。这绝不仅仅是'一些句法结构被出乎意料地频繁选用'的数量上或频率上的突出"。笔者认为，性质的突出和数量的突出是两种重要的突出形式，没有必要厚此薄彼，而应该根据具体的语篇来判断，分析其中的语言特征属于怎样的突出形式。

从突出的方式与常规的关系来看，Halliday 认为，突出的方式既可看作偏离常规，又可看作获取常规，但两者是同一种现象，需根据具体情况判断。但他更倾向于把突出的方式视为获取常规。Halliday 认为，引起突出的语言特征可以是概率性的，是与整体语言不同的频率分布和过渡概率。他把这种现象称为"失衡"。这种现象既可看作对常规的偏离，也可看作获取常规。但无论突出是获取常规，还是违反常规，它总是可以用数字来统计的。对语言特征的数字统计可以包括对长篇巨著中读者对某种语言特征，或某些语言特征的反应，如语音模式、词汇语法模式等，也可以只是对某些很少出现的语言特征的统计。所统计出来的数字可以是突出的客观证明。对此有人提出反驳意见：特征出现的次数一定是与文体无关的，因为我们不知道语言中的频率，所以无法对其给出反应。Halliday 认为，这显然是不对的。我们都对不同的语法或词汇模式十分敏感，它们是我们"意义潜势"（meaning potential）的一部分。读者对语篇意义的预测是以我们意识到的语言中固有的出现频率为基础的。

我们需要反复强调的是，确定了一些语言特征构成突出并不能保证该突出特征就具有文体价值。一个数量上十分突出的特征可能是无关紧要的特征，而某一数量上不十分突出的特征可能是十分相关的。但是，对整个语篇具有价值的文体特征一定是以数量上的突出表现出来的。所以数量上的突出可以帮助我们在众多的突出模式、项目和现象中筛选出可能对整个语篇有价值的文体特征。

需要特别强调的是，数字统计只可以表示突出，不能表示前景化。即数字统计只是文体分析阶段的工具，而在文体解释阶段则要依据前景化标准来决定该突出的语言特征是否具有文体价值。如果语篇中出现了突出的模式，而这一模式又与作者的整体意义有关，即在情景语境中起作用，那么，这些突出的语言特征就是有动因的前景化特征。

3.3.2 突出、偏离和前景化

所有的文体分析归根到底都是对文体效果的分析和解释，但是各个文体学流派对文体效果的理解和关注程度不同，对其产生的理据的理解也不同。正如申丹（2001a：143）所说，"只要涉及作品的主题意义或审美效果，文学文体分析就会包含三个相互关联的层次。最基本的层次为语言特征；第二个层次为语言特征所产生的心理效果；第三个层次则是语言特征以心理效果为桥梁在特定的上下文中产生的主题意义或美学效果"。这三个层次正好对应于本章探讨的偏离、突出和前景化。突出就是第二个层次，即语言特征所产生的心理效果。形式文体学把突出这种心理效果直接等同于文体效果，且往往较为主观地挑出一种心理效果作为文体效果，并将其归因于语言特征，具体来说是偏离常规的语言特征。功能文体学则把文体效果视为 Halliday 所诠释的"前景化"，即语言特征以心理效果为桥梁在特定的上下文中产生的主题意义或美学效果。换句话说，对于功能文体分析来说，读者所感受的心理效果需要经过语篇上下文的进一步过滤；只有让读者产生突出的心理效果的语言特征在语篇上下文中具有功能、对整体语篇的主题意义或美学效果作出贡献时，这样的语言特征才具有文体价值，而只有这样的语言特征产生的心理效果才是文体效果。新兴的认知文体学则主要关注语言特征让读者产生心理效果的认知理据。下文着重分析形式文体学、功能文体学和认知文体学这三个文体学流派对突出的研究，以及对突出、偏离、前景化和读者的认知结构之间的关系的解释。

上文提过，有些形式文体分析以读者的心理反应为文体分析的出发点，特别是 Riffaterre 的感受文体学。但是，Riffaterre 提到的读者感受只是出乎意料这一种情感反应。他并不通过实验真正了解读者的这种情感反应，也不会考虑读者的其他的情感反应方式或者不同读者对同一文体特征的不同感受。实际上，他的分析只是把读者的反应当作文体分析的信号，不会分析该心理效应的具体表现。Riffaterre 坚持，不管读者产生什么样的反应，它们一定都产生于同样的语言来源，也就是语言表达对于语言常规的违反。因此，这种观点虽然涉及突出，但是在对突出本身和突出产生的理据的理解上存在以下三个问题：(1) 把读者复杂多样的心理效应简单化为一种心理效应，而无视其他心理效应；(2) 将该心理效果直接等同于文体效果，而实际上引起该心理效果的语言特征不一定在语篇整体中具有文体价值；(3) 将该心理效果，即文体效果，完全归因于语言特征，且只是偏离语言常规的语言特征。虽然形式主义文体学家的具体分析方法不尽相同，比如他们各自挑出不同类型的心理效果作为文体效果，并将之归因于对某一种语言常规的偏离，但是他们在对突出和突出的理据的理解上都存在上述三个问题。

事实上，不仅形式文体学把突出作为文体分析的起点，更早的德国文体学家 Spitzer 也明确地提出了这个观点。"Spitzer 认为文体分析首先要靠本能的反应。在多次阅读作品之后可能会触发这种反应。有了这一反应之后再从作品语言分析中得到证实"（王佐良、丁往道，1987：504）。可以说，所有的文体分析都始于分析者的感受。形式文体学把突出这种心理效果等同于文体效果，并认为其完全源于语言表达对语言常规的违反，而功能文体学则用语境和功能进一步检验突出的语言特征是否前景化，是否具有文体价值。文体学界往往把 Halliday 所说的突出和前景化混淆起来。事实上，在 Halliday 构建的功能文体学系统中，突出和前景化是两个不同的重要概念。他对这两个概念都作了深入阐述。他提出突出不仅可以由质的偏离引起，也可以由符合常规的语言现象高频率地出现所引起。不仅如此，Halliday 把与情景语境相关的突出称为"前景化突出"，即突出是文体分析的前提，而只有当这种突出与语境相关，即被前景化时，才能成为文体分析的对象。

就文体分析的步骤而言，突出和前景化属于文体分析的不同阶段。Halliday（1983）认为，文体分析的程序可以包括三个步骤：分析阶段、解释阶段和评价阶段。这三个阶段不是相互分离的，而是常常融为一体的，但是它们之间还是有一定顺序的。功能文体分析可以采用自下而上的程序：从语音或文字层入手，并通过词汇语法层面到达整个语篇的语义整体，最后到达语篇的情景语境和文化语境。也可以采用自上而下的程序：从语篇的文化语境和情景语境开始，然后到语篇的语义结构，再到词汇语法层，最后分析语音或文字层。功能文体分析常常采取自下而上的分析方法，即根据音系、字系特征和词汇语法特征来确定语篇的突出特征，然后根据这些突出特征与情景语境的关系、在语境中的功能来发现语言的突出特征与语篇的交际功能的相关性。解释阶段确定这些突出的语言特征是否在语境中有价值，以及有多大的价值。如果突出的语言特征在语境中有价值，那么它就是前景化的文体特征，否则就不具有文体价值。简言之，找到突出的语言特征是分析阶段的任务，是文体解释的基础，而解释突出的语言特征在语境中的功能或文体效果则是分析的最终目的。

功能文体学全面地研究了引起突出的语言理据。张德禄（2005：75-215）探讨了在功能文体学的框架中语言在语义层、语法和词汇层、语音和文字层的突出及其可能具有的文体效应。Halliday（1994）淡化了 syntax 和 vocabulary、lexis 与 grammar 的界限，将这两对概念放在同一层面进行研究。比如，就语法层的小句而言，它包括主位结构、语气结构、情态和及物性结构。张德禄（2005：98-122）分别讨论了各种语法结构的突出形式。以及物性结构为例，功能文体学认为及物性结构的突出包括及物性结构失衡突出和失协突出。在某个情景语境中，当对某类及物性结构的选择频率特别高，且这种选择与情景语境相关时，这种选择就会前景化。因此，及物性结构的高频率出现是一种失衡的突出方式。及物性结构的失协则是指用与典型形式不一致的语法形式来表达某种意义，即某种意义被转移到另一种形式上去表达。这就是及物性结构隐喻。"这种语法隐喻既涉及过程类型的转移，也涉及参与者，甚至情景成分的转移"（ibid.：119）。功能文体学针对语言各个层面的其他语言结构也分别探讨了失衡突出和失协突出。这说明，相比于形式文体学，功能文体学对文体效果产生的语言理据的探讨更加全面、系统。它不仅关注违反语言应用规则的语言特征，而且关注质上符合语言常规但是量上突出的语言特征。更重要的是，这些突出的语言特征是否具有文体价值还要由这些语言特征与语境的相关程度来决定。也就是说，就对文体效果产生的语言理据的理解来说，功能文体学比形式文体学的偏离说增加了量的突出这一方面。更重要的是，功能文体学认为，突出的文体特征不一定是有价值的文体特征。突出的语言特征还要经过语境的检验，看其是否前景化。只有当突出的语言特征与语篇整体语境、意义相关时，它才是被前景化的，才能够成为文体分析的对象。

Halliday 认为形式和意义是不可分割的统一体，越发倾向于"将意义与词汇语法看作是同一层面的内容，不再重视这两者的区分"（朱永生、严世清，2001：200）。认知文体学在这一点上与功能文体学达成共识，认为所谓形态、词汇、句法形式等都建立在共有的概念结构之上，彼此融通，构成了一个连续体。认知文体学没有像功能文体学那样描述各个语言层面的突出特征及其可能具有的功能，而是以认知语言学以及广义的认知科学为基础，探讨了人物或读者的认知所涉及的意象图式（image schema）、概念隐喻（conceptual metaphor）、心理空间、文本世界等认知结构。认知文体学的观点是，语言单位表面的差异反映了同一认知结构的不同突出方式，但这无法掩盖其背后的共性。如张玮（2004：87）所说，"当前的认知语言学领域多家学说并行，研究的角度也千差万别，相互的分歧和误解比比皆是，给人一种'剪不断、理还乱'的感觉"。以认知语言学及神经生理学等广义的认知科学为基础的认知文体学也表现出覆盖面很广的特点。由于认知文体学重在分析语言背后的人类的各种认知结构，因此在对语言特征的描述上，认知文体学缺乏功能文体学的层次感和系统性。所以，就对各个语言层面可能出现的突出的文体特征的探讨而言，功能文体学可能给予认知文体学以补充。

突出是分析者进行文体发现和分析的起点，也是文体分析的重要任务之一。不同的文体学流派对突出进行分析和解释的方式是区分各个流派的重要标准。形式文体分析大多以读者的感受即突出为出发点，却认为突出的唯一根源是语言表达违背语言应用的常规。功能文体学也把突出作为文体分析的出发点，但是功能文体学丰富了突出产生的方式，认为突出方式可以是违背语言常规，也可以是符合语言常规的结构在量上的高频率出现。不仅如此，功能文体学从对突出的语言特征的分析到文体解释还要作进一步过滤。在文体分析阶段分析突出的语言特征，而在文体解释阶段则以语境相关性作为判断突出的语言特征是否具有文体价值的最终标准。如果突出的语言特征与语篇的整体意义不相关，那么这种语言特征无论在质和量上表现得多么突出，都不具有文体价值，也不会产生文体效果。所以，对于功能文体学来说，突出只是心理效果，而该心理效果是否是文体效果还要经过情景语境的检验。文体效果是情景语境中的前景化。

3.4　文体效果是情景语境中的前景化

3.4.1　形式文体学派的"前景化"与 Halliday 的"前景化"

"前景化"是文体学研究者们非常熟悉的一个概念。但是，在对这个概念的理解上存在两个常见的误区。一个误区是关于前景化概念的提出者；另一个误区是认为 Halliday 的前景化等于 Mukařovský 的前景化，以至于弄不清楚 Mukařovský 判断文体特征的标准究竟是偏离还是前景化。下文重点澄清这两个误区。

几十年来，前景化一直是文体学领域的一个核心概念。我们可以毫不夸张地说它出现在几乎每一部文体学著作中。大多数使用这个概念的学者认为是 Mukařovský 在他的著名论文《标准语言与诗歌语言》（"Standard language and poetic language"，1958：40）中提出了这一概念。这在很大程度上是因为该论文的编译者 Paul Garvin 的误导，他（1970：40）在介绍中说"前景化最早是由 Mukařovský 提出的"。许多学者沿袭了 Garvin 的这个说法，把 Mukařovský

当作这个概念的提出者。但是只要我们读过 Mukařovský 的论文，就会注意到 Mukařovský 在详细解释前景化是"自动化的反义词"和"对图示的破坏"之后，清楚地说明"文中所说的所有关于标准语言中的前景化和自动化现象在本书（Garvin，1970）Havranek 的论文中已经详细地介绍过。我们在这儿主要关心的是诗歌语言"（Mukařovský，1970：43）。他说得很清楚，前景化原则是由 Havranek 提出的，而他在该论文中所做的只是讨论诗歌中的前景化现象。只有徐有志（2000b）和张德禄（2005：5）等为数不多的学者注意到了这一点。徐有志（2000b）指出，Mukařovský 发展了布拉格学派一位元老 Havranek 首先明确而系统阐述的"前景化说"，提出诗歌 / 文学语言的特点在于从审美角度对标准语有意的扭曲（Mukařovský，1958）。Mukařovský 认为"文体是前景化，是使人们注意，使其新颖，是系统地违背标准常规"。根据 Mukařovský 的观点，日常用法使语言完全自动化和常规化，其使用者再也发现不了它的表达潜势或美学潜势。诗歌则需要运用违反日常语言的常规方式来使语言非自动化，使其前景化。

  Halliday 文体学理论的主要概念之一是前景化。Halliday 接受了 Mukařovský 的观点，把文体视为"前景化"，但他对前景化的理解是不一样的。Mukařovský 的前景是相对于语言常规而言的，即在语言常规这个背景的衬托下前景化。这也是为什么形式文体分析的对象都是偏离语言应用常规的语言特征。而 Halliday 的前景化是相对于语篇的整体语境和意义而言的。Halliday 明确地把前景化视为"有动因的突出"，他（1973：112）是这样解释前景化的：

  "前景化，据我理解，是有动因的突出。我们不难发现诗歌或散文语篇中的一些模式，语音、词汇和结构上的规则现象在语篇中从某种程度上突出出来，或者通过仔细阅读显露出来。通过发现这种突出对表达作者的整体意义有贡献，它常使我们有新的见解。但是，若非这种突出对作者的整体意义有贡献，它就似乎缺乏动因；一个突出的特征只有与语篇整体的意义相关才能前景化。这种关系是一种功能关系：如果某个语言特征，由于其突出，而对整个作品的意义有所贡献，它是通过自身在语言中的价值——通过它意义产生的功能——做出的。"

  Halliday 的这段话显然是针对文学文体而言。在文学作品中，作品的整个意义和与意义相关的情景都是作者创造出来的，由此，文学作品的情景语境要根据语篇来推断。这样，在文学作品的解码过程中，解码者一般应采用自下而上的过程，即首先通过语音文字来解释词汇语法，再通过词汇语法来解释语义，然后再通过语篇的意义来推断情景语境。这样，某个突出的语言特征只要与作者的整体意义相关就是与语篇的情景语境相关，就是有动因的突出，就能前景化。就实用文体而言，语篇是在情景语境中产生的。某个突出的语言形式特征只有与情景语境相关，才是被激活的，才能产生文体效应。由此，实用文体中突出的语言特征必须到情景语境中去寻找动因。

3.4.2 文体效果是语境中的前景化

正因为功能文体学把文体效果视为前景化，即有动因的突出，所以对于功能文体学来说，"制约文体选择的首要条件是是否适合情景语境，即是否在情景中具有其由情景语境所规定的功能"，也就是说，"情景与功能是语篇文体激活动因的两个侧面"（张德禄，2005：37）。Halliday 对情景和功能这两个概念作了详细的阐述。英国著名语言学家 Firth 认为情景语境包括以下几个方面：（1）情景中的参与者，参与者的地位和角色；（2）参与者的活动，包括语言活动和非语言活动；（3）其他情景中的有关特征，周围的与交际有关的事物和事件，语言行动的效果等（ibid.）。以此为基础，Halllday 在更抽象的层次上提出了情景语境的三个变项：语场、基调、方式。情景语境制约对意义的选择。语篇是在情景语境的制约下通过对意义的选择生成的。意义系统由与三个情景变项相对应的三个意义成分组成，即概念意义、人际意义和谋篇意义，即三种元功能。Halliday 用这三种元功能作为决定突出的语言特征是否前景化的最终标准。他认为语言的各个层次之间是促动的关系。讲话者对意义系统的选择促动了对词汇语法系统的选择，从而形成了语法结构。对词汇语法系统的选择又促动了对音系统或字系统的选择，从而形成了音系或字系结构。在这逐层选择中，意义系统的选择由情景语境支配。语言形式与情景语境的相关性由语言功能作为中介联系起来。也就是说，突出的语言形式由于其在语境中的功能而与情景语境建立起相关性，从而实现了前景化。

如何确定突出的语言形式是被前景化的需要一个相关性标准。如张德禄（2005：38-39）所说，"是否适合情景语境，是否在情景语境中有一定功能，或者在文学作品中是否与表达作品的整体意义相关是鉴别突出特征是否是文体特征和在多大程度上是文体特征的标准，可称为'相关性标准'"。朱永生（2001：2）指出，"长期以来，Halliday 最关心的问题是'相关性准则'（criteria of relevance），因为他发现，'在一首诗歌或一篇小说中频繁出现的语言结构当中，有的对于文学研究没有意义，有的却十分重要'"。Halliday 提出，"没有不存在问题的语言区域"，因此"'相关性'是个梯度性概念"（张德禄，2005：39）。情景语境的复杂性表现为意义的多层次性，意义的多层次性又由词汇语法和音系特征体现出来。所以，词汇语法层的突出特征能够表达意义的多层次性，就能在情景语境中起到突出的作用，就是与情景语境相关。对于文学作品来说，情景语境是由作者创造出来的，所以语篇的整体意义就成为衡量文学作品中突出形式是否与表达作品的文体相关的唯一标准。"这就是 Halliday 把作者的整体意义作为决定相关性的最后标准的原因"（张德禄，2005：39）。

在功能文体学框架内，文体效果不是产生于偏离，也不只是根据这些语言特征是否突出来判定，而是要看这些质或 / 和量上突出的语言特征是否与情景语境相关以及相关的程度如何。如果突出的语言形式与情景语境最大程度地相关，那么这种语言形式就在该情景语境中具有某种元功能，也就是前景化的，就会产生文体效果。例如，管淑红（2007：22-24）以功能文体学的前景化理论为基础，分析了 Virginia Woolf 的短篇小说《邱园记事》（*Kew Gardens*），探讨了该语篇中前景化的结构和语言现象如何推动小说主题的构建。正如申丹（1997，2002）所说，判断什么是真正的"前景化"并不依据语言的基本功能，而是要考察这些语言特征与特定"作品大的主题与结构"之间的关系，考察这些语言特征是否对"文本的阐释"或"作品的整体意义"作出了贡献。这样，Halliday 解决了 Jakobson 所碰到的问题，即特定的语言结构的存在，例如偏离和 / 或排比的存在本身不能保证读者会认为它与解释过程有关（van Peer，1986：16）。

功能文体学是从外部，或者说从"个体间"（inter-organism）探讨文体特征（Halliday，1978：10）。认知文体学则是从"个体内"（intra-organism）

的角度探讨文体特征（ibid.：10）。这个侧重点的不同在两个流派对文体效果产生的理据的解释上也能够体现出来。功能文体学以外部情景语境作为衡量文体特征的标准，把文体效果解释为语言在情景语境中的功能；认知文体学则将外部语境转为内部认知语境，探讨了文体效果产生的认知理据。

3.5 文体效果是认知效果

van Peer（1986）发现前景化不只是语言特征的量化积累，而且"与特殊语言选择和模式的认知效果有关"（Semino & Culpeper，2002：ix）。在认知文体学框架中，当与认知方式有关的语言特征构成一定模式，并与我们的主题阐释有关时，它才会具有文体价值。前景化在认知文体学中仍然是文体分析的重要标准。认知文体学和功能文体学同样分析在语境中被前景化的语言特征，但是功能文体学分析的是语言特征在语境中的元功能。Halliday认为，语言"结构即是对某种或某些语义功能的体现"（张玮，2004：85）。而认知文体学的语言学基础则是："认知语言学偏重对'结构'——认知结构或概念结构的研究"，"结构在该学说中具有很高的认知地位，其作用大致与 Halllday 理论中的'功能'相当，可以说，某种语言单位的意义就是同该语言单位有约定俗成关系的意象结构"（ibid.）。正如张玮（ibid.：86）所说，"认知和功能都是象似性原则的忠实拥护者"。在Halliday 的功能语法里，不同的表达方式对应着不同的语义功能，词汇语法层与语义层之间由此便建立起一种自然的联系。对于认知语言学来说，语言形式（尤其是句法结构）与人体经验即认知结构之间有象似关系。功能文体学描述了各个语言层面的突出特征，并区分了情景语境、语义、语法/词汇等层面，而认知文体学没有作此区分。认知语言学的观点是，"语义不是基于客观的真值条件，故不能简单地化解为真值条件的对应配列。语义不对应于客观外在世界，而是对应于非客观的投射世界（projected world），并与其中约定俗成的概念结构（conceptual structure）直接发生关系"（熊学亮，2001：

11）。因此，认知文体学的着眼点是该语言特征体现的人物或读者的某种认知方式及其意义。也就是说，虽然认知文体学分析的也是语境中被前景化的语言特征，但是认知文体学从"个体内"的角度为文体效果进一步提供认知理据。

认知文体学对文体效果的认知理据作出越来越深入的解释，将读者对文体的认知进一步追溯到读者的情感反应。Fish 在 20 世纪七八十年代提出感受文体学，不仅对读者情感反应的生理表现给予关注，而且对情感反应的认知方面感兴趣。在其之后，情感在文体分析中的重要性一度下降。但是，最近，随着认知文体学的兴起，情感在文体分析中的地位再度上升。认知文体学不仅关心文学阅读中符号输入文本现象（sign-fed textual phenomena），而且关心读者大脑的认知—情感输入（mind-fed cognitive-emotive input）（Burke，2011：125），其中 Burke 的研究尤为突出。Burke（2011）指出，心理学和生理学的研究表明感觉早于认知。在阅读过程中，读者的认知背景不断地被激活，而对人物、场景、事件的情感体验先于对它们的认知。因此，要清楚地解释读者在文学阅读中的认知就不可能不考虑读者的情感反应。

Burke（2011）除了强调读者阅读文学作品时的情感反应之外，还借鉴神经生理学的研究成果探讨了文体的认知理据，指出，认知文体学理论之一的意象图式理论与镜像神经（mirror neuron）的活动有关。意象图式对读者的影响主要归因于读者由于以往的身体体验所产生的生理反应，继而产生情感反应和认知。事实上，早在 2005 年，认知语言学家 Dodge 和 Lakoff（57-91）就解释了意象图式理论的神经基础，即想象和谈论某个行动与实际执行该行动激活大脑的同一个部位，更重要的是，读到或者听到对于身体部位的动作的语言描述时，大脑中被激活的也是同一个区域。这些理论可以解释读者阅读文学作品时在文本世界中"走动"的过程。Burke（2011）用该理论来阐释文体的认知机制，他不仅借用意象图式的神经基础解释读者阅读文学作品时身体反应的认知理据，而且把对意象图式的记忆与该意象图式相关的情感记忆联系起来，从而用该意象图式唤起的身体反应解释读者由此产生的情感体验以及对主题意义的认知。意象图式是人类认知世界的重要理论之一，而认知文体学的很多理论，包括概念隐喻、文本世界理论等都是以意象图式理论为基础的，所以关于意象图式的神经学发现也使得揭示其他认知文体理论的认知理据成为可能。正如

Dodge 与 Lakoff（2005：86）所说，如果认知语言学忽略了大脑的相关知识，它就不是认知语言学。同样，忽略了大脑的相关知识的认知文体学也不是完整的认知文体学。对读者的阅读过程的再现需要揭示其真实的认知理据。读者的阅读过程是以往让读者产生情感体验的文体特征与文本中的文体特征的互动，以及由此带来的身体反应、情感反应和认知。如 Nagy（2005：82）所说，说话人对文体潜势有图式和范畴化知识。当语篇中的语言特征激活读者头脑中的文体图式和范畴化知识时，便产生了文体效果。也就是说，对于认知文体学来说，文体效果产生于语篇中的文体特征与读者的相关语言图式和范畴化知识的互动。换句话说，认知文体学把功能文体学的语境内化。功能文体学把文体效果视为文体特征在外部语境中的功能；而认知文体学把文体效果视为文体特征与内部语境的互动。

文体特征为何能与读者的认知语境互动，产生文体效果？Violeta Sotirova 在"Woolf's experiments with consciousness in fiction"一文中分析了伍尔夫小说中描述人物思想的一些语言特征，证明思想具有主体间性，人具有解读他人思想的能力，从而说明了认知文体学解读思想的理据（见 Lambrou & Stockwell, 2007）。因为思想具有主体间性，所以语篇中的文体特征会激活读者认知语境中的文体图式和范畴化知识。而当读者的文体图式和范畴化知识被激活时，读者就会对该文体特征所描述的作者或人物的思想产生移情，并进而达到认知。

近几年来，神经科学、镜像神经逐渐成为文体学、叙事学领域的热门词汇。Hannah 与 Vittorio（2011）用镜像神经理论解释读者对文学人物的移情，并且尝试建立神经叙事学（neuronarratology），解释了读者移情的神经学根源。该文提出，镜像神经元等认知科学的最新发现促使我们重新审视对小说、诗歌、戏剧和电影中描述的虚构世界的处理、理解和欣赏，认为具身模仿可以与我们的叙事经历相关，原因有以下两点：（1）叙事中我们认同的人物和场景通过他们唤起的镜像机制触发身体的感觉，这样一来，具身模仿产生一种看似特别的感觉，在我们的美学体验中扮演了一种特别的角色；（2）叙事题材在读者头脑中唤起身体的记忆和想象联系，读者并不需要显性地去思考它们。

神经学理论的加入说明文体效果起源于神经活动引发的身体体验，接着才会产生情感，进而达到认知。

下面一段话是普鲁斯特在《追忆似水年华》中对主人公吃玛德莱娜蛋糕时的感受的描写，是对上述理论的完美诠释。

> 母亲找人拿来一块点心，是那种又矮又胖名叫"小玛德莱娜"的点心，看来像是用扇贝壳那样的点心模子做的。那天天色阴沉，而且第二天也不见得会晴朗，我的心情很压抑，无意中舀了一勺茶送到嘴边。起先我已掰了一块"小玛德莱娜"放进茶水准备泡软后食用。带着点心渣的那一勺茶碰到我的上颚，顿时使我浑身一震，我注意到我身上发生了非同小可的变化。一种舒坦的快感传遍全身，我感到超尘脱俗，却不知出自何因。我只觉得人生一世，荣辱得失都清淡如水，背时遭劫亦无甚大碍，所谓人生短促，不过是一时幻觉；那情形好比恋爱发生的作用，它以一种可贵的精神充实了我。也许，这感觉并非来自外界，它本来就是我自己。我不再感到平庸、猥琐、凡俗。这股强烈的快感是从哪里涌出来的？[1]

在吃"小玛德莱娜"时，主人公首先产生的是强烈的身体反应，"顿时使我浑身一震，我注意到我身上发生了非同小可的变化。一种舒坦的快感传遍全身"。在这种身体体验之后，主人公产生了"超尘脱俗"的感受。他在后文中接着描述当时的情感："它那样令人心醉，又那样实实在在，然而却没有任何合乎逻辑的证据"。由此可见，身体体验早于情感的产生，而认知到来的则更晚。

主人公在经历上述身体体验和情感体验之后用了很长的篇幅上下求索"小玛德莱娜"给他带来这种快感的原因。他"感到内心深处有什么东西在颤抖，而且有所活动，像是要浮上来，好似有人从深深的海底打捞起什么东西，我不知道那是什么，只觉得它在慢慢升起；我感到它遇到阻力，我听到它浮升时一路发出汩汩的声响"。显然认知要比身体体验和情感反应来得晚，且费力得多。经过追忆喝第一口茶的感觉和"闭目塞听"，认知才终于到来。"见到那种点心，我还想不起这件往事，等我尝到味道，往事才浮上心头"。普鲁斯特的这段描

1　文本来源于：http://zhidao.baidu.com/link?url=JJ2Qs1M_4d1oJPc_O_zRCN 2xqOk4NeYCIeqb4bchFoIdFA1U3SUwkZB-Wp9D2aTU88YkQ87ljFiM8HOkyDoIna（2014 年 12 月 30 日读取）。

写生动具体地展现了身体体验引发情感反应，继而促使认知的过程。

从神经生理学的角度进行的文体研究还只是刚刚开始。神经生理学理论可以帮助我们认识人物和读者从身体体验到情感反应再到认知的全过程。除了问卷调查的方法之外，我们也可以采取实验的方法来了解读者阅读时的真实神经反应和情感波动，并进而分析其语言根源，从而对文体效果的认知理据作出更有说服力的解释。

3.6 小结

本章探讨了文体学领域的三个重要且容易混淆的概念——偏离、突出和前景化，分析了各个概念的所指以及三个概念之间的关系。在此基础上，本章分析了文体学界，特别是形式文体学、功能文体学、认知文体学等三大现代文体学流派对文体效果的不同解释，即形式文体学的文体效果源于偏离，功能文体学的文体效果是前景化，而认知文体学将文体效果归因为文体特征与认知结构的呼应。虽然功能文体学和认知文体学对文体效果的阐释比形式文体学的更加全面、更有说服力，但是形式文体学的观点仍有其合理之处。我们在分析文体效果时可以根据语篇的语言特征有选择性地应用一种分析方法，也可以综合两种或多种方法，取长补短，从而更全面地解释文体效果。

虽然早期的文体效果即偏离观有过度强调质的偏离、忽视量的突出之嫌，但是偏离仍然不失为判断文体特征的一个重要标准。Traugott 与 Pratt（1980）认为，偏离理论的优点是它帮助我们抓住一个语篇的语法概念，懂得文学语言并不总是和日常语言相同。形式文体学派的文体效果源于偏离的观点强调了文学语言的独特性，即"文学语言的特征在于经常使读者注意语言表达本身，通过对语言形式的感受、思索，进而欣赏语言的艺术性"（侯维瑞，1988：221）。文学语言可以在语言的各个层面偏离语言应用的常规，从而用最具有表现力和创造性的语言来展现人物形象，表达作品的主题意义，并产生最动人的文体效果。因此，功能文体学区分的语言层次可以对形式文体学的文体效果即偏离的观点给予补充。在分析文学语篇中的偏离语言特征时，我们可以在语言的各个层次上依次查找，从而提高文体分析的效率。

　　功能文体学提出突出的方式不仅是偏离语言应用常规，也可以是量的突出，更全面地揭示了突出产生的语言依据。一些语言表达即使没有偏离语言应用常规，但是高频率地采用了某种语言结构，那么这些语言表达也可能引起突出。也就是说，功能文体学把文体分析的对象从偏离扩大到偏离和量的突出，即突出的方式可以是失协（质的突出），也可以是失衡（量的突出）。不仅如此，功能文体学强调文体效果不仅产生于失衡或失协的语言特征，而且特别强调了语境的作用，把突出的语言特征与语境的相关程度，即在语境中具有的功能作为判断文体特征、分析文体效果的标准。功能文体学对语境的强调把文体分析从形式文体学的封闭式研究中解放出来，对文体效果产生的理据给出了更加合理的解释。

　　认知文体学则从外部语境进一步深入到内部认知语境，解释了文体效果的认知理据，即某些语言特征之所以具有文体效果是因为该语言特征与读者的认知结构相呼应。认知文体学对神经生理学研究成果的借用使得人们认识到文体效果产生的全过程，即与认知结构有关的语言特征会先通过镜像神经等神经的活动引发读者的身体体验，然后使得读者产生情感反应，继而达到认知。

第四章　研究方法：传统与创新

4.1 引言

本章重点探讨文体学的研究方法问题。文体学的发展促使文学研究由依赖直感向科学化发展。然而，文体学研究在开始阶段主要采用定性的实证研究方法，对文本进行分析，得出数据，然后解释其文体效应。后来，统计方法、语料库方法等定量方法和实验方法开始用于文体学研究，但这些方法是否合适仍然存在很大争议。本章将探讨不同分析方法在文体学研究中适用的领域，以及它们各自对文体学研究的贡献及其局限性。

4.2 文体研究的方法论

经历了百年的发展历程，现代文体学已经成为一门成熟的社会科学分支。从开始依赖直觉到后来逐步运用定量、统计、试验等方法，文体学研究在方法论层面呈现出科学化趋势。

方法论是关于方法的理论，是完成某个特定任务的理论取向、路径和方式，而不涉及完成这一任务的工具、技术和方法。Kaplan（1964：18）认为方法论是"对方法的研究、描述和解释而不是方法本身"。我国学者倾向于把社会科学的方法论视为研究方法的理论或者指导研究的哲学，探究研究的基本假设、逻辑和程序（范伟达，2010：38；蒋逸民，2011：9；袁方，1997：24）。有多少学科就有多少方法论，同一学科也有不同的方法论，而且同一门科学内部的方法论往往在在对立统一中发展和完善。和其他的社会科学研究一样，文体学研究方法论在其理论取向、基本假定和范式、总体策略和程序上也是在二元对立中不断发展和进步。

4.2.1　文体学研究的理论取向

　　方法论首先涉及从事研究的理论取向，即指导研究的哲学原理是实证主义取向，还是阐释主义取向，或两者兼而有之。现代文体学从诞生之时起，就秉承了实证主义的哲学立场，这也是它与传统文体学和修辞学的根本区别，但是作为一门利用语言学理论对文学作品的语言风格进行研究的科学，阐释主义的成分相当重要。所以，文体学研究的哲学原理是实证主义和阐释主义的对立统一。文体学研究的实证主义表现在以下几个方面：首先，文体学研究秉持基础主义本体论，把文本看作一个存在的真实的外部世界，等待研究者去发现和解释；其次，文体分析者认为，分析者与文本之间的关系是客观的，文体分析的结果应尽量不受分析者主观价值观的影响。而且，无论是形式主义文体学家还是功能主义文体学家均注重文本语言特色的定量分析，统计文体学家、语料库文体学家和实验文体学家对文本进行的量化和实验研究都是实证方法在文体研究中的运用。尽管如此，文体学研究不能忽视阐释主义成分的重要性，因为实证研究需要大量的推理和阐释才能上升到理论的高度。同时，并不是所有的文体学家都完全相信实证主义的理论取向，尤其是功能文体学、话语分析文体学、社会历史 / 文化文体学和批评文体学主要关注文本与各种社会因素的互动，而且感受文体学把研究的对象从文本这一客观实体转移到读者这一主观实体，使文体研究对象的主观性成为影响文体研究的重要因素。既然文本和研究者均是由多重事实构成的，那么文体学家对作品的分析就不可能脱离主观因素的影响。因此，文体学在理论取向上是实证主义和阐释主义的高度统一。

4.2.2　文体学研究的基本假定和规范

　　方法论所秉持的一系列基本假定和规范是理论取向和哲学原理的进一步延伸和具体化。一般认为，实证主义哲学立场采用的研究方法论是定量方法论，其方法论假定和规范包括客观性、因果性、简化性、信度和普遍性等。而定性方法论基于阐释主义哲学立场，其方法论假定和规范是局内人视角、情境性、整体性和价值性等。

受二元对立价值取向的影响，文体学研究采用的方法论是一种定量研究与定性研究有机结合的方法论。实证主义是现代文体学方法论的重要特征，所以定量方法广泛应用于文体研究中。统计方法、语料库方法和实验方法假定整个研究过程是价值中立和客观的，文体分析者能够用更严格的测量控制研究程序，确保研究结果的客观性。这种文体研究方法还假定研究语言的文体特征可以被简化为一系列可观察的变量，通过统计把概念简化为可操作的变量，用数字形式来表示这些概念。此外，这种文体研究方法为了确保普遍性，要求文体分析的样本具有代表性，并达到量的标准。但是文体学研究又必须采用定性方法论，研究者要从局内人视角而不是局外人视角来理解文本的语言特色。定性研究质疑价值中立的可能性，假定个人价值对意义的影响无处不在，价值已成为研究过程的一部分，所以，纯粹的客观性对文体学研究来说是不可能的，文体分析的目标只能是文体分析者达到一种共识。因此，文体研究方法是定量和定性方法的统一。

4.2.3 文体学研究的逻辑策略和研究路径

方法论还涉及一系列用于研究的逻辑策略和研究路径，这些策略能够从操作上具体化方法论的哲学取向。两种基本的逻辑策略是演绎和归纳。

在逻辑策略上，文体学将演绎和归纳紧密结合，形成了一个有机的文体研究科学环。统计文体学和语料库文体学主要采用演绎策略，以某个特定理论作为自己研究的出发点，根据这个理论，提出相应的研究假设，通过测量技术使研究假设具体化，利用实验收集数据，通过统计分析数据，验证或反驳提出的假设，并最终确定这些假设所依据的理论是否正确。从本质上讲，这种文体研究采用的是一种理论检验的研究程序，采取"自上而下"的研究路径。文体学在进行理论建构时通常采用的是归纳策略。这种文体分析通常涉及四个基本步骤：一是观察和阅读文本；二是对突出的语言特征进行分析、比较和分类，尽量避免使用假设；三是从分析中归纳概括出这些语言特征的文体效应；四是对这些概括进行进一步检验。从本质上看，定性方法论是一种理论建构的研究程序，遵循"自下而上"的研究路径。所以，归纳策略适用于理论的建构，演绎策略更适用于理论的检验，将归纳和演绎相结合才是文体学的正确逻辑策略。

总之，文体学研究方法论是实证主义和阐释主义的二元对立统一，是定量方法论和定性方法论的融合，需要将归纳策略和演绎策略有机结合。

4.3 文体学的定性研究

文体学方法论是方法背后的理论，起到指导文体研究的作用。在具体文体研究中，文体学家需要一套行之有效的操作工具和方法。这些具体的操作方法包括语言学理论方法、实证研究方法和推理方法。

4.3.1 语言学理论方法

现代文体学是利用语言学理论对文本的语言特色进行分析的科学，所以文体学研究首先应该解决的问题就是确定文体分析所使用的语言学理论。但是能够用于文体分析的语言学理论庞杂而丰富，而且不同的语言学理论研究语言的视角也不尽相同：索绪尔的结构主义语言学理论是文体描述和分析的基础；乔姆斯基的转换生成语法从句法的深层结构和表层结构出发研究语法选择产生的文体效应；系统功能语法在三个语言元功能理论的基础上利用及物性系统、语气、情态系统和主位系统分析语言的意义潜势和意义选择在特定语境中产生的文体效果；语用文体学使用语用学理论，如言语行为理论、合作原则、礼貌原则和关联理论等研究不同文本的文体特色；语料库文体学借用语料库语言学的理论模式，通过量化和对比分析验证一个文本的语言使用特色；认知文体学使用认知语言学的图式理论、概念隐喻理论、概念整合理论等研究不同文体特征在读者大脑中的加工过程。所以，进行文体分析时首先要选择语言学理论模式，并清楚了解该理论的基本构架，区分这一语言学理论与其他理论的不同，以确保文体分析顺利进行。

4.3.2 实证研究方法

定性研究方法是理论建构的基本方法，在建构理论的过程中，观察法、直觉印象法、描述法、调查法是具体的实证方法。

4.3.2.1 观察法

观察法是人类认识周围世界的基本方法，也是文体研究的一个重要手段。观察法的哲学基础是实证主义，观察法认为主体和客体是相互分离的，主体可以对客体进行客观的观察，所以，文体学家可以对文本进行观察，以获得有关文本语言特征的"知识"。文体分析中的观察法的基本步骤包括确定要研究的语言理论模式，选定观察文本，记录观察细节和反思观察结果。观察法是为文体学家提供进一步分析资料的重要方法，任何文体学流派都不可能离开对文本的仔细观察而进行文体研究。例如，Norgaard（2010a）对小说《特别响，非常近》（*Extremely Loud and Incredibly Close*）中的小说排版、布局和图片带来的独特文体特征的描写和细致分析就归因于她本人对小说中不同模态符号特征的仔细观察和认真反思。

4.3.2.2 直觉印象法

直觉印象法是文学分析的传统做法，这种方法从观察者所注意到的某些文体特征出发，进而确定这些特征的特殊意义，但分析者对语言特点的选择不是盲目的，而是依靠自己积累的语言经验有目的、有条件地选择所分析的项目。这种文体分析方法对研究者的语言敏感度要求较高，但是这种语言特征的分析反过来又能加强我们的语言直觉或审美直觉。O' Toole（1988：12）主张文体阐释的"螺旋式进程"，也就是说对文体特征的直觉判断必须和语言分析呈现不断向上发展的"穿梭运动"（shuttling process）。每一个循环都不是简单的重复，而是呈螺旋式上升的过程，语言直觉促进文本分析的正确性，而语言分析的过程又反过来促进分析者的直觉潜能。虽然直觉印象法有主观之嫌，但是文体学家都不否认这种方法的有效性，因为我们的直觉在大多数情况下都是正确的。因此，直觉印象法是文体学分析的基本方法之一。

4.3.2.3 描述法

描述法是文体分析的基本方法。分析者首先对选定的文本进行仔细观察，然后把观察到的语言特征客观地描述出来，为进一步作文体风格研究作铺垫。在具体文体分析中，描述必须建立在一定的语言学理论模式之上，而且，可以采用一种语言分析模式对所有的突出特征进行描述，也可以根据相关的语言特征选择不同的语言模式综合进行描述。例如，Halliday（1981：325-360）对《继承者》中的语言特征的描述是建立在系统功能语言学及物性理论的基础之上的。事实上，描述不是文体研究的最终目的，分析者需要根据描述的语言特征来解释这些突出语言特征的文体效应，以达到检验语言学理论模式的目的或进一步阐释文学作品主题意义的目的。

4.3.2.4 调查法

调查法也是文体学研究在资料收集阶段使用的重要手段，其哲学基础是实证主义。调查法又分为客观调查法和主观调查法两种。客观调查法是研究者在现场把真实的语料通过录音、录像、笔记等手段记录下来，随后利用选定的语言学理论模式进行分析。主观调查法是把主观印象客观化的过程，例如，问卷调查法就是根据研究者对预先提出的主观假设设计相关的问题，然后通过参与者的反馈而获得真实、可靠资料的研究方法，调查法在以读者为中心的文体研究中比较常见。Carter（2010：41）明确指出读者对文体的感受和描述等需要借助问卷调查的方法实现。

4.3.3 推理法

对文本进行观察和描写只是完成了理论建构的第一步，文体研究中对资料的处理、对文体特征的分析、对文体效应的解释都必须建立在推理的基础上。文体学研究中通常使用的推理方法包括演绎推理、归纳推理、类比推理、比较推理和经验推理。

4.3.3.1 演绎推理和归纳推理

演绎和归纳是两种主要的逻辑推理方法。演绎是一种从一般到具体、从共性到个性、从抽象到具体、从宏观到微观、从理论到经验的推理过程。从理论建构的角度讲，演绎法主张先有假设，所以文体学首先要建立假设，然后需要根据选定的语料对已有的假设进行验证。归纳是一种从具体到一般、从个性到共性、从具体到抽象、从检验到理论的推理过程。文体分析中的归纳是一个对语料进行分析，对分析进行总结，从而得出结果的过程。但是，鉴于归纳无法穷尽所有的语言现象，它得出的结论只能是对一些具体的个别的语言现象的概括，要上升到理论高度，必须经历再次检验，需要与演绎推理有机结合。所以，刘润清（1999：23）指出归纳推理是演绎推理的前期过程。张德禄（2007：14）也认为，在文体分析中归纳推理和演绎推理必须结合使用，并应从不同的角度出发认识两者的先后关系。从对语言材料处理的角度看，应该首先使用演绎推理的方式对语言材料进行剖析，直到完全彻底地分析清楚语料的特征，然后再对其进行归纳，找到规律性的东西；但从理论建构的角度讲，应该对现有的材料首先进行归纳，从归纳中得出假设，然后通过演绎推理对假设进行验证，得出结论。

4.3.3.2 类比推理

类比推理是一种重要的文体学分析方法，它是根据两个（或两类）相关对象某些属性的相同或相似，从而推出它们在另外的属性上也相同或相似的一种逻辑推理方法（王海传等，2008：174）。类比推理是从个别到个别的推理，其结论是或然的，所以类比推理的可靠性来源于类比对象的可比性和相似性，两者共性越多，其结论的可靠性就越高。"文体学研究中常见的一种类比推理就是利用权威人士的言论来支持自己的观点"(张德禄，2007：14)。如果权威人士的话是经过验证的理论，那么推理的前提是没有问题的，但是，如果权威人士的话只是个人的假设，那么把它作为推理的前提就是不可信的。

4.3.3.3 比较推理

比较推理是把两个或两个以上的对象放在一定的条件下加以对照，从而确定其异同点或优劣度的一种逻辑推理方法（迟维东，2005：170）。比较推理成立的前提条件是两个比较的事物要有可比性，比较要选择同一标准，并且要对事物的同一个关系或同一个方面进行比较。文体学研究本身就是建立在把突出的语言特征和常规的语言特征进行对比的基础上的，没有常规语言的存在，就没有语言的突出特征，也就没有文体的概念。同样，在语料库文体学研究中这种比较推理的使用显得尤为重要，利用语料库研究文本的某个语言特色，必须首先选择参照库，并把文本库这一语言特征和参照库加以比较，寻求两者之间的差异，从而确立文本库的文体特征。

4.3.3.4 经验推理

经验推理是文体学研究中常用的推理方法，因为文体学本身就是一种经验科学：首先，一种语言的使用在某一场合是否合适是由母语使用者自己来判断的，而不是依靠推理和理论来判断的；其次，依靠分析者的直觉和经验进行文体判断本身就是一种创造性推理的过程，直觉和经验判断的产生是建立在分析者语言敏感性和文体知识的基础之上，而且判断的过程中比较、综合、模拟、类推、归纳、概括等逻辑思维活动可能由于思维的高度激活而自动进行，只不过我们没有自觉地意识到而已（迟维东，2005：150）。在文体学研究中，经验推理之所以受到质疑，是因为经验往往是个人的判断，不具有代表性，但是如果经验推理的结果能够和多数分析者一致，那么这种经验推理就是正确的、可靠的。

4.4 文体学的定量研究

文体学是主要以文本为分析对象的实证科学，所以使用定量研究方法是一种必然趋势。文体学研究中的定量方法主要包括统计方法和语料库方法。

4.4.1 统计方法

最早提出统计方法可以用于文学作品研究的是英国数学家 Augustus de Morgan。早在 19 世纪中叶，他写给朋友的信中就提到作者的文体风格可以通过使用隐藏的统计方法加以区分，他认为作者使用的平均词长可以作为一个文体区分特征（style discriminator）（Zhuravleva，2012：136）。在他的启发下，文体学家开始使用统计方法研究作者的作品风格和鉴别作品的作者；到了近代，随着计算机科学的发展，统计方法与计算机方法的融合催生了一门文体学分支——统计文体学（statistical stylistics 或 stylostatisitcs）——的诞生。

4.4.1.1 统计方法的理论基础

统计文体学的理论基础是"文体是一种或然选择"。Herdan（1966：12）把文体定义为"一个人使用语言表达自己的方式和特征"；Winter（1969：3）认为，作家的风格就是对语言模式的复现选择，这些选择包括：对某一语言成分的彻底排斥，对某一可选语言成分的强制性排斥，在不排斥其他变体使用的同时对某一变体不同程度的使用等。Zhuravleva（2012：136）把文体概括为"能够代表一个人利用语言表达自己的方式的一组重复出现的语言选择模式"。既然文体是作者的选择，那么文体特征也可以作为判断作者创作风格的依据。但是一种语言特征的出现只是一种趋势，或然概念只能让我们把文体风格看成作家语言表达的偏好，而不是作家的固定习惯（Doležel，1969：11）。所以，文体是语言表达出现或缺失的程度，而不是对某种表达的完全排斥。这种基于或然选择概念的统计研究也解释了文体特征的灵活性，文体风格杜绝任何必然性的描述或严格的规定。总之，"文体是或然选择"的理论前提为统计学方法的使用提供了依据，使统计文体学家可以通过对文本中出现的语言模式的描写和推理确定不同文本之间的关系，并断定文本的归属。

4.4.1.2 文体研究中的统计方法

文体学研究中用到的统计方法主要是描述性统计（descriptive statistics）和推理性统计（inferential statistics）。

描述性统计用以归纳复杂的数据，即把数据表达为某些具有代表性的统计量（如平均值、标准差等），文体学研究中对语篇进行的词频统计、搭配统计和词群统计都属于描述性统计。在统计文体学研究中，具体的数据处理是计算科学家的工作，文体学家更多关注的是确定文体描述中出现的变量，统计文体学称之为文体区分因子（style discriminator）。Mendenhall（1887）和 Brinegar（1963）受到 Augustus de Morgan 的启发以平均词长为区分因子；Fucks（1952）以音节为区分因子；Fleary（1874）、Ingram（1874）和 Furnival（1887）利用词汇的重复和音步的变化作为区分因子。Somers（1966）使用词性作为区分因子；Yule（1938）选择平均句长、平均词长、词类/词型比率等作为文体区分因子；Simpson（1949）使用衡量多样性的指数 D 作为文体区分因子；Yule（1944）利用衡量词汇丰富程度的特征 K 作为文体区分因子；Herdan（1966：20）提出了一系列比率作为区分因子，包括词频同一性和多样性比率、特殊词汇和总词汇比率、词的特殊使用和词总使用量的比率、特殊词汇和词的总使用量之间的比率等。Ross（1973：85）用词汇搭配作为区分因子。随着计算机技术的发展，词性标记和自动解析技术使句法特征也成为文体区分因子（Baayen et al.，1996；Stamatatos et al.，2001）。Hoover（2001：421；2002：157）把高频词的频率和高频词序列的频率作为一个聚类进行多元分析，并证明了因子聚类分析在区分不同作者的作品和归类同一作者作品中的有效性和精确性。

利用文体特征鉴别作者只有描述统计是不够的，必须进行推理性统计。文体学研究使用的推理统计方法主要是假设检验。假设检验是用来判断样本与样本、样本与总体的差异是由抽样误差引起的，还是由本质差别造成的一种统计推理方法。其基本原理是先对总体的特征作出某种假设，然后通过抽样、对样本中的变量关系进行比较和统计，对假设的成立与否作出推断。用统计学的术语来讲，如果两个文本分析得出的数据之间具备了显著性差异，虚无假设（null hypothesis）就可被推翻，对立假设（alternative hypothesis）便得到支持，也就是说某一文本和参照文本有本质差异，即他们的文体风格有显著性差异。显著性差异是一种有量度的或然性评价，我们说两文本词汇集群分析数据在 0.05 水平上具备显著性差异，即两组数据具备显著性差异的可能性为 95%。两个数据所代表的样本还有 5% 的可能性是没有差异的。这 5% 的差异是由于随机误差造成的，也就是说这种差异是可以忽略的，不影响两个样本之间的总体差异。统计学的基本规则是，实验结果达到 0.05 水平或 0.01 水平，才可以说数据之间具备的差异显著或是极显著。在文体分析中，当数据之间具有了显著性差异，就说明参与比对的两个文本不是来自于同一群体（population），而是来自于具有差异的两个不同群体，这就是统计文体学用来确定某一文本是否属于某一作者的重要依据。统计科学的发展为文体学家提供了技术的支持，目前市场上广泛使用的统计软件如 Excel、SPSS、SAS、Statistica、Minitab、MATLAB 等均可进行显著性差异分析，其中 SPSS 和 SAS 的统计技术比较简单，适宜文体学家使用。

4.4.1.3 统计方法对文体研究的贡献

统计方法对文体学研究的贡献首先是方法论上的创新。长期以来对文学作品的研究依靠直觉印象和主观判断来进行，而统计方法采用一种客观的、定量的研究方法对文学作品进行研究，是较早将自然科学研究方法和人文科学研究方法相结合的实践。其次，统计方法在作者甄别和作者文体研究方面涌现出了大量的研究成果，不仅对作品的作者进行考证，而且对很多作品的文体风格进行了细致的统计研究。再次，统计文体学家为了区分不同作家的作品，大胆尝试各种不同的区分因子，无论是词汇、语音、句法，还是聚类分析都为文体学研究带来新的启发，使文体学家能够从不同的角度深入理解造成文体差别的因素。

4.4.1.4 统计方法文体研究的局限性

首先，统计文体学家没有更好地解决统计推理和逻辑推理、形式变量和隐性变量的关系问题。统计文体学需要寻找以形式变量为基础的统计推理和以隐性变量为基础的逻辑推理之间合理的逻辑关联。虽然通过量化的手段得到的严谨的数据和建立在形式变量基础上的统计推理能够保证研究过程的科学性和客观性，但是确立语言形式与意义表达之间的关系更多依赖隐性变量和使用逻辑推理，而隐性变量不能直接观察和度量，它只能依靠分析者的主观判断和推理来运作。Williams（1970：149）认为统计文体学的所有推理实际上都是建立在一个主观假设的基础之上的，当统计分析得出的结论和主观推理得出的结论一致时，两者相互验证，否则，两者都需要重新考虑自己的研究。所以，统计文体学家在更多地关注形式变量和统计描述的同时，不应该忽略隐性变量和逻辑推理，而要将两者有机结合。

其次，统计文体学家缺乏对作家作品样本选取的研究。起初的研究，样本和参照样本在数量上不能保证，随着语料库语言学的发展，样本量上的增加成为可能，但是还需要综合考虑选样的代表性，样本的一致性等。取样方法的研究只是散见于 Somers（1966）和 Tuldava（2004：145）的研究中，有待进一步拓展。

最后，文体学理论知识和统计方法的结合增加了研究难度。把统计学方法应用到文体学研究中进行作者甄别工作的包括文体学家、数学家和计算机工作者。很多统计学家能娴熟地使用统计方法，但对文体学理论了解不够，而文体学家以语言研究和文学批评为主，对统计学知识的了解不够深入，甚至是一知半解，也妨碍了统计方法的深入应用。所以，文体学家需要很好地掌握统计学的知识和原理，才能更好地进行统计文体学研究。

4.4.2 语料库方法

语料库语言学和文体学研究的结合催生了一个新的文体学分支——语料库文体学，文体学家普遍认为语料库文体学事实上是一种以语料库语言学为基础的文体研究新方法（Hoover，2010a：67；Martin，2005：1）。

4.4.2.1 语料库方法的理论基础

语料库方法的理论基础是语料库语言学。语料库语言学是建立在语言现象可以用规则描述、语言形式和语言意义之间有对应关系的语言观之上的。Teubert 和 Cermakova（2009：35）认为，与以前的语言研究方法相比，语料库语言学以一种不同的角度审视语言，把语言看作一种社会现象，关注语言的意义。这里的意义是指言语社团语言使用中可能存在的关于一个词语的不同意义。对于同一个词，不同的人会有不同的解释，所以意义不存在对与错，它是言语社团成员在交流中所交换或分享的内容（Teubert & Cermakova，2009：35）。其次，语料库语言学以真实、自然的话语为研究对象。由于语料库收集的语料是语言使用中自然出现的、全面的语言材料，所以完全可以从对这些语料的客观描写中深入了解语言的意义，而且可以随着时间的变换，建立动态语料库和虚拟语料库，进行大规模的语言使用规律研究。

语料库语言学方法在文体学中的应用是由两个学科之间的共融性所决定的。首先，语料库语言学和文体学研究的对象都是所使用语言的特征。语料库语言学依靠的语料是语言使用的事实，具体的方法是对语料的形式进行客观的描写和分析（Martin，2005：1）；文体学研究则是要对偏离常规的语言特征进行客观描写。第二，语料库语言学和文体学都以寻找语言使用规则为己任。语料库语言学的研究目的是寻找语言规则；文体学研究的目的是寻找文本中出现的各种语言偏离，也就是突出的规则用法和不规则用法，并解释这种偏离的文体效应（Leech，1985：46）。最后，语料库和文体学都使用比较推理的研究方法（Burrows，2002a：677）。语料库语言学研究语言，采取的基本理论框架是对比样本库和参照库的语言特征以确定语言的发展变化、翻译特色、使用特征等；而文体学从本质上讲就是比较性的（Halliday，1981：336）。文体学家在确定语言使用的常规和偏离时，首先把一种语言现象的一贯性和连续性转化为频率，将其与文章中其他语言特征出现的频率加以比较，就能够断定这篇文章在文体上突出的地方，这是利用文章内部语言使用频率比较的方法（某一语言特征高于或低于正常频率）来断定文章的文体。同时，因为偏离是以常规为基础的，所以把一篇文章和另外几篇文章加以比较就能建立一个相对的常规，如文体学家把某个作家的作品与同时代的标准语料库进行比较，可以确定这个作家的语言风格；把某个作家的文学作品与其他作家的作品比较，可以挖掘不同作家的语言使用风格。Hori（2004）为了研究狄更斯（Charles Dickens）作品中的搭配特色，把狄更斯小说与 18 和 19 世纪的其他小说进行比较。Stubbs（2005）把《黑暗的心》（*The Heart of Darkness*）这部小说与同时代的其他小说比较，还把这部小说与英国国家语料库（British National Corpus，简称 BNC）相比较。总之，语料库语言学和文体学的共性使语料库方法成为文体学一个充满前景的研究方法。

4.4.2.2 文体学研究中的语料库方法

利用语料库研究文学作品，选择变量、选取样本、标注样本、统计和分析数据、阐释数据是五个关键步骤。

1）变量选择

利用语料库方法区分文体，目前使用的主要变量是关键词、短语（聚类）和搭配。关键词是最常用的变量，具体做法是以参照库为参照对象，寻找在目标库中较常出现的单个词，并识别他们在作品中的文体效果（Culpeper，2002；Fischer-Starcke，2009；Scott & Tribble，2006）。Fischer-Starcke（2009，2010）对简·奥斯丁（Jane Austen）的小说的研究就是采用聚类分析的方法（cluster analysis）；Mahlberg（2010）在研究狄更斯的小说时选用 "his hands in his pockets" 和 "as if he would have" 这样的词语聚类作为变量，并更加关注这些词语聚类出现的语篇语境。但在文体研究中，使用最广泛的变量还是词语搭配。一个特定的词语和其他词语共现的方式和频率是文体特征的重要依据（Adolphs，2006；Partington，1998）。此外，文体学家还关注到了语料库语言学研究中的"语义韵律"（semantic prosody），利用语义韵律作为变量的研究不仅考虑到了语言形式，更重要的是考虑了词语搭配的隐含意义（Adolphs & Carter，2002；Louw，2004；O'Halloran，2007b；Partington，2003，2004）。除此之外，Hardy 和 Durian（2000）将句法补语作为变量，Semino 和 Short（2004）以不同叙述体裁中出现的言语、书写和思想表达方式作为变量。

2）语料库选样

文体学研究是建立在对目标库和参照库比较的基础上的，所以对样本的选择既要考虑目标库和参照库各自的标准，又要考虑两者的可比性。目标库的选择可以是一个作家的所有作品、一类作品、一个作品，甚至一个作品中的选段，根据文体研究的需要而定，但从语料库的代表性考虑，一个作家的作品研究选样要全面，不能以偏概全。对参照库的选择必须要在量上比目标库大且全面。因为参照库是用来代表语言使用的常规或典型的，只有通过和参照库常规语言的对比才能证明目标库中该语言使用在频率和用法上的偏离。有不少文体学家在研究作家或作品文体特征时，从语言代表性方面考虑直接选用 BNC。最后，参照库和目标库的可比性也是一个重要的因素，目标库中出现的语言和参照库中的语言必须在时间、地域和语域等方面高度一致，这样才能保证比较的有效性。Scott 和 Tribble（2006）对莎士比亚戏剧《罗密欧与朱丽叶》中的关键词进行分析时选用的参照库就是莎士比亚的所有戏剧。Fischer-Stracke（2009，2010）分析简·奥斯丁小说《诺桑觉寺》（*Northanger Abbey*）的关键词时，同时选用了两个参照库，一个是简·奥斯丁的其他六部小说，另外一个是与简·奥斯丁同时代的其他作家的作品组成的一个大型语料库。

3）语料库标注

语料库标注是实现原始语料机读化的关键步骤，也是目前语料库语言学研究领域一个重要的课题。语料库标注是在对一组语言特征（语言变量）作出彻底、详尽分析的基础上给原始库中这组语言特征赋码的过程。计算机技术的发展使语料库自动标注成为可能，但不是所有的语言特征都可以自动标注，复杂的语言现象需要人工标注，需要建立符码体系并手工完成所有标注。Semino 和 Short（2004）在语料库标注中使用了人工标注。他们认为，把语言表达、书写表达和思想表达作为变量时，标注需要考虑语境和进行语用推理，所以采用人工标注，虽然标注本身非常繁琐，但是标注过程对研究的"反拨"作用体现了人工标注的重要意义。Martin（2005）在研究中总结了标注的"反拨"作用，他认为"对一个原始库进行穷尽性标注是发现语言使用规律的合理程序；为了解释所有可能出现的情况，对原始库标注的过程本身能促使分析者检验和精炼标注使用的分类系统"。Semino 和 Short（2004）在人工标注过程中发现了语言表达、思想表达不同的层级，发现了新的种类，合并了一些种类，观察到了各种表达的次类，做到了在语料库标注过程中对理论的修订。标注过的语料库使对词汇使用频率、词汇分布和词汇共现的统计成为可能，同样它可以用以复制研究或辅助进一步研究，也可用于其他方面的文学研究和语言学研究。

4）分析与统计

语料库对文本的分析和统计使用软件机读的方式进行，目前在文体研究中最常用的分析和统计软件是 WordSmith（1999/2004/2006）。WordSmith 包括三个检索功能：关键词统计功能、检索功能和词条列表功能。关键词统计功能是研究文本语言特征的重要手段，关键词指频率显著高于或显著低于参照语料库中对应词的频率的词汇。关键词统计功能通过把观察语料库中的词频与参照语料库中对应词的词频进行比较，为确定作家写作风格提供数理依据。检索功能是 WordSmith 另外一种常用的功能，其主要作用是查询和统计某个或某些词汇或短语在指定文本中出现的频数，为随后的比较提供依据。词条列表功能主要用来创建语料库中词汇使用频率列表，确定哪些词汇或词块（clusters）是最常用的，哪些是相对比较少用的。通过词汇列表可以观察语料库中的词汇类型，确定语料库中的常见词块和比较不同文本中特定词汇的使用频率。伴随着计算机语言学的发展，其他的统计分析软件层出不穷，国外使用的检索软件还有加拿大多伦多大学开发的语料库索引软件包 TACT（Text Analysis Computing Tools）；牛津大学开发的索引软件 OCP（Oxford Concordance Program）和 R. J. C. Watt 开发的 Concordance 等。

5）数据与阐释

利用语料库方法研究文体的目的是理论检验和对文学评论家的文体阐释进行回应，所以样本选择、变量选择、语料库标注、数据的收集和统计只是完成了第一步，接下来必须对数据与文体特征之间的关系进行阐释。和语料库分析之前的假设一样，这种阐释需要分析者的严密推理和论证，属于定性研究。因为语料库数据是在取样和依靠假设确定变量的基础上机读得来的数据，所以并不能代表文本文体的所有特征。Leech（1985：51）指出，"对偏离的统计分析可以论证有关文体的假设，但是仅有统计数据是不足以推断出和用来证明假设的。"Mahlberg（2010：19）指出语料库提供给我们的只是所有文体特征中的一部分。尽管在语料库工具的帮助下，语言形式和语言意义之间的关系变得清晰可见，但是代表语言形式的数据和语言表达之间并不是一一对应的关系，所以需要严密的逻辑推理和阐释。O'Hallaron（2007b：227）在利用语料库研究乔伊斯的短篇小说《伊芙琳》（*Eveline*）中女主人公的下意识的内心自我交流时，在语料库统计数据的基础上进行了大量主观推理和阐释，并证明定量分析和主观阐释之间是相互补充，相互印证的。

4.4.2.3 语料库方法对文体学研究的贡献

首先，语料库方法对文体研究的最大贡献是方法论上的革新。文体学本身就是一种实证研究，但文体学研究长期以来依靠直觉印象和主观判断的传统束缚了文体学的发展，语料库方法则为其提供了一个利用自然科学的定量方法寻找文本中的语言规则的框架，使文体学打破了传统定性研究的藩篱，打上了定量研究的烙印。

其次，语料库方法能够正确处理定量研究方法和定性研究方法之间的关系。作为一种定量研究方法，语料库方法并不否认对文本的定性研究，也不否认对文本的主观阐释，而是要利用定量方法为定性研究提供相对客观的依据，并对其进行检验和回应。普遍认为，建立在直觉印象和逻辑推理基础上的定性研究与使用语料库进行的量化分析是相互补充、相辅相成的，并共同为文本阐释服务（Biber，2011：15；Hoover，2010a：67）。

第三，语料库方法增加了文体研究的科学性和客观性。传统文体研究依赖主观推理，即使对文体的量化研究也是描述作者作品中的词汇和句长等语言特征的分布，而语料库文体学通过文本量化对比确立某一语言特征的文体效应，并为更好地阐释文学作品主题服务。同时，语料库方法本身的选样、变量选择、标注、统计等过程是建立在严格的科学程序之上的，所以，语料库研究的结果是经得起检验的，是客观的和科学的。

第四，语料库方法不仅能够检验定性研究的成果，而且能够进一步修订和完善文体学理论。语料库方法不仅能够通过建立在科学方法之上对大量语料的分析归纳出语言使用的规则，对现有的文体学理论进行检验，对文体学家的直觉印象式推理和阐释进行检验，同时它对理论的检验还往往能够带来新的发现并进一步修正和完善文体学理论。Semino 和 Short（2004）利用语料库研究方法验证 Leech 和 Short（1981）的言语和思想表达理论在其他体裁中的适用性时，增加了言语和思想表达的类型，发现了以上表达的一系列次类，是对言语表达理论的完善和发展。

4.4.2.4 对语料库方法的质疑和其本身的局限性

作为一种新兴的文体学研究方法，语料库方法一直饱受争议，而且语料库方法本身也确实有其局限性。

首先，语言学家从理论基础上质疑语料库研究方法。语料库文体学家从文本入手研究语言，语料库方法研究的对象是话语，通过对话语的客观真实描写来寻找语言使用的规律。而乔姆斯基认为，语言学规则不是用来描述存在的东西，而是用以描述可能的东西；所以语言学研究的对象不是解释文本中存在结构和成分之间的关系，而是描述语言使用者能够产生新的、合乎语言的句子的能力，语言学家要研究语言如何运作就应该研究人脑而不是文本。

其次，对文学文本进行定量研究的语料库方法遭到很多文体学和文学评论家的攻击。van Peer（1989：302）认为对电子文本的编码、标注、计算等冲淡了对文本内在篇章性的关注；把文本的文体特征数字化无法克服的问题是为了分析而忽略意义组成的必要成分。文学批评家 Mackay（1996：92）严厉批评了文体学追求客观性的做法，认为文体学是对修辞艺术中语言特色的研究，是依靠文体学家主观体验的定性研究。

其三，语料库标注的方法也饱受质疑。首先是有无必要进行标注。Sinclair（2004）认为标注不仅没有必要，而且还有误导作用，标注从根本上是有问题的，我们应该相信文本本身。好在越来越多语料库文体学家已经注意到了自动标注不能涵盖所有文本的语用含义，开始更加关注人工标注。然而，标注的本身，无论是自动标注还是人工标注，都有各自的缺陷。自动标注的准确性高，但是受技术所限，自动标注的对象只能是词汇特征、语法特征和语义特征；人工标注的对象可以是假设中出现的任何语言特征，主要是涉及功能、社会和语境因素的语言特征的标注，但是标注的难度大，工作量大，而且准确度需要经过多次检验，即便如此，也仍然难免存在很多有争议的地方。

第四，语料库方法本身与传统统计方法有相通之处，但却缺乏沟通。虽然传统统计方法研究文体的主要目的是甄别作者和分析作品文体风格，区分因子是其索引工具，统计数据是其重要区分依据，但其在文本统计和分析方法方面的开创性，足以引起语料库文体学家的关注。

最后，语料库方法本身的技术性成为其在文体研究中推广和应用的最大障碍。正如 Martin（2005：4）所说，大多数出身人文学科的文体学家计算机技术和统计技术欠缺，对语料库方法的使用望而生畏，即使愿意投入时间和精力学习，对文本编码、符码体系、文本处理过程和文本分析软件的熟悉和掌握也不是一蹴而就的事；更何况可用的电子语料库的获取和质量也难以保证。

4.5 文体实验研究方法

除了采用统计和语料库等定量研究方法，利用实验方法研究文体是伴随着心理科学和认知科学发展而兴起的新实证方法。

4.5.1 实验方法的理论基础

实验方法是认知文体学的研究方法之一，其理论基础是认知语言学、心理学和神经科学。Semino 和 Culpeper（2002）将认知文体学界定为跨语言学、文学研究和认知科学等领域的新的文体学流派。认知文体学系统揭示了很多以往被忽略的大脑反应机制，说明了读者和文本在阅读过程中如何相互作用。首先，文体学研究对文体读者感应的关注有其历史渊源，布拉格学派的 Mukařovský（1958）就曾关注文体的读者感应，在阐释前景化的理论时，认为前景化的语言形式在读者的阅读心理中占据突出位置，往往能让读者产生一种新奇感。美国学者 Fish（1970）的感受文体学关注的对象就是读者，但他关注的是读者在阅读时头脑中出现的一系列原始反应，包括对将要出现的词语和句法结构的种种推测，以及这些推测的被证实或被修正等各种形式的瞬间思维活动。虽然感受文体学在关注读者反应这一点上和认知文体学是一致的，但是 Fish 对传统文体学的全盘否定和仅对原始反应的研究使其陷入困境。认知文体学同样关注读者的阅读反应，但更注意借鉴认知科学和心理科学的方法，从跨学科的角度解读读者的阅读过程。其次，与其他的文体学研究流派不同，认知文体学更多关注的是大脑对文体的认知结构和过程，其关注中心是认知和情感在描写、界定和说明阅读过程中的作用，而不是对文本的阐释（胡壮麟，2012：170）。借助的理论就是认知语言学的文本世界理论、图形背景理论、概念整合理论和隐喻理论等。最后，利用实验方法研究文体的读者感应也是建立在心理语言学基本理论之上的。心理语言学对语言理解过程、信息加工过程、信息记忆过程和信息提取过程的研究为文体的读者感应提供了理论根基。

4.5.2 实验方法的研究重点

文体实验所利用的心理学研究方法包括文本变化检测法（text change detection method）、阅读时间实验（reading time experiments）、眼球追踪和延续实验（eye-tracking and continuation tests）等。文体学家也与认知神经科学家合作，使用 ERP 神经成像技术观察大脑对文体的认知。

利用实验方法研究文体的重点是叙述文本中文体特征的认知。由格拉斯哥大学著名的认知文体学家 Catherine Emmott 和心理学家 Anthony J. Sanford 合作主持的文体实验项目 "Stylistics, Text Analysis and Cognitive Science" 是这类研究的典范。这一合作项目的研究重点是一个文体特征与阅读注意力之间的关系。心理学的信息加工深度研究发现读者在阅读中往往不注意细节，所以，项目研究的重点就是利用文体分析去识别和检验那些可以刺激高层次注意力的和控制读者对文本中关键信息识别的技巧和方法，具体方法就是利用文本变化检测实验法来检验读者在阅读中到底关注到多少细节。从文体学的角度来看，实验的重点是文学语篇、流行小说、自传和报刊文本中的前景化特征。目前的研究涉及的前景化特征包括：语篇特征（如直接引语，第一人称和第二人称）、句法特征（如分裂句）、词汇特征（如低频词和长词）、标点符号和格式（如句子片段和微型段落），还有书写特征（如斜体）。他们的研究成果之一是"吸引读者的注意力，从文体学和心理学的角度看叙事作品中语篇切分的技巧和效果"；他们聚焦于研究读者对语篇切分（text fragmentation）这种"前景化"特征的注意力（Emmott et al.，2006）。研究者通过心理实验来考察叙事中的语篇切分究竟是否会吸引读者的注意力。他们分别考察了读者对语篇切分的两个亚类型，即句片（sentence fragments）和微型段落（mini-paragraph）的反应。该文的研究分两步进行，首先对语篇切分成分的文体作用进行了探讨，然后利用文体变化检验方法考察微型段落、句片和很短的句子究竟是否会改变读者对文本细节的敏感度。以上实验均显示文体特征能够使读者关注到更多细节，并达到提高注意力层次的目的。文体实验的另外一个研究重点就是读者对叙述文本中人称指代的阅读反应（Emmott，2006）。例如利用眼球追踪实验和 ERP 测试研究发现无先行指示的人称代词 they 比无先行指示的单数人称代词更容易被读者识别和加工；利用故事延续测试法（story continuation test）研究不定代词如何与情节依赖人物或刺激兴趣相关；还有对第二人称代词 you 在叙事文本中与第一人称和第三人称的阅读比较等。此外，对叙述文本的研究还关注读者在阅读过程中对人物信息的认知和处理（Louwerse & van Peer，2002；Magliano，et al.，1996）和读者对情感因素的认知和处理（Bourg，1996；Cupchik et al.，1998；Gerrig，1993；Miall，1993）。

　　除此之外，实验文体研究也涉及体裁、文学性判断、情感研究、语音感知等多个领域。Hanauer（1998）利用实验的方法比较读者对诗歌阅读和百科全书阅读的不同反应，发现诗歌阅读需要更多的表面信息提取工作，因此，读者阅读百科全书的速度明显比阅读诗歌快。Carminati 等（2006）利用心理实验的研究方法发现，网络读者对诗歌的阅读受诗歌体裁和韵律的影响，但是韵律格式并不是一个重要的影响因素。Miall 和 Kuiken（1998）利用实验的方法研究文学性，结果表明读者对形式特征的反应是文学阅读的重要部分，以此作为对 Fish 感受文体学的否定。实验方法也用来研究叙述文本中的前景化和叙述视角的变化引起的读者阅读反应（Miall & Kuiken，1994，2001；Millis，1995）和研究读者对语音的感知，包括对有语境的语音的感和对无语境的语音的感知（Miall，2001）。

4.5.3 实验方法对文体研究的贡献及其局限性

从方法论上讲，实验方法把文体学的实证研究大大推进了一步，并成为人文科学与自然科学结合发展的大胆尝试。利用心理实验和大脑神经实验的方法进行文体的认知研究使文体分析与心理实验相结合，构成了一种新的跨学科途径，研究者不仅得以从新的角度检验文体学关于前景化的基本假定，而且通过对语言的研究丰富了"对信息加工深度"的心理研究（申丹，2009a：5）。其次，利用实验方法进行文体研究把文体研究的对象从文本转向了读者对文本的认知和阅读过程，使文体学的研究范围扩展到了认知领域。最后，实验方法从读者对文体的认知和文体认知能力发展的角度研究文体，而且文体实验的对象往往是学生，所以研究结果能够为教学文体学提供理论依据。

实验方法研究文体有广阔的前景，但仍然存在局限性。首先，实验方法的跨学科性成为其发展的障碍。文体学家往往缺少心理学和认知科学的基础，而心理学家和认知学家不太擅长利用文体特征为信息加工研究寻找新的突破口。所以，文体学家需要和心理学家深入合作才能成功利用心理学和神经科学的技术检验文体学关于前景化的基本假定。其次，利用实验的方法研究文体受到心理学和认知科学方法的局限，只有新的心理学研究成果和认知科学的新技术才能为文体认知带来新的契机。再则，对心理学方法的应用只是局限在文体特征的个别方面，例如词汇特征中的长词、句法特征中的分裂句等，并没有涉及更多的文体特征，所以需要进行大量的探索实验。最后，实验方法的实验室外部效度的缺乏性是传统文体学家攻击的对象，更有不少学者漠视实验的有效性和读者对复杂文本的阐释（Sternberg，2003）。因为实验方法通常只能在实验室或教室里完成，而且选择的研究对象有限，所以，实验结果能否在实际阅读中仍然保持有效值得深入研究。

4.6　文体研究方法的选择

从方法论的角度讲，文体学研究需要把定性方法和定量方法有机统一起来；在具体操作中，文体分析方法的操作趋势是多种方法的混合使用。以上提及的方法都可以在文体分析中选用，但又不能机械套用，选择方法必须综合考虑研究对象、研究目的和研究范围。

4.6.1　研究对象

文体研究方法的选择首先需要考虑研究对象。第一，需要区分作者、文本和读者三种基本的研究对象：将作者的文体风格作为研究对象又可以细分为作者语言风格研究、具体作品文体研究和作者风格对比研究；将文本作为研究对象又可以细化为文本阐释和利用文本来检验假设的研究；以读者为研究对象又分为读者对不同体裁的认知研究、读者的文本情感认知研究、读者文体识别能力的学习研究等。然后，根据具体研究对象决定方法的使用。例如，研究作者具体作品的文体风格可以选用语料库方法；研究读者的文本情感认知就可以采用实验方法。O'Halloran（2007b）研究《伊芙琳》的文体风格就采用 Halliday 的功能语言学理论，利用语料库方法，结合严密的逻辑推理和阐释完成了对女主人公内心对话的解读，是文体学量化研究方法和功能阐释结合的成功范例。

4.6.2　研究目的

文体学是语言学和文学研究的交叉学科，不同的文体分析者往往采取不同的立场和持不同的研究目的。文学批评家使用语言学理论分析文本的最终目的是借用语言学理论进一步阐释和揭示文本的主题意义和美学意义。而语言学家进行文体分析的目的是理论的建构和检验，一种语言学假设或语言学理论通过在具体文本中的文体分析，可以起到完善、补充、批判和发展理论的作用。但是从文体学研究本身而言，它的研究目的可以概括为：理论建设和语篇特征分析（张德禄，2007：15）。理论建设是对现有文体学理论和语言学理论的完善、发展、补充、批判和整理，所以，文本的分析只是一种手段，因为理论的建设需要仔细的观察、合理的推理、合理的假设、合适的定性方法和合适的定量方法相结合进行检验，而且这一系列方法都必须建立在推理方法的选择之上。因此，理论建设研究采用的方法必须是建立在合理逻辑推理方法基础之上的，以定性研究为主、定量研究为辅的混合方法。以解释语篇特征为目的的研究需要选用现成的理论进行分析，但是在选择理论之前需要认真考虑语篇的类型和确定语篇分析的层次。研究的目的可以是某一类语篇的文体特征、某一个语篇的文体特征，也可以是某一语篇某个层面的文体特征。研究者需要根据不同的具体研究方面和层次来选择研究方法。例如，Stubbs（2005）对《黑暗的心》这本小说的文体特色的研究就选择了语料库方法，因为其研究目的是利用语料库方法达到阐释文本的需要，既是对语料库方法的检验，又是对文本的进一步阐释。

4.6.3 文体分析的层面

在文体分析之前，必须确定分析文本的层面，因为分析层面是方法选择的一个决定因素。这里的层面包括分析理论的层面和语篇结构的层级。早期的形式主义文体学认为文体特征就是语言特征的偏离和突出，所以文体学分析的直接目的是发现语篇中突出和偏离的语言特征。因为语篇是一个语义概念，而构成它的词汇语法系统呈现出结构性特征，语法层、词汇层、语音层、书写层等均可表现出前景化的语言特征，所以可以进行文体分析的层面很多，我们不可能穷尽所有的语言层面，也没有这种必要。在文体学研究之初，为了寻找语篇中语言在不同层面的突出特征，大多数文体学家都是从语言的语音层、词汇层、句法层和语义层入手，进行比较全面的观察和分析，最后通过归纳总结出语篇的整体文体特征。而功能文体学采用不同的语法系统，从概念功能、人际功能和语篇功能三个方面切入到语篇中，以小句为基本单位分别寻找前景化的语言特征，然后再整合为一个表达语篇意义的整体，解释和评价这些前景化语言特征在语篇整体意义建构中的作用。但是，语篇被前景化的语言特征常常是其中的一个功能，如果是概念功能，就可以选择及物性系统进行分析；如果是人际功能，就选择语气和情态系统进行分析；如果是语篇功能的前景化特征就需要选择主位系统、信息系统和连贯与衔接理论进行分析。正确的做法是根据研究的目的选择具体的理论层面和具体的语篇层面。Halliday（1987：31-44）分析诗歌《悼念》（"In memoriam"）的目的是利用诗歌检验功能语言学的理论，并阐释诗歌作为科学语篇的文体特征，所以进行了概念功能、人际功能和语篇功能三个方面的全面分析。Freeman（2005）研究诗歌《申请者》（"The applicant"）时的研究目的是描述读者对诗歌的认知过程，所以选择的语言学理论是认知语言学理论中的概念整合理论，分析的层面就不是构成诗歌语言的任何层次，而是诗歌语言在读者大脑中产生的心理空间如何通过映射而最终整合成诗歌的意义。

4.7 小结

本章首先从方法论的角度介绍了文体学研究方法，包括文体学研究的理论取向、基本假定和范式、总体策略和程序，并得出结论，即现代文体学采用将定性方法和定量方法相结合的实证研究方法。接着分别探讨了文体学研究中的定性研究方法（包括语言学方法、实证方法和推理方法）、定量研究方法（包括统计方法和语料库方法）和实验方法，重点回顾了统计方法、语料库方法和实验方法的研究历史，剖析以上方法对文体学研究的贡献及其自身的局限性。最后，在介绍各种方法的基础上，提出了文体学研究中的方法选择原则。

第五章 研究视角：形式、功能与认知

5.1 文体学流派划分

西方文体学自 20 世纪 60 年代兴盛以来，各种文体学流派层出不穷，比如形式文体学、功能文体学、话语 / 语篇文体学、社会历史 / 文化文体学、女性文体学、文学文体学、语言学文体学等等。这些名称显然涉及了不同的划分标准。有的依据文体学家所采用的语言学模式，而有的则主要以研究目的为依据。申丹（1998b：84）指出："由于文体学各派自身的性质和特点，这样的双重（甚或三重）标准可能难以避免，重要的不是找出某种大一统的区分标准，而是应认识到对文体学各派的区分往往以不同标准为依据。"近年来又出现了计算文体学、认知文体学、叙事文体学等新的文体学流派。这些流派又涉及一些新的划分标准。计算文体学的主要特征是采用计算机技术进行文体统计（孙爱珍，2010：32-38）；认知文体学狭义上是根据文体学分析的语言学模式来划分的，即主要应用认知语言学的模式进行文体分析，但是认知文体学的基础不只是认知语言学，近年来也拓宽到认知科学的其他学科，特别是神经生理学；而叙事文体学则有两种解释，一种是以叙事作品为对象的文体分析，这是以文体分析的对象来划分的；另一种是叙事学和文体学的结合，是文体学与叙事学跨学科结合的产物。

虽然诸多的文体学流派涉及多个划分标准，但是，"在同一本书或同一篇文章中讨论问题的出发点不能变来变去，而且要注意类属关系，区分层次"（徐有志，2003：54）。笔者认为，要对数目众多且仍在不断增加的文体学流派进行划分，能且只能采取一个宽泛的标准。如果标准面面俱到，既考虑文体分析采用的语言学模式（如系统功能语言学、话语分析理论），又考虑文体分析中借鉴的文学理论（如女性主义），又考虑文体分析是否采用计算机等辅助工具（如计算文体学），还考虑文体分析的对象（如小说文体学、叙事文体学），我们只能任由文体学流派不断堆砌、各自独立，而不可能对文体学流派作出一个清楚直观的划分。更重要的是，本书的读者并不限于具有文体学基础的文体学研究者。我们希望本书对文体学领域的一些重要问题、最新趋势的探讨能引起更多读者对文体学的兴趣，因此需要在最高层次上划分文体学的几大类属，清楚地勾勒出文体学的整体面貌，然后在各大类属之下按层次探讨相关的文体分析方法。

本章划分出文体学的三大类属，给读者勾勒出清楚直观的文体学全貌，也会提及在各大类属之下依据不同标准划分以及与其他学科进一步整合形成的文体学流派；后续章节将有选择性地深入探讨属于下属层次的几个文体学流派，如第七章的实用文体学、第八章的叙事文体学以及第九章的多模态文体学。

因为现代文体学是植根于现代语言学理论的土壤中，运用现代语言学各种模式对语篇进行文体分析的学问，因此，文体分析所应用的语言学模式是文体学流派的标志，是划分文体学流派的基本标准。徐有志（2003：56）认为，"我们借鉴现代语言学的分类标准来划分文体流派"，如胡壮麟（2001：2）所说，"功能与形式是人们从不同角度认识事物的方法。形式着眼于事物的抽象的内在关系，功能则强调要从实际使用去了解事物的规律"。在语言学中人们常常宽泛地划分出两种方法，即形式主义和功能主义方法。"两者的根本区别在于前者认为语言是一个自治的、独立于意义和功能的系统，应运用独立于语义和语用的因素对语法成分之间的形式关系进行描写。而功能主义则否认语言的自治性，认为语言的表意功能对语言形式的影响极大，不能将两者分离开来进行研究，语言的形式应从功能上得到解释"（赵卫，2005：27）。相应地，在文体学领域，Taylor 和 Toolan（1984）及其之后的学者常常将文体学区分为形式文体学和功能文体学。也有学者反对这种划分，认为它"将文体学研究中的对立简单地等同于语言学研究中的对立，明显存在偏颇"（武建国，2005：34）。武建国（ibid.）认为合理的划分是"Bradford（1997）划分的文本主义文体学与语境主义文体学，既着眼于文体学派的基本文体观和理论出发点，又与文学研究的对象相一致"。笔者认为上述两种划分都有道理，也并不冲突。笔者把前者等同于采用形式主义语言学为理论基础的形式文体学，把后者进一步划分为重视外部语境的功能文体学和重视内部语境的认知文体学。功能文体学主要是"以 Halliday 的系统功能语法为理论基础的文体学理论"（张德禄，2005：9），是运用系统功能语言学的体裁、语域、话语意义、语法等理论来分析语篇的文体特征，探讨它们是如何得以前景化的。也就是说，它是从外部，或者说从"个体间"探讨文体特征（Halliday，1978：10）。认知文体学则是从"个体内"的角度探讨文体特征（ibid.）。下文分别介绍这三个流派的主要分析模式，评价其优缺点，并介绍其发展现状和趋势。在分别介绍的过程中也会偶尔把该流派与其他两个流派作对比，以使读者对本章之所以把文体学区分为这三个流派有更加具体的认识。

特别需要说明的一点是，本书的主要目的是探讨文体学研究领域目前存在的一些重要问题和含混不清之处，从而推动文体学的进一步发展，因此本章在介绍三个文体学流派时可能不会做到面面俱到。读者如果对各个文体学流派中的一些基本概念存有疑问，可以查阅相关文体学论著。

5.2 形式文体学

形式文体学比功能文体学和认知文体学要早几十年。人们对它的了解相对较少，且有不少误解。鉴于此，本部分通过一一分析几位形式文体学家的文体观来帮助读者了解形式文体学的核心特征和分析方法。

5.2.1 形式文体学简介及其代表人物

形式文体学指的是 1910 年到 1930 年间一群被称为俄国形式主义者的理论家以及后来的文体学家，特别是 20 世纪六七十年代的文体学家所从事的一种文体学研究（Norgaard，2010a）。除了俄国形式主义之外，晚期的形式主义文体学主要运用乔姆斯基的生成语法进行文体分析，即生成文体学。生成文体学关注的焦点同样是形式，但是分析主要围绕语法句子生成背后的规则展开（ibid.：25）。

"形式文体学"来自结构主义语言学和转换生成语言学的两分法语言

观，其理论基础是一种二元论模式，即内容—形式。形式文体学视文体风
格为"附加在思想上的外衣"、"适当的表达方式"、"以最有效的方式讲贴
切的事"等。（徐有志，2000b）

一般来说，法国文体学家 Bally 不被归入形式文体学阵营，但是，Bally 的
文体学研究不仅与早期的俄国形式文体学处于同一时期，而且对后者产生了很
大影响。Taylor（1980）的《语言学理论与结构主义文体学》（*Linguistic Theory
and Structural Stylistics*）把 Bally 和几位形式文体学家都归为结构主义文体学
家。所以，我们先探讨 Bally 的结构主义文体学思想，以便更好地理解形式文
体学家的文体观。

5.2.2 Bally 的结构主义文体学思想

Bally 于 1909 年发表了《法语文体学》，开创了现代意义上的西方文体学
研究。他是最早给予文体现象以结构主义解释的文体学家（Taylor，1980：20）。
Bally 认为人的思想包括两个方面，即概念的和非概念的，也就是理性内容和情感
内容。他认为，语言学关注语言概念功能的根源，文体学的研究对象则是语言
感情功能的根源（ibid.：21）。换句话说，文体学研究的是那些感情占主导的语
言表达。

Bally 认识到语言在交流中具有多种功能，并分析了交流的多样性。他在
文体学上的这种功能视角，似乎产生于他和老师索绪尔对于语言学领域的历史
视角的严重排斥（ibid.：21）。作为索绪尔的学生，他指出，除非在语言结构中
有目的论来源，否则就无法交流。也就是说，他所说的功能是与语言的深层结
构绑定的，即索绪尔所说的语言（langue）。Bally 清楚地展示了结构主义文体
学的典型观点，他认为言语行为的表达性可能产生于语言、言语和交流情境，
但是文体学应该研究语言（langue）中的表达性（ibid.：30）。原因有二：一是
许多表达符号已经社会化。也就是说这些语言符号的表达性不在于使用者在某
种具体情境中的创造性应用，而是社会传统本身赋予了符号该种表达性（ibid.：
31）。二是某一个特定的符号之所以具有表达效果，是因为在说话人和听话人

的大脑中，该符号与另一个思想内容相似但却没有或几乎没有感情内容的符号形成对比（Taylor，1980：31）。也就是说，在具有感情的符号和不具有感情的符号之间存在一种恒定的对立，这与索绪尔所描述的语言系统是一样的。如胡壮麟（2001：2）所说，"形式着眼于事物抽象的内在关系"。Bally 的文体分析方法是首先确定两个表达的思想内容一样，然后对比分析其中一个表达的感情内容，即文体效果。

为了解释语言在多种情境中具有的不同功能，Bally 扩充了索绪尔的语言系统，划分了各种结构和不同的内容类型。他把表情系统（system of expressivity）又分为自然效果（natural effect）和联想效果（evocative effect）。联想效果实际上就是今天所说的语言变体、语级和语域问题（童佩智，1985），主要反映了社会对语言的影响。而前者则主要是个人表达，即当一个表达使我们用一种特别新鲜的感觉去重新审视一个概念时，这个表达就具有了自然的效果（Taylor，1980：38）。自然效果又按照说话人考虑听话人或话题而调节语言内容分为受众取向和主题评价性。Bally 在这两者之下又分别区分了积极和消极的情感。

显然，Bally 的文体观虽然承认多种语境和语言的多种功能，但是他不是通过分析语境等语言外的因素，而是通过扩充索绪尔所划分的语言系统中的二元对立、细分语言系统来解释语言的不同功能和效果，因而是典型的形式主义文体观。Bally 把语言的功能完全归因于语言系统中语言符号之间的对立的做法是一种对语言交流功能的简化主义观点（ibid.：36），而这样一个没有相对客观标准的分析方法给旨在辨认不同功能成分和不同内容的语言学家和文体学家都带来很大的困难。特别需要指出的是，Bally 在表达性范畴中没有包含文学和诗学效果（ibid.：40）。这是他与其追随者的主要差别，因为后者认为这些效果是文体学解释的中心任务（ibid.）。Bally 之所以把文学效果排除在文体研究的范畴之外，是因为文学效果是作者有意识地和自愿地操纵语言的结果，而文体学应该研究普通的、自发的语言应用（ibid.）。

Bally 提出文体学研究的对象是语言的感情功能，并建构了二元对立的表情系统，但是始终没有给出一个客观的标准来判定某个语言表达中表情功能是否占主导，是否能够成为文体分析的对象，以及怎样分析某个表达的各种功能。Bally 的继承者们很快得出结论，他们可能保留 Bally 最初的雄心，建构一种文体的结构主义分析方法，但是却不必陷入同样的困境（Taylor，1980：41）。

5.2.3 Jakobson 的"诗学功能"

Roman Jakobson 是形式文体学的重要代表人物之一。他于 1958 年在印第安纳"语言的文体"大会上朗读的论文《结束语：语言学与诗学》（"Closing statement: Linguistics and poetics"）对于文体学作为一个学科的发展来讲具有里程碑式的意义。在该论文中，他把文体描述为文学文本的固有特征，并且提倡应用当时占主导地位的语言学模式——结构主义语言学，建立一种清晰、客观、科学的结构主义文体学分析体系（Weber，1996：1）。

Jakobson 对现代文体学的一个主要贡献是他提出的"功能说"。该功能说"基于布拉格学派提出的'结构'和'功能'两个概念"（方汉泉、何广铿，2005：383）。布拉格学派"集体发表于 1929 年的论文集以文学和语言学作为研究课题，以'结构'和'功能'作为该研究课题的两个核心概念"（ibid.）。这一学派的另一位主要代表人物 Mukařovský"在其重要论文《美学和文学研究中的结构》（1940）中重新界定了结构概念，指出'结构的整体意味着每个部分……'，其特点是'功能'，即每个成分都有特定的功能，通过这种功能与整体联结在一起"（转引自方汉泉、何广铿，2005：383）。Jakobson 提出，任何信息都可能具有六种功能，对应于言语事件的六个构成要素，即发话人、受话人、语境、信息、交流和语码。"布拉格学派和 Jakobson 的'功能说'和'语言学诗学'有一个共同点：对诗歌功能进行界说。这些理论对于发展现代文体学，特别是语言学文体学和功能文体学，起到了至关重要的作用"（方汉泉、何广铿，2005：385）。

与 Bally 相反，Jakobson 认为文体分析的对象是文学作品，更确切地说是"文学性"或"诗学功能"，即文学之所以成为文学的语言特点。如方汉泉、何广铿（2005：384）所说，"Jakobson 等强调的是语篇语言而不是语篇形式，他们所关注的也不再是长篇小说、戏剧和史诗之类，而是把抒情诗作为研究的对象"。有趣的是，在信息的六种功能之中，Jakobson 认为文学性或者文体功能不是信息的外指功能，而是信息本身（Taylor，1980：49）。简言之，Jakobson在谈语言功能时不是不考虑情境的，但是在谈诗学功能，即文体时，却否认情境的作用（方汉泉、何广铿，2005：53）。因此，Jakobson的文体观和Bally的一样，是典型的形式主义文体观。

Jakobson对现代文体学的另一个主要贡献在于，他努力地去界定一个话语在交流中所具有的功能的语言标准（Taylor，1980：44），而这是Bally所没能做到的。Bally在描述了语言在交流中的几种功能后未能提供一种辨识各种功能的分析方法。Jakobson摆脱了Bally的印象主义，将语言学分析方法更深入地推进到文体学中，可能这也是Jakobson在文体学界影响深远的主要原因（方汉泉、何广铿，2005：44）。他在1960年提出"投射说"（the projection theory），其理论基础就是索绪尔的横组合和纵聚合关系理论。Jakobson（1960：358）认为，语言的诗学功能将等价原则从选择轴投射到组合轴。Jakobson（1956：55）在《语言学基础》（Fundamentals of Language）中就提出，选择的词项结合成一个序列，该序列中在场的词项之间的关系（即索绪尔所称的句段关系）是毗邻的关系，而该序列中缺场的词项之间的关系（即索绪尔所称的联想关系）则是近似或等价的关系，由于这种词项具有等价的功能，所以也可以互相替换。Jakobson把上述毗邻关系（relationships of contiguity）称为转喻（metonymy），把等价关系（relationships of equivalence）称为隐喻（metaphor）。他认为"诗学研究的当务之急是要运用隐喻和转喻两者来建立诗学分析的普遍模式"（方汉泉、何广铿，2005：384）。"作为Jakobson的语言学诗学的最重要论说，'投射说'为布拉格学派所界定的诗学功能提供了一个实证主义的语言学准则，Jakobson在《语法的诗歌和诗歌的语法》（1968）中对用六种不同欧洲语言写成的一组从13至20世纪的诗歌加以论证，为运用语言学分析诗篇提供了生动的范例"（方汉泉、何广铿，2005：385）。

Jakobson的文体观是形式主义的，因为他和Bally的文体观有一个很重要的共同之处，即它们都体现了语言学简约主义（linguistic reductionism）。他们的理论都预设交流中的各个方面，比如，诗性、表情性、语域等等，都可以通过分析语言语码的某些方面来解释（Taylor，1980：44）。Jakobson用的术语是语码（code）；Bally用的是索绪尔的术语——语言（langue）。虽然他们所用的术语不同，但是他们进行文体分析的基本理念是一样的，都是从语言系统而不是实际交流语境出发来解释文体的功能，因此他们的文体观都是结构主义的。Bally 在研究交流中的表情性时只分析语言形式的相似和不同。同样，Jakobson 在研究信息的诗学功能时关注的也是该信息的语言结构（Taylor，1980：44）。

以 Jakobson 的诗学观为基础的结构主义文体学理论把文体视为附加于语言信息之上的一种结构（Taylor，1980：45）。Jakobson 认为信息有两层结构，第一层是由语码决定的语法结构，这对于信息表达、发话人和受话人之间的正常交流是必需的。这种结构独立于交流的情境。第二层，即置于其上的一层是文体结构。文体结构对于信息来说不是必须的，而是补充的，不影响语言的基本意义。对于 Jakobson 来说，诗学信息与其他主要关注外指世界、发话人或受话人的信息不同。诗学信息的意义不由情境决定，而是完全由语码决定。诗学信息的第一层意义由语码中的语法决定，第二层意义由信息中所编码的语法关系，即等价表达的组合来决定（ibid.：58）。因此，话语序列中符号之间的任何形式关系都可能具有意义，却没有情境等语用因素来排除这种意义的模糊性。这也是形式主义分析脱离语境的一大弊端。

Jakobson 在文体学研究领域中的重要性堪比索绪尔在语言学领域中的地位，这主要是因为在他之前，文体学研究一直是印象式的，很难成为一个严肃意义上的学科，而 Jakobson 为文体功能的认识和分析提供了简单的、可操作的标准，使得文体学成为已经发展起来的语言科学的一部分（ibid.：62）。

5.2.4　Riffaterre 的感受文体学

Jakobson 的文体观遭到一些学者的质疑，其中一位是同为结构主义文体学阵营的 Michael Riffaterre。Riffaterre 批评 Jakobson 的理论过于客观化，只关注信息本身，却没有考虑说话人和听话人。他认为 Jakobson 的方法在分析时不能区分文体现象和纯语言学现象，因为它把交流行为描绘成“仅仅产生一个语言链”。也就是说，在 Riffaterre 看来，Jakobson 把文体分析简单化为语言分析了（Taylor，1980：64）。Riffaterre 认为文体分析应该表现出与语言学分析不一样的取向。他认为，为了考虑文体的交际功能，文体学必须为限定信息中的文体现象规定一个情境标准。对 Riffaterre 来说，因为情境因素决定文体的功能，它也应该作为区分信息中文体的和纯语言学因素的标准（Taylor，1980：65）。Jakobson 在分析文体效果时否定情境的作用，因此，就对情境的重视程度而言，Riffaterre 更接近于 Bally，只不过他们关注的是情境中的不同因素。Bally 关注表达的主观性，而 Riffaterre 关注的是接受的主观性（ibid.：66）。他认为，语言信息不只与语言的结构相关，而且也与交流情境中的一个因素，即听话人相关（ibid.：66）。这样一来，Riffaterre 把由 Bally 发起、由 Jakobson 推进的文体学中的功能视角进一步引入到了心理学领域当中，而感受文体学这个趋势在其后 20 年间都是文体学领域的主流（ibid.：67）。如李娟（2006：37）所说，"1959 年和 1960 年，出生于法国的美国文体学家 Michael Riffaterre 分别发表《文体分析的标准》和《文体语境》两篇文章，提出对文学作品风格进行系统和科学分析的方法，这种方法主宰了 60 年代后文体学的研究"。

Riffaterre 对 Bally 和 Jakobson 文体学理论的融合主要体现在两个方面。（1）他把 Bally 的主观感受文体观与 Jakobson 的客观语言分析结合了起来。不过，他与二者的关注点不尽相同。他关注的主观感受是读者的阅读过程，而 Bally 关注的是说话人的表情手段。就客观的语言分析而言，Jakobson 认为产生文体效果或诗学功能的语言特点是把语言中等价的结构投射到表达中。Riffaterre 虽然不否认这种等价结构可能会产生文体效果，但是他认为产生文体效果的必要条件是语境中的对比，即语言表达的不可预测性，以及这种不可预测的表达使读者产生的反应。换句话说，如果一个等价结构并没有与其所在的语境产生冲突，没有让读者产生出乎意料的情感反应，那么这个语言结构就不是文体结构。（2）他把 Bally 和 Jakobson 的文体学研究对象联系了起来。Bally 认为文体研究的对象应该是口头语言，而不是文学语言，因为作家只关注表达手段，而不关心语言的外指功能。而文学语言恰恰是 Jakobson 文体研究的对象。Riffaterre 提出，这两种研究事实上是完全一样的，因为研究语言艺术（或者文学文体）只是研究同样现象的一种更加复杂的形式，即语言的表达性（Taylor，1980：64）。因此，Riffaterre 否定了把文体学的研究对象限定为口头语言或文学语言的必要性，扩大了文体学研究的范畴。

Riffaterre 与 Bally 一样注重文体的主观性，但是二者的做法有明显的差别。Bally 虽然提到语境，但是在分析时却是完全从语言（la langue）中寻找文体效果的根源。Riffaterre 认为语言具有表达效果不是由于其在语言中脱离语境的位置，而是因为它在言语中的语境所致（Taylor，1980：71）。在他看来，一个语言特点只有在与其出现的语境相冲突时才是不可预测的，才会打破读者的常规期待，即他所说的读者天生具有的最小化阅读（minimal reading），也只有这样的语言特点才会产生文体效果。他认为，"正是这种特定语境与不可预见的语言符号的二元结构产生了文体效果"（徐有志，2000a：67）。

这样看来，Riffaterre 与 Bally 和 Jakobson 的文体观都有明显的差异，这个差异使他的文体观看起来并不像形式主义。他的文体观的起点是阅读过程中的感知结构，而不是语码中的结构，这种文体效果产生的原因是文体语境和对比冲突（Taylor，1980：72）。也就是说，文体结构产生于信息中的语言结构与阅读过程中的感知结构的互动（ibid.）。既然 Riffaterre 考虑语境因素，尤其重视听话人的反应，那么他为什么是一位形式主义者呢？

实际上，Riffaterre 只是把读者的反应当作文体策略的信号。也就是说，读者的反应只是证明文体刺激的存在，而文体分析不会评论读者所受到的文体刺激的性质。读者关于文体的评价可能与其审美观、文学偏见、教育程度等因素有关。Riffaterre 把这些影响因素全部归入价值判断，然而他坚持不管读者反应的性质如何，它们一定都产生于同样的语言来源，或者，应用他所借用的行为主义术语来说，它们产生于同样的"刺激"（ibid.：73）。Riffaterre 受行为主义影响，不对读者的评价本身进行分析，而只是把它视作一种行为，并以此为出发点去分析引起读者反应的语言刺激。

因此，Riffaterre 的文体观本质上同 Bally 和 Jakobson 的一样，也是一种简化主义。他把信息交流功能的来源简化为信息的文体，就像 Bally 把交流中的表情性简化为语言符号中编码的表情价值（expressive value）一样。对于 Riffaterre 来说，信息的交流功能依靠读者的反应，而读者的反应全部可以被简化为对不可预测的刺激的感知（ibid.：76）。

Riffaterre 和 Jakobson 都对判断文体结构提出了语言标准，都提出信息的形式结构与信息在交流中的某种特定功能之间有着恒定的关系。这种形式结构和交流功能之间的恒定关系界定了文体，即 Jakobson 所说的文学性。对

Jakobson 来说，这种形式结构是等价原则从选择轴投射到组合轴；而对于 Riffaterre 来说，这种形式结构是语境中的语言冲突，即本不应该共现的表达在一个语言表达中共现。而这样做的结果就是，他们认为其他的语言结构不是文体结构，因而不是文体学研究的范畴。这种对文体结构的界定偏离了 Bally 最初描述的文体研究的目标。Bally 描述了语言的各种功能，认为文体学应该研究的是为什么语言会让我们在交流中产生感受。Jakobson 和 Riffaterre 为了给出一个客观的语言标准而大大缩小了文体研究的范畴。Jakobson 只关心诗学功能，并将这种功能解释为语码中的等价结构投射到表达轴的结果。Riffaterre 只关心交流语境中的听话人这一个因素，而且只把听话人的评价作为语言刺激的反应，并把语言刺激对等于语境中的冲突这一种语言结构。Taylor（1980：83）对这三种文体观的形式主义内核作了非常精辟的总结，即在这三种文体观中，其他情境因素所扮演的任何重要角色都被否定（或者被描述为仅仅是一种修饰性的影响）。

Bally 和上述两位形式主义文体学代表人物的文体观清楚地表明，形式主义并不是不提"功能"，也不是不提语境，只是他们所提的功能和语境要么是只有理论没有实践，要么是语言学意义上的而不是文体学意义上的，或者只以语言形式分析为出发点。虽然 Bally 声称其文体分析的对象是说话人的表达性，Riffaterre 也声称其关注的是听话人的感知这些语言之外的情境因素，但是他们文体分析的着眼点都是语言结构本身，都把某种假定的文体效果归因于某一种语言结构。他们不调查读者对文体效果的真实反应，也不分析情境因素本身及其对文体效果的影响，因而是典型的形式主义文体学家。

Riffaterre 提出的感受文体学对文体学产生了很大影响。Taylor 的《语言学理论与结构主义文体学》出版于 1980 年，书中仍然指出感受文体学在当时的文体思想中是一股重要的力量（1980：85）。Riffaterre 的读者中心视角，除去行为主义的内涵，在当时仍然激励了文体学的一种重要的新发展。这种新形式的感受文体学在 George Dillon 出版于 1978 年的著作《语言处理与文学阅读》中得到非常全面地表现（见 Taylor，1980：85）。不过，在 Riffaterre 的感受文体学和 Dillon 的新形式的感受文体学之间插入了生成文体学（generative stylistics）。

5.2.5 生成文体学与后行为主义感受文体学

20 世纪 50 年代末，当 Riffaterre 发展读者取向的文体理论时，乔姆斯基提出了新的语言学理论——转换生成语法。Riffaterre 的文体观以行为主义理论为基础，而乔姆斯基在心理学和语言学研究中都明确地否定行为主义。行为主义以一套可以观察的行为来解释另一套行为，却不对中介的思维过程作任何假设，也无力解释无法观察到的思维活动。乔姆斯基提出，行为主义对客观可以观察到的行为的依赖使得人文科学对人类的理解是，人类似乎没有大脑，似乎思维活动根本没有发生（Taylor，1980：86）。这一冲突对于 Riffaterre 的新理论的发展来说是不幸的（ibid.）。它使得在接下来的 20 世纪六七十年代中生成文体学的影响远远超过了感受文体学的影响。乔姆斯基提出用一种关于大脑的特性的假设来替代对人际交流的行为主义解释。他的核心思想是人们的语言表现在很大程度上以语言能力为基础。大脑的特性表现为对语言规则的内化。事实上，从 Bally 对思想的概念内容和感情内容的区分，到 Jakobson 的"关注信息本身"（focus on the message），再到 Riffaterre 的阅读行为理论，现代文体学都包含了心智的假设（Taylor，1980：87）。尽管 Riffaterre 因为使用行为主义术语而被贴上反心智主义的标签，但他的理论中包含着心智主义预设（ibid.）。

和前面几位结构主义文体学家一样，生成文体学把语言表达分为意义和文体两个层面，并以此为基础阐述其文体观。在生成文体学家看来，深层结构是意义的来源，而转换规则则生成了文体。生成文体学家 Ohmann（1970）的论文《生成语法和文学文体的概念》是生成文体学的奠基之作。Ohmann 通过分析海明威和福克纳的文体，发现他们文体的差别在于不同转换规则的使用。福克纳常常使用"添加"转换规则，比如关系从句、连词转换等，而海明威则更多地使用"删减"转换（Taylor，1980：89）。"两个表层结构如果可以从同一个深层结构转换而来并因而具有相同的意义，那么它们的表面差异就是文体的不同"（刘世生、朱瑞青，2006：52）。他们还把变异和不合语法性（ungrammaticality）看作是文学文体的区别性特征（Hasan，1989：92）。

生成文体学与 Bally 的文体观的主要差别在于：Bally 的文体学关注意义／文体的二分特征如何由一个信息所表达的内容揭示，而生成文体学则把文体看作与句子整体相关的组合特征（Taylor，1980：91）。Bally 认为，不同表达所传达的文体内容可以通过全面分析交流中语言的功能得以详细说明，而 Ohmann 和 Fowler 等生成文体学家不作这种分析。生成文体学只能提供对于一个句子的文体特征的形式描述，进而对表达层的特征进行描述，而这种描述是对句子的语法描述所已经提供的。生成文体学没有关于语言交流的理论，因此就文体在交流中的作用而言，它只能假设由语法界定的句子的文体特征确实在交流中具有相关性（ibid.：91），而无法对文体效果作出具体的解释。因为生成文体学家不考虑交流语境，因此他们对文体效果的解释同 Bally 的一样。Bally 认为文体效果来源于语言系统中的特定成分；生成文体学家把这种相关的表达成分从词汇层扩大到句子层面，而他们得出的结论是一样的（ibid.：92）。Bally 认为文体效果来源于语言系统中的二元对立，生成文体学则认为文体效果产生于转换规则。

虽然生成文体学是以乔姆斯基的心智理论为基础的，但是它对心智的关注也并不比之前的文体学多。生成文体学对思维内容（交流效果、文体印象）的了解主要是通过分析者本人或受试者对思维内容的口头汇报（ibid.：92）。这样的话，语言学家就不必提出一套关于思维的详细的理论，来证实两个句子有相同的概念内容或者在语言使用者的大脑中产生了同样的文体印象。他只要问语言使用者——通常是他自己——是否如此即可。受试者口述的思维内容被等同于对思维内容的实际观察。这样推理的问题就是生成文体学忽略了制约诸如"语法的"、"近义的"、"简洁的"、"强调的"等术语的用法规则，认为它们代表了思维状态（ibid.：92）。Taylor（1980：93）以海明威的文体为例，提出当我们都用简洁（terseness）这个词来描述海明威的文体时，并不能告诉分析者海明威的作品对读者产生了怎样的效果。显然，如果采用两分法的文体学想要有所发展，就应该更多地了解读者的头脑中真正发生了什么（ibid.）。

因为转换生成文体学缺少关于交流和文体效果的理论，其描述的文体效果也只是幻觉的，因而它是典型的形式主义文体理论。"这些用生成语法对文体进行解释的做法与 Jakobson 形式主义的共同之处就是他们都认为作家的风格或文体存在于文本内部本身，可以通过一些语言学的分析来发现"（李娟，2006：38）。

正因为它无力描述真实的心智活动，在分析时以整句为单位，无视读者阅读时观察的顺序和心理过程，因而它后来让位于 Dillon 的后行为主义感受文体学(post-behaviourist affective stylistics)。这种感受文体学去除了行为主义的成分，主要研究读者如何按顺序理解语言的表层特征（Taylor，1980：96）。与结构主义文体学家把文体效果归因于某种深层语言结构的做法不同，Dillon 认为是表达层的语言顺序产生了文体效果。它取代了直接来源于语言能力模式的生成文体学的描述，代之以交流中的语言功能的理论模式为基础的描述（ibid.：99）。

但是，这种感受文体学与 Bally、Jakobson 和 Riffaterre 等的文体学思想仍有一定的共性。它也认为文体效果来源于某一种语言结构。对于 Bally 来说，文体效果来源于语言系统中近义词与反义词之间的对立关系；对于 Jakobson 来说，文体效果来源于从纵聚合到横组合轴的投射，即等价词汇组成的语言结构；对于 Riffaterre 来说，文体效果来源于词汇与语境的对比和冲突；对于 Dillon 来说，文体效果来源于句子中的语言顺序。比如说，不得不想当然地认为读者对一个句子中顺序安排的反应可以独立于语境、动机或语言外知识的影响（ibid.：100）。就感受文体学对读者的关注来说，与 Riffaterre 只将读者的反应作为文本刺激的起点一样，虽然 Dillon 关心读者的直觉，但是如果该直觉与处理模式的预期相矛盾的话，他选择忽略读者的直觉（ibid.：102）。和其他形式主义文体学家一样，Dillon 也认为是语言给予了读者在交流中的感觉。如果某一种特别的刺激是编码在文本中的，那么无论它是等价结构，还是语境中的对比，或是顺序复杂的句法结构，所有的读者都会对它产生同样的适当的心理反应（ibid.：102）。也就是说，对于形式主义文体学家来说，某种文体效果和某种语言结构是绑定的。某一种语言结构一定产生某种文体效果，与实际交流语境无关，也与读者无关。

5.2.6 形式文体学小结

从以上几位形式主义文体学代表人物的文体观可以看出，形式文体学所提的功能是语言的功能，即语言在日常生活中所起的几种作用。在分析文体效果时，他们认为该文体效果的根源在于某种文体结构本身，而不是该文体结构在语境中的功能。尽管他们的观点不尽相同（有的认为文体效果来源于深层语言结构，有的认为来源于表层语言结构），对产生文体效果的语言结构的阐述也不尽相同，但是他们的基本原则是一样的，即文体效果来源于语言本身，与交流语境、读者的认知背景都没有关系。虽然他们也提及说话人、语境、读者、功能等概念，但是他们在分析文体效果的时候不会分析语言特征与语境的互动，也不会了解读者的真实反应并分析触发这种具体反应的文体动因。

是否在文体分析中考虑语境和语言结构在语境中的功能是形式文体学和功能文体学的根本区别。有些形式文体分析也提到读者的感受，特别是 Dillon 提出的阅读顺序对读者的影响，这与认知文体学有些相似之处。但是，对 Dillon 来说，所有读者都会对同一语言结构产生同样的感受，即读者的感受只是分析语言结构的出发点。归根结底，即使形式文体学提到读者，他们也认为文体效果的根源在于语言结构本身，而不在于读者的认知，因此不会分析语言结构与读者的认知结构的互动，而分析语言结构与读者的认知结构是认知文体学的典型特征。

形式文体学的缺点是显而易见的。各位形式主义文体学代表人物的文体观表现出以下共同的局限性：（1）把文体效果完全归因于语言结构本身，而不考虑语言与外部语境和读者的认知语境的互动；（2）集中关注一种语言结构，认为该语言结构是产生文体效果的唯一语言根源，且必定产生某种文体效果。形式主义文体学因为过度关注语言形式，不考虑形式特征的功能和效果而一直受到批评（Norgaard，2010a）。形式主义文体学遭受批评的另一个原因是它脱离文本的社会和历史语境因素来研究文学（ibid.：25）。Fish（1973/1996）批评形式主义文体学在辨识文体效果时忽略读者的角色（Norgaard，2010a）。

虽然形式文体学因为不考虑语境而遭到其后其他文体学流派的猛烈批评，但是不可否认，形式文体学对文体学的发展作出了很大贡献。形式文体学"对文本进行探精求微和统计的分析方法，体现了自 20 世纪初期形成的文学理论的'语言学转向'，使文体学研究摆脱了初期印象式的倾向，逐步趋于科学化和客观化，并在一定程度上深化了文学的研究"（方汉泉、何广铿，2005：385）。"布拉格学派和 Jakobson 等人所创立的'功能说'以及有关'偏离'（变异）、'前景化'（突出）等概念对文体分析仍然有一定的实用参考价值"（ibid.）。张德禄（2007：12）指出，"功能文体学起源于古希腊时期的修辞学和论辩学，但直到 20 世纪初随着布拉格学派的诞生和发展，才真正得到确立"。不仅如此，形式文体学对后来的功能文体学和认知文体学都有很大启发。形式文体学家，如 Jakobson 很详细地探讨了语言在语境中的各种功能，这对功能文体学的语境观有很大帮助。Riffaterre 的感受文体学以读者的感受为文体分析的出发点，生成文体学对人的心智的强调，都为认知文体学继续探讨读者阅读时的认知过程打下基础。Dillon "从心理语言学的角度又为语言学在文学批评中的作用提供了一种论点"（李娟，2006：39）。

5.2.7 形式文体学现状

诗人 Peacock（1997：268）指出，20 世纪末 21 世纪初，在所有艺术领域都出现了对于模式（pattern）的回归。文学和文化研究领域出现了"新形式主义"（new formalism），即一种有历史意识的形式主义批评。Levinson（2007：558）提出，新形式主义并没有试图提出一种统一的形式主义方法论，因而最好将其描述为一种运动，而不是一种理论或方法。尽管新形式主义内部又分成激进形式主义（activist formalism）和规范性形式主义（normative formalism），但是他们都努力重申细读不仅是我们这个学科的课程中心，而且是为任何一种批评方法作准备的开放性举措（Levinson，2007：560）。他们认为是文本中的各种形式特征赋予了文本以复杂性（complexity），因此如果我们不对形式特征给予足够的关注，那么我们就会失去文本的一些复杂性。"复杂性"是贯穿新形式主义的一个主旨（ibid.）。新形式主义者认为文本形式上的复杂性解释了一部艺术作品给意识形态，或者与意识形态整体相关的扁平化的、制度化的以及吸收性的效果造成的深层次挑战（ibid.）。这种新形式主义主要产生于对过去 20 年中文学研究领域把文学研究转换成社会文化研究的做法的不满，但是它并不是要取而代之，而是希望历史主义者们认识到他们的文学批评或者遗忘了，或者从来没有把握住形式在语境主义或唯物主义阅读中的中心地位（ibid.）。Levinson（2007：561）认为新形式主义运动的核心任务不仅是重申受到质疑的形式，恢复直接或间接地由于新历史主义的主导而被遗忘的、拒绝的或粗俗化的价值，而且是要创造一种对于形式这个概念的忠诚和关注形式的团体。一言以蔽之，他们在新历史主义的文化批评、意识形态批评等占主导的时代，重新唤醒人们对文本形式的关注来恢复文学作品给人以愉悦和熏陶的功能。正如诗人 Peacock（1997：628）所说，20 世纪末——并默认 21 世纪初也是如此——技巧不再是一个骂人的词，而成为了感情的勋章。

新形式主义主要是文学、文化领域的运动，是对形式主义矫枉过正的新历史主义的反叛。因为文体学的基本特征就是对语言的关注，因此它不会出现文学领域从纯形式批评转为纯历史批评的问题。虽然现在从事形式文体学研究的很少，但是形式主义文体学并没有消失。它与文学领域的形式主义研究一样，把形式分析与其他分析语境的方法结合起来，从而对文本作出更全面的解释。比如，Devardhi 和 Nelson（2013：78-89）的论文《惠特曼的〈自我之歌〉——以形式主义为基础的语言学和文体学分析》（"Whitman's 'One's self I sing': A linguistic and stylistic analysis based on formalism"）以形式文体学家 Mukařovský 的前景化概念为基础，分析了美国著名诗人惠特曼的诗歌《自我之歌》中的前景化语言特征，特别是偏离语域、词汇选择等语言规则的特征。该论文提出，形式文体学对形式特征的分析应该和文学批评对语言外因素的探讨结合起来（Devardhi & Nelson，2013：82）。

Weber（1996：2）指出，形式主义文体学分析方法在实际分析中给人一种机械、缺乏生气和枯燥的感觉，而且还在很大程度上与其对所描写的文学文本的解释不相关。其主要原因是形式文体学忽视语境在决定文体特征和文体效果方面的作用，把文体效果与深层或表层的语言特征机械地一一对应。正如张德禄（2005：8-9）所说，"形式文体学认为语言风格只能从可以观察到的语言单位中获得，而忽视了文化和社会语境的决定因素。这一点也禁锢了形式文体学的发展"。为了矫正形式文体学的这一缺陷，功能文体学的创立者们强调这个新生的流派可以有效缩短描写、分析与解释之间的距离。刘世生（1996）对张德禄（2005）的《功能文体学》的评介题名为《文体功能与形式分析》，很清楚地说明了形式文体学与功能文体学的关系，即功能文体学把形式文体学对形式特征的分析与对该形式特征在语境中的功能结合起来。当然，功能文体学在对形式特征的描述上比形式文体学要全面、系统得多。对语境的关注使功能文体学对语言特征的解释更有说服力，而对语言特征的全面描述则使功能文体学更加具有可操作性。这两个因素是功能文体学影响如此广泛、持久的主要原因。下文首先介绍功能文体学的起源与概况，其次把功能文体学与形式文体学作对比，从而突出功能文体学的特点和它相对于形式文体分析方法的优势。

5.3 功能文体学

5.3.1 功能文体学概况

在采用一种语言学理论作为支撑的文体学流派中，韩礼德创立的功能文体学可能是最为广泛采用的。刘世生（1998：53）指出，功能文体学理论是现代文体学发展史上最有影响的理论。如刘世生、宋成方（2010：14）所说，发端于 20 世纪 60 年代的功能文体学肩负着双重使命："一方面需要与传统的文学批评界抗争，为文体学的合法性进行辩驳，强调语言学在文学语言分析中的必要性；另一方面要与形式主义文体学抗争，提出自己的功能文体学理论框架和分析模式。""功能文体学为系统功能文体学的简称，特指以韩礼德的系统功能语言学为基础的文体派别"（申丹，1997：1）。功能文体学的奠基之作是韩礼德在 1969 年于美国召开的"文学文体研讨会"上宣读的颇具影响的论文《语言功能和文学文体》（Halliday，1971）。张德禄（1999：47）指出，"韩礼德的功能文体学把这两者（语言学研究和文学研究）较好地结合起来，同语言学家一样分析语言现象，同文学研究者一样分析语篇产生的历史背景、社会和心理环境，并把语言分析的结果用情景语境来解释，确定语篇的文体。""功能文体学理论在 Cummings & Simmons（1983）的功能文体学分析中得到深化和发展"（张德禄，2007：12）。"在功能文体学研究的初期阶段一般是以某个单一的功能作为文体学研究的对象，但后来又提倡对语篇进行多功能文体分析"（ibid.：16）。

功能文体学的核心是"功能思想"，即形式特征是否构成文体特征取决于该形式特征在语境中的功能（张德禄，2005：9）。语境即讲话的环境，包括篇外语境和篇内上下文语境。Malinowski 称之为"情景语境"（context of situation）。情景语境这一概念框架由三部分组成：话语范围（field）、话语基调

(tenor) 和话语方式（mode）。话语范围指发生了什么事，包括参与者从事的活动和题材。话语基调指谁参与了交际事件，以及交际者之间的各种角色关系。话语方式指语言在情景中的作用以及语篇的符号组织方式等。情景语境制约对意义的选择。语篇是在情景语境的制约下通过对意义的选择生成的。

Halliday（1971，1978：112-113）认为语言系统是一个意义潜势，可以分为三类：概念意义潜势、人际意义潜势和语篇意义潜势，即三种元功能。简单地说，概念功能指的是小句的内容，体现某种过程，以及在过程中有哪些相关参与者和环境因素。人际功能表示从句是发话人或作者与受话人之间的语言交流。语篇功能则指小句如何与上下文话语及其生产语境相关联。Halliday 指出，在小句层面，概念功能主要表现为六个及物性过程，即物质、心理、关系、行为、言语和存在过程。人际功能主要由情态和语气结构表现，语篇功能主要体现为主位结构。功能文体学以小句为基本单位，探讨语言选择是如何实现这三种元功能的。"所有三种功能都同时存在于讲话人的语篇组织计划内"（张德禄，1999：43）。"三种功能组成三种意义资源。讲话人在讲话过程中要根据情景语境从这三种资源的系统网络中作出选择。从所有这三种意义中作出的选择都可对语篇的文体有意义"（ibid.）。讲话人对意义系统的选择又促动了对词汇语法系统的选择，从而形成了语法结构。对词汇语法系统的选择又促动了对音系系统或字系系统的选择，从而形成了音系或字系结构。

Halliday 在《语言功能和文学文体》中分析的是小说《继承者》之中体现概念功能的及物性系统，分别分析了该小说中描写尼安特原始部落和入侵的智人部落的片段。他发现，在描写尼恩得瑟尔人原始部落的片段中，"动作过程表达的基本都是简单的动作，而且绝大多数都是不及物的"（申丹，1997：1）。而在描写智人的片段中，"大多数小句都由人充当主语，这些小句有半数以上是动作过程，而且大都是及物的"，"这两个片段在及物性结构上形成的对照或对抗，反映了人在进化过程中两个互为对抗的阶段同环境的不同关系和看世界的不同眼光，这也是 Golding 想要表达的深层主题意义"（申丹，1997：2）。及物性分析可能是功能文体研究中被应用最多的方法。比如，Kennedy（1982，转引自申丹，1997：6）分析了《特务》中维洛克太太为了替死去的弟弟报仇，而拿刀杀死丈夫的片段。Kennedy 分析了描述维洛克先生和太太的及物性结构，发现表现维洛克先生的及物性结构大多是心理过程，尤其是感知过程，表现出维洛克先生的被动无能，而表现维洛克太太的及物性结构多是不及物动词表示的物质过程，比如"她的右手轻轻地拂过桌子的一角，切肉刀已悄无声响地消失了"，将维洛克太太与她自己的动作"分离"开来，使人觉得她无甚责任（见申丹，1997：6）。

　　功能文体学的分析框架已经不是功能文体学流派的专利，而已被其他诸多文体学流派借用。它是新兴的批评文体学流派的核心理论基础。Weber（1996：4）指出，批评文体学在很大程度上以一种根本上是建构主义的语言学理论，也就是以 Halliday 的系统—功能语法为基础。比如，Burton（1980）用系统功能语法的及物性模式分析了普拉斯的小说《钟形罩》（*The Bell Jar*）中的一段，揭示了其中医生和病人之间的权力关系。女性文体学，有时候被视作批评文体学的一支，经常采用 Halliday 的及物性分析批判性地审视文学作品或大众文化中对女性形象的塑造（Weber,1996:5）。Leech 和 Short（1981）非常有影响的《小说文体论：英语小说的语言学入门》（*Style in Fiction: A Linguistics Introduction to English Fictional Prose*）也是以功能文体理论为基础的。如张德禄（1999：43）所说，Leech 和 Short（1981）对 Halliday 的功能文体理论"进行了较详细的阐述和拓展"，把小句层面的元功能上升到语篇层面。在功能文体学的基础上，Martin（2003）继续深入探讨了人际功能的语言表现，提出了评价系统的理论（见工振华，2001）。

　　与形式文体学相比，国内对功能文体学的研究要多很多。就对功能文体学的理论探讨而言，刘世生（2010：14）总结说，"刘世生（1994），刘世生、朱瑞青（2006：53-55），申丹（1997，2002），张德禄（1998，1999，2005），胡壮麟（2000：108-119）对功能文体学的基本理论先后进行了介绍和评述"。张德禄（2005）的《功能文体学》对功能文体学理论作了全面的介绍，如胡壮麟教授在《序》中所言："本书最大的特点是'功能'二字。近十年来，国内已出版多种文体学教材和专著，唯本书是从功能语言学理论角度编写的；旗帜鲜明。"王振华（2004）运用 Martin 的评价系统理论分析了物质过程的评价价值。对功能文体理论的应用也很多（如戴凡，2002:12-14;申丹，2006:1-10）。因此，对功能文体学的基本理论和应用，在此不再单独详细介绍。

刘世生（2010：14-19）总结了国内的功能文体学研究，指出其不足，即"刘世生（1994），刘世生、朱瑞青（2006：53-55），申丹（1997，2002），张德禄（1998，1999，2005），胡壮麟（2000：108-119）对功能文体学的基本理论先后进行了介绍和评述，但总体来看他们的介绍和评述主要以 Halliday 本人的研究为基础，很少提及这一被称作 Halliday-Hasan 模式（Butt & Lukin，2009：194）的理论体系的另外一个构建者 Hasan 的理论模式以及功能文体学在新时期的发展"。刘世生（2010：16）认为，"功能文体学在 Halliday 和 Hasan 的经典研究之后，第一个发展应该是 Fowler（1989）、Hodge 与 Kress（1993）等人把文学视为社会语篇、从社会符号视角对文化作品和其他语篇进行解读的理论（Halliday，1987：150-151）"。而在这一阶段功能文体学的研究对象从 Halliday 和 Hasan 最初主要关注的文学语篇扩展到非文学语篇。申丹（2002：190）指出，"在 Kress 和 Fowler 等人的研究中，文学和非文学之间的界限已经消失了，也就是说像新闻报道这样的功能或者实用文体也进入到了功能文体学的研究视野"。"Birch 与 O'Toole（1988）编辑的《文体的功能》（*Functions of Style*）一书收录了多篇反映这一发展的论文"（刘世生，2010：16）。"在进入新的世纪之后，系统功能语言学在理论方面的发展当推评价理论（appraisal theory）的提出（如 Martin，2000，White，2003），在方法论方面的创新当属系统功能语言学与语料库语言学的结合（如 Butler，2004）"（ibid.）。

下文通过对比功能文体学和形式文体学，探讨功能文体学的核心思想和典型分析方法；在认知文体学部分进而对比功能文体学和认知文体学，从而帮助读者进一步了解功能文体学的特色分析方法及其发展空间。

5.3.2 功能文体学与形式文体学

在对语言特征的描述方面，功能文体学系统而全面地描述了在语言的三个层面——语义、语法、语音／文字层面上产生文体效果的语言现象。形式文体分析的对象可能也涉及这些层面，但是却没有像功能文体学一样给分析者提供一个清楚的框架。如张德禄（2005：20）所说，"与形式文体学不同的是，功能文体学对产生语篇的语言进行了语义、词汇语法和语音／文字三个层次的划分"。因此，功能文体学的确做到了其创始人之一 Hasan 在创立该流派之初所提倡的，"对任何现象的评价都需要首先确立评价标准，需要一套能够借此对评价对象进行描述的语言体系"（刘世生，2010：15）。如胡壮麟等（1989：14-16）所说，"功能语言学之所以拥有相对完整的理论框架很大程度上得益于 Halliday 的语言层次思想"。Halliday 把语言系统划分为语义层、词汇语法层和音系层，而且在语法层上又划分出小句、词组、词和词素四个级阶。与形式文体学相比，Halliday 对语言层次的这种划分在文体分析上具有两个突出的优势：第一，由于语言层次之间的纵向体现关系，每个上一层次的研究都为下一层提供了指导，而每个下一层次的分析又为上一层次奠定了基础，这样使得整个文体分析不再散漫、零碎，而是脉络清晰、前后呼应、浑然一体。第二，把语言划分为几个层次，并描述了各个层次上可能出现的突出的文体特征之后，我们可以针对不同层面分别进行系统、细致的文体搜索，及时查漏补缺，提高文体分析的效率。

在对文体特征的选择上，Halliday 质疑了以往把"偏离和不合语法性"作为文体分析标准的做法。Halliday 认为，"人们往往把所有能够引起人们注意的语言特征都看作是一种偏离，这种偏离说对古怪的东西给予了太高的评价，而使常规形式在文体研究中失去了应有的位置"（刘世生，2010：15）。形式文体学就是以偏离和不合语法性作为选择文体特征的标准的。对于 Jakobson 来说，文体效果来源于原来是纵聚合关系的词汇在横组合轴的共现；对于 Riffaterre 来说，文体效果来源于词汇与语境的对比和冲突；对于 Dillon 来说，文体效果来源于句子中反常规的语言顺序。张德禄（1999：45）指出，"生成学派倾向于把突出视为'偏离'，即偏离语言常规的语言特征是突出的。Halliday 则倾向于把突出视为数量上的显耀"。Halliday 区分了质量上的偏离，即"失协"，和数量上的偏离，即"失衡"，但是他认为"这不是两种突出形式，而是一种。所有突出形式最后都可从数量的角度来解释"（ibid.）。在具体的文体分析中，究竟应该选择失衡的语言特征还是失协的语言特征，应该由分析者根据具体情况决定。

关于如何选择文体分析和解释的对象，形式文体学和功能文体学也是明显不同的。第四章中提到过，形式文体学把突出，即读者阅读时的心理效果当作文体效果，因而其文体分析的对象就是突出的语言理据。对于功能文体学来说，突出只是心理效果，而引起心理效果的语言特征还要经过语篇语境的检验和过滤；只有当这些引起心理效果的语言特征对语篇的整体意义作出贡献时，这些语言特征引起的心理效果才是文体效果，而只有引起文体效果的语言特征才是文体分析的对象。Halliday 提议应用"前景化"理论，指出只有那些有动因的突出，也就是前景化的特征才是有文体价值的；而有动因的突出离不开相关性准则的确立（Halliday，1971）。对于实用文体来说，形式特征是否具有文体价值要看该形式特征是否与情景语境相关。在文学作品中，语篇的情景语境是作者创造出来的，因此形式特征是否具有文体价值要看它是否与作者表达的整体意义相关。"在文学作品的解码过程中，解码者一般应采用自下而上的过程，即首先通过语音文字来解释词汇语法，再通过词汇语法来解释语义，然后再通过语篇的意义来推断情景语境。这样，某个突出的语言特征只要与作者的整体意义相关就是与语篇的情景语境相关，就是有动因的突出，就能前景化"（张德禄，1999：44）。

功能文体学与形式文体学在具体分析时的根本差别是功能文体学用语言的元功能（meta-function）来解释文体效果。"Halliday 功能理论的核心是'功能'思想"（ibid.：43）。这体现了功能文体学与形式文体学在文体观上的两大差别：（1）功能文体学认为文体效果是语言特征在具体语境中的功能，而形式文体学认为文体效果是语言特征自身固有的。如张玮（2004：86）所说，"形式主义所倡导的自治句法将语言符号及其意义割裂开来，同时将语言的各个层面（形态、词汇、句法等）视作彼此互不干扰的模块，进行封闭式研究。Halliday 则认为句法是语义的体现形式，对意义的研究渗透到语言各层次，应该将它们当作一个整体。"（2）形式文体学以概念意义和文体二分模式（bi-planar model）为基础，而功能文体学分析的三种元功能中包括概念功能。Halliday 不同意把文体只作为一种表达，而与概念意义，或称认知意义对立起来，把文体视为没有意义的特征（张德禄，1999：43）。

显然，功能文体学在对语言特征的描述上比形式文体学更加系统，对语言特征的解释也与文本更相关，更有说服力。但是，如刘世生（1997：2）所说，形式主义和功能主义两种文体模式各有其优劣。申丹（1998a：37）也认为，"我们没有理由要求社会历史 / 文化文体学注重文学的诗学功能，也没有理由反对传统文体学对文学审美价值的研究。它们各有各的目的，各有各的意义。"赵卫（2005：27-31）尝试把形式文体学和功能文体学结合起来分析诗歌，因为"语言既可以进行纯形式的结构描写，也可以从功能的角度对语言结构的形成进行探索，这两种表面上似乎矛盾的观点其实并不矛盾，两者是从不同的角度对语言的本质进行探索，两者并行不悖"。该文的分析表明，形式主义文体学对诗歌的音系、韵律、词汇、句法等层面的语言特征的形式主义分析，与功能文体学从语境、功能角度的解读结合起来，可以更全面地揭示诗歌的语言特征和主题意义。武建国（2005：34-36）也主张，"跨越文本主义文体学与语境主义文体学的分离走向结合，应该是遵循文体学自身特点，促使它良性发展的一种内在要求，因为这两大文体学派各自的理论体系和分析模式中暴露出来的不足之处归根到底是由于割裂了文体学研究对象内在的双重属性，从而阻碍了自身的进一步发展。"

接下来在介绍认知文体学时会将其与功能文体学作对比，以帮助读者更好地把握功能文体学的典型分析方法。

5.4　认知文体学

5.4.1　认知文体学研究概况

20 世纪 90 年代以来，随着认知科学的迅猛发展，文学研究领域出现了明显的"认知转向"，其中最具代表性的是认知文体学、认知叙事学和认知诗学的兴起和蓬勃发展。以 Semino 和 Culpeper（2002）、Stockwell（2002）、Gavins 和 Steen（2003）为代表的学者们把认知语言学和广义上的认知科学的研究成果用于文学阐释，给传统的文学研究注入了新的活力，开辟了新的视野。国外的认知文体学研究主要有以下三种模式：（1）认知文体学的基本理论研究，如 Nagy（2005）探讨了从认知角度研究文体的基本理论；Burke（2011）借鉴神经生理学理论解释认知文体分析方法之一的意象图式理论的认知理据。(2)认知诗学框架内的认知文体学相关理论研究，如 Stockwell（2002）、Gavins 和 Steen（2003）探讨并例示了一些认知文体学分析方法。（3）运用各种认知语言学理论，如意象图式、概念隐喻、心理空间、文本世界等，甚至广义的认知科学方法，进行文体分析，这是目前最主要的研究模式（Lambrou & Stockwell，2007；Semino & Culpeper，2002）。为了清楚地认识这种模式中的各种分析方法，我们有必要了解认知文体学界对认知文体学比较普遍的界定方法，即"文体学研究的传统是对语篇进行明确精辟细致的分析，语言的认知研究强调对语言生成与接受背后的认知结构和认知过程进行有理论指导的系统分析，认知文体学追求这两者之间的结合"（苏晓军，2008：114）。以此为基础，结合笔者对国内外认知文体学研究现状的把握，对认知文体学作出以下更加细致的描述：认知文体学继承了文体学的传统，以细致地分析语篇的语言特征为出发点，分析方法是认知语言学甚至广义的认知科学方法，如意象图式、概念隐喻、心理空间、文本世界等等；从分析到阐释的路径有两条，一条是从语言特征透视语言生成背后的认知结构，即作者或人物的概念结构；另一条是从语言特征阐释语言接受背后的认知过程，即读者的认知过程。Lahey（2007）采取前一种做法，从三位加拿大诗人的 150 首诗歌中的隐喻来分析诗人们的概念隐喻结构，进而从他们相似的概念隐喻结构中解析整个加拿大民族的认知方式。而 Freeman（2005）则以读者的认知过程为研究对象，用概念整合理论系统地分析了读者阅读诗歌《申请者》时的心理空间映射过程。Gavins（2007）和 McIntyre（2007）也以读者的认知过程为研究对象，分析读者在阅读诗歌的过程中建构文本世界、与作者进行交流的过程。

国内认知文体研究主要采取的是上述第三种模式，但著述较少，应用的方法也有限。在语言学框架中探讨概念隐喻理论的著述较多，但是将其用于认知文体分析的较少（如任绍曾，2006；赵秀凤，2009 等）。马菊玲（2007：78-81）、赵秀凤（2010：7-11）等应用心理空间理论（mental space theory）分析了语篇的文体特征。张辉和杨波（2008：7-14）在述介心理空间与概念整合理论的发展状况时，探讨了概念整合理论在文体分析中的应用。运用文本世界理论分析文学作品的也很少，其中马菊玲（2008）应用文本世界理论研究了读者对黑色幽默小说的荒诞性的认知机制。很少有对文学作品中的意象图式、可能世界、方位指示语进行分析的。

从理论建构上讲，与功能文体学相比，认知文体学学科体系还不够健全，研究者在用该理论分析语篇的文体特征时没有真正掌握认知文体分析方法。刘世生、朱瑞青（2006：27）指出："由于认知文体学还是一门新兴学科，还不是很成熟，尤其是认知语言学还处在体系尚未完全建立的状态，所以还无法像Halliday所建立的功能文体学那样用来对文学作品进行系统的分析。"概括地讲，国内外的认知文体学研究主要存在三个问题：（1）没有解释清楚认知文体学与功能文体学等传统的文体学流派之间的关系；（2）没有解释清楚文体效果的认知理据；（3）没有建立起认知文体学的分析框架。这三个问题密切相关。前两个问题关系到对认知文体学学科特性的认识，对其进行探讨将有助于建立认知文体分析框架。下面对上述三个问题逐一进行探讨。

5.4.2　认知文体学和功能文体学的关系

认知文体学与功能文体学等其他文体学流派一样，也是文体学的一个分支，"不仅是对语言结构和语言现象的描述和分析，还包括对这些语言结构和语言现象所产生的文体效应的解释和评价"（张德禄，2005：20）。认知文体学和功能文体学有很多相似之处，但是作为两个不同的文体学流派，它们的文体分析方法和解释不尽相同。我们只有厘清它们各自的侧重点才能够说明认知文体学存在的必要性，也才能够更好地把握其分析路径，推广其分析方法。下面主要从理论基础、制约文体选择的条件、分析方法、分析程序几个方面对两种文体学理论进行对比，厘清功能文体学和认知文体学的关系，以求对认知文体学有更全面的认识。

5.4.2.1　理论基础对比

文体学是用现代语言学理论和方法来研究语篇文体的学科。"功能文体学是以Halliday的系统功能语法为理论基础的文体学理论"（张德禄，2005：9），是运用系统功能语言学的体裁、语域、话语意义、语法等理论来分析语篇的文体特征，探讨它们是如何得以前景化的。也就是说，它从外部，或者说从"个体间"的角度探讨文体特征（Halliday，1978：10）。

认知文体学的理论基础则要复杂得多，学界对其理论基础的阐述不尽相同。有些学者认为它是用认知语言学或认知心理学的方法进行文体分析的流派，有些认为它的基础是认知心理学或认知语用学。但它们有一个共同点：都是从"个体内"的角度探讨文体特征（ibid.：10）。功能文体学和认知文体学在研究角度上的这一差别源于两个文体学流派的语言学基础——系统功能语言学和认知语言学的差别。功能语言学主张超越语言本体，即从人体外部的角度去研究语言（ibid.）；认知语言学则恪守"认知的承诺"，主张语言研究和模型的建立应积极吸收其他学科的大量研究成果（Lakoff，1991：53-62）

本书采用 Semino 和 Culpeper（2002）的提法，把认知文体学看作跨语言学、文学和认知科学的文体学流派，或者是运用认知语言学以及广义的认知科学方法进行文学分析的文体学流派。这两种观点都有以下两个优点：（1）避免了把认知语言学与认知心理学相提并论的模糊认识，同时顾及了文体学以语言学为理论基础的特性。严格地讲，认知文体学的语言学基础——认知语言学"是认知心理学与语言学相结合的边缘学科"（赵艳芳，2001：8）。（2）用认知科学的提法比用认知心理学或认知语用学等具体名称更能反映认知文体学的理论基础的特点。认知文体学分析主要以认知语言学理论为基础。认知语言学的范畴、原型理论、意象图式、概念隐喻、概念整合、语篇世界等理论是认知文体分析常用的理论。同时，认知文体分析也会借用心理学、神经科学等广义上的认知科学的方法（Semino & Culpeper，2002：x）。例如，Semino（2002：95-122）不仅应用认知语言学的图式理论、概念隐喻理论和概念整合理论，还辅以其他的心理学理论来分析人物反常规的思维风格。

5.4.2.2 制约文体选择的条件对比

制约文体选择的条件指制约选择适当的语言特征，使其前景化，成为文体特征的合适条件。突出特征是相对于普通语言或文本中的语言常规而言，可表现为对语法、语义等规则的违背或偏离，也可表现为语言成分超常量的重复或排比。功能文体学认为"情景与功能是语篇文体激活动因的两个侧面"（张德禄，2005：23)，即它们决定选择合适的突出特征，并且使它们前景化。

而作为认知文体学主要理论基础的认知语言学则提出，"句子结构决定于语义结构"，而"语义存在于人的概念化过程中，语义结构即概念结构"（赵艳芳，2001：125)。由此可见，认知文体学中制约文体选择的条件是语言特征的概念化。认知文体分析关注那些能够体现作者的认知方式或者与读者的认知方式有关联，能够解释读者的认知过程的语言特征。在认知文体学框架中，当与认知方式有关的语言特征构成一定模式，并与我们的主题阐释有关时，它就会真正得以前景化。

5.4.2.3 分析方法对比

功能文体学通常采用定性和定量相结合的方法来对语篇进行分析。定性方法用于对语篇作细致的分析，而定量的方法则用于统计某些特征的出现频率，主要用于分析语篇的语音、词汇、语法特征是如何在一定语境中体现语言的三大元功能，即概念功能、人际功能和语篇功能的，据此可以确定语篇的哪些特征是文体特征。例如，及物性系统体现语言的概念功能，在 Halliday（1973）对戈尔丁的《继承者》的文体分析中，他分析该小说前半部分所表现出来的及物性模式，表现为出乎意料地高频率出现的不及物结构模式和非人称参与者，而这种模式正好反映了小说的主题思想：以劳克为代表的尼恩得瑟尔原始人对事物的认识和理解程度；在他们的世界中似乎没有原因和效应（ibid.：121-123)。这样，这种及物性模式得到了前景化。

认知文体学分析方法与功能文体学的分析方法有一定共性。如 Gavins 和 Steen（2003）说，认知语法与系统功能语言学的及物性分析有很多相似之处。Stockwell（2002：70）在强调这两种理论的相似性时指出，尽管 Halliday 来自不同的语言学传统，他最近已经申明"他的方法是有认知倾向的（cognitively sympathetic)"。

但是，功能文体学的及物性分析不等同于认知文体学的语义角色分析。虽然及物性分析与语义角色分析都可以解释作者或人物的认知方式，但是它们的解释是不同的。Leech 和 Short（2001：202-207）对《喧哗与骚动》（*The Sound and the Fury*）中白痴班吉视角中的及物性模式的分析说明，班吉表现出"原始的"认识世界的方式。功能文体学常常从及物性模式分析相关人物对世界的认识方式，特别是非常规的认识方式，而这些认识方式即使被贴上"认知"的标签也只是宽泛意义上的认知，一般与人类普遍的认知规律无关。认知文体学的理论基础是认知语言学及广义上的认知科学，而认知语言学本身又是以认知心理学为理论基础的。也就是说，认知文体学是以认知心理学和广义上的认知科学对人的认知规律的研究为基础，从语言特征分析作者、人物或读者的认知方式。人类的认知规律"不仅包括基本范畴、原型，还包括意象图式和认知模式"（赵艳芳，2001：67），而认知模式包括"命题模式、意象图式模式、隐喻模式、转喻模式"（ibid.：73）。认知文体学旨在系统地分析语言特征背后的作者、人物或读者以上述认知规律为基础的认知方式。与功能文体学等其他文体学流派一样，认知文体学分析的往往也是非常规的语言现象及其塑造的个性化的人物形象。因此，认知文体学揭示的认知规律往往是在人类普遍的认知规律基础上的变体。例如，概念隐喻作为人类的一种认知规律，指的是人类往往以一个简单、具体的域来认识一个复杂、抽象的域，而认知文体学一般关注人物以一个不相关的域来认识另一个域的非常规概念隐喻结构。

正因为功能文体学和认知文体学在句法结构分析上同中有异的关系，有些学者尝试把两种方法结合起来，典型的做法是把功能文体学对及物性模式的分析与认知心理学以及广义的认知科学揭示的认知规律结合起来，从而形成认知—功能分析方法。任绍曾（2006）在分析《国王班底》（*All the Kings' Men*）时从功能文体学的及物性开始，提出"在文本中痉挛（twitch）一词在及物性的所有过程中都有体现"，说明"痉挛笼罩了小说人物生活的多个方面"，接着把痉挛的突出视为"作者对人生经历进行概念化（conceptualize）和识解（construe）"的方式。"整本书体现了对两个毫不相干的空间（spaces）的概念合成（conceptual integration），或者说体现了跨越两个域（domain）的映射（mapping）。其中痉挛是源域（the source domain），生活是目标域（the target domain）"（李华东，2010：66）。

功能文体学的及物性分析通常把语篇作为静态的产品来分析，如 Halliday

（1973）对《继承者》的分析，分析连贯的及物性模式在语境中实现的概念元功能，而认知语法分析常常用以展示相关人物认知中前景、背景的变换，或者读者阅读时体会到的前景、背景交替变化的动态过程。Stockwell（2002：66）指出，认知语法是为了描述阅读语言成分的过程。正因为认知语法以句子为单位，关注句与句之间语义角色的变化体现的认知中的前景、背景变化，认知语法分析常常以诗歌等篇幅短小的语篇为分析对象。例如，Stockwell（2002：67-70）对 George Herbert 的诗歌"Easter wings"中语义角色变化的模式进行分析，解释读者在阅读过程中头脑中一系列的意象在前景和背景之间的变化及其原因。而及物性分析即使关注文本不同部分中及物性模式的变化，它仍然是关注语篇宏观层面上及物性模式形成的对比及其在语境中的概念功能。

　　总之，功能文体学重点解释产出的语篇中词汇语法模式是如何体现作品的主题而得以前景化的，而认知文体学注重揭示作者或人物在人类的普遍认知规律基础之上的独特认知方式，或者是读者受人类普遍的认知规律的影响与文本的语言及作者进行互动的认知过程。

5.4.2.4　分析程序对比

　　功能文体学对于文学作品的基本分析程序是：首先分析语篇中的词汇语法特征，然后看它们是如何根据语境和作品的主题思想来体现意义的，所以是一个"自下而上"的分析过程，如 Halliday（1973）对《继承者》的文体分析程序就是先分析小说中语言的及物性模式，然后根据小说的主题思想解释这种模式体现的意义模式。胡壮麟（2012：170）指出，"文学文体学与认知文体学的主要不同在于：前者在处理过程中主要研究语言、文体风格和语言学的其他方面面，这个过程是'自下而上'的，后者还考虑认知的、情感的手段，是'自上而下'的过程。"也就是说，认知文体学除了分析文本中的文体特征及文体效果，还关注读者以往的认知、情感结构如何影响了读者对文本的文体特征的感受，并反过来被文本的文体特征所修正，影响后面的阅读的动态过程。申丹（2009a：1-5）提出，对比初次阅读和反复阅读时文体效果的差异对认知文体格外重要。

通过对比，我们看出，认知文体学的最大特点是把对突出的语言特征的分析与认知心理学甚至广义的认知科学所发现的人类的认知结构结合起来。同时，它重在通过对文体特征的分析，解释追踪读者的阅读过程，认为文体效果不仅仅存在于文本之中，而且主要存在于文本的文体特征与读者认知的互动之中。

5.4.3 认知文体分析框架

基于以上对认知文体学和功能文体学的对比，以及对文体的认知理据的探讨，我们尝试建构了认知文体分析框架（见下页图 5.1）。功能文体学主要是从作者的角度研究语篇的文体，但认知文体学可以从语言产生和语言接受两个角度进行分析。语言产生端不仅包括创作文本的作者，文本中的人物同样发出话语和思想，因而也处于语言的产生端。语言接受一端指读者，认知文体学研究有的关注读者群体基于人类共同的认知规律对文本产生的相似反应，有的关注个体读者基于以前独特的生活体验和阅读体验对文本作出的个性化反应。

从语言产生的角度讲，研究者首先分析语篇或人物的话语／思想中的词汇和语法特征，发现突出的模式和特征的分布等，据此分析语义结构的突显或选择，进而解释作者或人物对文本描述的世界进行概念化的方式，包括图形／背景、范畴化、概念隐喻以及意象图式等，以及由此创造的主题意义和美学效果（如 Freeman，2002；Lahey，2007）。

从语言接受即读者的角度讲，研究者首先通过实证研究了解读者的生理反应、情感反应和认知反应，据此探讨这种感受产生的原因，包括分析语篇的词汇语法的突出特征，及其语义突显和概念化的过程，特别是语义结构与读者的概念结构的互动，从而解释读者之所以会产生某种生理反应、感受到某种美学效果或主题意义的原因（如 Freeman，2005；Gavins，2007）。读者的概念结构和文本的互动指读者的概念结构中被激活的是与文本的文体特征、语义结构等具有最大关联的部分。这与 Sperber 和 Wilson（1986/1995）的关联理论的思路是一致的。这也就是申丹（2009a：2）在区分感受文体学和认知文体学时指出的，"认知文体学在分析读者的认知结构时，是有目的、有选择的"。认知语言学关注的语言特征主要是词汇、句法，对语音、字形的分析主要基于它们与语义的

"象似性"（iconicity），不过认知文体分析并不排斥对语音、字形的分析，比如 Freeman（2002：23-48）就把诗歌的断行、标点作为诗人艾米丽·狄金森（Emily Dickinson）的概念结构的一部分。因此，在认知文体分析框架中，语言特征也包括语音、字形。

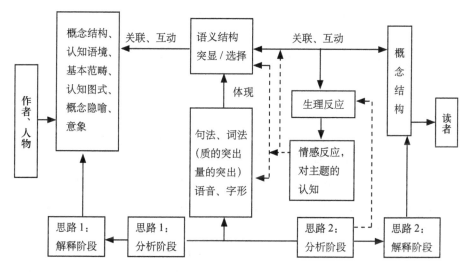

图 5.1　认知文体分析框架

注：虚线表示从读者的角度以生理和情感反应为出发点的分析过程

5.4.4　认知文体学发展脉络

国外的认知文体学研究除了《认知文体学》、《当代文体学》这两部论文集以及少量的论文外，大多数是在认知诗学的框架下进行的。本部分将从《当代诗学》[1]这个认知诗学研究重地着手，探讨认知诗学的发展脉络和现状。

《当代诗学》从 20 世纪 80 年代至今一直在为认知科学和诗学的结合提供一个领先的国际论坛。认知科学和诗学结合形成的学科就是现在众所周知的"文学的认知研究"（cognitive literary studies）或认知诗学。在这些年间给

1　一本从认知诗学发端的认知诗学专刊，创办于 1983 年。

该杂志供稿的很多学者成长为认知诗学领域的专家，包括 Raymond Gibbs Jr.、David Herman、Patrick Colm Hogan、David S. Miall、Alan Richardson、Ellen Spolsky、Gerard Steen、Eve Sweetser、Reuven Tsur、Mark Turner、Willie van Peer 和 Lisa Zunshine 等知名学者。《当代诗学》极大地促进了认知诗学的发展。Bruhn（2011：405）指出，没有其他任何一家杂志出版过如此之多用认知科学的方法研究文学的专刊。《当代诗学》杂志就该领域的发展多次开设专刊，其中四次是关于隐喻的（1983，4：2；1992，13：4；1993，14：1；1999，20：3），两次是关于认知革命的（cognitive revolution）（2002，23：1；2003，24：2），一次是关于文学接受的实验方法的（empirical approaches to literary reception）（2004，25：2），一次是关于宽泛的认知主题的。除以上各方面外，其探讨问题还涉及一些其他主题（2009，30：3）。2011 年（32 卷第 3 期）的专刊则以"交换价值：诗学与认知科学"为主题。可以看出，《当代诗学》从 20 世纪 80 年代到 2011 年之间的每个年代都开设了认知诗学专刊，在 20 世纪 90 年代和 21 世纪的头十年尤其密集。

从数量如此之多的认知诗学专刊的专题历时性变化中可以看出认知诗学发展的脉络。《当代诗学》在 20 世纪八九十年代开设了四次以"隐喻"为主题的专刊，这表明文学作品中的认知隐喻在认知诗学研究起步的 20 年里是学者们关注最多的问题。2002、2003 年连续两年举办的专刊中主要探讨文学分析中的认知革命。虽然 20 世纪八九十年代对文学作品中认知隐喻的探讨也是文学分析中认知革命的一部分，但是新千年伊始连续两年开设的以文学分析中的认知革命为主题的专刊清楚地说明，进入 21 世纪之后，认知诗学界对文学分析中的认知革命的探讨视野更加开阔，甚至从认知科学的角度重新审视整个文学史，如 Mark Turner 提出，概念整合在过去的两千年里在很大程度上被修辞研究所忽视，但是它在人类的整个进化史中是无处不在的（Richardson & Steen，2002：4）。2004 年的专刊则从之前以分析者为中心的研究模式转变为对文学接受的实验研究模式。West（2013：130）指出，认知文体学的早期文本——从 Turner 的 "Reading minds"（1991）到 Stockwell 的《认知诗学导论》（*Cognitive Poetics: An Introduction*）（2002）——在很大程度上忽视了对读者阅读时真实思维过程的实证研究，van Peer 的《文体学与心理学》（*Stylistics and Psychology:*

Investigation of Foregrounding）（1986）显然是早期研究中的一个例外。虽然 West（2013）采用的是"认知文体学"概念，但是因为认知诗学和认知文体学的最大差别就在于前者是认知科学和诗学的结合，以文学为研究对象，而后者是认知科学和文体学的结合，研究对象既包括文学也包括非文学语体，同时，当研究对象为文学语体时，诗学的范畴比文体学要宽泛，因此当研究对象是文学语体时认知文体学就成为认知诗学的一部分。那么，缺乏对读者真实认知过程的实证研究也是认知诗学研究中的问题。2004 年开设以文学接受的实验方法为专题的专刊表明，这一问题在新千年得到了重视，成为认知诗学研究的一个重要关注点。

2009 年的认知诗学专刊没有一个具体的主题，其论文涉及认知诗学领域的多个方面，既包括之前专刊所探讨的问题，也涉及其他一些认知诗学问题。该期专刊既是对之前认知诗学研究成果的总结，也展现了新千年里认知诗学研究领域百花齐放的面貌。

2011 年的认知诗学专刊在认知诗学的发展史上具有非常重要的意义。该专刊以"交换价值：诗学与认知科学"为主题，说明认知诗学界从认知科学单方面服务于文学分析走向对两个学科之间交换价值的探讨。Bruhn（2011：405）在为该专刊撰写的介绍中提出，在建构全面的人类认知理论的过程中，文学事实可能更加能够揭示认知事实，而不是相反。这清楚地说明了该期专刊与之前专刊的不同侧重点。事实上，早在 20 世纪 80 年代末，《当代诗学》的第二任主编 Itamar Even-Zohar 在该杂志的视野和目标声明中对认知诗学的这一发展趋势作出过预测（ibid.）。可是在 2011 年专刊举办之前的认知诗学研究几乎都是认知科学单方向服务于文学分析。Bruhn（2011：446）介绍说，该专刊要求作者们以尽可能清楚或具体的方式展示或者评价认知诗学研究中一个或两个可能的价值转移方向。有趣的是，该专刊的七篇论文所探讨的问题对文学研究和认知研究都至关重要（ibid.：447）。因而 Bruhn 认为，这七篇论文作为一个整体标志着认知诗学向着认知科学和诗学的真正跨学科结合所取得的重要进步，即这两个领域的理论、方法和研究结果将会在结合中互相充实（ibid.：453）。

《当代诗学》从 1983 年至今的专刊中系统地展现了认知诗学的发展历程：从早期应用认知科学的隐喻概念分析文学文本，到文学分析中更加广泛的认知革命，到对文学接受的实证研究，到应用多种认知科学理论进行文学分析，再到对认知科学与诗学之交换价值的探讨，认知诗学作为认知科学和诗学结合的学科，其理论体系在逐渐充实和完善。2011 年专刊对认知科学与诗学之交换价值的探讨在认知诗学发展史上具有里程碑意义。它标志着认知诗学研究已经从文学分析单向受益于认知科学转变为认知科学和诗学的双向受益，最充分地体现了认知科学与诗学结合的内涵和价值。

5.4.5 认知文体学最新动向

申丹（2009b：4）提到，"近来有的学者将文体学研究与心理实验相结合，展开了实证性的研究。认知文体学的代表人物之一 Catherine Emmott 主持了一个实证研究项目 'Stylistics，Text Analysis and Cognitive Science'"。事实上，早在 1986 年 van Peer 在《文体学与心理学》中就用心理学实验的方法研究了读者的阅读心理。遗憾的是，从那之后，关于文学阅读的心理学实验及其他认知科学实验的数量非常有限。因此，增加以读者的阅读过程为对象的心理学实验，以及设计分析读者的认知过程的其他实验方法仍然是认知文体学研究的一大要务。

最近，认知诗学的一个发展趋势是从诗学与认知心理学的结合拓宽为诗学与其他认知科学的结合。神经科学、镜像神经逐渐成为热门词汇。早在 1995 年 Miall 就在《诗学》（Poetics）杂志上发表了从神经心理学角度研究文学反应中的预期与情感的论文。从那之后从神经学角度研究诗学的成果并不多，最近却呈现出明显增加的趋势。Hannah 和 Vittorio（2011）用镜像神经理论解释读者对文学人物的移情，并且尝试建立神经叙事学，展示出从神经学角度研究文学的巨大潜力。神经人文主义（neurohumanism）出现的频率也很高，说明文学研究越来越多地纳入神经科学的理论和概念。对神经科学的重视使得认知诗学从以往单纯地分析认知，走向对读者情感特别是身体体验基础的解释。苏晓军（2009：9）提到认知诗学的最新发展趋势时说，"该领域的最新发展具有探索文学阅读中的情感效果（emotional effects）的能力"。而神经学理论的加入说明读者对文学作品的认知起源于神经活动引发的身体体验，接着才会产生情感，进而达到认知。Hannah 和 Vittorio（2011）的神经叙事学分析充分说明，对从神经活动引发的身体体验到情感体验再到认知过程的描述在文学作品中俯拾皆是。读者在阅读文学作品时也会经历同样的过程，这是基于人类普遍具有的身体体验或具身模仿（embodied simulation）能力。伍尔夫描绘达洛维夫人在宴会上听到客人谈论一名老兵自杀时的反应时写道："当她突然听到一个事故时，她的身体总是先要经历一遍"，而读者在看到文学作品中对事故的描述时也会产生同样的身体反应。

认知诗学研究应该纳入研究身体体验的神经学等学科，更加全面地分析人物的认知方式或者读者阅读文学作品的过程，这不仅有助于更全面地理解人物形象和读者阅读时的真实感受，而且有助于充实认知科学的相关理论。

5.5 小结

徐有志（2000a：72）指出，在 21 世纪，文体学发展的一大要务是加强理论研究，其中包括"文体学的科学分类及各类的联系"。探讨文体学的分类有助于看清文体学的全貌，把握各个文体学流派的分析对象和典型分析方法，并进而探讨其进一步的发展方向。本章按照文体学的语言学基础把文体学分为形式文体学、功能文体学和认知文体学三个大流派，并针对各个流派的研究现状采用一一介绍和对比的方法探讨了它们的典型分析方法、研究现状和发展趋势。每一个流派相对于其之前的流派都具有一定的先进性。如熊学亮（2001：25）所说，"崇尚语言自主的形式派，为了将语言学升格为精密科学，和结构语言学家一样，认为像语义、功能之类的东西很难精密地描述和界定"，于是，他们选择"专注于较容易控制的形式分析"。功能文体学不仅讲功能，也研究形式特征，并且从各个层面对语言特征进行描述，更具有系统性。认知文体学则认为除了形式特性之外，人类的认知机制也是作用于语言结构的原则。因此，认知文体学不仅研究形式特征，而且分析形式特征体现的认知机制及其在整个语篇中的意义。

"形式文体学的基本分析模式是二元模式，其理论基础是包括结构主义语言学和转换生成语言学在内的二元模式理论"(徐有志，2000a：68)。形式文体学把形式和内容分离开来，认为文体效果产生于语言形式。功能文体学的理论基础是 Halliday 的系统功能语法，认为语言的各种功能都具有文体意义，把表示内容的"概念功能"纳入到文体研究的范畴中来，打破了内容与形式的二分。不仅如此，功能文体学在语言形式分析上的系统性及其对语境的关注都赋予了它强大而持久的生命力。正如徐有志（2000a：69）所说，"（系统）功能文体学所区分的人际功能若应用于对文本（譬如广播访谈或戏剧对白）中的实际对话的分析，那它就很可能进入到话语文体学的范畴；而它对于语境的强调使得越来越多的文体学家将注意力转向了文本语言与意识形态／权力关系之间的关联和相互作用，从而促成社会历史／文化文体学的形成"。因此，Carter 和 Simpson（1989）在划分文体学流派时把功能文体学、话语文体学、社会历史／文化文体学并置没有充分考虑这其中涉及的不同层次。事实上，这三者都是以系统功能语法为分析工具的，只是话语文体学是功能文体学应用到对话这一具体的分析对象的变体，而社会历史／文化文体学是功能文体学集中分析语言与意识形态的关系的变体，因此这两者在类属上都应该比功能文体学低一个层次。虽然功能文体学与认知文体学有些重合之处，但是二者的侧重点不同。把二者区分开来有助于认识清楚它们各自典型的分析方法并针对分析对象合理地应用。随着认知科学的发展，认知文体学会不断地借鉴除认知心理学以外的其他方法，对作者、人物和读者的认知结构作出更加生动的解释。虽然三个流派在产生时间上有先后，而且后一个流派在某些方面，特别是在对文体效果产生的理据的探讨方面，有相对于前一个流派的优势，但是后一个流派和前一个流派并不是替代的关系，各个流派都有自己的合理之处。因此我们在作文体分析时要根据分析对象的语言特征针对性地选用某种文体分析方法或者把两种或多种分析方法融合起来。

第六章　研究对象：文学文体学

6.1 引言

文学文体学一直是文体学研究的重点，文体学甚至一度被认为是语言学和文学批评的结合，但是文学文体学这个概念并不像看上去那么简单。关于文学文体学是什么，以及与其处于同一个层级的文体类别或流派是什么，文体学界有过不同的说法。本章首先探讨文体学界关于文学文体学的几种观点及相关概念，并对其进行界定，然后探讨文学文体学研究的现状、主要分析方法和发展趋势等。

6.2 "文学文体学" 多义辨析

关于文学文体学的定义，文体学界曾经有过不少争议。特别是在西方文体学界，文学文体学是多义的。如申丹（2008a：296）所说，"在讨论西方学术流派时，我们需要充分关注学术名称在西方语境中的变义和多义现象，辨明一个流派的名称在一个论著（的某一部分）中究竟所指为何。"下文首先梳理国内外文体学界对"文学文体学"的几种不同理解，继而对"文学文体学"作出界定。

6.2.1 文学文体学 VS. 语言学文体学、社会历史 / 文化文体学

Carter 和 Simpson（1989）在划分文体学流派时，曾区分出文学文体学、语言学文体学、形式文体学、功能文体学、话语文体学和社会历史 / 文化文体学等流派。然而，徐有志（2003：54）认为，这些流派的划分没有"区分层次"，因为文学文体学可以采用形式语言学、系统功能语言学、话语分析、批评语言学等语言学分析方法，所以文学文体学和形式文体学、功能文体学、话语文

体学、社会历史／文化文体学等流派之间不应该是并列的关系。申丹（2008a：293）也认为，Carter 和 Simpson（1989）的划分涉及两个标准，即"对于'形式主义文体学'、'功能主义文体学'、'话语文体学'的区分，是依据文体学家所采用的语言学模式进行的，而对于'语言学文体学'、'文学文体学'、'社会历史／文化文体学'的区分则主要以研究目的为依据"。她（2008a：296）进一步解释道："在这种区分中，'文学文体学'不仅涵盖面较窄，而且与'社会历史／文化文体学'或'批评文体学'形成一种对照或对立的关系。后者的目的不是为了更好地阐释文学作品，而是为了揭示语篇的意识形态和权力关系。这一学派的开创人之一 Burton（1982）曾对文学文体学加以抨击，指出后浪漫主义经典文学中有很大一部分掩盖阶级、种族、性别方面的矛盾和压迫，而文学文体学则通过对这些作品的分析和欣赏成了为统治意识服务的帮凶。"

本章在此不讨论 Carter 和 Simpson（1989）划分文体学流派涉及的两个标准，只讨论与文学文体学相关的部分。从申丹（2008a）的解释可以看出，在这种以文体分析目的为标准的划分中，文学文体学指以阐释文学作品之文学性、主题意义为目的的文体学；语言学文体学的目的，或者说其"兴趣焦点不完全是研究文学语篇，而是提炼和完善一种语言学模式，以便进行进一步的语言学或文体学分析"（刘世生，1997：306）；社会历史／文化文体学或批评文体学则是要通过语言分析，揭示权力关系，把文体分析当作改造社会的工具，因此就其分析对象而言，它"不仅关注文学作品的意识形态，也关注广告、新闻媒体、官方文件等非文学语篇的意识形态"（申丹，2008a：297）。如申丹（ibid.：296）所说，这种与语言学文体学、社会历史／文化文体学对立的文学文体学研究主要"存在于 20 世纪六七十年代，从事这种'文学文体学'研究的不少是曾经从事新批评或实用批评的文学领域的学者"。与旨在验证或建构某一种语言学理论的语言学文体学不同，这种文学文体学"仅将语言学视为帮助进行分析的工具，在分析时往往会根据实际需要，灵活借鉴几种语言学模式"（申丹，2008a：296），因此就其语言描写而言，它不如语言学文体学系统。"这在 20 世纪六七十年代乃至 80 年代，遭到了不少或明或暗的批评——人们认为这样的文体分析方法没有语言学文体学那样纯正。"（转引自 Carter & Simpson，1989：4；Halliday，1967；申丹，2008a：296）同时，因为其分析对象主要是文学语篇的主题意义，它往往割裂了语篇与外部社会历史文化语境之间的关系，从而与社会历史／文化文体学相对立。这种把文学作品视为自给自足的实体的做法在文学界遭到了猛烈的抨击。

笔者认为以研究目的为标准把文学文体学与语言学文体学和社会历史／文化文体学并列起来，并对文学文体学作出上述界定是有问题的。以研究目的来并置文学文体学、语言学文体学和社会历史／文化文体学，使得它们互相排斥，会让这三个概念的所指都变得非常狭隘。事实上，从大多数文体批评实践来看，文学文体学并不只关注文学作品的审美价值和语篇本身的主题意义，也会将其与作品产生的社会历史背景相联系，而社会历史／文化文体学在以文学语篇为分析对象时，也很难完全不涉及其主题意义。最接近这种意义上的语言学文体学的做法是形式文体分析，它重在对语篇的语言特征进行描述，而不是结合语篇语境分析、解释语言特征对于表达语篇主题的功能和作用。这里显然出现了一个悖论，因为上文提到，申丹（2008a：296）认为，从事这种"文学文体学"研究的不少是曾经从事新批评或实用批评的文学领域的学者，而这种重于"形式文体分析"的"语言学文体学"也正是继新批评之后出现的，即"文学文体学"与"语言学文体学"这两种称谓的所指实际上是一样的，那么按照上述标准划分出的语言学文体学、文学文体学和社会历史／文化文体学便显然不合理。其根本问题在于社会历史／文化文体学的存在过度限制了文学文体学的范畴。如果去掉社会历史／文化文体学，我们可以把语言学文体学和文学文体学视为对立的概念。与重在语言描写的语言学文体学相对，文学文体学是以功能文体学为代表的，结合语篇语境，有选择、有目的地选择文体特征，对文学语篇的主题意义作出阐释的文体分析方法。这种文学文体学既注重文本，又不排斥作者和读者，也不摒弃对作品背景的了解。20世纪六七十年代从形式文体学向功能文体学的过渡可以看作这种意义上的语言学文体学向文学文体学的转变。

因此，笔者对于上述文体流派划分及其对文学文体学的界定不敢苟同。我们再来看文体学界对文学文体学的另一种比较普遍的说法，即文学文体学等于语言学文体学。

6.2.2 文学文体学 = 语言学文体学?

如刘世生（1997：306）所说，"文体学有时被混乱地称为文学文体学或语言学文体学。称为文学文体学，主要因为它倾向于将研究兴趣集中在文学语篇上；称为语言学文体学，是因为它使用的模式均来自语言学。"我们暂且不讨论这里又涉及的一个新问题，即文体学与文学文体学和语言学文体学的关系。仅就文学文体学和语言学文体学的关系而言，这种观点把两者等同了起来。这里的文学文体学和语言学文体学的划分采用的是不同标准，前者是以文体的研究对象划分的，指的是以文学语篇为对象的文体分析，而后者是以是否采用语言学模式来划分的，指的是采用语言学的理论框架和分析方法的文体分析。申丹（2008a：296）也提到这个问题，"有的学者，特别是语言学阵营的文体学家，倾向于采用'语言学文体学'这一名称，而有的学者则倾向于采用'文学文体学'这一名称"。"在这种情况下，这两个名称虽然能指不同，但所指相同，构成一种混乱的状况"（Wales，2001/2011：373）。

在笔者看来，把文学文体学与语言学文体学等同起来存在以下两个问题：首先，采用语言学的研究方法进行文体分析是现代文体学的典型做法，是其与传统的主观印象式文体研究的重要区别，所以要把上述意义上的文学文体学与语言学文体学等同起来，前提必须是在现代文体学框架下；其次，这里的文学文体学是以研究对象来划分的，那么显然与其相对的是非文学语篇，而现代文体学，即语言学文体学的研究对象既包括文学语篇，也包括非文学语篇。因此，把这个意义上的文学文体学和语言学文体学等同起来，要么是否认文学与非文学的区别，试图以文学语篇囊括非文学语篇，要么是否认非文学语篇也是文体学的研究对象。显然，这两个观点都是不合理的。虽然文学语篇和非文学语篇具有很多共性，但二者各有其独特性，因此有必要对二者加以区分。以文学作品为研究对象的文学文体学不等于采用语言学分析模式的现代文体学。后者应该包括前者和以非文学作品为研究对象的文体学，即本书将要探讨的实用文体学。

简言之，笔者认为文学文体学指的是以文学语篇为研究对象的文体学，与其处于同一个层面上的相对概念是非文学文体学。

6.2.3 文学文体学 VS. 非文学文体学

文学文体学和非文学文体学的区分是以文体分析对象为标准的。文学文体学是以文学作品为分析对象的文体学，而非文学文体学或实用文体学是以非文学作品为分析对象的文体学。如申丹（2008a：297）所说，这种区分方法与以语言学模式为标准的区分方法是"互相排斥的"。现代意义上的文学文体学和非文学文体学都采用语言学分析模式，因此都是语言学文体学。我们在第五章中将现代文体学，即语言学文体学，按照其采用的语言学基础宽泛地区分为形式、功能和认知文体学三大流派。这些流派又继续采用三大语言学流派中更为具体的语言学分析方法，或者与其他文学批评理论、相邻学科结合，或者采用计算机、语料库等研究工具，从而生成更多文体学流派。这种划分与本章采用的是两种不同的区分标准，所以按照这两种标准区分出的流派之间没有上下层级关系。文学文体学和非文学文体学都可以采用第五章中以语言学模式为基础划分的文体学流派以及通过其他进一步结合生成的文体学流派的分析方法。

文学文体学和非文学文体学组成文体学或普通文体学（general stylistics）。"普通文体学是广义的文体学，它覆盖对各类非文学文体以及文学文体中各体裁总体特征的研究。"（徐有志，2003：57）所以，刘世生（1997：306）所提到的有些学者把文体学等同于文学文体学的说法是以偏概全，不准确的。

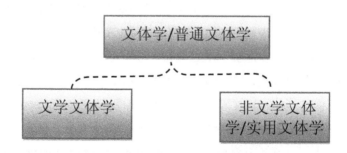

图 6.1 文体学、文学文体学和非文学文体学的关系

既然区分文学文体学和非文学文体学的标准是分析对象，那么我们接下来需要对二者的分析对象——文学文体和非文学文体进行区分，特别是对文学文体学的研究对象——文学文体的范畴进行界定。笔者同意张德禄（2005：263）的观点，"文学作品与非文学作品的界限并不十分明确"，"其主要区别因素是其在社会交际中的功能"。他认为，"主要供人欣赏的艺术语篇是文学作品；主要提供信息或其他物品和服务的语篇为非文学作品"（ibid.）。"文学语言的特殊功能决定了文学语言的特殊文体特点。文学语言的文体特点从情景和意义上讲具有多层次性，从形式上讲具有多变性"。（ibid.）情景的多层次性指的是作者以书面写作的形式给读者某种乐趣或启示的第一层次，叙述者对读者讲述的第二个层次，以及所述事件本身和事件参与者构成的第三个层次。这三个层次决定了文学语篇的三个层次意义，即作者与读者进行交流，给读者提供新物品、传递情感、影响读者的观点和道德观念的第一层次意义，提供信息的方式，即叙述方式的第二个层次意义以及所述事件的特性及其类型构成的第三层次意义。文学语篇的多层意义性要由文学语言来实现，决定了文学语言与日常生活的语言和非文学语言不同，要"根据情景语境的需要剔除日常生活语言中不适宜表达其意义、实现其目的的部分，增添有利于表达其意义、实现其目的的部分"（张德禄，2005：267）。因此，"文学语篇是使用文体突出手段最多的语类类型，包括失衡突出手段和失协突出手段"（ibid.）。关于失衡和失协突出手段，本书第五章有详细的探讨。

文学文体学是一个宽泛的概念，对其下一个层次的划分有助于看清楚它的范畴。因为区分文学文体学和非文学文体学的标准是研究对象，所以区分文学文体学的下一个层次也以研究对象为标准。王佐良、丁往道（1987）把文学文体分为两类，即诗歌和散文，后者包括小说、戏剧和狭义的散文。申丹（2008a：297）则提出，"在'文学文体学'下面，可相应区分'小说文体学'、'诗歌文体学'和'戏剧文体学'等"。她解释说，Lambrou 和 Stockwell（2007）在合编的论文集《当代文体学》（*Contemporary Stylistics*）中把二十篇论文分为这三类，其英文名称分别是 stylistics of prose, stylistics of poetry, stylistics of dialogue and drama。Lambrou 和 Stockwell（2007）在该著作的前言中解释说，他们起初并没有想要按照文学体裁来划分这些论文，而是想按照论文作者们擅长的文体分析方法来归类，但是发现这些文体学家们所采用的工具特别丰富多样，采用的语言模式包括句法、及物性、指示语、情态、词汇选择、语用学、语料库语言学、世界建构和管理等。由此看来，体裁是划分文学文体学最简单便捷的方法了。他们还解释说，之所以划分为这三种体裁是出于以下两个原因：（1）文体学的认知诗学分支为探讨诗歌带来极大的创新，使得这类文体研究重获生命力；（2）当代文体学对戏剧和对话重新产生了兴趣。因此，上述两种体裁划分实质上并无多大差别，只是王佐良、丁往道（1987）关注的是普通文体学，即介绍各类文学文体的普遍特征，所以涵盖了所有文学文体。而后者是文学文体学论文集，分类按照论文集中论文所涉及的文学体裁，即文学文体学实际分析的主要体裁进行，因此没有提到狭义的散文。Short（1996）的著作《诗歌、戏剧和散文的语言探讨》（*Exploring the Language of Poems, Plays and Prose*）以及 McIntyre 和 Busse（2010）主编的论文集《语言与文体》（*Language and Style*）都把文学文体划分为同样的三类。这样的划分有助于看清楚三种文学文体的语言特征、主要的文体分析方法和发展趋势，因此本章也把文学文体学分为小说文体学、诗歌文体学和戏剧文体学，如图 6.2 所示。

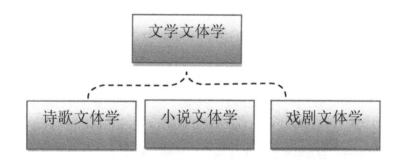

图 6.2　文学文体学的下属类别

下文先梳理文体学对文学文体的研究史，即文学文体学的出现和发展情况，然后分别探讨三类文学文体的主要语言特征和常用的文体分析方法，特别是较新的分析方法和发展趋势，最后总结文学文体学研究的主要方法和进一步的发展方向。

6.3 文学文体学的发展和主要分析方法

文体学研究是 20 世纪初才开始的，但是对文学文体的探讨却早得多。西方对文体的研究始于两千多年前的修辞学研究，那时的修辞学家，比如柯腊克斯、高吉亚斯、苏格拉底和柏拉图等，研究的对象主要是演讲，包括政治、法律和艺术等领域。亚里士多德在研究语篇的不同体裁与修辞的关系时总结说，修辞学主要发生在演讲体裁中，但后来被推广到文学创作领域，在文学的各种类别中得到运用，产生了有关体裁的理论。在文学写作中，作者首先要选择适于表达自己思想的体裁，如小说、诗歌、故事、寓言等。每种体裁也有其相应的表达手段，这些手段决定作家应采用哪些词语、句式、修辞格等等。文艺复兴时期（The Renaissance，14—17 世纪），George Puttenham 把修辞学的研究范围扩大到文学领域，出版了专著《英语诗歌的艺术》。这部著作仍然是以辞格为主要研究对象，但他研究的是诗歌当中运用的辞格。启蒙时期（Age of Enlightenment，17—18 世纪），传统修辞学与文学评论等结合起来。因文学的目的是使读者得到娱乐和教益，这样，修辞学的劝说术就和文学的目的结合起来。这一趋势一直延续到 19 世纪。

20 世纪初人们在传统修辞学的基础上逐步建立起现代文体学。被称为文体学之父的法国文体学家 Bally 认为文体学的研究对象是日常口语，即非文学语言，因为文学效果是作者有意识地和自愿地操纵语言的结果，而文体学应该研究普通的、自发的语言应用（Taylor，1980：40）。

20 世纪 30 年代初到 50 年代末是西方文体学的发展期，其总体特点是文学文体学地位的确立。为这一时期文体学发展作出重要贡献的包括德国文体学家 Spitzer、俄国形式主义学派、布拉格学派和英美新批评学派。这些文体学家或学派极大地推动了文学文体学的发展。

被尊为文学文体学之父的 Spitzer 的文体研究常常被叫作语文文体学（Philological Stylistics）。他认为，"一个民族的精神可见之于它的文学；反之，从文学经典名著的语言中也可以看到一个民族的精神"（胡壮麟，2000：56-57）。

俄国形式主义学派的研究对象是文学作品的语言特色，特别是诗歌语言的特色。他们提出了："陌生化"概念，认为文学语言（特别是诗歌语言）使熟悉的东西变得"陌生"；"突出"概念，以此揭示了文学语言的本质；"语言功能说"，认为语言有六种功能，即情感功能、意动功能、指称功能、元语言功能、寒暄功能和诗学功能。在不同的情况下，不同的功能起主导作用。在文学语言中，诗学功能起主导作用。形式文体学认为，文体学研究的对象是文学语言的诗学功能，即元语言功能。

形式文体学家 Riffaterre 提出，对口语的研究和对文学语言的研究事实上是一样的，因为研究语言艺术（或者文学文体）只是研究同样现象的一种更加复杂的形式——语言的表达性（Taylor，1980：64）。Riffaterre 质疑了 Bally 和 Jacobson 把文体学的研究对象限定为非文学语篇或者文学语篇的合理性，认为文体学研究的对象应该既包括非文学语体，也包括文学语体。转换生成语法理论也引发了语言学家对文学作品研究的兴趣。Thorne（1970）和 Ohmann（1964）发展了生成文体学理论。生成文体学的奠基之作是 Ohmann（1970）的论文《生成语法和文学文体的概念》。该文认为深层结构是意义的源泉，而作家对不同转换规则的应用就形成了作家的文体风格。他通过分析海明威和福克纳的文体，发现他们的文体差别在于分别使用"删减"和"添加"这两种不同的转换规则。

20 世纪六七十年代是西方现代文体学研究的繁荣期。这一时期的文体研究从以前重在描写语言特征的形式文体学转向重在解释语言特征在文学语篇中表达的主题意义的文学文体学。20 世纪 60 年代，许多语言学家和文学批评家纷纷转向了这种意义上的"文学文体学"研究，研究的主要目的是探讨语言选择如何表现作品的主题意义和艺术效果，这是严格意义上的"文学文体学"，即上文所说的与语言学文体学相对的文学文体学。文学文体学是语言学和文学批评的桥梁，探讨作者如何通过对语言的选择来表达和加强主题意义与美学效果。文学文体学家既注重文本，又不排斥作者和读者，也不摒弃对作品背景的了解。这个时期出版了很多文学文体学论著，如 Hasan（1964）的博士论文《一个对两位当代散文作家的文体之对比特征的语言学研究》（*A Linguistic Study on Contrasting Features in the Style of Two Contemporary English Prose Writers*）；也有专著，如 Widdowson（1975）的《文体学与文学教学》（*Stylistics and the Teaching of Literature*），Traugott 和 Pratt（1980）的《文学学生的语言学》(*Linguistics for Students of Literature*)，Culler（1975）的《结构主义诗学：结构主义、语言学和文学研究》(*Structuralist Poetics: Structuralism, Linguistics and the Study of Literature*)；有很多论文集，如《文体和语言文集：文学文体的语言学和批评方法》(*Essays on Style and Language: Linguistic and Critical Approaches to Literary Style*)（Fowler，1966）、《文学语言论丛》(*Essays on the Language of Literature*)（Chatman & Levin，1967）、《语言学与文学文体》(*Linguistics and Literary Style*)（Freeman，1970）、《文学研究的语言学视角》(*Linguistic Perspectives on Literature*)（Ching，Haley & Lunsford，1989）；还有文学文体学专题研讨会论文集，如《文学文体论集》(*Literary Style: A Symposium*)（Chatman，1971）等；并且出现了专门研究诗歌文体的著作——《英语诗歌的语言学导引》(*A Linguistic Guide to English Poetry*)（Leech，1969）。论文集《当代文体研究论文集》(*Contemporary Essays on Style*)（Love & Payne，1976）中的绝大多数论文也都是以文学作品为分析对象。这种狭义上的文学文体学与之前注重语言特征描写的形式文体学之间的差别主要在于前者对语境的重视。功能文体学明确提出，只有在语境中起到作用，对整个语篇作出贡献的语言特征才具有文体价值。在文学作品中，语篇的情景语境是作者创造出来的，因此形式特征是否具有文体价值要看它是否与表达作者的整体意义相关。文学文体学的研究方法是对作品进行反复阅读，找出与主题意义和美学效果相关的语言特征，然后运用适当的语言学工具进行分析和描写，阐明它们的文学意义。"在文学作品的解码过程中，解码者一般应采用自下而上的过程，即首先通过语音文字来解释词汇语法，再通过词汇语法来解释语义，然后再通过语篇的意义来推断情景语境。这样，某个突出的语言特征只要与作者的整体意义相关就是与语篇的情景语境相关，就是有动因的突出，就能前景化。"（张德禄，1999：44）其后的文学文体分析一般都按照这个步骤。功能文体学的创始人 Halliday 起初主要关注的是文学语篇，后来才扩展到非文学语篇。Halliday（1971）区分了语言的三种纯理功能，即概念功能、人际功能和语篇功能，用体现概念功能的及物性系统对小说《继承者》中的及物性过程的类型、参与者类型和数量、环境成分的类型和数量进行了详细的分析和统计，并揭示了及物性系统选择对小说主题的烘托作用。分析元功能成为文学文体分析中非常常见的方法。比如，Short（1976）、Burton（1982）、杨信彰（1992）、戴凡（2002）等国内外学者都用功能文体学的方法对小说和诗歌作出过很有新意的分析。

20世纪80年代和90年代是文体学发展的又一个重要时期。著名文学文体学家 Leech 和 Short（1981）合著的第一部小说文体研究专著——《小说文体论：英语小说的语言学入门》是文学文体学领域的一部重要著作。之后，Short（1989a）主编了《文学阅读、分析和教学》（*Reading, Analyzing and Teaching Literature*）。Thornborrow 和 Wareing（2000）出版了文学文体学专著《语言模式——语言与文学文体导论》（*Patterns in Language—An Introduction to Language and Literary Style*）。Cummings 和 Simmons（1983）出版了专著《文学语言：文学研究的文体学导论》（*The Language of Literature: A Stylistic Introduction to the Study of Literature*）。Toolan 出版了两部文学文体学专著：《小说文体学》（*The Stylistics of Fiction*）（1990）和《文学语言：文体学导论》（*Language in Literature: An Introduction to Stylistics*）（1998），及论文集《语言、文本和语境：文体学论文集》（*Language, Text and Context：Essays in Stylistics*）（1992）。此外，这个时期的诗歌文体研究继续深入，Widdowson（1992）出版了专著《实用文体学：一种读诗的方法》（*Practical Stylistics: An Approach to Poetry*）；出版的论文集有：《二十世纪诗歌：从文本到语境》（*Twentieth-Century Poetry: From Text to Context*）（Verdonk，1993）。Short（1996）的《诗歌、戏剧和散文的语言探讨》除了探讨诗歌和小说文体之外，开始专章探讨戏剧文体。不仅如此，还出现了研究作家的文体特征的专著，如 Wales（1992）的《詹姆斯·乔伊斯的语言》（*The Language of James Joyce*）。

这个时期，话语文体学、社会历史/文化文体学和女性文体学取得了新的发展。这些方法都为文学作品的文体分析提供了新的工具，拓展了文学文体学的研究范围。

将话语分析理论应用于文学文体学研究有利于对戏剧、小说、诗歌中的人物会话、独白等作出更全面、系统的分析（Fowler，1989：76-93；Leech & Short，1981；Pratt，1977；Toolan，1990：273）。20世纪90年代，话语文体学对社会历史因素和意识形态的关注使文体学家不再把语言看成一种中性载体，而将其视为意识形态的载体，认为语言和文本是意识形态和社会结构的产物，反过来又作用于意识形态和社会结构，所以文体学家的主要任务是揭示和批判语言中蕴含的意识形态和权力关系（Fairclough，1989，1995，2000；Fowler，Hodge，Kress & Trew，1979）。

社会历史／文化文体学以系统功能语言学为主要理论基础，认为语言能够建构现实，影响人们的世界观，因而"文体学的任务就是揭示和批判语言中蕴含的意识形态或权力关系"（徐有志，2000a：68）。上文提到，这一流派的创始人之一Burton在1982年发表的一篇文章中指出，后浪漫主义经典文学中有很大一部分掩盖矛盾和压迫，为统治阶级的意识形态服务，而文学批评，尤其是文体学，则通过对这些文体的分析和欣赏成为统治阶级的帮凶。她认为文本分析是了解通过语言建构出来的各种"现实"的强有力的方法，是批评社会、改造社会的有力工具。社会历史／文化文体学中影响最大的是以Fowler为代表的"批评语言学派"。他们认为文学是社会语篇，语言结构和社会意义之间存在着密切的关系。他们通过文体分析挖掘语言结构中蕴含的阶级观念、权力关系、性别歧视等意识形态。女性文体学也是社会历史／文化文体学的一个分支，旨在通过语言研究揭示意识形态领域与性别有关的话题；女性文体学家重点揭示语言如何附带意识形态信息，尤其是女性主人公劣势的社会地位。女性文体学采用的语言学模式也是功能语法，因此可以看作是功能文体学流派和女性主义文学批评的进一步结合。Burton（1982）的论文用系统功能语法的及物性模式分析了普拉斯的小说《钟形罩》中的一段，揭示了其中医生和女病人之间的权力关系。Mills（1995）的《女性主义文体学》（*Feminist Stylistics*）建构了女性主义文体学的研究模式，认为文本的性别建构不仅存在于文本内部，而且存在于文本和读者的互动中，在分析过程中读者可以在词汇、句子、语篇层面发掘语言建构的女性形象、性别歧视等。

20世纪90年代出现的认知文体学主要研究的也是文学作品。其重要论著：Semino和Culpeper（2002）的《认知文体学》（*Cognitive Stylistics: Language and Cognition in Text Analysis*）、Lambrou和Stockwell（2007）的《当代文体学》等都是把认知语言学和广义上的认知科学的研究成果用于阐释文学作品。认知文体学专著《文本机理：关于阅读的认知美学》（*Texture: A Cognitive Aesthetics of Reading*）（Stockwell，2009）也是以诗歌和小说为语料。Burke（2011）的《文学阅读、认知与情感》(*Literary Reading, Cognition and Emotion*) 把认知文体学的理论基础从认知语言学扩大到神经生理学，其研究对象仍然是文学作品，用神经生理学关于意象图式的理论解释了读者阅读小说《伟大的盖茨比》(*The Great Gatsby*) 时的情感反应和认知。Freeman（2005：25-44）则以读者的认知过程为研究对象，用概念整合理论系统地分析了读者阅读普拉斯的诗歌《申请者》时的心理空间映射过程。马菊玲（2007：78-81）分析了《乞力马扎罗山的雪》(*The Snows of Kilimanjaro*) 中的心理空间；马菊玲（2008）应用文本世界理论研究了读者对黑色幽默小说的荒诞性的认知机制；赵秀凤（2009：11-17）分析了意识流小说《到灯塔去》(*To the Lighthouse*) 中意识的隐喻表征和合成；赵秀凤（2010：7-11）分析了意识流语篇中心理空间网络体系的构建。

20 世纪八九十年代语料库文体学随着语料库语言学的迅猛发展而发展起来，给文体分析提供了强有力的工具。虽然语料库文体学的研究对象既包括文学文体，也包括非文学文体，但是，显然语料库文体学家们主要关注的是其在文学语篇分析中的应用。"基于语料库的研究方法已经成为文体学的重要研究范式。"（卢卫中、夏云，2010：47-53）通过建立作品语料库并对相关语言项目的频率进行统计、对比，语料库文体分析挖掘出出现频率较高或较低的语言项目，并结合语境对其表达的主题意义进行解释。比如，Stubbs（2005：5-24）用语料库分析了英国小说家康拉德的文体风格。Inaki 和 Okita（2006）建了由 Lewis Carroll 的两个关于爱丽丝的故事构成的语料库，应用 WordSmith 等语料库方法对其中爱丽丝对其他人说话的动词和修饰副词以及对爱丽丝的修饰语进行标注和分析，发现爱丽丝在《爱丽丝梦游仙境》(*Alice's Adventures in Wonderland*) 中是一个处于被动境遇的不速之客，而在另一个故事《爱丽丝漫游镜中世界》(*Through the Looking-Glass, and What Alice Found There*) 中是一个积极的探索者。

随着语言学的发展，文学文体分析的工具还会相应地不断增加。文学文体分析不仅可以单独使用各种文体分析方法，还可以视文学语篇的具体情况综合两种或多种方法，比如第五章中提到的形式文体分析和功能文体分析方法的结合、功能文体分析和认知文体分析方法的结合等等。正如 Leech 和 Short（1981）所说，他们在作文学文体分析时并不限于运用一种文体分析方法，而是根据语篇的具体语言特征和需要对各种方法随处取材，因为严格意义上的文学文体学的目的是通过对语言特征的文体分析更好地阐释作品的主题意义。

除此之外，文体学领域还展现出与其他不是研究语言特征的学科进一步跨学科融合的趋势，这给文体学，包括文学文体学提供了更多更新的研究角度。比如，申丹（2008b：vi）在评介西方文体学的发展趋势时，提到文体学和研究叙事技巧的叙事学的融合。叙事学对宏观的叙事技巧的研究可以构成文体学对微观的语言特征分析的有效补充。申丹（1998b）探讨了叙事学与小说文体分析的一些接面。本书第八章将会继续探讨这个问题。第九章探讨的多模态文体学则是文体学研究的理论和方法与多模态符号学的结合，不仅分析语言特征，而且分析语言以外的其他模态符号如字体、布局、图像、颜色等在文学语篇和非文学语篇意义建构中的作用和各种模态之间的相互协同。该方法弥补了以前的文体分析方法只分析语言特征的不足，再次拓宽了文学文体学研究的范畴。最近还出现了一些将文学文体学与翻译学科相结合的研究，比如申丹（2001b）在《文学文体学与小说翻译》中运用小说文体学方法研究小说的翻译。

6.4 诗歌文体学、小说文体学、戏剧文体学

如俞东明（2001：76）所说，"自文学文体学兴起以来，首先出现的是诗歌文体研究（Leech，1969），其次是小说文体研究（Leech & Short，1981），戏剧文体方面的论著只是到了 20 世纪 80 年代后期和 90 年代初期才散见于国内外的学术期刊。国内学者 80 年代和 90 年代编著的文体学教材大多也只涉及诗歌和小说这两大体裁，很少涉及戏剧文体。"

把文学文体区分为诗歌、小说和戏剧三种体裁并分别探讨文体学对它们的研究方法并不是说文体学对这三种体裁的研究方法是截然不同的，因为三种文学文体本身就有交叉。比如莎士比亚的很多戏剧都具有诗歌的特点，因此对诗歌的文体分析方法在戏剧文体分析中也会用到。但是，如 Culpeper 等（1998：3）所说，对戏剧的文体分析主要需要的是语用学和话语分析理论，而这些理论在诗歌和小说研究中不占主要地位。戏剧文体学应用语用学和话语分析理论

分析人物对话和人际关系的模式也适用于分析包含对话的诗歌文本，比如布朗宁的"戏剧独白"（dramatic monologue）诗歌和柯勒律治的《老水手吟》（"The rime of the ancient mariner"）等。对小说的文体分析方法也会和诗歌文体学、戏剧文体学有很多重叠之处，但是由于每种文体自身的突出特点，在作文体分析时会有不同的侧重点。比如，Short（1996）列出十个非常详细的文体清单，其中前四个清单是诗歌文体分析的重点：（1）变异、平行和前景化；（2）文体变体；（3）语音结构；（4）韵律结构。接着的三个清单是戏剧文体分析的重点：（5）话语结构和言语现实主义；（6）话轮转换、言语行为和礼貌；（7）意义推理。最后三个是针对小说的文体清单：（8）视角的语言标记；（9）言语／思想表现；（10）叙事描写的文体特征。下文按照三种文学文体在文体学领域受到关注的先后顺序依次探讨诗歌文体学、小说文体学和戏剧文体学，通过梳理、分析国内外文体学界对三种文体的各种研究方法，分别归纳文体学研究每种文学文体的方法、侧重点和较新的分析方法、发展趋势等。

6.4.1　诗歌文体学

英语文体学界之所以持续地关注诗歌，主要原因是诗歌相对于小说而言篇幅短小得多，而且能够"最好地体现居于文学原型中心地位的前景化"（Leech，2008．5）。但是，"认为对诗歌的文体研究比对其他体裁的研究更简单是不对的，因为诗歌可能具有和其他体裁一样复杂的语篇结构"（Short，1996）。Jeffries（2008：69-85）发现，"某些类型的诗歌中的文本世界常常没有完全交代清楚，使得读者难以进入这些虚构世界，对这些文本本身的理解也是微妙的。造成这些的原因可能是故意含混的指示指称（deictic reference）等"。如McIntyre（2013：2）所说，"在诗歌中，我们发现格莱斯的方式准则几乎被理所当然地搁置，这意味着解读诗歌可能比解读散文或戏剧更加复杂"。因为诗歌的文体特点，诗歌可能会比小说和戏剧更难解读。Semino（1997）、Jeffries（2001）、Stockwell（2009）和Culler（1975）都探讨了诗歌阅读可能会受各种因素的影响而出现意义不确定性的问题。

鉴于国内外关于诗歌文体的专著或者章节都会介绍诗歌文体的一般特点，

所以本部分不再详细介绍，而将重点探讨国内外诗歌文体分析的主要方法和发展趋势。

6.4.1.1 国内外研究概况

英语文体学界对英语诗歌文体的研究开始得早，而且相关著述很多。国外关于诗歌文体研究的著作有好几部，比如，专著：《英语诗歌的语言学导引》（Leech，1969）、《实用文体学：一种读诗的方法》（Widdowson，1992）；以诗歌为主要语料的认知文体学专著《文本机理：关于阅读的认知美学》（Stockwell，2009）；论文集：《二十世纪诗歌：从文本到语境》（Verdonk，1993）、《诗歌文体学：语境、认知、话语和历史》（Verdonk，2013）。下文先梳理这些重要的诗歌文体学著作中探讨的诗歌文体分析方法，然后再探讨国外较新的诗歌文体研究论文，以及国内关于英语诗歌文体分析论著中涉及的诗歌文体分析方法。

《英语诗歌的语言学导引》针对的读者是文体学初学者，探讨了诗歌各方面的语言特征，比如排比、声音模式、韵律、悖论，以及相关的语义错位，如隐喻、反讽、语境和内容含糊等。如 Fowler（1973：116-117）在对该书的述评中所说，Leech 的诗学基本上是传统的，并没有想在语言学范畴的基础上建立一种新的模式。这是一部明白易懂的诗歌文体学入门教材，给读者展示了诗歌的主要文体特征。文体学初学者在阅读诗歌时可以从以上几个方面着手，有的放矢地进行文体分析。

Widdowson 在《实用文体学：一种读诗的方法》中，通过对诗歌的文体分析来探讨诗歌的教学方法。Widdowson 融合了形式主义、新批评和接受理论，既强调诗歌语言相对于日常语言的独特性、诗歌文本的自治和对诗歌语言本身的细读，也强调读者在解读诗歌效果方面的主动性。该书包括两个部分：第一部分是关于诗歌的各种文体特征；第二部分探讨的是诗歌的教学方法。就对诗歌的文体分析而言，该书与《英语诗歌的语言学导引》的方法是一样的，举例展示了诗歌在语音、词汇、语法等各个层面的文体特征，并分析了这些文体特征如何在一首诗歌里共同产生一种具象效果（representational effect）。他提倡把这种浅显易懂的文体分析方法运用于诗歌教学，提高学生对诗歌文体特征的敏感度和欣赏能力。

《文本机理：关于阅读的认知美学》是认知诗学家 Peter Stockwell 继《认知诗学导论》之后出版的又一部认知诗学力作。"该书将认知诗学的研究扩展到认知美学领域，更加关注文学批评中读者的情感与美学元素，从认知视角对一些传统文学批评术语进行了解读，并提出一套行之有效的分析框架，为认知诗学的纵深发展树立了新的航标。"（袁文娟、马菊玲，2012：634-638）其语料大部分是诗歌，只有少量小说。该书的一大特色是采用了召开传统的开放式研讨会、以小组为单位阅读并撰写在线博客等文学阅读的实证研究方法。Stockwell认为，从这几种渠道收集到的读者反应应该是互相加强的，是可以用细致的、有原则的分析来证实的。Dillon（2010：190）总结说，该书在文体分析上的最大特点就是"把传统的（有时候是印象式的）语言和科学谈话结合起来"。该书采用实证研究方法对诗歌进行认知诗学分析，展示了诗歌文体研究的一个大趋势。

《二十世纪诗歌：从文本到语境》是 Verdonk 主编的诗歌文体研究论文集。Verdonk 在介绍中说，该书的核心思想是，在文体分析中，文本主义分析与语境主义是互补的，因为作者通过文本传达给读者的效果都是"文本（语言）能力和语境（语用）阐释共同产生的效果"（1993：2）。该论文集中的作者们都"采取语言描写的功能方法，即采取把语言视为话语或社会互动的语用观点"（ibid.：3）。该论文集中的 12 篇论文按照从文本分析到对语境关注度逐渐递增的顺序来安排。第十篇论义的题目《〈荒原〉的艰涩文体：现代主义诗歌的文学语用学视角》（"The difficult style of *The Waste Land*: A literary-pragmatic perspective on modernist poetry"）清楚地表明了诗歌文体分析中的语境主义立场。第九篇论文出自该论文集主编 Verdonk 之手。Verdonk 在该论文的前言中介绍了他的语境观，认为语境这个概念"不仅包括更大的社会、文化和历史背景，而且包括较小的即时对话情境"，并且认为即时对话情境包括以下几个基本要素：（1）诗歌的真实读者，因为读者对诗歌的阐释会受他们的信仰和态度的影响；（2）读者利用诗歌中的线索构建出的时间、空间语境；（3）人际语境，即对诗歌中的说话人和读者的指称；（4）语篇的体裁。该文集的最后一篇论文也表达了关于语境的相同观点，分析的是奇卡诺诗歌，即墨西哥裔美国诗歌，特别是他们对一度被视为墨西哥叛徒的历史人物 La Malinche 的重新象征化。

该论文也采用了语用学方法，认为语用学与很多领域交叉，比如社会语言学、心理语言学、文化人类学等等。

《诗歌文体学：语境、认知、话语和历史》收录了文体学家 Verdonk 从1984 年到 2010 年将近 30 年中所发表的关于诗歌文体研究的重要论文。该论文集主编 McIntyre 在介绍中说，按照发表的时间先后来编辑这些论文可以展现"Peter Verdonk 分析诗歌的方法在这些年中的发展"（McIntyre，2013：6）。更重要的是，如 McIntyre（ibid.：1）所说，这些跨度近 30 年的诗歌文体分析论文代表了"文体学对这种非常典型的文学体裁的研究方法的纵向发展轨迹"。因此，我们将较为详细地介绍这些论文的主要内容，以了解诗歌的主要文体分析方法及其发展脉络。

第一篇论文《诗歌技巧与文学文体学》（"Poetic artifice and literary stylistics"）发表于 1984 年，分析的是英国诗人布莱克的诗集《经验之歌》（*Songs of Experience*）中的诗歌《伦敦》（"London"）。该诗的语言并没有与标准语言相差很多，比如，没有字形的偏离，因此该文"是对结构传统的诗歌进行文体分析的范例。他着重分析语义、词汇、句法、语音、字形等各个层面的文体特征，很清楚地展示了诗歌是怎样让读者感觉到陌生化的"（ibid.：6）。

第二篇论文《我们需要艺术使我们不会失去真理》（"We have art in order that we may not perish from truth"）发表于 1987 年，分析的是英国诗人 W. H. Auden 的诗歌《美术馆》（"Musée des Beaux Arts"），表现出 Verdonk 在作诗歌文体分析时的一贯特点，即对语境的关注，文中分析了诗歌产生的文化语境。不仅如此，该文还分析了"语言构建的时空语境"，"预示了他在阿姆斯特丹的同事，已故的 Paul Werth 后来提出的文本世界理论（比如，Werth，1999）"（McIntyre，2013：7）。这种方法后来成为认知文体学分析诗歌的常见方法，特别适用于指示词较多的诗歌，解释读者在阅读时所产生的在诗歌构建的文本世界中游走的感觉。

第三篇（1988）分析的是 Wilfred Owen 的一篇战争诗歌《献给夭折青年的挽歌》（"Anthem for doomed youth"），Verdonk 不仅结合历史语境对该诗歌进行文体分析，揭示出以往的文学分析没有挖掘出的意义，而且着重探讨了诗歌中的人物，通过对比诗歌终稿和之前的手稿，分析了"说话人释解他的战争经历的独特思维风格"（McIntyre，2013：7）。

第四篇（1989）与前三篇不同，探讨了如何在诗歌教学中应用文体分析方法，作者综合 Leech、Widdowson、Cluysenaar 等三位文体学家的诗歌文体分析方法，和学生一起分析了三首诗歌，说明不管是学生还是老师，只要他们的分析足够精确，就能够对文学语篇中的语言功能作出权威的解释。这篇论文展示出文体分析，包括诗歌文体分析的一个特点——方法论上的随意取材，即根据文本的具体需要采用两种或多种文体分析方法，最终对文本的文体效果及其主题意义作出较有新意的阐释。

第五篇（1991）是对诗人 Philip Larkin 的诗学理念——"诗歌作为文本和话语"（poetry as text and discourse）的反思，在分析 Larkin 的诗歌《床上谈话》（"Talking in bed"）时强调了读者这一语境因素，即诗歌的文体分析不仅分析文本中的文字，而且把诗歌作为作者和读者交流的话语进行分析，解释诗歌是如何对读者产生文体效果的。

第六篇（1993）的核心思想同第五篇，分析了 Seamus Heaney 的诗歌《惩罚》（"Punishment"），主要分析读者如何通过时空指示词（spatial and temporal deixis）和人际指示词（interpersonal deixis）构建出时空语境与交流语境。

第七篇（1999）把文体学与其他相关学科联系起来，比如古典修辞学和认知科学，在回顾文体学成熟的过程时展示了它不断与其他方法融合的特点，并在分析 Larkin 的诗歌《树》（"The trees"）时，解释了认知图式在诗歌阅读中的作用。

虽然第八篇（2005）《绘画、诗歌和平行：符象化、文体学和认知诗学》（"Painting, poetry and parallelism: Ekphrasis, stylistics and cognitive poetics"）分析的仍然是诗歌理解中的认知，但是它展示出 Verdonk 的诗歌文体分析方法越来越复杂的特点，因为他在把诗人 William Carlos Williams 的诗歌《舞蹈》（"The dance"）与画家 Peter Brueghel the Elder 的绘画联系起来进行多模态分析（multimodal analysis）时，融合了文体学、认知诗学和古典修辞学方法。对诗歌和视觉艺术之间的关系的关注，说明 Verdonk 已经站在了当今文体学研究和多模态文本研究的前沿。

第九篇（2006）解释了文体学的核心概念"文体"，特别是修辞学史上对文体产生的理据的各种解释，探讨了文体与言语行为理论和认知诗学的关系，把文体解释为一种有动因的选择。

第十篇（2010）也是最后一篇，综合采用了前九篇文章所探讨的各种文体分析方法和框架。在分析 Ted Hughes 的诗歌《鹰的栖息》（"Hawk roosting"）时，不仅分析了历史语境，而且结合英语语言的发展史对比了诗歌中的拉丁语词汇和盎格鲁－撒克逊词汇，并将其与诗歌人物的思维风格联系起来。此外，他分析了韵律、语音、跨行连续等句法结构的意义，还借用认知科学的前景/背景理论分析了该诗中前景化的语言特征，以及读者关于老鹰飞翔等的图式画面、阅读过程等等。从这十篇重要的诗歌文体分析论文中，我们可以清楚地看到诗歌文体分析方法的发展轨迹，从最初传统的各个层面语言特征的分析，到结合诗歌产生的历史文化语境进行文体分析，到借用言语行为理论、认知科学理论等分析读者参与的人际交流语境、读者的认知语境对文体效果的影响，再到与视觉艺术结合的多模态文体分析。不仅如此，该论文集表现出诗歌文体分析的几个突出特点：（1）重视语境因素，包括诗歌产生的历史文化语境、读者和诗人互动的人际交流语境、读者的认知语境等；（2）根据诗歌文本的具体特点融合多种文体分析方法；（3）诗歌文体分析的跨学科趋势，比如与古典修辞学、认知科学，甚至视觉艺术等学科的结合，其中比较突出的是诗歌文体分析中的认知转向。

上文提到，《当代文体学》把文学分析分为小说、诗歌和戏剧文体分析三类。该书共计十九章，其中第十一章至第十四章是关于诗歌文体分析的。第十一章以美国当代著名诗人 Frank O'Hara 的名诗 "The day lady died" 为语料，发展了文本世界理论的语篇世界（discourse world）概念，即作者和读者交流的层次，提出"分裂的语篇世界"（split discourse world）概念（2007：133）。Gavins（2007）分析了该诗歌中的指称、时态、指示词，特别是诗歌中高度具体的细节描写和非常含混的表达如何掺杂在一起，使读者能够建构起一个丰富而又真实的文本世界（ibid.）。第十二章用认知文体分析方法解释文学评论家在阅读 Cummings 的诗歌时作出的悖论式评论，即诗歌中既有个性、主观的一面，又有直觉的、人性化的、社会的一面。该论文通过分析诗歌中大量的语音、标点、语义偏离现象解释了前者，通过大量押头韵及平行、重复结构解释了后者。该论文还应用概念隐喻理论细致地分析了文学评论家 Kennedy 对该诗的感觉：该诗有一个简单、连贯的观点。该论文通过分析诗歌中的概念隐喻，把诗歌中的概念结构与西方文化联系起来。在第十三章中，Lahey 通过分析三位加拿大诗人的 150 首诗歌，找出诗歌中多个隐喻的深层隐喻，即博喻（megametaphor），并把该博喻与整个加拿大民族的概念结构联系起来。这种方法结合了人类学分析方法，被 Verdonk 称为人类学文体学。第十四章从当代神经科学的角度分析抒情诗中主体的形成。该论文应用形式主义的概念——前景化、心理学的概念——格式塔，结合语言学的概念——指示词，描述了抒情诗中主体性形成的过程，换句话说，读者对诗歌中的意识主体逐步形成清晰、完整的感觉的过程。这四章清楚地展示出诗歌文体分析方法的三个突出特点：（1）都应用了认知文体分析方法，包括文本世界、语篇世界理论、指示词、认知隐喻等，说明诗歌文体分析中明显的认知转向。正如 Lambrou 和 Stockwell（2007）在该著作的前言中所说，认知文体学为探讨诗歌带来极大的创新，使得对这类数量众多的作品的文体研究重获生命力；（2）在分析诗歌时融合各种文体分析方法，比如传统的对各层次语言特征的分析方法与认知文体等分析方法的结合；（3）诗歌文体分析中的跨学科倾向，比如与神经科学等认知学科、人类学等的结合。

　　此外，还需一提的是，在 Carter 和 Simpson（1989）合编的论文集《语言、话语和文学：话语文体学导论读本》（*Language, Discourse and Literature: An Introductory Reader in Discourse Stylistics*）中，对诗歌的话语文体分析占到和小说、戏剧一样的比重。如 Carter（1989：59-74）在论文中所说，诗歌这种体裁表面上看与话语分析方法并无多大关系，但是对于有些诗歌来说，话语分析理论却可以揭示出隐含的对话结构。该文应用 Labov（1972）关于对话者之间的共享知识（shared knowledge）的理论分析了奥登的名诗"Song V"中两个主要人物的对话，以此解释了该诗歌中令人不安的气氛。不仅如此，该文还讨论了诗歌中交际情景的普遍特征，尤其是与作者和读者的位置相对应的特征。除了话语分析之外，该文也分析了该诗所体现的传统语言特征，如节奏和押韵等，重点分析这些语言特征如何呼应话语分析所揭示出的人物关系。Herman（1989：

213-233）通过分析 Hopkins 的诗歌《主，您确实是正义的》（"Thou art indeed just, lord"）中第一人称人物和上帝之间直接和间接的言语行为，主要是"我"在对话中角色和对话目的的变化，解释了"我"和上帝之间关系的变化，从而分析了"我"从一开始对上帝唯唯诺诺到慢慢获得自信的主体性形成的过程。Haynes（1989：235-256）认为诗歌的格律不是文本内的特征，而是社会符号的一部分，体现了使用者的意识形态立场。Birch（1989：259-277）以新加坡诗人 Thumboo 的诗歌《钢》（"Steel"）为例，强调对诗歌的解读离不开读者的社会政治、文化和意识形态立场等互文文本。

Semino（1997）的《诗歌和其他文本中的语言和世界创造》（*Language and World Creation in Poems and Other Texts*）应用认知文体分析方法分析了诗歌和其他文本中的文本世界。

国内诗歌文体研究的著作有于学勇（2007）的《英语诗歌的文体学研究》和王湘云（2010）的《英语诗歌文体学研究》。《英语诗歌的文体学研究》主要探讨了两个诗歌文体分析模式，一个是分析诗歌在音位、语相、词汇、语法和语义等各个语言层面的前景化，分别分析了失协和失衡的语言特征；另一个模式是以系统功能语言学的语篇衔接理论为基础构建了诗歌的语篇衔接模式。王湘云（2010）的《英语诗歌文体学研究》在总结国内外英语诗歌文体学研究方面成果的基础上分别用乔姆斯基的转换生成语法分析了英语诗歌的表层变异，用 Leech 的诗歌文体学理论分析了英语诗歌的深层变异，用修辞学理论分析了英语诗歌的过度规则化，用韩礼德的系统功能语言学理论分析了英语诗歌的衔接手段和连贯效果，用格莱斯的语用学理论分析了英语诗歌的会话含义。

国内的文体学著作中往往都有诗歌文体一章，如上文提过的王佐良、丁往道（1987）探讨了诗歌的节奏、音韵、词法和句法的重复、比喻、形象、象征，以及词法和句法、语域的变异等文体特征。张德禄（2005）从功能的角度分别分析了诗歌和小说这两种文学文体的功能和语言特征，从词汇语法层和音系（文字）层这两个层次探讨了诗歌的文体特点。刘世生和朱瑞青（2006）在探讨认知文体分析方法时分别以诗歌和小说为例。

除了上述专著和论文集，国内外诗歌文体研究的论文数量也很多。比较新的诗歌文体研究论文有 Semino（1995：79-108）的《图式理论和诗歌中文本世界的分析》（"Schema theory and the analysis of text worlds in poetry"）。
Semino（1997）应用语篇理论、可能世界理论和图式理论分析了诗歌《申请人》。
Freeman（2005）探讨了 Semino（1997）分析的优缺点，然后利用 Fauconnier
和 Turner 的概念整合理论分析同一首诗歌，认为概念整合理论中的"优选限制"
（optimality constraints）使得读者能够在表面反常的比喻中发现一种连贯性。这
种连贯性是处理各种隐喻映射的结果。这些论文对诗歌的文体分析方法与从上
述著述中表现出的趋势是一致的，关注以往被文体分析忽略的读者的大脑的反
应机制，解释读者和文本在阅读中的互动，说明对诗歌的认知文体分析是目前
诗歌文体研究的主导方法和趋势。而这些认知文体分析论文中采用的方法，如
可能世界理论和语篇世界理论，补充了上述著作中所提到的诗歌的认知文体分
析方法，也说明对诗歌的认知文体分析还有很大的发展空间。除了更多地寻找
认知语言学与文体学的接面之外，文体学家还从更广泛的认知科学领域借鉴方
法，利用神经语言学的方法研究诗歌语言被读者理解的过程。加拿大文体学家
Miall（1995：275-298）利用神经心理学的实验研究了读者在阅读文学作品时
的预测和情感因素的重要性，分析了神经心理学机制在读者识别前景化因素中
的作用。Miall（2001：55-70）利用实验的方法研究了英语诗歌中语音对立的
语义象征功能。刘世生（2002：194-197）探讨了诗歌、戏剧、小说这三种文
学文体的分析方法。关于诗歌文体的分析，他认为"主要从诗歌的相关信息与
诗歌本身的结构形式两人方面着手。相关信息包括题目、作者、写作年代、体
裁（如史诗、十四行诗、挽歌等）、题材（如爱情、战争、自然风物等）"（ibid.：
196）。结构形式则包括总体布局、诗行数目、诗行长度、规则格律、尾韵、语
音模式的其他形式等等。戴凡（2002：12-14）从功能文体学的角度分析了法国
诗人 Guillaume Apollinaire 的短诗《到边缘来》（"Come to the edge"），"首先从
词汇语法层、谋篇、人际的语法隐喻考察全诗，然后在微观的层次上探讨诗中
的简单句、小句复合体中的逻辑—语义关系；最后就诗中的及物性、词汇集、
代词的转换、代词的照应等手段的使用分析它们对实现全诗意义的作用"。其
中涉及的方法在上述著作和论文集中大多已经提到。

从上述诸多诗歌文体研究论著中，笔者归纳出以下诗歌文体的分析方法。

6.4.1.2 诗歌文体分析方法

第一，传统的语言层次分析法：把诗歌中语言特征的总体视为诗歌内部语境，常常选取几个特征进行分析，并对诗歌的语义、诗歌中人物的思维特征、性格特点等作出解释。

Leech（1969）列出了诗歌中的排比、声音模式、韵律、悖论，以及相关的语义错位，如隐喻、反讽、语境和内容含糊等语言特征。Simpson（2004）、刘世生（2002）都列举了诗歌文体在音系（字位）、词汇语法、语义这三个层面各种可能突出的语言特征。张德禄（2005）从词汇语法层和音系（文字）层这两个层次探讨了诗歌的文体特点。罗益民（2003）归纳了诗歌文体的六大特征，主要是：（1）诗歌少叙事、多抒情，重在韵律美、音乐性；（2）想象性、感受性、直观性，主要表现为诗歌描绘的可能和不可能的场景、意象，以及能够刺激感官感受的句法结构等等；（3）独特的结构成分，比如分行、押韵等；（4）语言具有节奏性、音乐性，运用意象、比喻、象征等多种修辞手法；（5）诗歌有自己独特的语域，其词法和句法与口语和其他文体有很大差别；（6）诗歌语义的模糊性和多义性。

综合起来，对诗歌的语言特征的分析可以在音系（字位）、词汇语法、衔接和语境这三个层面进行，从以下几个方面着手：

（1）音系（字位）层：声音模式、韵律、字形模式；

（2）词汇语法层：词汇形式、意义、搭配、语法模式；

（3）衔接和语境层：衔接、意象、象征、比喻等修辞手法，分行、总体布局。

第二，应用功能文体学、话语分析等方法解读诗歌的语言特征与社会历史文化语境之间的关系。比如，诗歌中的语码转换等语言特征反映的女权主义思想、奇卡诺文化的种族民族主义思想（如 Pratt，1993：171-187）等。

第三，用认知文体学方法分析读者和诗歌中的语言特征互动的语境，分析读者通过指称、时态、时空指示词、人际指示词、世界建构词以及各种词汇语法特征构建出的文本世界；或者通过实证研究分析读者的情感和认知因素对解读诗歌文体的影响（如 Stockwell，2009）；分析诗歌中的概念隐喻与文化中的概念隐喻的同构关系（如 Lahey，2007）等。

第四，分析多模态符号与诗歌的文体特征的协同作用，即多模态文学，如 Verdonk（2005）所分析的诗歌文体与非语言的绘画之间的互动所表达的主题意义。

第五，将诗歌文体学和翻译学科结合，指导诗歌翻译。比如，刘晓敏（2011）从文学文体学角度探讨了诗歌的翻译。

在对诗歌进行文体分析时可以根据诗歌语言的具体特点把上述方法进行融合。比如，Wales（2010）在分析英国诗人 Walter de la Mare 的诗歌时既分析了它的声音模式、韵律等语言特征，又分析了诗歌中包含的认知隐喻、其中的意象和象征以及需要读者激活的认知图式等，从而解释读者阅读诗歌时产生情感反应的文体理据；赵卫（2005）探讨了诗歌解读中形式文体学与功能文体学模式的兼容性。

6.4.1.3 诗歌文体研究小结

总而言之，对诗歌的文体分析方法主要有对诗歌的各个层面语言特征的分析，以及结合社会历史文化语境、读者的认知语境和其他非语言语境的分析。在对诗歌进行文体分析时，我们可以只考虑诗歌的内部语境，分析各种前景化的语言特征表达的主题意义，也可以把语言特征与上述语境结合起来进行分析，阐释诗歌的语言特征与该语境的互动及其意义。相比较而言，把诗歌的语言特征与上述某种语境结合起来进行文体分析是诗歌文体分析领域的趋势，现在用得比较多的方法是认知文体分析方法，主要有两个发展方向：（1）探讨认知文体分析方法与诗歌的更多接面，并采用实证研究方法对读者阅读时的真实感受作出解读；（2）借鉴认知科学的其他方法，如神经学方法，来解释读者阅读诗歌时的身体、情感和认知体验。此外，把文体特征与社会历史文化语境结合起来分析，以及多模态文体分析方法在诗歌文体分析领域中有很大的发展潜势。可能因为诗歌文体相对于小说等其他文学文体来说篇幅短小、语言偏离常规的程度更大等原因，所以对诗歌的语料库文体研究还很少。吴礼权（2004）用计算文体学方法对比分析了几首汉语诗歌，以相同内容的诗歌为语料，描写出刚健体与柔婉体在修辞特征上的具体形态。用语料库文体学方法研究英语诗歌文体的可行性和意义还有待进一步探讨。

6.4.2 小说文体学

小说是文学英语的典型语类，也是文学散文中最重要的语类。小说具有两大主要功能："欣赏性和喻世性"（张德禄，2005：273）。这些功能决定了小说的文体特点。小说的语言特征除了具有在语音字形、词汇语法和语义层的偏离之外，还有与诗歌不同的语言特征。小说语言主要由两个部分组成，即叙述者的语言和小说人物的语言，后者用直接或间接引语形式呈现。前者通常是规范语言，而后者常常在语音字形、词汇语法和语义层违反语言规则，与前者形成对比，从而表现人物性格、叙述者对人物的态度以及主题意义。正因为小说文体的这个特点，小说文体学的一个重点是研究表达思想和话语的引语的语言特征。因此，小说文体学和研究视角的叙事学进一步跨学科结合是小说文体研究的一大趋势。下文首先梳理国内外对小说的文体特征的研究状况，然后归纳对小说进行文体分析的方法。

6.4.2.1 国内外研究概况

国内外研究小说文体的论著很多。国外研究小说文体的重要著作有：Fowler（1977）的《语言学与小说》（*Linguistics and the Novel*）、Leech 和 Short（1981）合著的《小说文体论：英语小说的语言学入门》、Toolan（1990）的《小说文体学》和 Burke（2011）的《文学阅读、认知与情感》等。

《语言学与小说》中主要采用的文体分析方法是生成文体学。Fowler 把用于分析句法层面的结构范畴投射、延伸到分析更大的文本结构上来，把句法层面构成命题内容的谓词和名词概念对应到小说的内容层面。如 Kronenfe（1979：265）所说，Fowler（1977）对小说的语言学分析多基于以前的文学阐释，因此没有展示出"这种分析工具能够揭示出文学作品中迄今为止被忽略的某些方面的力量"。比如，Fowler 发现乔治·艾略特（George Eliot）和亨利·詹姆斯的小说中有相似的名词化类型，但是他却不去解释这些名词化类型在两位小说家的作品中分别具有怎样的文体潜势，表达了怎样的文体效果。他对小说《伟大的盖茨比》的语言学分析也是拘泥于以前的文学评论。也就是说，Fowler

（1977）对文体学的贡献是把对句子层面的语言学分析扩大到对叙事文本的分析上，但是他的语言学方法主要是描述性的，没有能够结合具体文本语境解释语言结构的文体效果，也没有用语言学方法揭示出以前的文学阐释所忽视的意义，而这些正是 Leech 和 Short（1981）在《小说文体论：英语小说的语言学入门》中一再强调的。这也是《小说文体论：英语小说的语言学入门》成为小说文体研究领域中重要著作的原因。

Leech 和 Short（1981）合著的《小说文体论：英语小说的语言学入门》是 Leech（1969）的《英语诗歌的语言学导引》的姊妹篇。后者展现出文体学对于诗歌分析的价值，而前者展现出文体学对于小说分析的价值。前者比后者的出版晚了 12 年，可能象征了对小说文体进行语言学分析的不确定性。该书的前两章主要探讨了这个问题。一般来说，小说文体没有诗歌文体偏离程度高，而且篇幅要长得多，这就要求分析者在大篇幅的语料中进行量上的对比，从而选取具有突出文体特征的片段进行分析。Leech 和 Short（2007）提到，20 世纪 80 年代初的文体学还处于早期不成熟阶段，主要研究诗歌文体，对戏剧文体的研究几乎是零，对小说文体的研究也还是尝试性的。《小说文体论：英语小说的语言学入门》自 1981 年问世以来成为欧美高校英语文学文体学专业必读教科书。该著作把韩礼德提出的三大元功能分别用于句子层面和小说语篇层面。该著作坚持文体学是语言学分析和文学阐释之间的桥梁，针对小说文体提出了一个非常实用的文体分析检查表（checklist），从词法、句法、修辞、语境和衔接等四个方面列出读者需要注意的语言细节，即可能成为"文体标记"的语言手段，每一个大类下面又系统地区分了各个分类，引导读者从看似平淡的文学作品中发现有意义的语言亮点，提高对小说语言的敏感度和鉴赏力。此外，他们认为小说文体分析也可以像诗歌文体分析那样从语义、句法、书写和语音等层次寻找质量和数量上的偏离，即前景化的语言现象。他们还讨论了小说虚构世界与现实世界的关系、人物的思维风格（mind style），小说所包含的作者与读者、叙述者与读者、人物与人物之间的人际交流，用言语行为理论分析了人物的对话，并且分析了小说中表达思想和话语的各种引语形式。该著作的另一大特色是在理论阐述后给出了大量的小说分析实例，因而具有很强的指导性和可操作性。2007 年该书推出了第二版。两位作者不仅对第一版的内容进行了较大的改动，而且增加了两个全新的章节。增加的两个章节分别是《文体学和小说25年来的发展》和对一部小说全文的实例分析。在《文体学和小说25年来的发展》这一章中，作者提到小说文体学发展的三大转向。第一个是语用文体学转向（pragmatic turn），其中最重要的是叙事学。第二个是语料库文体学转向（corpus turn）；第三个是认知文体学转向。

Toolan的《小说文体学》前两章是关于文体理论的讨论，其余章节主要是对福克纳的小说《去吧，摩西》（*Go Down, Moses*）的文体分析，包括对小说中动词的进行体、代词和命名、指示模式、词汇特征以及原因从句等的分析。

Verdonk和Weber（1995）主编的小说文体研究论文集——《二十世纪小说：从文本到语境》是Verdonk（1993）主编的《二十世纪诗歌：从文本到语境》的姊妹篇，也是按照文体分析中语境的范围逐渐扩大的顺序来安排论文的。Verdonk和Weber（1995：3）把论文分为三组：第一组主要关注文本层；第二组主要关注叙事层；第三组主要关注语境层。该论文集旨在反映20世纪小说文体研究的全貌，其中语境化是一大特点，所以所有的论文在分析时都既关注语言特征，也会考虑语境因素，只是关注语境的类型不同。第一组论文主要分析文本中的语言特征，比如词汇重复、概念隐喻，及其表现的主题意义、社会和意识形态含义。还有两篇论文分析了人物对话，通过分析人物对话的语言特征解释人物性格和人物关系，或者应用语用学理论，特别是礼貌原则，分析参与对话的人物之间权利关系的变化。第二组的五篇论文分析了叙事者的话语，即小说叙事中的一个重要问题——视角，主要分析的对象有：语言重复可以标志视角的变化；自由间接引语可以让读者对人物移情，也可以制造叙事中的不确定；视觉观察与认知观察，即看和理解之间的关系；视角的认知或意识形态维度。这一组的最后一篇建构了一个叙事结构模型，研究了从叙事文本到电影媒介的转换怎样改变视角，影响人物刻画。第三组论文也分析文本的语言特征或者叙事技巧的语言特征，但是更强调语境因素在读者建构小说世界中起到的重要作用。这些论文探讨的问题有：把叙事置于体裁的背景之中，把日记这种个性化叙事与更加非个性化叙事的文学散文作对比；用文本世界理论分析读者构建概念空间的过程。最后两篇则关注更大的社会文化语境。一篇出自女性文体学的代表人物Sara Mills之手，探讨了女性文学批评理论与文体分析的接面。另一篇也属于批评文体分析范畴，把文本视为社会话语，揭示了其中隐藏的意识形态偏见。

Short 于 1996 年出版的《诗歌、戏剧和散文的语言探讨》一书关于小说语言的探讨涉及小说中的视角、话语层次、语言思想表达和小说思维风格这四个方面。其中，在小说视角、话语层次和小说语言思想表达方面的研究较为深入。对于小说的视角，Short 不仅详细区分了第一人称视角和第三人称视角，更重要的是列举了小说视角的 8 个语言表征，分别是图式取向、评价性表达、新旧信息、人物思想和感受的语言表征、指示语、社会指示语、行为和事件的组织方式以及意识形态表征。就话语层次而言，Short 认为小说中有三个基本的话语层次，即作者与读者之间的话语、叙述者和听话者之间的话语以及人物与人物之间的话语。就小说的言语思想表达而言，Short 将小说中的语言表达根据表达的效果归纳为直接引语（direct speech）、自由间接引语（free indirect speech）、间接引语（indirect speech）、叙述者表达的言语行为（narrator's representation of Speech Acts）、叙述者表达的言语（narrator's representation of speech）这五种，依次形成一个由 DS-FIS-IS-NRSA-NRS 组成的渐变体。

上文提到的《当代文体学》（2007）的 19 篇论文中的前十篇都是对小说的文体分析。第一篇通过分析伍尔夫小说中描述人物思想的语言特征，说明思想具有主体间性，人有解读他人思想的能力，从而验证了认知文体学提倡阅读思想（mind-reading）的合理性。第二篇用语料库文体学方法分析了狄更斯的小说《远大前程》（Great Expectations）。第三篇从连环杀手对谋杀经历的叙述研究他们的认知方式，在文体上主要表现为推卸责任的及物性结构。该论文还分析了人们把连环杀手恶魔化的各种隐喻下潜藏的概念隐喻（如罪犯是猎食其他动物的野兽）。第四篇应用的分析工具是认知文体学的可能世界理论，分析对象是超文本小说的创始人 Michael Joyce 的作品。该文作者 Bell（2007：48-49）发现该小说开头的文本现实世界中的构造成分，包括时间、地点、人物都不具体，对意象的表现也很模糊，使得这个文本现实世界非常含混。第五篇把移情程度分为多个等级，用实证方法研究读者对两段话中用自由间接引语表现思想的人物的移情程度。第六篇采用社会认知视角，以 Culpeper（2001）提出的人物形象的社会范畴为主要理论基础，结合当时的社会背景分析了"卡布奇诺"小说（cappuccino fiction）塑造的女性形象的共性。第七篇把文本分析与心理学方法结合起来，以狄更斯和品钦（Thomas Pynchon）的小说为例，主要探讨叙述者怎样叙述人物的心理、人物怎样叙述其他人物的心理，或者读者如何认识人物的心理。第八篇把女性主义文体学和女性主义叙事学结合起来分析了小说《布里基特·琼斯的单身日记》（*Bridget Jones's Diary*），质疑了女权主义话语所强调的女性自助的意识形态。第九篇分析了小说《夜间小狗神秘事件》（*The Curious Incident of the Dog in the Night-time*）受到成年人和孩子们欢迎的原因，主要分析了该小说对元小说技巧的应用，对智障儿童语言的模仿及其故事情节对读者的各种图示，包括语言图示、文本图示以及世界图示的维护与破坏。第十篇把文本世界理论中的世界建构成分（world-building elements）理论与指示词结合起来，分析读者建构文本世界的过程和该文本世界的特点。

Burke（2011）在对小说《伟大的盖茨比》进行认知文体分析时借鉴了神经生理学理论，认为认知文体学理论之一的意象图式理论与镜像神经的活动有关。意象图式对读者产生影响主要是因为读者以往在现实中曾经置身于文本所描写的情景当中，而且文本中描写该情景时所涉及的读者或人物的认知意象图式与读者的意象图式同构，因而会激活读者以前经历该场景时的生理反应，继而产生情感反应和认知。Burke（2011）借助神经生理学的研究成果以及基于对两所大学中几十位学生的问卷调查指出，读者在阅读过程中构建的心理意象不一定忠实于文本中的或作者意欲描绘的意象，因为作品中的场景常常会唤起读者以往的情感体验，特别是儿时的情感经历，因而可能会扭曲甚至替换文本中描述的意象。该研究的重要性不仅在于借助神经生理学理论来研究小说的文体特征，还在于它采用了问卷调查等实证研究方法来了解读者阅读时的感受。

国内侯维瑞（2008）的《文学文体学》中的语料大部分是小说，只有少量诗歌和戏剧。该书分为两个部分，第一个部分介绍了语言的各个方面，包括语域、句法、反讽、意象、声音和节奏等，并在每章设有阅读和讨论，以大量文学作品为语料例示对上述各个方面的分析方法。第二部分共五章，每章分析一部小说部分章节的文体特点，主要分析词汇特征，包括名词、动词、形容词、副词等；语法特征，包括句子的复杂性和词类；修辞手法，包括比喻、结构修辞、反讽等；衔接和语境，比如词汇重复、定冠词、求雅换词（elegant variation）、互指等。不过，对这些小说的文体分析并不是对上述各个语言项目都作分析，而是根据作品的具体情况作出选择。比如，詹姆斯的小说《小学生》（*The Pupil*）中的衔接主要指的是求雅换词、互指等，而劳伦斯（David Herbert Laurence）的短篇故事《菊香》（*Odour of Chrysanthemums*）中的衔接主要指的是词汇重复和定冠词。这种从词汇、语法、修辞到语境和衔接等四个层面过滤语言特征的方法与 Leech 和 Short 在《小说文体论：英语小说的语言学入门》中列出的文体分析检查表是一样的，而该书配有的大量小说实例分析可以提高读者的小说文体意识，帮助读者认识到在阅读时应该注意哪些语言特征。在对小说作文体分析时，读者可以全面分析小说中多种前景化的语言特征，也可以只分析一种语言特征。

　　国内外分析小说文体的论文也数量众多。Halliday（1971）用功能文体学的理论分析了戈尔丁的小说《继承者》，主要通过对比描写原始部落居民和入侵者行为的及物性模式，说明了前者行为的无目的性和被动性，成为功能文体学的奠基之作，说明小说中的概念功能模式可以表示视角。Fowler（1977，1986）、Leech 和 Short（1981）、Simpson（1993）等都采用了这种方法分析小说。国内也有不少学者用功能文体学理论，特别是及物性理论解读小说（如申丹，2006）；宋海波（2005）通过分析及物性结构解读了小说人物之间的权力关系；李国庆（2005）通过分析小说《老人与海》的选段论证小说及物性系统结构与语篇体裁之间的关系。赵晓囡（2009）用功能文体学分析了吉尔曼（Charlotte Perkins Gilman）的短篇小说《黄色墙纸》（*The Yellow Wallpaper*）中的主位结构特征、语气结构特征和情态系统特征，探讨功能文体学对于分析女性文学文本的价值。赵秀凤（2009，2010）、马菊玲（2007、2008）都用认知文体学理论分析了读者在阅读小说时激活的认知隐喻和构建的心理空间、文本世界等。

　　Short（1996：255-325）在总结小说文体学的研究状况时，提出小说文体分析关注较多的是小说中的两个领域：（1）与话语结构相关的视角；（2）人物的思想和话语表达方式。因为小说文体的一个突出特点是小说读者通过中介的叙述者听到故事和人物的思想／话语，因此对比叙述者的视角和人物视角的语言特征，从而分析两种视角中包含的情感、意识形态等成为小说文体研究的一个重点。另一个重点是通过分析人物的思想和话语中的语言特征以及思想／话语引导语来判断该表达方式是直接引语、间接引语、自由直接引语、自由间接引语，还是叙事者的思想/话语报道等，并通过思想/话语表达方式分析人物性格。Leech 和 Short（1981，2007）、Short（1996）、Semino 和 Short（2004）、申丹（1998b）等都详细地探讨了小说中人物的思想和话语表现方式及其意义。人物的思想和话语表现的就是人物的视角，即叙事学家 Genette（1980）区分的叙事聚焦和声音。对叙述者和人物的视角的文体分析可以采用上述各种文体分析方法，特别是文体学与叙事学结合的方法。比如，申丹（1998b）、戴凡（2005）等都探讨了叙事学和文体学在分析人物的思想和话语表达方式上的互补。

小说中包含大量人物对话，使得对对话的研究成为小说文体研究的一个重点。如 Culpeper 等（1998：4）所说，20 世纪 70 年代末 80 年代初话语分析、对话分析和语用学的发展给文体学提供了分析小说对话的工具。Toolan（1989）应用伯明翰话语分析模式，特别是 Burton（1980）描述的人物对话中的各个层次，包括交际、回合、话步、话目等，分析了乔伊斯的小说《一个青年艺术家的肖像》（*A Portrait of the Artist as a Young Man*）中人物的对话怎样从一开始的常规对话到出现权力冲突，再到对话骚乱（conversational turbulence），并把这些与小说中隐含的主题，即主人公所遭受的民族主义、宗教、家庭等方面的专制等联系起来。Simpson（1989）运用 Laver（1975）关于日常会话中寒暄语的交际功能的理论，主要是寒暄语的类型——包括指向谈话语境的中性寒暄、自指寒暄和指向听话人的寒暄三种——分析了 Flann O'Brien 的小说《第三个警察》（*The Third Policeman*）中主人公被捕后与三个警察的对话，解释了该小说中荒诞性的语言根源。Leech（1992）也应用礼貌原则分析了人物互动中的社会机制。Short（1989b）应用语用学和话语分析理论分析小说中的人物刻画和荒诞性。

如 Leech 和 Short（2007）所说，在小说文体研究领域除了出现与诗歌文体研究领域同样的认知转向以外，还出现了两大小说文体研究中特有的发展动向，即与叙事学的结合和语料库文体学的出现。

因为小说是文学文体中叙事性最强的体裁，因此与研究叙事技巧的叙事学有很多接面。如申丹（1998b：8）所说，叙事学的话语和文体学的文体之间"有两个重要的重合面：叙事视角和表达人物话语的不同方式"。Simpson（2004）把二者的结合命名为叙事文体学，并探讨了可能的结合方法。因为叙事学和文体学的结合能够让微观层面的文体分析和宏观层面的叙事结构分析互补起来，挖掘出文本中更深层的含义，因此这种跨学科研究方法有很大的发展前景。比如，管淑红（2009）把系统功能语言学的方法和叙事学的方法结合起来分析了伍尔夫的小说《达洛维夫人》（*Mrs. Dalloway*）。本书第九章将重点探讨二者的结合。

在文体分析中应用语料库语言学方法使得对整部或多部小说的文体研究成为可能，因而在小说文体的研究中表现出极大的发展前景。Mahlberg（2007a，2007b，2009，2013）用语料库文体学的方法分析了狄更斯的小说。比如，Mahlberg（2007a）发现狄更斯小说中重复出现的词群（word cluster）和人物形象及主题意义有关。Mahlberg（2010）探讨了语料库语言学方法与 19 世纪小说的接面，比如可以显示出出现频率很高的关键词、词群等等，同时强调语料库的这种数量统计结果只有与质上的解释相关联才具有价值。Hori（2004）使用的语料是狄更斯的小说语料库，共 460 万字，分析了狄更斯独具特点的搭配形式。孙爱珍（2010）对语料库文体学的发展进行了系统的梳理。语料库文体学也叫计算文体学，出现于 20 世纪五六十年代，主要被用来确定文学作品，特别是小说的归属。比如 Mannion & Dixon（2004）把 Oliver Goldsmith 的 16 篇文章作为样本，统计出平均的句子长度，而后据此对 10 篇疑似文章进行鉴定，认定其中 4 篇肯定不是 Oliver Goldsmith 的作品，2 篇可能是，4 篇确定是。4 篇确定是 Goldsmith 的作品的结论是正确的。Hoover（2001，2006，2007，2008，2010b）主要用语料库方法测算作品中词汇频率，从而分析作家或某类文体的文体风格。比如，Hoover（2010b）选取两部因为作家早逝未能完成而由另外一位作家继续完成的小说，通过统计小说中两位作家所著的前后部分词群频率，探讨了两位作家在用词等文体风格上的差别。Ho（2011）应用语料库分析工具对比了 John Fowles 的小说 *Magus* 的两个版本，揭示了该作者在后一个版本中对词汇语义模式、修辞模式等文体特征所作的修改。Opas-Hännninen 和 Seppänen（2010）在探讨几类通俗小说中作者表达态度的不同语言手段时，发现用三维图表表示词汇频率比用二维图表更能够清楚地显示某类文体与其他文体的差别。Hardy（2004）发现在 Flannery O'Connor 的作品中，单词 eye 的搭配高频率出现，认为它表现出作者对人体内部或精神方面的意义很关注。Leech（2008：162-178）应用 Rayson（2008）开发出的语料库分析工具 Wmatrix 分析了伍尔夫的小说《墙上的斑点》（*Mark on the Wall*），检验了该分析工具在小说分析中的有效性。Walker（2010）也应用 Wmatrix 分析了小说，认为该语料库分析工具在以前的统计关键词的分析工具的基础上进行了延伸，把对作品中的关键性(keyness) 的识别延伸到关键语法范畴(grammatical category) 和语义范畴（semantic category），给文体分析增加了一个很有用的工具。Walker（ibid.：369）指出，他在分析小说中一个人物的语言特征时采用的参照语料库是其他人物的语言，而不是文本外的语料库，这在语料库文体分析中相对少见（如 Culpeper，2002）。Mahlberg 和 Smith（2010）分析了《傲慢与偏见》（*Pride and Prejudice*），通过分别把奥斯丁的其他小说和奥斯丁同时代作家的小说作为参照语料库，对比发现 civility（礼貌）是该小说中的一个关键词，然后应用语料库的索引功能，搜索、分析小说中 civility 前后的词汇语境，接着借助文学评论关于小说中人物肢体语言的解释，对与肢体语言相关的语言项目进行频率统计，比如 eyes、打断对话的肢体语言类型等，最后把这些语言项目的频率与 civility 建立起联系，并用于对小说主题意义的解释。孙爱珍（2008）针对凯瑟琳·曼斯菲尔德（Katherine Mansfield）的多篇短篇故事，提出了一个对文学文本中的词汇选择和情感流之间的关系进行计算分析的工作模式。

也有学者用多模态文体分析方法分析小说，不过数量还很少。Forceville（2002）对比研究了小说和它们的电影版本的文体特征。Norgaard（2010a）分析了 Foer 的小说《特别响，非常近》中的排版、布局和图片构成的独特的文体特征。Norgaard（2010b）尝试建构了分析包含多模态符号的小说的框架，认为小说中的字体、布局、视觉意象，以及封面上的图画、文字字体等都会和小说语言协同合作，共同表达小说的主题意义。多模态文体学尚处在起步阶段，目前研究主要集中在利用韩礼德的社会符号学方法进行的多模态功能文体分析和利用认知语言学方法进行的多模态认知文体研究两个方面。Norgaard（2010a，2010b）主要运用的是前者，分析小说中的各种模态表现的概念功能、人际功能和语篇功能。Gibbons（2010，2012）则从认知的视角研究了多模态小说的意义建构策略和读者对多模态文学语篇的解读过程。

从国内外的小说文体学研究概况可以看出，小说文体学的分析对象可以是整部小说中呈现出的比较连贯的文体特征，也可以是小说的某一部分表现出的与小说主题相关的文体特征。我们把小说的文体研究方法归纳如下。

6.4.2.2 小说文体研究方法

1）按照 Leech 和 Short（1981，2007）的文体分析检查表从语音 / 文字、词法 / 句法、修辞、语境和衔接等层面寻找小说中与主题相关的语言特征。

（1）音系字位层：语音模式、字形模式。

（2）词汇语法层：词汇模式，包括名词、动词、形容词等词类在质和量上的偏离，表示某类意义的词汇在量上的突出，词汇的搭配模式等词汇特征；句法结构特征，包括句子长度、从句类型等。

（3）衔接手段，意象、象征、比喻等修辞手法，表达叙述者和人物的思想和话语的引语的语言特征。

2）用功能文体学方法分析小说中体现的概念元功能、语篇元功能和人际元功能中的一种或多种元功能的语言特征及其在小说整体语境中的意义。

3）用认知文体学方法分析小说中的概念隐喻、作者或人物的思维风格，以及读者的认知图式对阅读的影响，读者借助指示词、空间建构词所构建出的心理空间、可能世界、语篇世界等等。对读者的认知世界与小说文本的互动，分析者可以多采用实证研究的方法，了解读者阅读时的真实感受，并且借用除了认知心理学之外的神经生理学等认知科学方法，对读者阅读时的身体反应、情感反应和认知作出更全面的解释。

4）把对各个层次的语言特征的分析方法与话语分析理论结合起来，解释小说中的人物对话所包含的人物关系、意识形态结构和主题意义。

5）把上述文体分析方法与叙事学进行跨学科结合，把叙事学对宏观层面上叙事技巧的分析与文体学对微观层面上语言特征的分析结合起来（详见本书第八章）。

6）把上述文体分析方法与语料库分析工具进行跨学科结合，挖掘更大规模的语篇中呈现出的某种模式的语言特征，并结合小说语境对其表达的主题意义进行解释。

7）把文体分析方法与分析非语言特征的多模态理论结合起来，对小说中的语言和非语言特征进行分析和解释（详见本书第九章）。

8）小说文体学还可以和翻译学科结合，指导小说翻译。比如，申丹（2001b）详细地探讨了将文学文体学运用于小说翻译的可行性和必要性。

根据文体分析检查表所作的文体分析与其他几种分析方法是可以互补的。后几种分析仍然会涉及对各个层面的语言特征的分析和解释，但是它们会把语言特征与其在语篇整体语境中的功能，或者与作者、人物、读者的认知语境关联起来，甚至和叙事学、语料库理论、多模态理论等结合来对文体特征进行分析和解释。比如，虽然多模态文体分析方法是一种较新的文体分析方法，但是对图画、排版等非语言模态的分析必须与对语言的分析结合起来，否则就不是文体分析了（Norgaard，2010b：447）。而对小说语言的分析可以根据小说文本的具体文体特征采用上述任一种方法或者融合两种或多种方法。比如，任绍曾（2006）在分析《国王班底》时从功能文体学的及物性开始，提出"在文本中痉挛（twitch）一词在及物性的所有过程中都有体现"，说明"痉挛笼罩了小说人物生活的多个方面"，接着把痉挛的突出视为"作者对人生经历进行概念化和识解"的方式（李华东，2010：66）。接着运用认知文体学的概念合成理论解读了这种用痉挛来释解人生的隐喻模式。《当代文体学》的第三篇论文在分析连环杀手的思维风格和人们对连环杀手的认识时，不仅用功能文体学方法分析了杀手意在推卸责任的及物性结构，而且分析了人们把连环杀手恶魔化的概念隐喻。

6.4.2.3 小说文体研究小结

Short（1996：256）区分了小说中讲述的内容和讲述视角，并且认为这种区分使得小说成为就话语结构而言最复杂的文学体裁。因此，20 世纪对小说的研究在很大程度上是对视角的研究。而对视角的研究包括对叙述者语言的研究和对人物的思想 / 话语中体现的视角的研究。对这两者的研究可以参照文体分析检查表，也可以应用功能文体学和认知文体学等分析方法。但是，总的来说，对小说的功能文体分析多关注某一种功能及其表达的主题意义，对概念功能的分析较多，而且多采用及物性分析方法，对其他分析方法的应用较少，对人际功能和语篇功能的分析相对较少，很少分析两种或三种元功能在语篇中如何协同合作来表达主题意义。对小说的认知文体研究取得了很大进展，但是需要加强实证研究。目前所采用的实证研究（如 Burke，2011；Stockwell，2009）多采用调查问卷的形式，可能很难了解读者阅读时的真实反应，包括身体体验、情感反应和认知活动。还可以借助神经生理学等认知科学的成果设计更加客观的实验，比如应用 fMRI 等神经科学实验技术记录下读者的真实反应，并结合文本中的文体特征对其进行解释。文体学方法与叙事学、语料库分析方法结合起来分析小说的文体特征展现出很大的发展潜力。但是，用这两种方法分析小说文体特征的论著还较少。语料库文体学研究发展较快，但是主要用于描述作家或作品的文体风格，用语料库统计方法对作品的主题意义作出解释的较少。寻找叙事学、语料库方法与文体分析的更多接面，并对更多的小说中的文体特征和主题意义作出有新意的解释，是将来小说文体研究的一大趋势。另外，鉴于现代和后现代小说在形式上的大胆创新，多模态理论可以构成文体分析的有效补充，对文本中的语言和非语言特征作出更全面的分析，从而对文本的整体特征和主题意义作出较新的解释。

6.4.3 戏剧文体学

戏剧文体学是三种文学文体中起步最晚、研究数量最少的，但是近年来戏剧文体研究也呈现上升趋势。如王佐良、丁往道（1987）所说，"戏剧有一个特点：在展开情节、塑造人物、表达思想等方面，主要依靠对话"。就篇幅和叙事性而言，戏剧与小说比较接近，但是小说和戏剧对人物对话的表现方式有很大的差别。小说中人物的语言是通过一个中介的叙述者来讲述给读者的，而戏剧中的人物直接对观众说话，不需要一个中介的叙述者。也就是说，小说语言特征的一个重要方面是叙述者语言和人物语言的不同层次和对比，而戏剧中用来进行指导舞台布置和演员动作提示的叙述和描写部分通常只占据很小的篇幅，所以对戏剧语言特征的分析一般集中于对其中对话的分析。Culpeper 等（1998）认为戏剧语言接近口语体是戏剧在很长一段时间里不受文学界和文体学界关注的一个主要原因，因为口语体在过去很长时间里被认为是庸俗的和不稳定的语言形式。另外，Culpeper（1995：70）在评介 Tan（1993）对戏剧的文体分析著作时说，对戏剧的文体分析之所以比小说和诗歌的晚不是因为它的结构较复杂，也不是因为其篇幅较长，而是因为之前没有分析对话的框架（如语用学、话语分析理论等）。McIntyre（2013：2）也说，"关于戏剧，直到语用学及其分析对话的工具的出现，对这种体裁的研究才成为可能"。但是，李华东（2007）认为，戏剧文体学不应该只分析对话，也应该分析舞台指令。他尝试构建一套完整的戏剧语用文体理论，并在此基础上提出一套舞台指令分析程序。戏剧语用文体理论以语用学为研究视角，以语言学（尤其是话语分析）为技巧，以戏剧文本（既包含对白，又包含舞台指令）为研究对象，提倡戏剧话语形象化分析，把隐含意义推理作为中心任务，从而揭示体现戏剧文本价值的语言特点或风格。下文首先梳理国内外迄今对戏剧文体学的研究情况，然后归纳分析戏剧文体特征的方法。

6.4.3.1 国内外研究概况

上文提到，"戏剧文体方面的论著只是到了 20 世纪 80 年代后期和 90 年代初期才散见于国内外的学术期刊上。国内学者 80 年代和 90 年代编著的文体学教材大多也只涉及诗歌和小说这两大体裁，很少涉及戏剧文体"（俞东明，2001：76）。

Burton（1980）的《对话和话语：现代戏剧对话和自然发生的对话的社会语言学分析》（*Dialogue and Discourse: A Sociolinguistic Approach to Modern Drama Dialogue and Natural Occurring Conversation*）是最早的戏剧文体研究著作，探讨了如何应用社会语言学方法分析戏剧的对话。接着陆续出现戏剧文体分析的论文。Short（1989b）提出，戏剧中的典型话语结构是剧作家和观众对话层中嵌套的人物对话层。Herman（1991）分析了戏剧对话中话轮转换等结构特征。Leech（1992）应用礼貌原则分析了萧伯纳的戏剧里人物对话中的社会机制。García（1995）从语用学的角度分析了汤姆·斯托帕德（Tom Stoppard）的戏剧 *Jumpers* 中的对话，包括其中的指称、话语的信息性、话语中隐含的言语行为、话步的特征，以及违反的对话原则等等。

Carter 和 Simpson（1989）编著的论文集《语言、话语和文学：话语文体学导论读本》中有三篇是对戏剧的话语文体分析。Nash（1989）分析的是莎士比亚的戏剧《哈姆雷特》（*Hamlet*）开头部分士兵的对话，依次采用释义、逐句评论和话语分析等三种方法中与交际、回合、话步、话目等相关的理论对其进行分析和解释，在分析话语结构时主要探讨的是对话中的话步和话目类型，认为传统的逐句释义、逐句评论法可以和话语文体分析形成互补，更全面地解释对话中的人物关系和主题意义。Short（1989b）提出对戏剧的分析应该以文本而不是舞台表演为基础，而对戏剧对话的分析需要揭示对话的含义，因此传统的语言分析方法是无力解释的，这就需要运用话语分析理论。该文以哈罗德·品特（Harold Pinter）的戏剧小品《作品中的麻烦》（*Trouble in the Works*）为例，主要探讨了人物对话中的言语行为、预设、合作原则以及称呼等话语特征，以此解释了该剧作的荒诞性。Simpson（1989）运用 Brown 和 Levinson（1978）阐述的礼貌用语背后的原则及其隐含的社会关系，分析了戏剧家尤内斯库（Eugene Ionesco）的剧作《课堂》（*The Lesson*）中老师和学生的三段对话，发现教师在对话开始时运用大量的模糊限制语和表示尊敬的语言，但是逐渐采用不礼貌的表达方式，表明他逐渐在对话中获得上风，改变了起初和学生之间的关系。

Tan 的《一种戏剧文体学》（*A Stylistics of Drama*）是第一部以戏剧文体为研究对象的博士论文，出版于 1993 年，以斯托帕德的剧作 *Travesties* 为例，分析了戏剧的语言特征，包括嵌套的结构特征，但是认为这种嵌套结构与小说嵌套结构无异。而 Culpeper（1995：70）在述介该书时指出，戏剧的嵌套结构和小说的嵌套结构不同，其差别在于戏剧包含两层话语结构，即人物对话层被嵌套在作家和读者的话语层次之内，而小说除了这两个话语层次之外，还有一个层次，嵌套在上述两个层次之间，即叙述者和隐含读者层（见 Leech&Short，1981）。除了分析指称以外，该书还专章分析了戏剧对话与语用学的关系，尝试用格莱斯的会话含义理论、礼貌原则等语用学框架来分析人物对话中的互动。Tan 认为当时对戏剧的语言学分析多关注对话，忽视了独白，提出把 Crombie（1985）关于命题间的语义关系理论作为分析戏剧独白的一种框架。

该书对 *Travesties* 的分析分为两个部分，第一个部分应用的是 Burton（1980）的理论，指出尽管该理论被学界批评为过于简单，但是仍然是分析戏剧对话的有效框架，并且提出可以用各种修辞原则对其进行补充。第二个部分的方法体现了文体学在分析方法上随意取材的特点，不仅应用传统的文体分析方法，分析了剧中一个人物的话语在语音、词汇、语法等各个层面的特点，从而发掘了该人物话语中的不同声音，而且运用各种语言学和文学方法对该剧作进行解释。Herman（1995）的专著也探讨了如何把话语分析理论用于分析戏剧对话。

Short（1996）的《诗歌、戏剧和散文的语言探讨》专章探讨了戏剧文体，提出戏剧语言是会话性体裁，详细分析了戏剧对话与日常会话的相同点和不同点，建议文体学家应用以下语用学理论：会话模型（包括话轮转换、毗邻对、会话分析等）、言语行为理论、合作原则、礼貌原则、预设理论、图式理论等研究戏剧会话。

Culpeper 等（1998）主编的《戏剧语言探讨：从文本到语境》（*Exploring the Language of Drama: From Text to Context*）是 Verdonk（1995）主编的诗歌文体研究论文集——《二十世纪诗歌：从文本到语境》与 Verdonk 和 Weber（1995）主编的小说文体研究论文集——《二十世纪小说：从文本到语境》的姊妹篇。Culpeper 等（1998）在前言中说，该书对戏剧文体的探讨主要可以分为六个部分，第一篇论文强调戏剧文体学应该研究戏剧文本，而不是戏剧表演。最后一章为戏剧文体分析提供了一些具体可行的建议。中间部分的论文主要涉及四种戏剧文体分析方法，分别是：把对话分析的基本机制用于分析戏剧对话；应用话语分析和语用学理论，特别是礼貌原则来帮助我们从人物对话中解读人物形象；分析戏剧对话中隐含的认知模式；用言语行为理论分析对话。

李华东和俞东明（2001a：46）对 20 世纪八九十年代的戏剧文体研究总结道："这时的论述侧重于纯语言学方向，停留在对戏剧对话语言的一般的静态描述上，而没有把戏剧语言和文学内容联系起来，因此注重了描述的充分性，而缺乏解释的充分性"。

如 McIntyre（2010：163）所说，早期的戏剧文体研究主要是质的研究，分析戏剧文本的某些部分，而不是整部脚本，而最近的文体研究开始应用语用学和语料库语言学分析方法分析更大篇幅的戏剧文本。Kopytko（1995）结合语料库语言学方法，分析了莎士比亚的四部悲剧和四部喜剧中的礼貌策略，认为如果要对剧中人物应用的礼貌策略做到全面的把握，读者需要注意人物对话中的语言变量，而不仅仅是权力、社会距离等常量。Culpeper（2001）建构了一个理解戏剧人物形象的模型，主要包括自上而下和自下而上两种构建人物的心理表征的方法。前者指构建人物形象需要借助读者的认知图式，主要来自于现实生活和以前的阅读经验，后者指对人物形象的构建依靠文本中的语言细节。针对后者，Culpeper（2001）列出一个显性和隐性人物刻画的语言标志清单。显性是指人物对自己的直接描述，而隐性则是读者或观众通过人物的语言行为对他们的形象的推理。隐性人物刻画的语言清单包括关键词，而且Culpeper（ibid.：199）认为关键词是表示人物性格特征的一个重要参数，就像文体标记，即某些词在某些语境中的频率与它们在语言整体中的频率不同。Culpeper（2009）应用语料库分析方法，发现对主题词的分析有助于解释读者对莎士比亚戏剧的理解。虽然在这类分析中，参照语料库的语料可以任意选取，只要其语料与目标语料相比达到一定的量即可，但是Culpeper（2009：35）认为，目标语料库与参照语料库越相关，得到的关键词越可能反映目标语料库的某些具体特征。McIntyre（2010：162-182）借用Culpeper（2001，2009）用语料库提取、分析戏剧人物话语中的关键词，并对人物性格作出解读的方法，应用Wmatrix语料库语言学软件包，分析美国当代剧作家Quentin Tarantino的作品《落水狗》（*Reservoir Dogs*），通过依次把一个人物的全部语言构成的目标语料库（target corpus）与其他所有人物的语言构成的参照语料库（reference target）进行对比，发现该人物的语言中出现频率很高的关键词和语义域，以此解释各个人物性格的明显差别，同时也说明这种语料库分析方法也适用于分析现代戏剧中的人物形象和主题意义。Archer和Bousfield（2010：183-203）应用同样的语料库统计方法，对《李尔王》（*King Lear*）中的李尔王、他的三个女儿以及肯特伯爵等人物话语中的关键词和语义域进行统计，并结合语用学的礼貌原则、合作原则、话轮等理论对人物的性格、人物关系和主题意义进行分析。该文在把语料库分析和语用分析融合时采用了语用—语料库—文体分析的概念（pragma-corpus-stylistic analysis）（ibid.：193）。McIntyre和Culpeper（2010：204-222）认为戏剧的文体分析不仅数量很少，而且大多是对剧作所体现的某个语用特征进行分析，比较零散，因此尝试采用 Levinson（1992）、Sarangi（2000）的行为类型理论（activity type theory）对剧作的语用特征作出更全面的分析。行为类型理论认为人类的行为包括很多种原型行为类型，因此读者在阅读时会结合相关原型构建出行为场景，而各种行为类型场景中会有相关的语用规则，包括礼貌原则、合作原则、话轮转换等语用规则。如果戏剧里该场景下的行为与读者认知该场景下的语用规则相冲突，那么便可能产生幽默。Culpeper（2002）也用语料库提取关键词和语义域的方法分析了《罗密欧与朱丽叶》中的几个人物形象，以其他人物的语言作为参照语料库，统计出某个人物语言中的关键词，从中分析该人物的性格特征。Busse（2006a）借助语料库对莎士比亚戏剧中人物对欲望的释解作了文体分析。Busse（2006b）应用多种分析工具和方法，包括语料库语言学，研究了莎剧中的呼格结构（vocative constructions）。Busse（2008）把语料库语言学方法和语用学的礼貌原则结合起来分析了《李尔王》中李尔王对指令语使用的变化情况，反映了李尔王从一开始不可一世的帝王形象到逐渐丧失权力，懂得考虑他人感受的形象变化过程。《当代文体学》论文集的第十九篇（The stylistics of drama: The Reign of King Edward III）结合语料库语言学方法，应用文体学的前景化概念分析剧作《爱德华三世的统治》（The Reign of King Edward III）。Fludernik（2007：232）点评道，以前对戏剧的语言学分析方法非常有限，主要是言语行为理论，而该论文分析了剧作中的很多语言特征，包括称谓代词的运用、隐喻及前景化。该论文在分析了人物对话中称谓代词和呼语在质和量方面的突出现象之后，着重分析了伯爵夫人话语中体现的"肉体是房屋"的认知隐喻，并将其与上述语言特征结合起来解释人物性格、作品主题，甚至作品产生年代中人们的认知特点（Busse，2007：232-243）。该论文把传统的文体分析方法与语料库语言学方法和认知文体分析方法融合在一起，全面地分析了该剧作的语言特征及其意义。

Ravassat 和 Culpeper（2011）主编的论文集《文体学和莎士比亚的语言》（Stylistics and Shakespeare's Language）对莎士比亚的语言分析既有对诗歌的文体分析，也有对戏剧的文体分析。其中对戏剧的文体分析应用了认知文体分析方法，主要是认知隐喻和融合理论。此外，还有一篇论文应用语料库文体分析方法分析了《哈姆雷特》中与自杀有关的修辞，包括哈姆雷特对自杀的思索，以及掘墓人等其他人物对哈姆雷特和奥菲利亚的自杀的评论，主要分析的是代词指称、社会因素、交际功能，以及与死亡和宗教有关的词汇（Anderson & Crossley，2011：193）。对该剧中自杀修辞的语料库分析方法可以揭示早期现代英语文化对自杀的不同认识，从而发现当时新兴的心理话语取代了以前专制的宗教话语（ibid.）。

McIntyre 和 Busse 主编的论文集《语言与文体》（2010）也把文学文体分为诗歌、戏剧和叙事小说。戏剧部分所采用的分析方法与上述不同的是第一篇，以亚里士多德在《诗学》中提出的"戏剧由行动和语言两种成分构成，其中行动比语言更为重要"的理论为基础，增加了"观众的理解"这个维度，以此分析了现代戏剧对该标准的各种偏离，认为这些偏离增加了观众理解的难度，表达了特殊的主题意义，比如以阿尔比（Edward Albee）为代表的荒诞剧对语言的意义和功能的削平；种族戏剧，如墨裔—美国戏剧对主流文化和弱势文化两种语码的运用及其所表达的对两种文化的态度，从而把戏剧文体分析与社会文化语境联系起来。

McIntyre（2004，2006，2008）不仅从社会语用和认知的角度研究戏剧中的视角，还把多模态理论用于戏剧文体研究。McIntyre（2008：310-311）认为戏剧文体分析忽略戏剧表演因素会导致一种贫乏的文体分析，建议从戏剧的电影版本开始对戏剧表演的多模态文体进行分析。

国内，杨雪燕（1989，1991）、李华东和俞东明（2001a，2001b）、俞东明和左进（2004）等学者在研究戏剧文本的文体特征时把语用学和话语分析原则有机结合起来加以运用。俞东明（1994，1996）撰文详细论述了自己的语用戏剧文体学思想。他认为动态语用学理论对戏剧语言有极强的解释力；言语行为理论能准确把握戏剧话语的"言外之力、弦外之音"及深层意义（implied meaning），并揭示戏剧人物"隐秘的思想和动机"，从而为更好地理解、阐述戏剧冲突、人物性格和戏剧作品主题提供依据（1996：103）。王虹（2006）利用话语分析的方法对戏剧文本进行文体分析；李华东（2007）探讨了如何利用语用学的理论对戏剧舞台指令作文体分析。黄立华（2012）研究了贝克特（Samuel Beckett）戏剧文本中的时空隐喻、情感隐喻等几种认知隐喻，被刘绍忠

(2013）描述为"戏剧认知文体学研究的新突破"。

综上所述，应用于诗歌、小说的文体分析方法也可以应用于戏剧，不过戏剧文体自身的特点决定对其进行文体分析的侧重点在于人物对话的语言特征，及其体现的人物关系和主题意义等。

6.4.3.2 戏剧文体研究方法

传统语言层次分析法也可以应用于戏剧文体研究，在此不再详细论述。比如，Leech（2010）应用传统的文体分析方法分析了莎士比亚的戏剧《威尼斯商人》（*The Merchant of Venice*）中的两段对话，发现其中有大量的词汇和句法平行，以此对人物的性格特征进行解释。以下对戏剧文体研究方法进行总结。

1）运用功能文体学、认知文体学等方法，分析人物语言特征，解释人物形象、主题意义、社会文化意义。

2）戏剧文体分析的主要方法是应用言语行为理论、礼貌原则、话轮转换等语用学和话语分析方法分析人物对话的结构和语言特征，解释人物形象、人物关系和主题意义。

3）结合语料库语言学方法，对人物对话中的某些语言项目进行统计，从而解释人物形象和主题意义。目前，语料库语言学方法在戏剧中的应用主要是统计人物话语中的关键词和语义域，而且大多是应用于对莎士比亚戏剧的分析。

4）结合戏剧表演对戏剧进行多模态分析。

5）两种或多种方法的融合。比如，Culpeper 在和 Hoover 等（2008）主编的《语料库文体学的方法》（*Approaches to Corpus Stylistics*）中提出，可以把语料库统计的人物话语中的关键词分别标为概念功能、人际功能和语篇功能，从而把语料库语言学方法与功能文体学结合起来。和诗歌、小说文体一样，对戏剧的文体分析也可以融合两种或多种方法，如上述例子中有传统文体学、语料库语言学、语用学和认知文体学分析方法的融合。

6）戏剧文体学还可以进一步和翻译学科结合，指导戏剧翻译。比如，任晓霏、毛瓒等（2010）以英若诚译莎士比亚名剧《请君入瓮》（*Measure for Measure*）为案例，并结合朱生豪和梁实秋译本进行基于语料的对比分析，主

要从话轮转换位置即连接台词的"榫子"以及话轮中关键词的选择两方面，考察英若诚戏剧翻译中戏剧对白话轮管理的独到之处，

6.4.3.3 戏剧文体研究小结

戏剧文体研究是三种文学文体分析中起步最晚、数量最少的，但是近20年来也取得了很大的进步。总的来说，对戏剧文体的研究集中于用语用学和话语分析理论来分析人物对话的结构和语言特征，并解释人物关系和主题意义等，对传统的文体分析方法、功能文体学和认知文体学的分析方法应用数量较少。应用语料库语言学方法进行戏剧文体分析的论文不少，但是方法比较单一，多是统计人物对话中的关键词和语义域，而且多集中于对莎士比亚戏剧的研究，对其他戏剧文本的研究很少。戏剧文体学可以对戏剧翻译进行有效的指导，但是目前相关研究也很少。与小说、诗歌文体研究对比来说，戏剧文体研究的方法和语料都还有很大的发展空间。

6.5 文学文体学的发展趋势

本章探讨了文体学对诗歌、小说、戏剧三种文学文体的研究情况。虽然对诗歌和小说的文体研究开始得比较早，但是最近文体学界对戏剧给予了越来越多的关注。可以看出，对三种文学文体的分析方法总的来说有：对语言各个层次的分析，功能文体分析和认知文体分析，着重研究人物对话的话语文体分析，结合语料库统计工具的文体分析，和叙事学、多模态理论进行跨学科结合的文体分析，以及用文体分析指导翻译的跨学科结合等方法。这些文体分析方法对三种文学文体都适用。文体分析者需要根据文本的具体语言特征选取一种或融合多种分析方法。

上述各种文体分析方法可以概括为两类：文本主义和语境主义。两者并不是截然二分的，而是如 Verdonk（1995）所说，是互补的。如 Bradford（1997）所说，文本主义把"文学文本看作由模式、结构和效果组成的凝聚的整体"，

而语境主义文体学是一个很宽泛的概念，其核心思想是文学文体是由"它的语境形成和影响的"（Bradford，1997）。他把语境因素分为三类：（1）读者的能力和性情；（2）影响所有语言语篇，包括文学的主要的社会文化力量；（3）我们处理和解释所有现象，包括语言和非语言现象、文学和非文学的含义系统（ibid.）。这三个方面很全面地概括了文本之外的语境因素。分析者可以把文本所侧重反映的某种或某些语境因素与语言特征结合起来进行分析。

当然，无论是对文学语篇的文本主义阐释还是语境主义阐释，文体分析的着眼点都是语篇的语言特征。两者的差别在于，前者通过分析各种语言特征，阐释它们共同表现出的语篇的主题意义。而后者则是把语言特征与语境因素结合起来，阐释语境如何影响了文体，及通过其互动表现的主题意义。因此，无论是对文学语篇的文本主义文体分析还是语境主义文体分析都需要对文学语篇的主要语言特征有比较清晰的认识和了解。

因为三种文学文体本身的特点，文体分析有不同的侧重，常用的文体分析方法也有不同。诗歌往往篇幅短小，且对语言标准的偏离程度较大，适合逐句细读，应用传统的文体分析方法、功能和认知文体分析方法进行分析，解释诗歌的主题意义，人物的思维风格或者读者在诗歌中游走的过程等。小说往往篇幅较长，且叙事性强，适合把文体分析与语料库语言学、叙事学等结合起来进行分析。小说最突出的特征是包含各种视角，因此文体分析的一个重点是通过对人物言语和思想作文体分析来揭示各个视角人物的情感、意识形态立场等。戏剧主要由人物对话构成，多采用语用学的话语分析、言语行为理论等对对话的特点进行分析，从而揭示人物之间的关系和主题意义。对人物对话中的语言特征的分析也可以结合语料库统计工具，从而发现频率上偏离常规的语言特征，并结合语境解释统计发现的语言特征所表现的人物形象和主题意义。

总的来说，文学文体研究方法表现出明显的认知转向、语料库转向、多种文体分析方法的融合、与多模态符号学结合，以及与相邻学科进一步跨学科融合这五个趋势，表现如下。

第一，认知文体分析方法应用很多。不论是诗歌、小说还是戏剧，认知文体分析方法应用的数量都很多，超过了功能文体学和传统的各个语言层面的分析，体现出文学文体研究领域明显的认知转向。

第二，越来越多地应用语料库工具。语料库方法通过为某部或某些文学作品建立语料库，并对其中某个或某些语言项目进行频率统计，帮助研究者发现传统的文体分析方法很难发现的大篇幅的文本中与常规相比过度高频率或过度低频率出现的语言项目，揭示文本中的一些重要语言特征及其表达的人物形象和主题意义。不过，这种统计方法往往需要与传统的各个层面语言特征的分析或功能文体、认知文体分析等结合起来，而且频率过高或过低并不一定表明该语言项目就是前景化的。读者仍需结合语境判断统计出的量上突出的语言项目是否是文体特征，并分析其意义。如 Hoover（2010b：270）所说，计算文体学不是其他文体分析和文学分析的替代，而是为发现文体特征又提供了一种工具，可以扩大和加强其他方法。

国外的语料库文体学发展很快，但是可以看出，语料库统计的语言项目还比较少，往往是词汇和语法层面的特征，比如高频率出现的词汇、词语的高频率搭配等等。语料库文体学与功能文体学、认知文体学结合的研究数量还非常少，有待进一步加强，对更多有价值的语言项目进行统计。国内的语料库文体研究数量还很少。如卢卫中、夏云（2010：47-53）所说，"在国外语料库文体学研究取得长足进展的同时，国内在该领域的研究却处于萌芽状态，仅有少数研究者注意到文体的定量研究方法并予以介绍，实证研究类文章也仅有寥寥数篇，不论从广度上还是深度上都缺乏系统的研究。"

第三，各种文体分析方法的结合。不管是对哪种文学文体的分析，我们都可以看到，文体分析往往根据分析对象的具体语言特征融合两种甚至多种文体分析方法，体现出文体分析在方法论上随意取材的特点。

第四，对多模态理论的应用。对三种文学文体的分析都出现了文体分析与多模态理论相结合的案例，但是数量还比较少，还有很大的发展空间。

第五，与叙事学、翻译等学科的跨学科结合。叙事学对宏观叙事结构，如时间结构、空间结构、叙事视角等的研究可以对微观层面的文体分析构成指导和补充。因为小说具有复杂的叙事结构、叙事视角，所以文体学和叙事学的结合主要用于对小说的分析。对三种文学文体的文体分析都可以对该文体的翻译具有一定的指导作用，因此对三种文学文体都有学者从文体学的角度探讨该文体的翻译。Boase-Beier 于 2011 年出版了著作《翻译文体学研究》(*Stylistic Approaches to Translation*)，比较系统地探讨了翻译研究的文体学途径，以及文体学在翻译实践中的作用。探讨文学文体学和文学翻译的接面也是未来的一个研究方向。

第七章　研究对象：实用文体学

7.1 引言

实用文体学在这里主要指非文学文体学，即用文体学理论研究非文学语篇的文体特征，而不是像 Widdowson 说的那样把文体学理论应用于对文学语篇（诗歌）文体的分析中（Widdowson，1992）。文学语篇创作的目的是供人欣赏，不是为了完成某种其他的实用功能，非文学语篇具有实用的特点，统称为实用文体（practical style）。

首先，实用文体的定义是功能性的。语篇在不同的情景中有不同的功能。有的语篇主要用作介绍，有的用作说明，有的用作描述，有的用作规定，有的用作劝说，有的用作宣传，不一而足。具体地讲，每个语篇都有其特殊的功能。由于情景语境的变化，交际功能完全相同的语篇是不多的。例如，同是信件，甚至交流同一件事，如路上误车，给父母亲的信与给上司的信的功能是不同的。前者很可能是让父母放心，虽然路途受阻，但安然无恙；给上司的信则很可能是要请假，并为误期而表示歉意。然而，人们通常把这些信件归为一类。因为从某个抽象层面来讲，所有的信件都有相同的功能：在无法直接面谈的情况下交流某些信息。在这一体裁下还可根据其功能分为多种类型，如商业信函、家书、求职信、公函等。

实用文体指直接用以传递信息或提供服务的语篇类型。例如报刊语篇的功能是把新闻时事以最快的方式传递给大众；广告的功能主要是劝说人们购买其商品或服务；宗教语篇的作用则是规劝人们遵守某种道德规范，恪守某种信仰等。实用语篇的特点是语篇所讲的内容是直接做事用的，与交流事件本身有直接的联系，并且其真伪是可以用事实检验。例如，如果在信件中讲由于误车不能按时回家，而当事人是否真的误了车是可以得到检验的。

严格地讲，从这个角度来看，文学文体也具有一定的实用功能，即供人欣赏、提供教益等。单独把文学划出来似乎没有达到穷尽性和一致性的要求，所以，有人从研究对象的角度来区分文学文体学和实用文体学，即文学文体学专门研究文学作品的文体，而实用文体学研究其他语篇的文体。

实用文体学是相对于文学文体学而定义的，所以，区分二者的标准也可以是文体学研究的对象。文学文体学研究的是文学文本的语言风格和作家的语言风格，非文学作品不在其研究范围之内；非文学文体学研究的是语言在除了文学文本之外的其他领域中的文体特征。

实用文体学与文学文体学的划分可以说是在语体学框架下进行的，语体学是文体学的一个重要分支。语体学研究因话语范围（社会实践）不同而形成的科技、新闻、法律、商务等不同的语言风格，因话语方式（交际媒介）不同而形成的口语文体和书面文体，因话语基调（交际双方关系）不同而形成的正式文体和非正式文体。从语体学的角度看，文学语言作为一种特殊的语体，也被涵盖在语体学的研究范围之内。在这里，我们在语体学的框架内把所有语体的语篇分为文学语体（包括诗歌、小说、戏剧等）和实用语体（包括科技英语、新闻英语、法律英语、商务英语、日常会话等）。

7.2 实用文体的特性

实用文体是依据与文学文体不同的特性定义的，这样一来，与文学文体的特性相反的特性便是实用文体的特性。学界对实用文体的研究还刚刚开始，远远少于对文学文体的研究，而且大部分是在语言学的框架中进行的，不是以研究文体为目的，所以，实用文体可以从对文学文体的相反特性中发现。对于文学文体的特点，已有很多学者进行了研究，例如，Carter（1987：431-450）认为文学性的特点是：媒介依赖性（语篇的文学性越强，在解读中越不依赖其他的媒介）、重新语域化（任何一个词、文体特征或语域都不会被排除在文学语境之外）、层次间交互性（由几个不同的强加的语码或层次交互形成的语篇比不是由多个层次或者有多个层次但不交互形成的语篇文学性更强）、一词多义性（词语的多义性越强，语篇的文学性越强）、移位互动（移位的或间接言语行为互动越多，其文学性越强）和话语模型化（话语模型化越强，其文学性越强）；而申丹（2004：4）则认为文学性是"文学的虚构性、非实用性、审美功能、社会共识、特有的创作程式／阐释程式，以及与之相对应的特定语言结构"。

与文学文体不同，实用文体表现出以下七大特性：（1）语境依赖性；（2）体裁一致性；（3）学科依赖性；（4）语域依附性；（5）层次直接体现性；（6）言语行为的直接性；（7）话语的语体化和体裁化。

第一，语境依赖性：文学具有"自足性"特点，因文学语篇不需要以任何已有的，或者正在出现的语境作为其创作的"指称物"（referent），而是以作者的想象为基础创作的。实用文体则不能"无中生有"，而是要有一定的依据，要有据可查。语篇意义产生的依据来自于语境，包括文化语境和情景语境。从这个角度讲，实用文体都具有不同程度的"语境依赖性"，是可以到语境中去查证和核实的。例如，从口语实用文体的角度讲，一个在商店购物的交流不能由作者根据自己的印象编造出来，而应是经过录音或者记录等手段记载的真实交流。同样，法律文本、商务谈判、科技文章等也都来自于真实的交际场景。因此，从这个角度讲，实用文体语篇都是从实际的交际事件中提取出来的，是依赖语境的。

第二，体裁一致性：与其"自足性"相关的是"重新语域化"特性，实际上表示的是一种"语域混合性"，体现"体裁混合性"（genre-mixing）。文体效果通常是由引入一个新的体裁而引起的，形成突出的模式，产生文体效果。在实用文体中，语篇的体裁一般要保持一致性，例如，法律文本要从始至终保持法律文本的体裁结构，不能随意改变，但在文学作品中出现法律文本显然是为了取得某种特殊效果，而且不一定保持一致性，也不必保持一定长度。与文学混合体裁相对立的是实用体裁的一致性，即在实用文体语篇中，体裁要保持一致，而且要符合体裁结构的要求。

第三，学科依赖性：实用文体都要涉及另外一个学科，即把文体学的理论体系引入到另一个学科中，用于对这个学科的语言特点的研究。从这个意义上讲，实用文体学的研究对象具有学科依赖性。在这个研究领域中，总是有一个人类社会实践领域与文体学研究的目标相关，而这个实践领域本身促生了一个语言之外的学科。例如，法律实践促生了法律学科，法律文体研究不仅涉及语言学理论、文体学理论，还涉及法律学科本身；商务实践活动促生了商务学科研究，商务文体研究也会涉及文体学理论与经济和商业的学科知识。

第四，语域依附性：文学语篇除了具有体裁混合性的特点外，也具有语域混合性的特点，即把不同语域的内容在同一个语篇中呈现，利用不同语域之间形成"张力"来获得突出效果，产生文体效应。但实用文体总是要"寄生"在一个与人类生活和实践密切联系的实践领域中，属于一个比较概括的语域的话语范围。例如，法律是一个非常概括的大领域，包括许多的次级领域，如宪法、民法、刑法；法庭话语、合同、契约、证明等。但无论如何，每一个语篇基本上所属的语域是明确的。然而，某些语域显然也涉及某个次级语域的混合现象，主要表现为不同的语域有不同的作用。例如，如果法律语域涉及海洋运输，则会出现法律语域与海洋运输语域混合的现象。然而，它们不是简单的混合，而是海洋运输语域从属于法律语域，或者说法律语域应用于海洋运输语域。无论如何，实用文体对于某个学科的依附性是清晰的。

一旦文体学依附于某个语域，两个语域就会被"绑定"在一起，不再分开，一直到语篇意义的结束，也就是说，实用文体学除了表现出语域依附性外还表现出语域一致性。例如，当我们用文体学的方法研究法庭辩论话语时，我们就会用文体学的方法来对整个法庭辩论的语篇从头至尾进行分析，从而得出法庭辩论话语的文体特点，不会在中间讨论其他语域的语篇，如经贸谈判话语的语篇，尽管法庭话语也可能涉及经贸谈判领域。

第五，层次直接体现性：层次直接体现性指相关的语篇的意义是直接由相关的词汇和语法模式体现的，也就是说，语篇的词汇模式和语法结构模式是由语篇的意义决定的，而这些词汇和语法模式则对语篇的意义没有直接的影响。这与文学语篇有很大的区别。在文学语篇中，虽然从总体上讲，语篇的意义是根据情景语境由词汇语法体现的，但文学语篇不是用于直接体现人类的物理和心理经历、表现讲话者和听话者的关系的，而是通过模拟或者利用体现人类的经历的意义模式来实现新的交际目的，即给读者提供娱乐欣赏的艺术品，使其在阅读中得到愉悦和教益，而不是直接得到信息。也可以说，它是通过提供信息的体裁形式，来给读者提供服务。在这种情况下，语篇的形式和内容出现相互制约、相互促进的关系，而不仅仅是内容决定形式的关系。这主要是因为某些形式特征在文学体裁中成为体现某些美学效果、艺术特色的比较约定俗成的模式，形式的变化必然会引起意义的变化；而为了取得特殊的效果而引起的意义的变化，也必然会导致文学体裁采用新的形式特征。例如，诗歌的体裁及其交际功能决定了它会运用大量的隐喻模式和想象的场景的特征，同时，比较固定的模式也要求意义进行相应的改变来适应形式模式的要求。诗歌的格律和行数就可以促使作者在这个模式基础上选择合适的意义模式，而不是先确定意义模式，再选择相应的格律和模式。

在实用文体语篇中，语篇的意义大部分都由比较典型的词汇语法模式和结构体现，层次之间的互动比较少，大部分是直接的决定关系。例如，在一个法庭辩论语篇中，讲话者主要关心根据交际目的的需要选择合适的表达方式，即选择合适的词汇和语法结构，而不是为了某种结构模式调整自己的意义。

第六，言语行为的直接性：语篇的交际目的与在语篇中实现的言语行为具有直接关系，要么两者是相同的，要么后者是前者的组成部分。例如，写一封信表达一个承诺，这个承诺就应该是真实的，是可以在将来通过作者的行为来检验的：写信人是否遵守了承诺，是否做了应该做的事，完成了承诺要完成的任务。读者可以在将来的交际中对写信人的承诺作出评价。然而在文学作品中，这种承诺是文学作品中的人物作出的，读者可以根据对语篇的阅读来检查他是否履行了自己的诺言。但这只是读者阅读时对语篇意义的一种评价，对作者用它来实现什么样的美学效果的评价，而不是对作者的评价。也就是说，作者的任务只是写作，尤论他在作品中作出什么样的承诺，他都没有履行和实施承诺的义务。评价的标准只是他使用承诺的方法是否合适，是否获得了预期的效果。即使他在语篇中确实对读者作出了许诺，实际上，读者也不真正相信他将来会这样做，因为他的承诺会被当作一个文学创作的手段，而不是他将来实际要做的事情。他可以是作者，也可以是叙述者，或者是两者的结合，任何语言行为都局限在语言内部，而不会延伸到语言的外部来作为承诺、请求、允许、命令等。

最后，话语的语体化和体裁化：实用文体的语篇都要归属于特定的语体，以一定的体裁形式出现。话语的语体化是与其功能密切相关的。首先，它们要局限于一定的话语范围内，如商务、法律、媒体、科技、艺术等；都具有一定的、比较典型的人际交流方式。如在商务领域，比较典型的交际方式是商务信函、商务谈判等；在法律领域，则是法律条文、合同、法庭辩论和判决、侦查破案等；在媒体领域则是新闻报道，是记者和读者的对话。

语体化的特点首先表现为属于某个语体的语篇的意义模式基本上都属于相关的领域，即尽管语篇表达的意义千差万别，但都是在这个领域中交际的产物。另外，由于在特定的领域中，有比较典型的交际目的类型。例如，在商务领域中，凡商务交际涉及商品类型、询价、运输方式等，大部分都需要用信函的方式。它有几个突出的优点：信息提供得比较清晰、具有永久保存性、格式比较固定、容易理解。因此，信函成为商务交际的重要体裁模式，在商务活动中使用广泛。另一个比较典型的交际方式涉及口语，即商务谈判，这是利用信函所无法完成的交际任务，它具有即时性和双向交流性，有利于把相关问题讨论清楚。所以，语体化的结果是所有的语篇也必然会体裁化，由特定的体裁结构潜势固定下来。

7.3 实用文体学的发展过程

实用文体研究自古有之，早于文学语篇的出现，是人类生活的重要交际方式，但对于非文学语篇的研究则是与文学语篇并行的。在西方，早在两千多年前，就有人开始在修辞学的框架内研究演讲的文体风格，同时也研究文学作品的文体风格，如诗学研究（Aristotle，1996）。在中国，早期对语言文体的研究没有系统的理论，更没有文体学理论体系，一般认为，《文心雕龙》出版后才有了对文体的系统研究。

亚里士多德对演讲文体风格的研究与他对诗歌的研究似乎用了相似的方法和模式，但对演讲的研究是为了寻求直接的效果，在演讲过程中征服听众，把他们争取过来，从而选择合适的意义，运用合适的语言结构，选择合适的词汇，采用适当的文体风格。而文学作品也需要采用合适的词汇语法特征，采用合适的文体风格进行写作，但不是为了直接说服听众，而是为了在后期获得读者的认可，使读者获得愉悦和教益。无论如何，两千多年前，对文体风格的研究就出现了文学文体和非文学文体或实用文体并行的形势。

在其后的研究中，非文学文体研究仍然在修辞学领域内以演讲为主要研究对象，亚里士多德、昆体良等发展了五艺说，并在其后的研究中不断发展，且不断地缩小研究范围，不断引入其他学科的知识，如心理学、逻辑学、哲学等，主要研究风格，对其他的实用文体则很少感兴趣。

中世纪继续延续古典修辞学的研究方法，不过他们的研究范围在不断缩小，由五艺说逐步缩小到"劝说"上，研究的体裁也以讲经布道为主，研究的宗教演讲语篇虽然在演讲的内容和方式上与文学语篇比较接近，但也属于实用文体。

文艺复兴时期出现了百家争鸣的局面，修辞学也在古典传统修辞学的五艺说基础上进一步发展，但大多数是向修辞手段方面发展，强调修辞技巧和修辞格。在体裁和题材的选择方面，研究的领域开始由演讲逐步向其他领域扩展，如文学和写作。在文学中，研究的重点是作品中修辞格的运用，因此修辞格的类型在大量繁衍。在写作中，研究的对象可以是文学写作，也可以是非文学写作，但实际上以实用文体写作为主。例如，Day（1599）的《英语秘书学》用修辞学理论探讨如何写作，特别研究了书信的写作。他把书信分为四个类别：论证性书信、商议性书信、司法性书信和通俗性书信，分别探讨了它们的写作方式，并同时探讨了书信中的修辞手段。这些书信都是实用性书信。

到了启蒙时期，随着科技的发展，科学化思想开始渗透到修辞学研究中，其他学科的思想，特别是哲学、心理学、历史、文学等理论开始被引入修辞学研究中。科学化的一个直接效果是人们在演讲或者写作中寻找一整套固定的语言使用规则，使写作趋于模式化，产生了一套实用、简洁、朴实的写作文体，促生了一种"科学的"的文体，为18世纪作品所具有的那种流畅的口语体的形成奠定了基础。这种科学化的思潮显然对于实用文体学的发展十分有利，使实用文体学的发展向一种比较固定的、规范的语篇结构的形式发展。

纵观19世纪及之前的文体学可以发现，它是在修辞学的笼罩下，在蛰伏中发展的，一直作为修辞学的一个部分不断发展。从研究的体裁上讲，文体学研究的重点实际上是实用文体，因为演讲主要是实用性演讲，不是诗歌朗诵、讲故事等文学性演讲。但文学在修辞学中也一直是一个重要的研究领域，包括亚里士多德时期的诗学研究，以及后来对诗歌等文学作品中的修辞格的研究等。实际上，从中世纪开始，写作就从某种程度上替代了演讲，成为修辞学的主要研究对象。写作所关注的主要是实用文体，因为学生首先应该学会如何在工作和生活中写作，文学写作则是在高级阶段或者少数人所进行的活动。

从20世纪起，文体学开始在学术界崭露头角，挣脱了修辞学的束缚独立发展起来，其研究的范围也是在实用文体和文学文体之间摇摆不定：在一个时期，主要是研究实用文体，而在另一个时期则主要研究文学文体。

首先，索绪尔的学生、瑞士语言学家 Bally（1909）创立了描述文体学。他的研究重点是某一社会集团使用的语言表达方式，而不是个人使用语言的特色，因为 Bally 认为后者使用语言是有意识的，因而不能作为科学研究的对象。所谓某个社团使用的语言表达方式显然主要是实用文体的表达方式，因为它研究的是人们在日常的生活和工作中实际应用的语言，是用来完成交际任务的语言，而不是用以娱乐的语言。

到了20世纪30年代，布拉格学派重点研究文学，特别是诗歌的文体，提出了"陌生化"、"前景化"等新的文体学概念，文学文体学慢慢占据了主要位置。后来发展起来的形式文体学、功能文体学、感受文体学等也都是以文学文体研究为主的。这种情况一直延续到20世纪80年代初。

20世纪80年代和90年代是文体学发展的又一个重要时期，话语文体学、批评文体学和女性文体学取得了新的发展。话语文体学以语用学理论和篇章语言学理论为基础，更多关注自然发生的语言现象，研究话轮转换、语句衔接、话题转移等为完成交际任务而产生的言语方式，因此，是实用文体学使用的重要理论工具。篇章语言学家更多关注书面语段，如法庭辩论、新闻报道等。当话语分析理论被运用到文学文体学研究后，分析的重点仍然是戏剧、小说、诗歌中的人物会话、独白等（Leech & Short，1981；Toolan，1990：273）。

话语文体学与批评话语分析理论相联系，不再把语言看成一种中性载体，而是意识形态的载体，认为语言和文本是意识形态和社会结构的产物，反过来又作用于意识形态和社会结构。文体学家的主要任务就是揭示和批判语言中蕴含的意识形态和权力关系（Fairclough，1989，1995，2000；Fowler，Hodge，Kress & Trew，1979）。这样，新闻报道、法庭辩论、国会报告等成为主要的研究对象。女性文体学与批评话语分析相似，重点用以揭示语言如何附带意识形态信息，尤其是女性主人公在社会地位上的劣势方面（Burton，1982）。到了21 世纪又发展出认知文体学、语料库文体学、多模态文体学和历史文体学等学科。虽然这些理论都可以既用以分析文学作品，也可以研究实用文体语篇，但它们最初的研究对象一般是实用文体语篇。

7.4 实用文体学的研究领域

实用文体学主要研究在人类的社会生活和工作中直接用于交际的语言的文体特色，实际上，它研究除文学语篇以外的所有语篇的文体特色。

当然，从客观的角度看，文学文体和实用文体并没有严格的界限。首先，如上所述（见 7.1），从广义上讲，文学文体也是一种特定的实用文体，因为它也有它特定的交际作用：为读者提供娱乐和教益。只是由于它的交际性不是直接的，而是通过语篇的文体效应表现出来的，所以人们习惯于把两者分开。

另外，文学语篇与实用语篇不是有和无的关系，而是多和少的关系，即有些语篇的文学文体特性更加突出，如诗歌，而有些语篇的实用文体特色更加突出，如书信和科技论文。但新闻报道，虽然受事实的限定，仍然表现出一定的文学性，如选材的取舍、看问题的角度、评价和态度的表达等。实际上，我们可以用文学性和实用性作为两端，建立一个文学文体和实用文体的连续体，一端文学性最强，而另一端实用性最强，如图 7.1 所示。

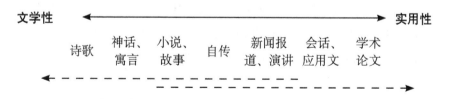

图 7.1 不同体裁语篇的文学性到实用性连续体

从实用文体学的发展历程来说，它并不是按照从最实用到具有一定文学性的顺序发展的，而是从比较具有文学性的体裁——演讲开始的。它的实用性在于它能够通过演讲达到即时交际的目的，说服或者征服对方，使听众站到自己的立场上来。它的文学性在于演讲者演讲时采用的修辞手段和技巧等。演讲的类型也有在广场上表达个人意见，在国会、法庭上的辩论以及在宗教仪式上的演讲等。

第二个得到重视的是写作。写作包括各种书面语以及演讲辞等的写作，可以跨越文学文体和实用文体两个类别，但从已有的修辞与写作教材来看（黄任，2005；潘绍章，1998；王玉龙，1996），它们主要探讨五个方面的问题：（1）所用的修辞手段，即修辞格；（2）如何由小单位组成大单位，词如何组成句子，句子如何组成段落，段落如何组成语篇；（3）如何创作基础性小语篇，如叙述文、说明文、描述文、论说文等；（4）如何写小品文；（5）如何写不同体裁的、用于不同交际目的的文章，包括各种类型的书信、摘要、读书报告、个人简历、新闻报道、科研论文、公文、外贸、法律应用文、合同、评论、公共演讲、传记、导游、广告、宗教领域的文章等。

我们惊讶地发现，在这些论著中，没有文学写作的影子。从这个角度看，修辞学在写作教学中主要以实用文体为主。

另外需要我们注意的是，虽然演讲是他们的主要研究对象，但修辞学研究在历史上没有把日常会话考虑在内。这可能是因为日常会话不是经过有意识的组织形成的，因此人们认为它不需要修辞手段。但在现代文体学中，日常会话是重要的研究领域之一。

某些实用文体带有文学性是与它们的功能密切相关的。这些语篇在与客观现实相匹配的同时，也具有利用这些事实来达到自己的个人目的的需求，例如，广告语篇的目的实际上不仅仅是客观地描述产品的构造、作用和性能，还要渲染它们的作用，从而达到劝说听话者购买产品的目的。消费者不购买产品，无论广告做得多么真实，也会被认为失去作用，没有价值。为了达到这种目的，广告商需要采用一些修辞和艺术的手段来渲染、突出，甚至扩大其性能和作用。这样，广告就显示出比较强的艺术色彩，带有较强的艺术性。

自传和小说的区别是，前者可以检查其客观性和真实性，而后者不能；但这两者相通的方面是都有对某个人过去经历的叙述和描述，有时还包括评价。如果作为历史资料来说，其真实性是核心的，没有真实性就不是真正的自传。但通常自传的写作本身都要受到个人目的、情感和意识形态的一定程度的影响。作者可能选择自己喜欢的部分，而舍弃不喜欢的部分；也可能给已经发生的事件涂抹上一定的态度和情感色彩，影响它的客观性；同时还可以把自己要突出的、宣扬的方面美化、理想化、崇高化等，从而使它具有很强的文学性特点。新闻报道也和自传类语篇一样具有一定主观性、态度和情感、意识形态等非事实性因素，使其具有一定的文学性。

法律、商务、经贸等领域的语篇其实用性居主要地位：一方面，要求语篇以事实和证据为准绳；另一方面，还要很好地达到交际的目的，获得预想的利益和效益。这就要求讲话者或作者一方面要掌握确凿的事实和资料，思路清晰，产出的话语能够得到证实，另一方面，还要很好地运用各种修辞手段、谋篇布局技巧来整理语篇，使其产生所要求的效果。

科技、计算机等领域的语篇则更加强调客观性，以准确科学并深入地表述意义为标准，不能掺杂个人的感情、喜好、态度和观点等。这种客观性把文学性降到最低，强调因果关系、逻辑推理、理论化、概念化、抽象化等。

然而，任何类型的实用文体都可以在特殊的语境中取得特殊的文体效果，从而产生强烈的文学性效果。例如，小说写作中可以插入科技体，用以表示科学性对文学领域的渗透。

7.5 实用文体学的理论模式

文学文体学和实用文体学使用相同的理论模式。作为文体学的一个分支，它必然是从文体学理论中派生出来的。那么，区分文学文体学和实用文体学还有实质性的意义吗？我们必须首先解释这个问题，然后才能对实用文体学理论模式的特点进行进一步研究。

由于文学文体学的本质是探讨能够产生文学欣赏效果的语言，所以，它更倾向于对手段和措施的研究，因此才产生了"偏离常规"、"违反常规"、"陌生化"等似乎是破坏性、摧毁性的概念来描述取得文体效果的方式。这是因为人们在阅读文学作品时通常对新奇古怪的东西感兴趣，而对于普通实在的一般东西则不屑一顾。人们阅读文学作品并不是为了解决现实社会和生活中存在的问题（特别是棘手的、生死存亡的问题），而是为了娱乐和消遣，而新奇古怪的稀缺东西能够提供新鲜感和愉悦感。

但是在实用文体中，语篇的作用是完成交际任务，使作者或者讲话者得到他想得到的东西。因此，语言是一般的还是特殊的，是老套的还是新颖的都不重要，重要的是是否符合语境的要求，是否能够使作者或讲话者获得想得到的信息、事物和服务，取得预期的效果。从这个角度讲，由于两类文体的交际目的不同，区分文学文体和实用文体还是十分必要的。

7.5.1　语境的作用

7.5.1.1　文化语境与体裁

文学文体和实用文体的区别还表现在语境的不同作用上。根据系统功能语言学理论，语境有两个类别：文化语境和情景语境（Halliday，1978；Halliday & Hasan，1985/1989）。文化语境是整个语言的语境，因此为文学文体和实用文体都提供了语境。文化语境可以说从两个方面为语言提供了语境：意识形态（ideology）和体裁（genre）。前者表示这个言语社团的人如何想，即他们惯常的思维模式、约定俗成的常规、风俗习惯、信念系统等；后者表示如何做，即根据交际目的的不同而采用不同的方式、步骤和程序做事。这就是为什么Martin（1992）认为文化语境包括两个层次：意识形态和体裁。同时，意识形态通常是在体裁中表现出来的，即思想要在行动中体现。

体裁表示人们的社会行为是根据其交际目的来有步骤、有程序地完成交际任务的。正如Martin（1992）所说，"体裁是本言语社团成员有目的、有目标、按程序、有步骤地涉及语言的社会活动"。例如，在新闻报道中，语篇的结构特征是"三段式"：（1）标题；（2）导语；（3）正文。见例7.1。

例7.1

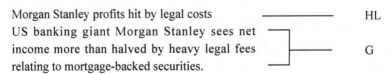

Morgan Stanley profits hit by legal costs ————— HL
US banking giant Morgan Stanley sees net
income more than halved by heavy legal fees
relating to mortgage-backed securities. ————— G

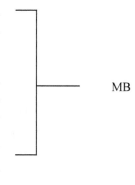

Fourth quarter earnings for 2013 were $433m
(￡263m), or 20 cents a share, down from $982m
a year earlier.
The bank's legal expenses were $1.2 bn.
The results round off a week of reports from
US banking giants including J. P. Morgan and
Citigroup, who were also affected by legal costs
stemming from the sub-prime mortgage crisis.
The bank said its legal costs were "specifically
litigation and investigations related to residential
mortgage-backed securities and the credit crisis" …

MB

符号标记：HL=标题　G=导语　MB=正文

这则简短的世界新闻报道的三段式结构十分明显。此三段式中各个部分之间的关系是"一般—具体"，即标题的概括性最强；导语是介于概括与具体之间的部分，它既可看作是对标题的说明，又可视为对正文的总结；正文则提供比较详细的信息。如在上例中，标题 Morgan Stanley profits hit by legal costs 指明这则新闻的要旨是讲 Morgan Stanley 由于法律方面的费用而收益减少的问题，但没有具体说明减少了多少，以及具体由于什么法律问题而减少。导语对此进行了说明。

导语中提供的信息也是笼统的，如果读者还想知道更具体的信息，还可以继续下去。正文提供了更加具体的信息，包括具体的数字、时间和涉及的方面等。

由此，标题、导语和正文是新闻报道在最概括层次上的三个必要成分。新闻报道的这个三段式结构是整个文化语境的一个组成部分，是新闻文化的主要表现形式之一。从另一个角度讲，新闻文体的结构模式也在这个文化语境中经过多年的交际模式的积淀而成为一个模式化的结构。从意识形态的角度讲，为适应读报者有选择地阅读新闻报道的特点，新闻报道要按照"从概括到具体"的模式；从体裁的角度，则需要采用典型的"三段式"模式。

7.5.1.2 情景语境与语域

情景语境是一个交际事件的具体语境（简称语境）。对于文学语篇来说，语境是一个多层次概念。它除了作者为读者创造文学作品（诗歌、小说、戏剧等）以提供娱乐和新商品外，还有作品内的语境，有时是内部多个层次的语境。语篇内部的语境是作者创造的语境，是作品创作的主要部分。

实用文体的类别和功能都是由语境支配的，一般不涉及多层次语境性，但在具有一定文学性的语篇中，也可以出现内部语境，例如，新闻报道中的故事情节、日常会话中的故事情节等。有时，为了取得特殊的效果，作者也可以通过创造语境来创造新的意义，例如，在广告中插入一个故事片段来烘托一种气氛或描述一个场景等。

在实用文体中强调语境的作用主要是因为语境决定要交流的意义类型和模式，同时，语境特征与意义特征，以及词汇语法特征和音系字系特征都有直接的联系，两者具有相互预测性，也就是说，当某个语境特征出现时，你可以预测到某个意义特征或某类意义特征会出现，进而预测某个或某类词汇语法特征会出现，还可能预测某些音系或字系特征的出现。同样，某些词汇语法特征的出现预示着某些意义模式和类型的出现，同时预示着某类语境特征的出现。

那么，语境是如何决定或预示意义特征和词汇语法特征的呢？它通过语境的变异特征，即语域对语言的变异性的支配进行。

每一种语言都形成了自己独立的系统。这个系统对外可在各个层次上与其他语言系统相区别（如英语语言系统与汉语语言系统），对内具有这一语言系统所共有的特征。正是与其他语言系统的区别，使其成为独立于其他语言的语言；而其内部所具有的共性才使它成为一个完整的系统。

一种语言在音系、字系、词汇、语法、语义等所有系统中都表现出共同的特征，才会被认为是一种语言。然而，尽管这个系统本身有共性，但却不是一个完整的统一体，而是可根据其用途和使用者的不同分为许多分支系统。

从语言内部的共性特征来看，有些语言特征是最常用的，是所有变体语言中都出现的特征。这类特征组成了整个语言系统的基础，是连接各语言变体，使它们同属于同一语言系统的纽带，称为共核特征。

而语言中的绝大部分特征都具有"场合性"，也就是说，表现出一定的文体特点。这些特征不是在所有的场合中都出现，而是受到讲话者和用途的限制。从讲话者的角度来讲，英国人和美国人讲话不同；中国的北京人和广州人讲话不同；澳大利亚的上层人士和普通人讲话不同，各自表现出不同的方言特征。从用途的角度来讲，数学英语与物理英语不同；国会辩论用语与日常交谈用语不同等，各自表现出不同的语域特征。

然而，"共核"语言与变体语言之间没有绝对的分界线。变体语言中总是含有共核语言特征，如所有变体语言中都可出现的冠词、介词等。共核语言从来不能完全独立地以语篇的形式出现。这就是说，它总是与变体语言"搭配"出现，所不同的是共核特征与变体特征在不同场合的语篇中所占的比重不同。例如：在一般的日常会话中，由于所谈及的内容大部分局限在一般的、人们常见、常闻、常经历的事物上，共核特征所占的比重较大，而在专业性极强的科学论著中，共核特征则会相对减少。

由于所有语言特征，包括共性特征，都具有"专用性"的一面，共核特征与变体特征之间的区别变得模糊不清：两者不是相互对立、截然不同的两类特征，而是相互渗透、相互联系的特征。两者在共核与变体之间组成一个连续体。有些特征更接近于共核特征，而另有些特征则更接近于变体特征。由此我们可以说：语言系统是一个以共核特征为中心，以变体特征为外围，从中心向外辐射的系统。居于核心的特征在整个系统中所占的比重很小，但却是最中性、出现频率最高、适合于几乎所有变体的特征。离中心越近的特征，其"共核"性越强，在语言运用中被选择的可能性越高，受场合的限定性越低。相反，离中心越远的特征则变体性越强，受场合的限定越大，在语言运用中被选择的可能性越小（见图 7.2）。

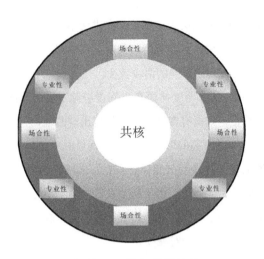

图 7.2 语言的变异性与共核的关系

在图 7.2 中，共核语言处于中心，越到外围其场合性越强，即表现出一定的语境变异性，直到最外围完全变成专业性语言。从中心到外围是渐变性的，三者没有明确的边界。从学科的角度看，处于共核部分的语言没有学科性特点，但随着向外围的扩展，语言逐步渗透到不同的学科中。

实用文体学的研究重点是语言在不同的场合中所表现出来的独特性。所以，实用文体学应该是更接近于社会语言学，特别是把文体与社会功能密切联系起来的功能文体学。

语言变体可分为两大类：方言和语域（Halliday，1978：2；Halliday & Hasan，1985/1989：40）。方言是根据"用者"区分的变体，反映谁说话和谁经常说什么，反映讲话人来自什么区域、什么社会阶层、什么时代，因此进一步反映社会结构和社会阶层。一般的方言变体是亚文化变体，如社会阶级与阶层、区域、时代、年龄、性别等。语域是根据"用途"区分的语言变体，反映你现在说什么、干什么，从事什么样的社会活动；反映社会过程、社会行为。一般的语域变体是职业或行业变体，如技术变体、部门变体等。总的来说，方言反映的是交际者个体由于所属的阶层、职业、时代、年龄和来自的区域而表现出来的个体性。这种个体性在语言交际中通过话语基调，即交际者之间的关系表现出来，因此，一般只需研究语域特性即可。

交际是在语境中进行的，但处于外围的语言特征更容易受到语境的影响而发生变化。如上所述，语境包括两个范畴：文化语境和情景语境（Halliday，1978；Halliday & Hasan，1985/1989）。文化语境为整个语言提供了环境，因此，要在具体的情景语境中得到实现。语域即是由语境特征支配的与语境特征密切相关的语篇意义特征。情景语境有三个变量（variables），分别是话语范围、话语基调和话语方式。话语范围表示发生的事件、所涉及的领域等；话语基调表示交际者之间的关系；话语方式则表示语言在语境中的作用。

语境变项与语义的关系是：话语范围支配概念意义的选择，从而也支配语法中及物性结构的选择；话语基调支配人际意义的选择，从而也支配语法中语气与情态以及音系中语调的选择；话语方式支配语篇意义的选择，从而也支配语法中主位结构以及音系系统中信息结构的选择。层次之间的这种系统的联系使语境因素直接和语篇的意义以及词汇语法密切联系起来，使实用文体由于语境的变化而表现出独特的文体特点。

语域反映人类的社会过程，是动态的、变化的；随着情景的变化或进展，交际过程就要终结或转化为新的过程。在交际过程中，交际者所使用的语言可根据话语范围、话语基调和话语方式的变化而变化。因此，语篇的产生就要同时受到话语范围、话语基调和话语方式的共同制约。首先，情景的这三个变项中的任何一个有意义的变化都会引起语域的变化。例如，在"在商店购买食物"的情景中，其情景语境可描述为：话语范围——买卖交易，购买零售商品——易腐食物；话语基调——买卖交易人；角色关系：顾客主导，售货员服从；社会距离——接近最大；话语方式——声音渠道，口语媒介，视觉接触，辅助性语言。这样，此语篇的语义结构就需要有：（1）要求购物；（2）答应购物；（3）问价；（4）付款；（5）结束等必要成分。

如果在话语范围和话语基调不变的情况下，声音渠道变为字符渠道，无视觉接触，那么语篇就成为书面定购信，如要求商店送货上门。这时交流成为单向的，语篇内部结构就会与上面所描述的语境的语篇结构不同：讲话者只能提供"要定购的货物"、"其家庭地址"等必要成分。这说明语域发生了变化。

总之，语域受情景语境的制约。情景语境类型的变化可引起语域的变化，从而引起文体意义的变化。下面从语域之间的距离、语域的层次和语域的范围等方面说明语域变化能够引起文体特征的变化（张德禄，2005：56-59）。

1）语域之间的距离

在每一个语域中都可产生无数个各不相同的语篇。这些语篇各有自己的独特性，即有自己的文体特点。但这些区别都是在较具体的层次上，如是购买电视机还是计算机；是买香蕉还是橘子。其中有些可选成分或重复成分也不会引起语域的变异。然而，如果语篇的宏观语义结构中的必要成分发生了变化，语域就会发生变化。这在语篇的独特性上可谓之"一个飞跃"。但这个"飞跃"还不能说是已到顶点，还有变化的余地。

不同语域之间的距离也不相同，有些语域的语篇之间的区别不大，只表现为一个或两个特征之间的区别，而在其他方面是相同的。那么从文体上讲，这两种语域的语篇就会十分接近。例如从体裁角度来讲，在书信这一总体裁中，"家书"与"商业信"之间的区别主要表现在话语范围上，即表现在内容的不同上；而在其他方面，如形式结构上则十分接近，都属于书信。它们与广告信件的区别就比它们之间的区别大；同样，它们与商调函、法院的传唤令之间的距离也会很大。

2）语域的层次

谈语域之间的距离可假定所比较的语域都在同一个层次上。但语域有层级之别，较具体的同类语域组成一个较抽象的语域层，这个较抽象的语域层将与和它相接近的语域层组成更抽象的语域层。例如，在语言学语域中就有语音学、音系学、词汇学、语法学、语义学、语用学语域；在音系学中，还有音位音系学、韵律音系学等分支。语言学也可分为理论语言学、普通语言学、社会语言学、心理语言学等。另外，还有不同流派的语言学。各自都有自己的理论框架，形成独立的语域。

语域层级性表明，语篇也具有层级性。总述性语篇便是位于高层次上的语篇。而具体分析性的、为了证明理论中某一个方面的语篇则是位于低层次语域上的语篇。不同层次上的语篇都具有各自不同的功能。例如总述性语篇具有从宏观上理清整个理论系统，理清各个部分，及部分与部分之间的关系的作用。这类语篇一般具有宏观指导意义。具体性语篇则选择的目标范围小、论证性强、具有实证功能。不同层次的语篇也具有文体上的区别。

3）语域的范围

一般来讲，位于高抽象层的语域的范围要大，即可供选择的意义的范围较广，而位于低抽象层的语篇范围较狭窄。这是从语域的"包含与组成"的相互关系上来讲的。这些可比较的语域之间都具有相互重叠、相互依存的关系。然而，相互之间"距离"很大的语域也可在可选择的范围上进行比较。从这个角度上讲，语域之间的范围的不同是由其社会功能所决定的。有些语域的意义范围十分有限，可选择的意义很少，被称为"封闭性语域"（closed register）。在这类语域中没有发挥个性和创造性的余地，如例 7.2。

例 7.2

> **Curate:** Wilt thou have this woman to thy wedded wife... and forsaking
>
> all other, keep thee only unto her, so long as ye both live?
>
> **Bridegroom:** Yes.

这是在结婚仪式上牧师与新郎的对话。这种语篇不仅结构上是固定的，所用的具体言语也是固定的，没有发挥个性或创造性的余地。这与其功能的单一性是一致的，同时也决定了这类语篇文体上的固定性。

比其更开放一点的语域可容许某些词语或成分的变化，如"On your mark! Get set! Go!"是固定的言语，这也是与其单一的功能相联系的，只适用于小学生赛跑时作口令用，但其中的最后一个成分可用非言语行为来体现。比其再开放一点的语域在英语中有乐谱和菜单。前者大都是借用的意大利语，后者大都是借用的法语词，从而形成了这些语域的独特特点。

开放语域的特点是讲话者可选择的自由度变大，选择的范围变宽。不仅是具体的言语在不同的语篇中有区别，语篇的结构在不同的语篇中也有区别，语篇中的可选成分和重复成分增多。因此，同一语域中的语篇也在某种程度上有自己独特的文体特征。例如，虽然贺年卡片的祝词在意义上有一定的限制，但所用的言语在不同的卡片上是不同的，而且可以根据具体的对象选择不同的内容，如例 7.3。

例 7.3

> (1) Greetings and sincere good wishes for a MERRY CHRISTMAS
>
> and a HAPPY NEW YEAR!

(2) At Christmas time and always hope you'll have a lot to be happy about! A merry Christmas and a happy and healthy new year!

(3) Time of the year to say "with best wishes for Christmas and the New Year" and may 2013 bring many good things to you, and very best wishes to your parents and tell them we talk about their kindness.

例 7.3 是选自三个贺卡的语篇。这三个卡片的共同点在于三者都是祝贺圣诞节和新年幸福快乐的。祝贺"幸福快乐"是写英语贺年卡的必要成分。当然在具体的贺词中，祝福的意义可以是隐含的。然而，在这一必要成分的上下文中出现的可选成分可以是不同的，如对健康、学习、工作的祝好，对其他成员的祝福；也可出现口气、亲密程度等的不同，从而使不同贺卡具有不同的文体特点。例（1）主要由必要成分组成，口气及态度都较正式；例（2）的正式程度要低些，语气更具亲密感。例（3）的正式程度与例（2）大体相当，但附加了对其他家庭成员的问候，由此增加了熟悉度和亲密度。

再开放一点的语域有报刊评论、菜谱语言等。更开放的有技术说明语域、法律文件语域、商店购物语域、医生与病人的谈话语域等。显然，每个语域都有其独特的意义构型，由此有其自己的文体特点。然而，即使是在这些语域内，由于可选择的意义范围变得更广泛，同一语域的不同语篇的文体特点也具有一定差别。

最开放的语域是日常会话的非正式的叙事语域。在这些语域中，谈话的话题可以漂移，内容可以大幅度延伸，也可以没有展开即停顿等。在这类语域中，讲话者可以在一定范围内充分发挥创造性，显示个性，如例 7.4。

例 7.4

Tom: "Hi Mary."

Mary: "Oh, hi."

Tom: "How are you **doing**?"

Mary: "I'm doing alright. How about you?"

Tom: "Not too bad. The **weather** is great, isn't it?"

Mary: "Yes. It's absolutely beautiful today."

Tom: "I wish it was like this more frequently."

Mary: "Me too."

Tom: "So where are you **going** now?"

Mary: "I'm going to meet a friend of mine at the department store."

Tom: "Going to do a little shopping?"

Mary: "Yeah, I have to buy some **presents** for my parents."

Tom: "What's the occasion?"

Mary: "It's their **anniversary.**"

Tom: "That's great. Well, you better get **going**. You don't want to be late."

Mary: "I'll see you next time."

Tom: "Sure. Bye."

Tom 和 Mary 相遇，开始闲聊，由相互问候，到谈"天气"、"目的地"、"商店购物"、"结婚纪念"，又回到"外出购物"上来。在这种情景中，两人可在情景语境所限定的范围内各自谈自己所感兴趣的事情，主要局限在一般的、常谈论的事情上。这样两个人的相互关系得到了强化；但在方式上无任何变化。这种语篇就有"口语化"、"非正式"、"随便"等文体特色。

然而，无论多么开放的语域总是有一定选择的范围。在具体的语言运用中，语篇的意义总要受到情景的制约。我们在交际中不可能在不受任何情景因素的支配下，任意地选择交流的意义。如在例 7.4 中，Tom 和 Mary 交流的意义还是局限在与两人的兴趣、目的以及交际情景和上下文有关的方面：相互问候时询问天气是英美人谈话的常规决定的；然后又由谈论外出购物谈到他父母的结婚纪念，再谈到要购买礼物等。因此，即使是最开放的语域也具有自己独特的文体风格。在这类特别开放的总类语域内，还有次类语域。这些次类语域之间的文体区别也很大。

7.5.2 情景语境分析

在实用文体学研究中，对语境的分析是最重要的一环，因为它决定着要分析的意义类型和模式，以及相应的词汇语法的类型和模式。对语境的分析也需要从系统和实例两个角度进行。如果是分析某个类型、某个领域的实用文体的特点，则需要对整个类别和领域的语境系统进行分析，如科技英语文体、商务英语文体、新闻英语文体等。这实际上相当于分析这个领域的文体的文化语境（它实际上是整个语言的文化语境的一个部分）。作这种语境分析要注重它的整体性、系统性、层次性和重点性。"整体性"指作这类语境分析时需要把这个领域所有方面都包含在内，不要仅仅注重一个方面，而忽视了其他的重要方面。例如，讲法律英语只注重讲法庭英语，而忽视了合同、宪法等领域就是不完整的。"系统性"是说整个领域的各个部分要相互有机地联系起来，而不是彼此独立、互不相干的。例如，在法律语言学中，各种法规与执法行为等要成为一个有机整体。"层次性"是说在整个大领域内有不同层次的小领域，要理清它们之间的上下、并列、从属等关系。"重点性"是说语境分析采用从重到轻的顺序，首先把重要的领域和方面突出出来。在有必要的情况下，再梳理非重点的方面。

从实例的角度对实用文体语篇分析需要分析它们的实际情景语境，从话语范围、话语基调和话语方式三个方面描述清楚语篇产生的情景语境，如例 7.5。

例 7.5

> This Sale of Fine Art Agreement is entered into as of Agreement Date, between *Photographer Name* (hereinafter referred to as the "Photographer"), located at *Photographer Address*, and *Collector Name* (hereinafter referred to as the "Collector"), located at *Collector Address*, with respect to the sale of an artwork (hereinafter referred to as the "Work").
>
> Whereas, the Photographer has created the Work and has full right, title, and interest therein; and
>
> Whereas, the Photographer wishes to sell the Work; and
>
> Whereas, the Collector has viewed the Work and wishes to purchase it;
>
> Now, therefore, in consideration of the foregoing premises and the mutual obligations, covenants, and conditions hereinafter set forth, and other valuable considerations, the parties hereto agree as follows:

(1) Description of Work. The Photographer describes the Work as follows:

Title: *Work Title*

Medium: *Work Medium*

Size: *Work Size*

Framing or Mounting: *Work Framing or Mounting*

Year of Creation: *Work Year of Creation*

Signed by *Photographer*

(2) Sale. The Photographer hereby agrees to sell the Work to the Collector. *Title* shall pass to the Collector at *such time* as full payment is received by the Photographer pursuant to Paragraph 4 hereof.

(3) Price. The Collector agrees to purchase the Work for the agreed upon price of *$Purchase Price*, and shall also pay any applicable sales or transfer taxes.

(4) Payment. Payment shall be made in full upon the signing of this Agreement.

(5) Delivery. The Photographer or Collector shall arrange for delivery to the following location: *Delivery Location Address* no later than *Delivery Date*. The expenses of delivery (including, but not limited to, insurance and transportation) shall be paid by *Delivery Expenses Payer*.

(6) Risk of Loss and Insurance. The risk of loss or damage to the Work and the provision of any insurance to cover such loss or damage shall be the responsibility of the Collector from the time of *Collector Insurance Responsibility Start Date*.

(7) Copyright and Reproduction. The Photographer reserves all reproduction rights, including the right to claim statutory copyright, in the Work. The Work may not be photographed,

sketched, painted, or reproduced in any manner whatsoever without the express, written consent of the Photographer. All approved reproductions shall bear the following copyright notice: "(c) by *Photographer Name Copyright Year*."

(8) Miscellany. This Agreement shall be binding upon the parties hereto, their heirs, successors, assigns, and personal representatives. This Agreement constitutes the entire understanding between the parties. Its terms can be modified only by an instrument in writing signed by both parties. A waiver of any breach of any of the provisions of this Agreement shall not be construed as a continuing waiver of other breaches of the same or other provisions hereof. This Agreement shall be governed by the laws of the State of State of Governing Law.

In Witness Whereof, the parties hereto have signed this Agreement as of the date first set forth above.

这是购买艺术品的合同。此语篇的情景语境可描述如下。

话语范围：购买摄影艺术品；

话语基调：摄影师和收藏家；社会距离：最大。角色关系：平等；

话语方式：渠道：书写符号；媒介：书面语，无视觉渠道。

在这种情景语境中，买卖合同需要尽可能提供与购物、艺术品特点相关，比较详细、切实可行的信息，因为信息交流只通过书面进行。另外，语言的口气要郑重严肃，以使合同条文得到严格执行。

7.5.3 词汇语法分析

语篇的意义是由词汇语法体现的，因此，语篇的文体也是由词汇语法体现的。词汇主要通过其意义的特色来表现文体特色，这些词汇就自然具有相关事件、活动、意义模式的特点。语法则通过语法的功能结构特色来体现语篇的文体特色。

7.5.3.1 词汇特色

实用文体中的词汇具有所涉及的话语范围的特色，语义场的类型（如科技、商务、法律、经济等）可以通过词汇体现出来。以科技词汇为例。科技词汇是科技语域中出现最早的形式特征，当某一新的科技项目出现时，人类通常可以完全运用已形成的语法系统来表达它所涉及的过程和关系。然而，它所涉及的名称和概念必须要有新的词汇项目来表达它。由此，科技词汇可以说是在科技语域诞生时就出现的（张德禄，2005：226-228）。

1）来源

不同的语域的词汇可能有不同的来源。例如，英语中音乐语篇的词汇很多来源于意大利语，而菜谱语言的词汇则大多数来源于法语。科技英语的词汇则主要来源于希腊语和拉丁语。科技词汇的来源可反映出它的文体特色，即比较正式、客观、无情感、无人格特性等，因为它们大部分是从具有学术性和古典性特色的希腊语和拉丁语中借用的。它们主要有三个来源：（1）把英语中原有的词汇赋予新义，从而形成一词在不同的语域中有不同意义的多义现象，例如：loose 是日常生活中的常用语，意思是"宽"、"松"等，但在化学中指"游离物"。loop 原指"圈"、"环"等，但在无线电中指"回线"、"回路"，在数学中指"自变"，在计量学中指"循环"。（2）从希腊语或拉丁语中借来的词汇。这类词汇通常词义狭小且明确，很适宜于科技语域。例如：kerosene 源于希腊语，原意是"蜡"（wax）；kinematics 也源于希腊语，原意为"动"、"运动"（move）；levogyrate 则源于拉丁语，原意为"旋转"（turn），现意为"把光线向左转"；（3）新造词。完全的新造词，即不借用现有的词根、词缀、词义新造的词，是少数的，大部分新词都是借用已有的词根、词缀进行重新组合而成，例如，allergy 由希腊词根 allos（other）和后缀 gy 组成。其他的还有首字母缩略词（如 radar、laser）以及直接从外语中借用的词。例如 sputnik（人造卫星）是直接从俄语中借用的。

2）分类

实用文体的特点也反映在词汇的分类上：体现共核意义特色的普通词汇；

体现共核意义与技术意义相结合的准技术词汇；体现技术性特点的专用技术词汇。科技英语的词汇也具有这个特点。

科技英语中的普通词汇可分为两类：语法功能词和普通实义词。语法功能词可出现在各个语域中，是语言的基本语汇，包括介词、连词、冠词等。普通实义词是用普通语言来表达科技概念和原理的基础词汇。

语法功能词虽然数量不大，但其复现频率较高。这类词汇都具有多义性。在科技语域中，它们的意义通常与描述客观的、自然界的事物相关，而用于日常生活、与情感和主观因素有关的意义则很少在科技语域中出现。例如：在 react *with* water、the clutch plate is usually made *with* a flexible centre、*with* springe or rubber interposed to allow a limited amount of angular movement 中的"with"都表示"伴随"、"工具"或"结果"，而 pale with anger 中的 with 则具有情感意义，表示"原因"。普通词汇在科技语域中亦偏向于表达自然界客观事物、概念和原理等，而极少用于表达情感、心理和社会关系。由此，像 like（动词）、angry、bother、opinion 等词汇在科技语域中极少见。由于话语基调的不同，普通词汇可在科普语篇中代替专业词汇，以利于大众的理解，例如 Food quickly spoils and decomposes if it is not stored correctly 可表示为 Food will quickly go bad if it is not stored properly。普通词汇用于科技语篇中更易于前景化，表现出科技语域的特色。

准技术词汇指在几个不同的语域中都可通用的词汇，特别是既可在日常用语中运用，又可用于专业语域中。这类词汇的特点是"多义性"，如 work 在日常用语中是"工作"、"干活"的意思，而在物理学中是"功"，指能量转换的基本物理量；energy 在日常用语中指"精力"、"活力"，在物理学中指"能量"；project 作动词时的一般意义是"投掷"、"抛出"，而在数学中则表示"作……的投影图"，在心理学中表示"使思想、感情等形象化"，在化学中则表示"投入"等。这类词汇的数量也相当大，主要为一般词汇在新词的产生和发展中被采用而获得新义的词汇，而且这些新义大部分是原意的向外辐射。准技术词汇的多义性是科技语篇文体特色的潜在意义特征，可体现语篇的实用文体特色。

专用技术词汇指某一语域中特有的专门术语。这类词汇的特点是专业化程度高，词义范围明确，是科技英语的主干特征，是专家用语。由此，外行人通常难以掌握，例如：promycelium（先菌丝），palaeodictyoptera（古网翅类）等。这类词是人们常讲的"偏词"，大部分都来源于希腊语和拉丁语，未被收录到日常用的小词典，如《牛津英汉双解小词典》和《牛津高阶英语词典》当中。这类词汇是直接的科技英语文体的潜在特征，在科技语篇中体现科技语域的意义，成为前景化文体特征。

3）功能

词汇在词典中是没有功能的，但它具有潜在的意义特征，易于在某些特定的语境中出现。词汇的功能都是在语篇中获得的。但实用文体中的词汇的一个基本特点是它直接表达客观世界中事物的意义特点，在人类的交际中具有直接性。但在不同的语域中其具有不同的意义特征，产生不同的功能。

科技语域的主要功能是传播科技信息，这一功能在很大程度上是由词汇来完成的。一方面，科技词汇要表达科技语域中的概念、分类、范畴；另一方面，它还要表达科技语域中的过程和关系。

从表达科技语域的概念、分类和范畴上讲，科技词汇有以下几种功能：（1）表达一般概念，如 light、colour、ray、wheel、axis、carriage 等，这类概念通常可出现在多种语域中；（2）表达具体话语范围中的概念（field specific），如电子学概念：circuit、wavelength、frequency、capacitor、resistor 等；（3）表达一般话语范围概念（field general），例如物理学概念：electricity、mechanics、power、force、electronics、optics 等；（4）表达科技语域中所涉及的物体，如 lens、vessel、beaker、electric soldiering iron 等；（5）表达科技语域所涉及的其他概念，如手段、方法、理论框架等，如 experiment、theorem、trial 等。

科技词汇通常以下列方式表示科技语域中的过程和关系：（1）动词名物化，即把动词转化为名词来表示过程，通常为物质过程。这样，表示过程的名词在科技语篇中占较大比重，如 form—formation, limit（动词）—limit（名词），distribute—distribution, reflect—reflection。（2）关系成分动词化：because—cause、require、so、therefore—result in, so—depend on, for example—is、represent。例如，The action of nitrite in the cure process is three-fold: first, formation of characteristic colour... 可释为：Nitrite acts in the cure process in three ways. That is, it forms the characteristic colour... （3）动词以主动或被动语态表示过程，通常以非谓语形式出现，例如，*Travelling* at the speed of light, it takes two million years to reach the nearest galaxy。

以上词汇的变化表示词汇功能的变化。在以动词或者关系成分出现时，这类词汇表示客观世界的实际发生的事件和事物之间存在的关系，但当它转换为名词或者动词时，它们不再表示客观世界的事物，而是以观察者（研究者）的身份论述事物和事件之间的关系，进行推理和论证等。科技词汇的前景化通常也发生在这种语境中，即由叙述和描述客观事件和事物转化为讨论、推理、研究事件和事物之间的关系。

7.5.3.2 语法特色

科技英语起初并无自己的特殊系统，而是主要依赖已存在的语法系统（张德禄，2005：222-223）。例如，在乔叟时期，科技语言与通用语言并无多大区别，见例 7.6。

例 7.6

The plate under thy riet ('grid') is descryved ('inscribed') with 3 principal cercles: of whiche the leste ('smallest') is cleped ('called') the cercle of Cancer, by-cause that the heved ('head') of Cancer turneth evermor concentrik up-on the same cercle. In this heved of Cancer is the grettest declinacioun northward of the sonne. And therfor is he cleped the Solsticioun of Somer; whiche declinacioun, aftur Ptholome, is 23 degrees and 50 minutes, as wel in Cancer as in Capricorne.

这是乔叟给他的儿子路易斯（Lewis）讲解他给他儿子十岁生日时买的礼物"星盘"（astrolabe）时写的一段话。在这段话中，我们可以发现一些科技名词：declinacioun、solsticioun 和有后置修饰成分的名词词组。但总的来说，还是与通用英语十分接近，特别是表物质过程的词汇还很多，如 descryved、turneth 等。Halliday（1988）曾将科技英语的发展过程描述如下（见图 7.3）：

（1）在外部从：

a happens; so x happens

because a happens, x happens

that a happens causes x to happen

happening a causes happening x

到：happening a is the proof of happening x

（2）在内部从：

a happens; so we know x happens

because a happens, we know x happens

that a happens proves x to happen

happening a proves happening x

到：happening a is the proof of happening x

图 7.3 科技英语语法隐喻的发展过程

这是在科技英语的发展过程中表达因果关系的几种模式。对比几种模式我们可以发现：科技英语经历了从具体到抽象，从感性到理性，从动态到静态的发展过程。

从客观外界的角度讲，a happens；so x happens 描述的是一种具体的自然顺序：有两个事件发展，一个接着一个；两个事件都是动态的物质过程。第二种表达方式的理性成分增多；它明确地把第一个事件确定为第二个事件的原因，使两者合为一体。第三种表达方式则把因果关系作为主要的表达对象，而把表达事件的小句级转位成为"内嵌句"，从而成为从属于过程的事件。在第四种表达方式中，事件被名物化，它不再被看作一个过程，而是一种"事物"。这样两种过程之间的关系成为两个事物之间的关系。在第五种表达方式中，因果关系本身也被名物化：这样在科技英语世界中就只有事物及其复杂的关系；各种各样的过程都被冷冻化、静态化，上升为高度抽象、高度理性化的世界。

从我们的心理思维的内部世界来看，科技英语的发展也经历了相同的过程。在当代科技英语中，这两种世界：客观外界与人类的心理世界已相互交融，在高度抽象的层次上合为一体。由此，科技英语发展到今天已在语法上形成自已独特的文体特点，如被动语态的使用频率高、名物化成分增多、非谓语动词形式增多等。

7.5.4　文字特点

在实用文体中，不同的体裁还可以由不同的文字特点来体现。在文字按照传统的格式排列时，它的作用是体现词汇语法，把词汇语法媒介化和实体化。但当文字用来表示词汇语法不能独立体现的意义时，它就具有了直接体现意义，特别是人际意义和语篇意义的作用。例如，在新闻报道英语中，为了提高新闻报道的生动性，吸引读者的注意力，新闻报道总是利用各种可能的排版格式。最引人注目的是突出的标题，以便把读者尽快吸引到本则新闻上来。最常用的标题突出形式是用大黑体字。新闻报道的标题字体大小各异，排版者通常根据新闻报道的重要程度来选择标题字号。十分重要的报道通常用较大的黑体字，次要新闻的标题字号要小。副标题的字号通常要比主标题小。另外，为了区分不同的标题，以及突出标题报道内容的特点，新闻报道通常交替使用正体字和斜体字。斜体字标题通常表示重要性稍低的报道。

在法律英语中，其明确性和精确性也要在字位层得到体现。文字手段的作用可分为两类：（1）与语法、词汇手段一起来表示意义，对这些手段起辅助作用。（2）填补"空缺"，表示词汇语法手段所不能表示出的或与之相区别的意义，如用大写表示强调与对比、用标点来表示层级关系等。法律英语常用的文字手段有标点符号、大小写、字体、布局和分段模式等。

在法律英语中标点符号手段表现在两个方面：（1）用其表示特殊的意义；（2）略用标点符号。这两种手段都是"失协"突出手段。标点符号可违背常规用法，在法律英语中区分不同的逻辑关系和信息范围。

标点符号的略用是法律英语的一大文体特点。在有些语篇中标点符号几乎被完全略用，在有些语篇中省略很多。标点符号的略用在法律语篇中已成为一种约定俗成的惯用现象，是法律文体的主要体现特征之一。其作用是防止用增删或移动标点来改变原文的意义。

法律英语中的大写词、词组甚至句子或段落多于常规又是法律文体的特点之一。大写包括字首大写或整词、整句、整段大写，也是一种失协突出手段。在常规字位系统中，大写主要表现为词首大写，且只出现在句首词或专有名词等词中。而在法律英语中，大写可出现在句中任何词上，主要是实义词汇上。其作用是利用文字手段从视觉上把关键的言辞突出出来，以引起读者的特别注意。

7.5.5 多模态

在许多体裁中，单靠文字不能充分体现语篇的意义，特别是无法取得语篇的预期效果，因此，其他各种模态被用于体现语篇的意义。首先，空间布局被用在许多体裁中用以体现语篇的意义。例如，在新闻报道中，标题的空间布局被用于实现语篇意义及人际意义。在多行排列中，不同的排列方式被用以体现不同的交际目的。一般来讲，新闻报道的标题排列有以下几种形式（张德禄，2005：242-243）。

1）垂直型：即不同行的长度相同，且又呈方形，如例 7.7。

例 7.7

UN Urged

To Improve

Settlement

2）缩进型：它要求每行长短相近，逐行缩进，排列整齐，如例 7.8。

例 7.8

SLEET STORM

BREAKS STATE

POWER LINES

[Tulsa Cork(a) *Daily World*]

3）上短下长型：第一行短，第二行长，如例 7.9。

例 7.9

Mr. Singh keeps up

the style of Maharaja

[*The Guardian Weekly*, Jan. 3, 1993]

4）上长下短型：第一行长，第二行短。这种类型出现较多，如例 7.10。

例 7.10

Hand that quietly feeds the

nation's godleries

[*The Guardian Weekly*, Jan. 3, 1993]

5）中凹型：中间一行短，上下行较长，如例 7.11。

例 7.11

Sisley-struck

with his

impressions

[*The Guardian Weekly*, Jan. 3, 1993]

6）中凸型：中间一行长，上下两行较短，如例 7.12。

例 7.12

A silver

thread from

a web of

despair

[*The Guardian Weekly,* Feb. 7, 1993]

排版格式的多样性可以增加版面的美感，突出重要信息，吸引读者的注意力，具有人际功能和语篇功能。

法律语篇也利用空间布局来取得特殊的文体效果。大多数法律语篇都采用适于自己特点的版面布局吸引读者的注意力。其功能是：（1）一开始便制造一种气氛，使读者注意这是在读法律语篇；（2）重点信息突出，易于读者掌握。从形式上讲，有"设计新颖的标题"，"突出重要信息"等手段。参见下页图7.4，"Tokina 镜头保修书"的版面设计。

TOKINA LENS
GUARANTEE
CERTIFICATE

This --

This --
Model ________
Serial No. ________
Date of Purchase ________

Address ________

图 7.4 镜头保修书版面设计

这种版面设计，不仅从整体上颇具美感，同时还可使各部分信息边界清楚，重点突出。另外，法律文书还讲究文首装饰，使人注意到这是法律文书。通常的装饰手段除标题装饰外，还有第一个词用古体字印刷或词首大写或句首整个词大写。这些特征都突出了法律文体的特色。

在许多体裁中，不仅需要文字、空间布局来突出某些信息，同时，还使用图像、颜色、图标等来体现意义，特别是随着现代科技的发展，图形的制作越来越容易，为使用图形表达意义提供了方便（见图 7.5）。

the guardian
weekly
Rich nations face climate fury

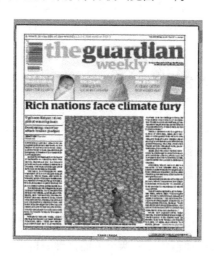

图 7.5 *The Guardian Weekly*, 22-28, November, 2013

图画、图表和文字各具有不同的意义潜势和公用特征，各适合表达不同类型的意义。文字适合于表达抽象和精细的意义区别；图表有利于表达事物之间的意义关系；图画则有利于表达具体形象的意义。不同的模态可以在同一个语篇中出现，共同合作来体现语篇的整体意义。如在上页图 7.5 中，篇头的大字体是大标题，以使其醒目，并且具有通领性特点。下面的分标题则字体小，占用空间也小，表示是次标题，从属于大标题，而配的图画则形象地表示次标题的具体内容，不仅形象，而且易懂、有美感。在下面的正文中，图画居于中心位置，而文字则分布在四周。这种布局，显然突出了图画所代表的意义是核心意义，即天灾带来的灾难，人在天灾前的无能为力。它形象、实在、醒目、美观。

在整个版面中，文字、空间布局、图画相互配合。文字表达抽象的意义，以提供具体信息为主，而图画则突出核心的意义，同时用图像产生的效应吸引读者的注意力，提高整体效应。

7.6 非文学文体学研究的重点

非文学文体研究可涉及文体学研究中除了文学文体之外的所有领域，但在这个领域的研究中，较为突出的当属日常会话、科技英语和新闻英语研究。

7.6.1 日常会话文体研究

对日常会话进行语言学研究是语用文体学的研究范围。日常会话研究的重点包括日常会话中的话轮、会话原则等。

话轮是会话分析研究的一个中心概念。会话分析理论认为日常会话背后有严格的组织规则，使会话表现出一定的结构，而会话分析的目的就是揭示这种结构。"话轮"就是说话者为了维持会话而进行的各种介入。Sacks et al.（1978）从话轮分配和话轮成分两个方面详细分析了话轮为中心的会话结构。Sinclair 和 Coulthard（1975）提出了一个研究师生会话的模型，提出"发起—反应—跟进"的会话结构。并提出利用交易、交流、话步和行为四个成分分析会话度的理论，在随后的研究中被广泛运用到戏剧会话和小说会话研究中（Culpeper, Short & Verdak, 1998; Short, 1989b, 1996）。

对日常会话的哲学思考是研究的另一个重点。哲学家 Austin（1962）认为人类在使用语言时不仅仅是交流信息，而且是在做事。他的学生 Searle（1969）详细地把语言行为分为五种：表述类、指令类、承诺类、表达类和宣告类。Blum-Kulka et al.（1989）把言语行为理论应用于跨文化会话研究中。言语行为理论在小说和戏剧的会话研究中也发挥了重要作用（Burton, 1980; Culpeper, Short & Verdak, 1998; Short, 1996）。

会话原则也是研究中的热点。首先关注会话原则的是 Grice（1975），他认为"合作原则"是使会话顺利进行的基本原则。为了对话顺利进行会话者必然考虑质量准则、数量准则、关联准则和方式准则。对其中任何一个准则的违背都构成"会话含义"。会话含义是日常会话的重要特征。Horn（1988）把会话含义量化成不同的层级。Sperber 和 Wilson（1996）在此基础上发展了自己的"关联理论"。除此之外，礼貌原则也是重要的会话原则。Brown 和 Levinson 认为在交际中会话双方都会面临对"面子"的威胁行为；礼貌是避免伤害"面子"的重要手段，并提出了积极面子和消极面子的概念。也有学者利用礼貌原则研究日常会话和戏剧会话中的不礼貌语言行为（Bousfield, 2007; Culpeper, 2001; Rudanko, 2006）。

7.6.2 科技英语文体研究

科技英语是伴随着科学技术的发展而发展起来的一种体裁，简称 EST（English for Science and Technology），隶属于专门用途英语（English for Specific Purposes）。目前，国内外对科技英语文体的研究集中表现为形式分析、功能探讨和翻译应用。

首先，文体学家延续了形式主义文体分析的模式，延续了从语言不同层次（词汇层、语法层、语义层、语相层）入手，分析科技英语的特色。其特征包括词汇层术语和缩略语使用等，语法层的名词化趋势、被动语态的使用、长句和名词短语修饰语的大量使用等，语义层面的语义客观性和非情感性特征和语相层符号、图标、公式以及标点符号等特征（董启明，2008；王佐良、丁往道，1987；徐有志，2005；张德禄，2005）。

此外，对科技英语从功能入手的研究较为突出。英国翻译学家 Newmark（2001：12-18）借用了 Jacobson 的观点，认为科技语篇是以信息功能（informative function）为主的语篇。功能语言学的创始人韩礼德在 20 世纪 90 年代多次撰文研究科技英语的文体特色并试图剖析科技语言的语法（Halliday，1996，1998，1999）。他从语法建构人类经验开始，关注到了科学语篇中的语法隐喻现象。他指出科学语言不仅有大量的术语，也有许多语法资源。他所关注到的语法现象就是以名词化为特征的语法隐喻，认为语法隐喻的出现不是偶然的，而是科学发展和科学论证的需要。他把乔叟的文章《论星盘》与牛顿的《论光学》进行比较，发现随着科学的发展，牛顿使用了乔叟没有使用的被动结构，扩展小句复合体、投射句，而牛顿使用了名词化。Halliday 认为牛顿采用名词化把复杂的现象包装成一个符号实体，虽然抽象性提高了，但是语篇的客观性增加了。除此之外，Sieller（1982）较早研究科技语篇情态系统的客观性问题。Martin（2010）也认为语法隐喻在科技语篇中的使用是科技英语客观性增加的重要因素。Martinez（2001：227）分析了及物性选择在构建学术语篇客观性中的作用。

最后，科技英语的实用性使它与翻译的结合成为研究的热点之一。方梦之（1989，2011）从为翻译服务的目的出发研究和阐释科技英语的文体特征，不仅对科技英语有了准确的定位，而且从全新的视角，详细地列举了科技英语的词汇特征和语法特征，增加了修辞特征和非语言表达（即术语、符号、图像、表格等），还有很多具体的例证，对科技英语文体研究有很大帮助。

7.6.3 新闻英语文体研究

新闻英语是对使用于报纸、杂志、电视、广播等新闻媒介中的英语的统称。根据 Newmark（2001：12-18）对语篇的分类，新闻语篇属于呼唤功能和信息功能兼备的体裁。新闻英语的这种社会功能决定了其研究的重点是结构主义文体特色分析、修辞学和批评性话语分析。

在 20 世纪 80 年代，英语新闻文体的研究以传统修辞学和文艺理论文体学为基础。新闻文体研究借助 Leech（1981：55-178）的词汇、语法、修辞格、语境和衔接分析为文体分析模式，关注新闻文体在词汇、语法和修辞方面的突出特征。林觉（1987：26-29）和侯维瑞（1987a；1987b）等的新闻文体研究都是从词汇和修辞的角度展开的。我国学者用详细的结构分析方法从词汇、语法、语义和修辞等角度分析英语新闻语篇的文体特色（董启明，2008；钱瑗，2006；王佐良，1987；徐有志，2005；张建，2004）。张德禄（1995）除了关注词汇、语法和修辞三个因素外，还提出了文体分析还要关注音系和字系特征。

此外，伴随着批评性话语分析理论的发展，Wodak 和 Busch（2004：105-123）利用批评话语分析理论来分析英语新闻的文体特色。我国的英语新闻文体研究也出现了功能主义、话语分析理论、社会历史 / 文化文体学理论融合发展的局面。辛斌（2000，2007，2008）利用批评话语分析理论研究英语新闻语篇，研究转述言语与新闻语篇的对话性，并对英汉新闻语篇中的转述动词进行了对比研究。崔凤爽（2004）在对我国英语新闻文体研究的综述和回顾中把我国学者对新闻文体研究的现状进行了全面和系统的梳理，并指出我国英语新闻文体研究存在范围狭窄、深度不够和在处理与相关学科的关系上认识不足等问题。

除此之外，近年来西方学者也把语料库语言学、认知语言学和多模态研究的成果应用到英语新闻文体的研究中。Studer（2008）提出科学技术的发展使得语料库辅助新闻文体的研究成为一种必然趋势，并从社会问题的角度、科技创新的角度和情景语境的角度分析语料库辅助新闻文体研究的可操作性。Han（2011）研究我国网络上出现的娱乐新闻中的隐喻对激发读者兴趣方面的作用，并解释了这种隐喻机制产生的社会历史原因。Pounds（2012）结合了 Martin 的评价理论和多模态理论研究英语电视新闻中的表情机制，而国内将语料库用于新闻文体的研究、利用认知理论和多模态理论研究新闻文体的并不多见，是未来的发展方向。

7.7 非文学文体学研究中存在的问题

虽然非文学文体的研究在一些方面取得了进展，但仍然存在较多问题。

第一，非文学文体的研究面狭窄。目前所取得的成果主要集中在个别领域，包括科技英语、新闻英语和会话分析等几个方面。而且即使在这几方面有一定的研究，研究的范围也过于狭窄，例如对科技英语文体的研究，主要集中在两个方面：一是对科技英语语言层面特征的总结；二是对科技英语情态的研究。对新闻英语的研究也主要集中在对新闻的语篇结构和新闻语言在不同层面的特征的总结上。

第二，研究中有严重空缺。非文学文体本身涵盖的研究领域较广，但是研究的主要成果都集中在少数的几个领域，还有不少领域出现严重的空缺，例如对法律英语、商务英语、医学英语等的文体研究明显很少，除了在一些语体学研究中有提及外，专门的研究很少。

第三，非文学文体研究的深度不够。无论是对科技英语、新闻英语还是会话分析的研究都缺乏更加深刻的认识。例如，对新闻英语的研究除了从功能出发进行语言特征分析外，就是利用批评性话语分析理论进行意识形态和权力阐释，没有更多地借助新的语言学理论，如多模态理论和语料库语言学理论。对新闻英语的研究应该不仅关注新闻英语的动态多模态特征，而且要关注研究方法的选择，从而形成自己健全的理论体系。

第四，非文学文体研究的学科融合性差。与文学文体相比，非文学文体研究的注意力集中在功能语言学理论的应用上，不仅理论基础面比较窄，而且和其他学科的融合性也不够，在处理与相邻学科的关系上也缺乏认识。例如，对会话分析的研究与社会学、人类学、心理学、交际科学等的融合和结合多模态语料库对新闻英语的研究都不够深入。

第八章　跨学科：叙事文体学

8.1 引言

叙事文体学可以有两种解释：一种对应的英文名称是 narratological stylistics，即叙事学与文体学分析方法的融合。另一种是 narrative stylistics，即以叙事为对象的文体分析。前者是文体学与相邻学科——叙事学跨学科结合的产物；后者是以分析对象区分的文体流派。本章探讨的是前者，即如何把对叙事技巧和文体技巧的分析结合起来。而这种意义上的叙事文体学实际上也蕴含了后者，即将叙事学和文体学相结合进行分析的对象肯定是叙事作品。

就叙事学和文体学对语言艺术的研究而言，二者都研究其形式特征，有很多相似之处，因此人们对二者的关系有过一些错误的理解。近年来，不少文体学家认为这二者是同中有异的关系。尽管都研究形式，但是发源于结构主义的叙事学主要研究叙事作品中的宏观技巧；现代文体学主要细察语言特征。显而易见，一部作品的形式是由叙事技巧和文体技巧共同构成的。单单分析微观层面的语言现象可能会使文体学家"只见树木，不见森林"；只分析宏观层面的叙事技巧又可能会因为缺乏具体语言细节的支持而流于空泛和直觉化。所以，叙事学和文体学分析理应是合作互惠，而不是替代或平行的关系。

有些叙事学家和文体学家已经把叙事学和文体学的某些术语和理论结合起来，对一些文学作品作出了颇有新意的阐释。下文先简要介绍叙事学的概念和主要分析方法，然后梳理目前国内外把叙事学和文体学结合起来的几种做法，最后以福克纳的小说《八月之光》（*Light in August*）（1932/1960）为语料，说明在分析文学叙事时如何把叙事学和文体学的分析方法结合起来，从而对该叙事作品的形式特征和主题意义作出更加全面、深入的阐释。

8.2 叙事学

广义的叙事学研究叙事的性质、形式和功能，并试图解释叙事能力的特征。而在狭义上，叙事学的研究对象为以时序相连的事件和情景的语言表现的叙事。著名叙事学家 Gérard Genette 研究的着眼点是狭义上的叙事学，即对于故事与叙事文本之间、叙述层与叙述文本之间、故事与叙述之间的各种关系的探讨，具体说来就是研究叙事中的时态、语态和声音（Prince，1987：65）。我们在 Genette 分析的几种技巧的基础之上增加了空间形式。空间形式在过去的一二十年间已成为叙事学领域关注度较高的叙事技巧。

叙事学的两大阵营有着不同的关注点。同是起源于法国结构主义，以 Todorov（1981）、Greimas（1983）和 Lévi-Strauss（1969）为代表的叙事学家主要因其研究上的雄心壮志被称为"高结构主义"（high structuralism）（Scholes，1974：157）。与他们旨在挖掘叙事作品深层的体裁结构和建构所谓叙事语法的做法不同，Genette 作为低结构主义（low structuralism）的代表，把研究定位于具体文本（Scholes，1974：164）。下面简单介绍两位著名的叙事学家——Genette 和 Mieke Bal 论述的叙事技巧。

8.2.1 Genette 的叙事技巧

Genette（1980：29）以普鲁斯特的现代小说《追忆似水年华》为例，解释了三种主要的叙事技巧，分别是时态、语气和声音。作为叙事技巧的时态指的是故事时间和话语层面时间之间的关系。时态包括三种时间技巧，即时序、时长和频率。Genette（ibid.）进一步解释说，时态指的是话语层面各个情节线索不按时间顺序排列，而是被以特别的方式连接、交错和嵌套在一起组成故事。对话语层面时态的安排可以有两个标准。一个标准是故事层面的时间安排。以时序为例，故事层面事件的时序一般认为是按事件发生的先后相连的。以这种时间顺序作为参照，话语层面对时间顺序的扭曲就被凸显出来。分析者可以进一步研究话语层面刻意扭曲时间顺序的意义。另一个判断话语层面时序的标准是认知的，也就是说，读者可以以一个叙事片段的上下文为背景，判断该片段所述事件相对于其上下文所述事件的时序安排。觉察到这种时序特征需要读者的认知。

从语言学借来的语气一词原是表示对事件不同肯定程度的动词形式（Genette，1980：161），被 Genette 用来指叙事作品中一种生活或行动被观察的不同视角（ibid.）。他进而把这种调节叙事信息的语气细分为距离和视角（perspective）两种情态（ibid.：162）。距离是指叙述者相对于故事和读者的位置。视角则与 Genette 界定的最后一种主要叙事技巧——声音相对。在 Genette 看来，长久以来，视角和声音这两种技巧常被混同（ibid.：186）。Genette（ibid.：186）认为，这两者的最根本区别在于他们分别代表了叙事是"谁看的"和"谁说的"。这一界定简明扼要地道破了这两个概念的根本差别，在叙事学领域产生了非常深远的影响，被广泛采用。视角的概念后来更普遍地用 focalization（聚焦）表示。这是 Genette 从光学领域借来的术语，形象地表示从某个角度进行观察。而这个观察角度又被进一步划分为零视角、内视角和外视角三种（ibid.：189-190）。

8.2.2 Bal 的叙事技巧

Bal 的叙事学研究在很大程度上以 Genette 的叙事学理论为基础，特别是关于时间技巧的阐述。Bal 也把时间技巧分为三种。在对这三类时间技巧的命名上，她部分沿用了 Genette 的命名，比如频率（Bal，1997：77）。尽管对于表示事件持续时间长短的概念，她没有采用 Genette 的术语"duration"（时长），但是她新命名的 rhythm（节奏）所涵盖的具体技巧中，除了增加一个slow-down（减速）之外，其他的几项，如省略、总结、场景和停顿都沿用了 Genette 的相应命名。就时序而言，她的 sequential ordering 也和 Genette 的order 并无二致。

不过，与主要关注话语层面技巧运用的 Genette 形成鲜明对比的是，Bal 把故事层面的事件、人物和场景因素纳入到叙事学研究中来。正因为如此，Bal 才能够更系统、全面地描述从故事层到话语层所发生的变化。

在 Bal 的叙事学研究中，故事层得到更多的关注。Bal 非常详尽地描述了构成故事层的核心成分。Bal（1997：7）认为，"事件、行为者、时间与地点一起构成素材"，即我们所说的故事。Bal 接着提出，"这些成分以一定的方式组织进故事中"，而"将不同的成分编排到一个故事中要牵涉好几个过程"（Bal 所说的"故事"相当于我们所说的"话语"）。在此基础上，Bal 全面探讨了从故事层到话语层所发生的变化，即采用的各种叙事技巧。

她将从故事层到话语层所经过的叙事学处理分析如下：

（1）事件以一种可以区别于时间顺序的次序被加以安排。

（2）在故事中，分配给素材的不同成分的时间总量，由这些成分在素材中占据的时间总量所决定。

（3）行为者被赋予显著的特征，这样，他们便逐渐个体化，从而转变成人物。

（4）事件发生的地点也被赋予与众不同的特征，从而转变为特定的地点。

（5）除已在素材层次被加以描述的行为者、事件、地点和时间之间的必要的关系外，其他关系（符号的、讽喻的、传统的等等）也可能在一系列成分间存在。

（6）从各种不同的"视点"（上述成分可透过这些"视点"进行描述）中作出选择。所产生的聚焦，即"谁感受"与被感受的东西之间的关系，使故事染上主观性的"色彩"（Bal，1997：6-7）。

Bal 对上述技巧的概括可以让读者非常直观地认识到一个故事素材是如何经过各种叙事技巧的改造，成为独具一格的叙事话语的。在 Bal 所罗列的叙事技巧中，我们可以看到，她对 Genette 的时态、语气和声音技巧进行了补充，增加了人物和场景的细节描绘。可以说，在这一点上，Bal 打破了在叙事技巧研究上形式和内容的截然二分。从故事到话语不仅要经过各种形式技巧的加工，而且还有各种细节的添加，包括人物形象的丰满和场景的描写。

对 Bal 来说，基本故事层面的人物只是没有个性的行为者。到话语层面，这些行为者才被赋予各种个性特征，成为性格鲜明的人物，即"具有产生角色效果的显著特征的行为者"（Bal，1997：135）。Bal 认为，"在故事层次上，人物各不相同。在这个意义上，它们是单个的。在它们被派定的特征的基础上，每一个都以不同方式对读者起作用"（Bal，1997：135，Bal 所说的"故事"等同于我们的"话语层面"）。Bal 对从行为者到人物所发生的变化的解释打破了形式、内容的二分。也就是说，行为者要成为一个人物，不仅需要叙事技巧的加工，还需要添加各种细节，如外貌、行动的描写。Toolan（1988：97）表达了同样的意思，即一个人物在故事中做什么可能对于叙事来说是必需的，但是我们所感兴趣的是福尔摩斯是个怎样的大帮手，在各个具体的场景、情节中他是如何做的。也就是说，通常与故事层面不相关的人物刻画细节，却常常正是叙事文本吸引读者的所在。

Bal 对叙事空间提出了独到的见解，她把故事和话语两个层面的空间分别以 place 和 space 来表示，米克·巴尔（1995）则将其分别译为地点和空间。"一般说来，地点可以标示出来，就像城市或河流的地理位置可以在地图上标示出来一样。地点概念关系到物理和数学上可以测量的空间形态"（Bal，1995：156）。从故事层到话语层，"地点与特定的感知点相关联。根据其感知而着眼的那些地点称为空间"（ibid.：156）。就叙事空间而言，Bal 认为"空间的填充由那一空间中可找到的物体所决定"，而且"物体在空间被安排的方式以及物体的形状也可以影响对那一空间的感知"（ibid.：159-160）。Bal 对地点和空间的区分说明话语层面的空间场所不只是一个事件发生的背景，而常常是某个观察者情绪和心态作用的产物。如果这个观察者不是一个外在的叙述者，那么他／她眼中的不寻常的空间往往与该叙事的主题相关。

Bal 对行动者和人物、地点和空间的区分帮助人们清楚地认识从故事到话语层面所发生的变化，包括叙述技巧的运用和细节的填充。不过，我们认为，细节的填充不仅仅是针对人物和空间，还包括事件细节的添加。功能行为者和地理空间被给予各种具体特点，成为话语层面的人物与空间；同样，功能事件也要经过类似的加工处理，才能成为话语层面的事件。日常经验告诉我们，在把一个素材扩充成一个故事时，我们一方面会用形容词、副词等辅助词修饰故事的特征、性质，另一方面还需要添加各种故事情节，使之成为一个有逻辑的、引人入胜的或者是耸人听闻的故事。在这个充实情节的过程中，不仅会涉及 Genette 归纳的叙事技巧，而且有故事情节的添加。这些添加的情节大多是从人物的特定视角出发来讲述的，所以或多或少地透露出该人物叙述者的性格特点或是在某些问题上所持的立场。

Bal 在 Genette 的叙事学技巧的基础之上，花很大篇幅解释了叙事细节的添加。把叙事细节纳入叙事研究有助于更全面地把握叙事作品。在对叙事细节的重视方面，Bal 弥补了传统文体学对于具体细节的忽略。可喜的是，近年来，文体学家也逐渐认识到具体细节对于理解叙事的重要性，因此对于叙事细节的关注不再是叙事学的专利，而逐渐成为叙事学和文体学共同关注的一个方面。由此看来，就叙事学来说，其与文体学的最佳接面是其对宏观叙事结构的研究，主要包括聚焦、叙事声音、时间技巧、空间形式等四种叙事结构。也就是说，叙事文体学只研究那些使叙事作品呈现出某种结构的叙事技巧，即在相对较大的规模上采用的叙事技巧，而忽略那些在小范围内使用的叙事技巧。比如，一般来讲，我们不考虑小句范围内所表现的倒叙或预叙，而 Genette 在研究叙事技巧时解释了小句层面的叙事技巧的运用。这是叙事文体学与 Genette 的纯叙事学研究的一大区别。

8.3 叙事学和文体学的融合

8.3.1 Nash：对宏观层次和微观层次的观察水乳交融

Nash（1982：101）全面审视了劳伦斯的短篇故事《菊香》作为一个叙事作品的整体结构模式、组织内容的方法，以及该文的文体技巧与结构意图的相关性。他从该故事中提取出"机器—矿工"和"矿工—机器"的对称场景模式，指出该模式似乎暗示工业有最终的发言权，机器比人类更有生气（ibid.：103）。接着，Nash 用功能文体学的方法分析了该故事中的人物和环境，说明该故事中人物和环境的描写都支持由叙事结构分析出的主题意义。就叙事结构与人物和环境描写之间的关系而言，Nash 更喜欢用 interlocking 和 intermeshing 的说法，即连接、交织，而不是强加（superimposition）或交叉（intersection）（ibid.：113）。在使用前面两个词时，Nash 强调说，在阅读一个文本时，本能的直觉、对语言/文体技巧的觉察和对结构层次的观察是交织在一起的。他是这样描述这三者之间的关系的：发现其中的一个层次也常常伴随着对另一个层次的特征的察觉，与此同时，对语言特征的观察不断进行，支持或者证实先前对结构的解释，并指引着直觉对文本的进一步探索（Nash，1982：113）。他用图 8.1 展示出这三者之间难解难分的关系。

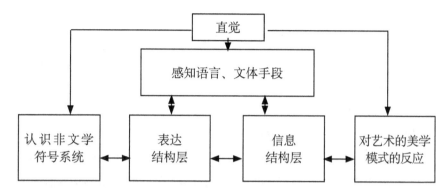

图 8.1 直觉和技巧发现相互依赖

　　Nash 的分析说明作品主题的表达同时有赖于叙事结构和文体特征。因此，对这两者进行综合分析会比单一的分析更能揭示主题意义。

　　但是，Nash 的图示也有待商榷。因为他在论文中集中分析的是该短篇故事中与主题相似的空间形式，而他在图示中用表达结构层来指示这个宏观层面，很可能让读者认为表达结构层就等于与主题相似的空间形式。但是，事实上，这种空间形式只是叙事作品中宏观层面的几种叙事技巧之一。

　　Nash 对《菊香》中与主题相似的空间形式的分析的确让人耳目一新，但是人们禁不住会问这样一个问题：空间形式一般是需要专业的眼睛才能察觉的，那么是否有一些规律或规则可以帮助读者发现其他叙事作品中的空间形式？

　　尽管上例是分析空间形式的基础，我们还是要指出我们所理解的空间形式与 Nash 对空间形式的分析的主要差别。在 Nash 的分析中，叙事学和文体学分析之间的合作仅仅表现为对空间形式的发现可以指导对文体技巧的发现。也就是说，就这二者的关系而言，是宏观到微观的单向运动，只有宏观层面对微观层面技巧的启发和指引。在对主题的阐释上，这两种技巧几乎是平行的，即各自都可以独立地揭示主题。换句话说，即使没有文中的文体学分析，单单对该叙事技巧——相似性空间形式的分析也可以揭示主题。反之亦然。二者互动的唯一表现便是，对这两种技巧的分析可以证明对方的分析是合理的、正确的。除此之外，再无其他的互动。我们在后文中对《八月之光》（*Light in*

August）的分析针对的就是该小说中的空间形式和文体技巧，将会说明对一个文本的叙事学和文体学分析有更多互动的形式。除了前者给后者提供宏观指导之外，前者也可以反过来被后者证实与充实。在有些作品中，叙事结构的构建甚至需要对相关文体技巧的发现和阐释才能完成。而且，在很多情况下，对主题的解释需要通过叙事学和文体学分析的互动与合作，而不是其中一种技巧可以独立完成的。

下面我们来看看另外一篇可以称为叙事文体学奠基之作的论文，即 Short 对 Irvine Welsh 的短篇故事 *Marabou Stork Nightmares* 的分析。有不少人评论过 Short 的这篇文章，但是似乎并未充分认识到该论文的理论创新意义。本文将对其进行更全面的评论，以揭示出其在融合叙事学和文体学分析方面的创新性。

8.3.2 重新认识 Short 的论文的意义

在 Simpson（2004：176-185）的《文体学——学生用书》（*Stylistics: A Resource Book for Students*）中，Short 发表于 1999 年的论文被拿来作为"叙事文体学"一章的例子（Simpson，2004：176-185）。Short 分析的语料是现代派作家 Irvine Welsh 的短篇小说 *Marabou Stork Nightmares*。这个短篇的很大一部分是主人公成为植物人之后思绪在三个世界，即 Short 所说的虚构的过去（fictional past），虚构的现在（fictional now）和想象的未来（fantasy universe）之间的闪回（Simpson，2004：178）。在书中，Simpson 高度赞扬了 Short 的分析，指出该文的一个突出之处在于详细地分析了 Irvine Welsh 的小说中应用字形变异标示视角的技巧（ibid.：176），即文体标志帮助识别小说中叙事视角的变化。这是叙事学和文体学的一个重要的重合面。

申丹（2005：391）指出，在 Short 的论文中，尽管叙事学和文体学分析是分两个部分进行的，但是前者仍然给后者提供了一个框架。这样的做法既拓展了文体分析，同时又保持了其基本特点。申丹（2005：383）把叙事学和文体学融合的方法分为三类，即温和的、激进的和平行的。这篇论文就是温和的融合，即利用叙事学和文体学共同关注的领域，以叙事学的概念、理论为其后的文体学分析搭建框架。

　　这里需要思考的是，Short 的这篇论文可以归为申丹（2005）所界定和例举的温和式吗？就叙事学分析和文体分析的关系而言，Short 的论文的创新性究竟体现在哪些方面？叙事技巧和文体技巧的分析是单方受益，还是两者互动？

　　另外，Short 的分析具有多大的典型性和普适性也是我们要探讨的问题。他的这种综合性分析方法是否仅仅局限于他分析的这个个案，是否可以用于其他同类作品？就像上文分析 Nash 的论文时所探讨的，Nash 对《菊香》中宏观叙事结构对主题的相似性呼应的分析的确很有说服力，但是那个分析是否可以有规律可循，以便让读者用来分析其他作品？针对 Short 的论文，我们同样想问，Short 选择了一个很典型的空间、时间世界频繁转换的语料进行分析，但是这种分析方法是否可以对其他作品中类似现象的分析有所启发？这是下文要重点研究的问题。另外，我们觉得，Simpson 把 Short 的论文安排在其命名为"叙事文体学"的部分，该章名称本身似乎有些模糊，没有能够清楚地表明 Short 的分析的独特性和根本特征。

　　为了探讨 Short 在该文中采用的分析方法是否具有一定的普适性，笔者觉得有必要简要叙述一下该小说的内容，然后重温一下该论文，才能更好地认识其创新性。

　　在该论文中，Short 把小说中的三个层面叫做三个叙述层次（Simpson，2004：178），因为从虚构的现在到虚构的过去到想象的未来三个世界的转换通常都是由 deeper 这个词象征性地标示出来（ibid.：183）。但事实上，Short 所分析的这三个世界都属于叙事话语层面。在仔细地阅读 Short 的论文后，我们发现他的分析更接近于申丹划分的激进式融合，即把叙事学和文体学这两个学科在最严格的意义上融合在一起。具体地说，该文把叙事学对时态的分析和文体分析结合起来。叙事学中的时态是 Genette（1980：29）用来指称故事时间和话语时间之间的关系的术语。乍看起来，该小说中涉及的时间技巧和 Genette 所说的时态并不完全吻合，但是，如果透过小说中主人公混乱的思维的表面，那么三个世界之间的关系便会清楚地呈现出来。用 Genette 的术语来说，这三个世界就是倒叙（analepsis）（Simpson，2004：48）、现在和前叙（prolepses）（ibid.：67）。不过，这篇小说里向想象的未来世界的跳跃与 Genette 的前叙稍有不同。我们对这一点将会作进一步解释。在 Genette 的书中，倒叙和前叙都是由故事中的"第一叙述层"（first narrative）或主叙述层，即某个叙事的出发点，向其他时空世界的转换（Simpson，2004：48）。Short 分析的这篇小说正是如此，包含了从主人公的现在向过去和想象的未来世界的频繁转换。从主人公的现在向其过去的转变是典型的倒叙。从现在向未来的转换与 Genette 的同类现象稍有不同。Short 分析的这篇小说中的现在向未来的转换在科幻小说中司空见惯，但是在 Genette 的时间模式中却没有被提及，原因是 Genette 的叙事技巧是针对《追忆似水年华》这部小说提出的。鉴于 Genette 主要是归纳《追忆似水年华》这部小说中应用的时间技巧，因此他的时序模式只包括小说中真实事件之间的时空转换。Short 分析的这篇小说中从现在向未来的转换只能存在于人物的想象或幻觉中，所以，它没有出现在 Genette 的时序技巧中。

简言之，Short 的分析向我们展示了如何结合叙事学的时序技巧和文体学的字形变异进行分析。当我们认识到 Short 对文中技巧的两步分析是叙事文体学对时序技巧的综合分析时，我们便可以把他的分析方法应用在对其他类似现象的分析上了。时空跳跃在现代采用意识流技巧的小说中很常见，因此 Short 的分析方法可以启发读者去发现该类小说中人物心理的时空转换之间的文体标志。

更重要的是，Short 的论文不仅仅是叙事学和文体学的平行分析或温和的融合。在 Short 的论文中，叙事学和文体学分析之间的互动和相互依赖得到充分的展示。对叙事技巧的发现为其后的文体分析提供了一个宏观框架，反过来，对文体特征的发现和阐释又证实、修正或者成就了作品的叙事结构。不仅如此，文体分析还可以有助于进一步揭示叙事技巧的意义。Short 在该小说中发现了字形变异的 deeper、字体的对比和人称代词的变化；这些文体特征使得该作品呈现出界限分明的叙事结构。比较各个时空中的文体特色可以揭示出三个时空之间的关系，进一步揭示该作品的主题。比如说，在想象的未来世界中应用的标准英语和现实世界中应用的非标准英语形成了鲜明对比。该对比与作品的主题思想相呼应，表明现实和想象之间的巨大差距。Short 在发现和探讨该小说中"语言细节与更大规模的叙事结构之间的关系"上的确独具慧眼（Simpson，2004：185）。

综上，Short 的分析证实了我们对叙事学和文体学之间的关系所持的观点，即对宏观的叙事技巧和微观的文体技巧的发现可以相互证实、修正或指导。

8.3.3 其他叙事学和文体学综合分析

在过去的十几年里，叙事学和文体学这两个学科的关系发生了可喜的变化。尽管文体学在北美的影响不足以让叙事学家意识到它的力量，但是越来越多的文体学家却显示出对叙事学的兴趣。上文提到，申丹（2005：383）把文体学家在分析中融合叙事学的方法分为三类，即温和的、平行的和激进的。

其中，被归入温和派的有 Simpson（1993），Culpeper（2001）和 Fludernik（2003）。Fludernik（2003）的论文用几个叙事学的技巧，包括时间安排、聚焦和体验性，为叙事作品中时态模式的细致分析建立框架（申丹，2004：384）。申丹（2005：383-385）还列举了属于温和融合的几个例子，比如，Mills 的《女性主义文体学》，Simpson 的《语言、意识形态和视角》（*Language, Ideology and Point of View*）、Culpeper 的《语言与人物刻画》（*Language and Characterization: People in Plays and Other texts*）和 Stockwell 的《认知诗学导论》。这些作品在融合这两个原先相互独立的学科方面具有一定的开创意义。这些论著的作者们都意识到了这两个学科对于彼此的价值，并且试图以这些综合分析让两个领域的研究者们认识到这两个学科之间是互相补充，而不是互相排斥的关系。

但是，这些文体学家们在上述分析的基础上未能继续探讨如何把文体学和叙事学进行更全面的融合。虽然他们采用了一些叙事学的概念和分析框架，但他们主要分析的是所选文本中的文体特征。在 Stockwell 的专著《认知诗学导论》中，叙事学分析是很重要的理论框架，但是他分析的重点仍然是对语言的接受和应用（申丹，2005：385）。同样，Catherine Emmott 在对小说中分裂自我现象的研究中，尽管觉得 Genette 和 Bal 这些叙事学家的研究对她的分析很有帮助，也仍然是在对叙事中语言是如何描绘分裂自我的现象进行认知文体学的分析（ibid）。

由此可以看到，温和的融合就是指在叙事学和文体学共同关注的领域，用叙事学的概念、理论为文体分析搭建框架。戴凡（2005）的《〈喜福会〉的人物话语和思想表达方式——叙述学和文体学分析》应该也可以归入这一类。与上述西方文体学家所作的叙事文体学综合分析相比，戴凡把两个学科结合的方法对我们目前的研究更有启发。尽管她主要关注的也是叙事学和文体学共同研究的领域，即视角和话语以及思想的表现，但是她创造性地分析了叙事技巧和文体技巧在这两个方面的互动。这是她与上述西方文体学家的分析最显著的差别。在分析视角的时候，她采用了视角的三分法，即视觉的、心理的和意识形态的视角。她以美国华裔作家谭恩美的小说《喜福会》（*The Joy Luck Club*）为语料，说明视觉的视角，即她所说的叙事学意义上的视角，与心理的和意识形态的视角之间是积极的、互动合作的关系。对后两种视角的揭示主要依靠文体学分析。戴凡的研究说明，宏观层面的叙事技巧在为微观的文体分析提供框架的同时，也反过来被文体分析所支持。比如，像相信（believe）、希望（hope）之类的词可以同时表示心理、语言和行为过程，因此，这些词的出现使得第一人称叙述者可以在不违反写作惯例的情况下进入其他人物的内心世界（戴凡，2005：205）。这便是文体特征帮助解释叙事学意义上的视角越界的例子。如果没有这些文体特征，那么第一人称叙述者擅自越界进入其他人物内心世界的现象便是违反写作常规的。但是，通过使用上述词汇，该小说作者使得第一人称叙述者的视角越界变得合情合理。此外，戴凡发现小说中的叙述视角随着主题的发展也在不断地调整。叙述视角最明显的变化就是，随着小说的第一人称叙述者金梅逐渐获得自信，她从原先的被聚焦者变成聚焦者，信心十足地观察着其他人，而不只是一直被动地处在他人的审视和批评之下。戴凡发现，伴随着叙述视角的变化，即金梅从被聚焦者转变成聚焦者，该小说的文体特征也发生了明显的变化，即从最初人们对金梅的消极评价转变成积极评价。在对视角的分析上，戴凡的分析有力地证明了叙述视角和文体特征之间的密切关系。不过，她只是分析《喜福会》这一部作品，至于这种分析是否适用于分析其他叙事作品，尤其是否适用于分析第三人称叙事，还有待进一步检验。毕竟，这部小说中所出现的现象并不一定具有典型性，比如被聚焦者不一定伴随负面的评价，成为聚焦者也并不一定就表示该主体的成长。对叙述视角的解释在很大程度上依赖语篇的语境。

王敏琴的论文《〈已故上校的女儿〉的叙述学和文体学分析》（2007：146-153）又是温和融合的一个例子。该小说中的叙述者、空间布局和人物刻画等方面所可能涉及的叙事学和文体学特征都在该文中得到了充分的分析。但是，在该文中，叙事学和文体学分析仍然是分别用以揭示作品主题的。

第二组，即平行派，其代表人物是 Micheal Toolan，撰写了关于叙事学和文体学两方面的论著。他的代表作《文学语言：文体学导论》出版于 1998 年，是一部典型的文体学著作。他的另外一本专著《叙事：批评语言学介绍》（*Narrative: A Critical Linguistic Introduction*），却是一部地地道道的叙事学著作。他对这两个学科的探讨几乎没有交叉，更不用说融合。这是典型的叙事学、文体学平行的研究。

第三组，即激进派，把这两个学科在最严格的意义上融合在一起。Simpson 的研究最具有代表性。他出版于 2004 年的专著《文体学——学生用书》中有一章节就叫作"叙事文体学"。这表示他在该章中的研究是把叙事学和文体学进行全面的融合。但是，在这种激进的融合中，他在某种程度上混淆了这两个学科的核心概念，即叙事学的话语和文体学的文体。他把叙事分为情节和话语（Simpson，2004：20），与 Shklovskij 的故事（fabula）和情节（sjuzet）大致对等，也大约对应于 Genette（1980：27）的故事（historie）和话语，Bal（1985：5）的 fabula 和 story。在划分了这两个叙事层次后，Simpson（2004：20）是这样描述话语层的，叙事话语中常常会出现一些文体特征，比如闪回、前叙（prevision）和重复等，所以，要理解叙事话语，我们需要整理构成叙事话语的各种文体成分。Simpson 在该句话中表示的观点是：上述文体特征是把一个情节改造成为叙事话语的方式。显然，他的这种提法模糊了叙事学和文体学之间的界限和学科特性。姑且不说闪回、前叙和重复不是语言本身的特征，因而不应归入文体学的研究范畴，只是把由情节变成叙事话语的过程归为采用文体策略的结果本身就会让人感到困惑。从基本故事层到叙事话语层的转变不仅仅是通过文体特征的采用，也有叙事策略的作用。所以，这样的说法扩大了文体学的研究范畴，使其完全覆盖了叙事学关注的对象（申丹，2005：385）。此外，Simpson 的"叙事文体学"这个术语本身也不足以命名这两个学科相结合的产物。换句话说，这个名字包含的两个部分并不是平等的。前一半的 narrative 是叙事，是一种体裁，而后一半的 stylistics 是研究语言特点的学科。显然，这个名字所揭示的这两个学科之间的关系正如 Simpson（2004：19）所说，叙事需要一些文体润色，使之具有个性。所以 Simpson 的叙事文体学可以被理解成对组成叙事的所有文体特征的研究。这与他的最初目的——融合叙事学和文体学这两个学科是不相吻合的。

在《西方文体学的新发展》一书的前言中，申丹列举了现在存在的多种多样的文体学流派，其中有一个与我们所说的叙事文体学有些接近。申丹（2008a；vi）提到两种融合叙事学和文体学的方法。一种是利用叙事学的范式进行文体分析的跨学科研究，另外一种是对叙事作品的文体分析。我们觉得，把这两种融合方法用英语表示出来似乎更容易澄清它们的差别。先来看后一种融合方法。对叙事作品的文体分析强调的是文体学的分析对象是叙事作品，而不是其他体裁，所以它对应的英语是 narrative-stylistics。前者指借用叙事学的框架进行文体学分析，因此对应的英语名称应是 narratological-stylistics，意思是以叙事学的概念和思路作为框架、引入文体学分析的综合分析方法。即便如此，这种叙事文体学的做法与我们目前的研究仍然不尽相同，因为它主要还是在叙事学的框架之下的文体学分析，即文体分析是其重中之重。虽然这些做法基本上是文体学分析，仍然可以根据他们的语言学基础把他们合并到现存的文体学流派里，比如功能文体学、语用文体学、认知文体学等等。申丹（2008a；vii）清楚地指出，"'叙事文体学'近年来发展很快。越来越多的文体学家借鉴了叙事学模式或集中对叙事作品展开分析，但因为定义广泛，很多被归入其他种类的文体学分析也可归入'叙事文体学'"，因此她在该"选集中也没有另外安排'叙事文体学'的章节"。笔者认为，这些综合分析之所以不能被视作独立流派的原因恰恰在于它们没有将自己与现有的文体学流派的做法划清界限。尽管他们采用叙事学的概念作为文体分析的框架的做法与纯粹的文体分析确实不同，但是他们没有能够超越这种两张皮的融合阶段，把两种分析方法进一步结合起来，让叙事学分析和文体学分析互动起来、互相触发，进而对文学叙事作出更深刻、全面的阐释。笔者认为，在叙事作品中，叙事技巧和文体技巧通常互相呼应、合作，而不是孤立地存在，因此对宏观层面的叙事技巧的观察可以指导微观层面的文体分析；反过来，对文体技巧的分析也可以驱动读者进一步寻找叙事技巧。

以上是对目前已有的叙事学和文体学的综合分析实践所作的梳理。我们看到，Short 和 Nash 这些学者通过同时采用叙事学和文体学这两种分析方法更全面、深刻地揭示出了文学作品的含义。但是，总的来说，他们的尝试具有以下共性。首先，他们的研究都是具体作品分析。也就是说，他们只是分析选定作品中的一种最前景化的技巧，并没有在理论层面上对该技巧进行探讨。换句话说，他们只是针对一部作品作了叙事文体分析，而该分析方法是否具有普适性还有待进一步探讨。其次，也是更重要的是，他们主要用叙事学的技巧作为文体分析的引子，而显然随后的文体分析才是重头戏。他们之中只有少数几位努力做到在这两种分析方法之间保持平衡，顾及他们互动互惠的方面。

正如申丹（2005：198）所说，"尽管近年来综合采用文体学和叙事学的方法来分析作品的学者在增多，但大多数或绝大多数论著仍然是纯粹叙事学的或者纯粹文体学的……此外，从事跨学科分析的学者一般也只是应用相关方法，未对这两个学科的关系进行梳理和阐明"。在申丹（2005）的《叙述学与小说文体学研究》解释两个学科之间的差异和重合面，并且简要提及两者可能的结合的基础之上，如何把叙事学分析和文体学分析更充分地融合起来就成为叙事文体学研究的重点。

8.4 叙事学和文体学结合的内涵

直到目前，国内外尚未单设叙事文体学这门学科。我们认为叙事文体学不是把两者单独分析的结果简单相加。两种技巧都会在对方的关照下获得更深的意义，从而更全面地揭示主题意义。

与文体技巧相比，叙事技巧处于宏观层次而且数量有限，所以，在叙事文体分析中大多可以以叙事技巧为出发点，按照下述顺序寻找相关叙事技巧和文体特征，并进行分析。

第一步是寻找叙事作品中前景化的叙事技巧，并对其进行描述和解释。叙事技巧主要包括视角、人物形象的充实、地点的具体化、事件的具体化（特别是时间顺序、速度和频率）和空间形式。不过，对于这些叙事技巧的发现和解释有时有待对相关文体技巧的分析。上文提到，叙事学与文体学的最佳接面应该是叙事学对宏观结构的研究，因此叙事文体研究中主要关注的叙事技巧是让叙事作品呈现某种宏观结构的视角、时间技巧和空间形式。

第二步是发现与上述叙事结构相关的文体特征，结合该叙事结构对文体技巧进行分析。

第三步，在分别分析了可能存在的前景化叙事技巧和文体技巧之后，以新发现的文体技巧作为参照，回头去审视之前发现和分析的叙事结构，对其进行修正、补充。最后，对这两种技巧进行双向分析之后，尝试在形式分析的基础之上解读整个叙事作品，包括作品中的人物、主题以及作者的世界观。

下文以小说《八月之光》为语料，例示叙事学和文体学的方法如何互相支持，更加全面、生动地揭示作品的主题意义。

8.5 《八月之光》中空间形式之叙事文体学分析

8.5.1 空间形式

《八月之光》是美国著名作家福克纳的代表作之一，读者应该比较熟悉，因此为节省篇幅，本部分只对该小说中与空间分析有关的情节作简要介绍。

第二章开头，乔第一次出现在杰弗逊镇锯木厂的工人面前时，他给大家留下的印象是孤独的、古怪的。尤其是他的名字——克里斯马斯，在每一个人听来都是很奇怪的。接着，我们听说了乔和他的搭档布朗干的诡秘勾当。在第三章和第四章中，除了穿插的莉娜、海涅华和乔安娜的故事外，拜伦作为主要的叙述者，讲述了布朗告发乔是谋杀乔安娜的凶手以及乔是个黑人的故事。在第五章中，全知叙述者再次出现，展示了乔内心的冲突以及他关于女人和黑人的古怪言语和行为。在此之后就是对乔的过去的倒叙部分。第六章至第十章讲述的是从乔出生到 18 岁的经历。乔此后的 15 年间的生活被叙述者用几段话简单带过。对于这 15 年的生活，叙述者似乎觉得没有什么特别的经历值得一提，只是反复讲述着乔的内心中黑人血统和白人皮肤之间的冲突。这 15 年的故事被加速叙述，直到叙述者告诉我们乔 33 岁了。有一天，他到了杰弗逊镇。他溜进了一户人家中偷东西吃，之后与这家的女主人乔安娜同居了三年。他们的关系总是处在危机之中，直到乔安娜要求乔去就读黑人学校，矛盾终于爆发。当乔安娜一再督促、逼迫乔去上黑人学校时，乔便与乔安娜开始了激烈争吵。我们看到乔拿起一个刀片，而乔安娜则举起了手枪，但是叙述者并没有描述接下来发生的谋杀场面的真相。我们确实看到乔疯狂地搭车、扔掉手枪，但是我们并不能就此断定是乔杀了乔安娜。随后，当乔安娜的尸体被发现后，小镇热闹起来了。然后，叙述者告诉我们布朗为了赏金向镇长告发乔是谋杀乔安娜的凶手，以及布朗是如何疯狂而又荒唐可笑地跟警察一起追捕乔。布朗的告发目的是如此明确。他为了赏金不顾一切、发疯似的要逮到乔的行为在小镇人，尤其是镇长的眼中是很滑稽可笑的，但是当他肯定地说乔是个黑人时，乔安娜之死演变成了黑人谋杀白人妇女的种族事件。这在种族观念根深蒂固的南方掀起了一场轩然大波。在躲了几天之后，乔最终被疯狂的种族主义者波西·格里姆残忍地杀死。

这里要分析的就是上述复述的乔的故事。这个语料很有典型性，因为在这部分中，空间形式的形成在很大程度上依赖文体特征。读者需要把相关的文体特征拼接起来以构建出这部分的空间形式。这里按照前文解释过的分析步骤，从叙事学描写，到文体学分析，再到综合分析，从而说明，对由叙事学的安排所构建的空间形式的描写和解释会被对相关文体特征的分析逐步填充、证实。同样，零零星星的文体特征并没有很大意义，但是当它们被充实进空间形式时，不仅有助于构建、理解该空间形式，而且有利于深入理解该叙事的主题意义。简言之，叙事学分析和文体学分析绝非相对独立、各自表现主题，而是相互帮助、补充，共同表现主题的。

我们首先按照叙事学的安排构建该小说的空间形式。

乔的故事始于他第一次出现在杰弗逊镇的锯木厂，然后倒回到他在孤儿院的生活。孤儿院的营养师提到他在圣诞节前夜被丢在孤儿院的生平，然后叙述开始不断向前推进。乔被麦克俄臣夫妇收养，在他们家过了13年。继而，叙述者又简要介绍了他在离开养父母家之后的15年的生活状况。在这15年之后，乔来到杰弗逊镇，与他的故事的开头接在一起。我们可以这样概括乔的经历，从他来到杰弗逊镇为出发点，接着倒叙他的出身和先前的生活，然后继续向前，一直到接上开头。

　　以上是叙述者讲述乔的故事的顺序。就这个叙事的宏观安排来说，乔的一生就像一个环形，从杰弗逊镇的生活开始，然后倒回到先前的经历，接着又向前推进，一直到与开头衔接上。所以，当我们读完乔的故事之后，我们感觉到杰弗逊镇的经历处在乔的故事的两端，被过去的经历打断又相接，使得乔的故事呈现出环形。

　　这个解释听起来合理，但是确实比较牵强。因为大部分的倒叙都会让整篇或局部叙事呈现出环形。所以，如果仅仅以叙事时序的安排作为分析的依据，那么这样的结构构建和解释并不是很能站得住脚。我们以图 8.2 展示以对乔的故事的叙事时序为基础绘制出的环形。

图 8.2　以叙述技巧为基础绘出乔的一生的环形

　　读者读完乔的故事会感到这个环形象征着乔命中注定的生活。如果读者再注意到在讲述乔在杰弗逊镇的经历时那些表明乔注定死亡的词汇，读者就会感到这个环形不是可有可无的，而是与主题相关的。当乔被波西·格里姆一帮人追杀的时候，叙述者反复用到 the player 这个词组，其意思是一个把乔的命运玩弄于股掌之中的人或神。通过使用这个词，叙述者似乎要说明乔的死绝非偶然，而是被某种超自然的力量所决定，是无论如何也逃脱不了的。这个词汇所带来的这层内涵被环形空间形式赋予了意义。可以说，按照叙事学的安排粗略勾勒的空间形式被语言特征充实、呼应，因而具有了具体的意义。这也印证了前文描述的发现和分析空间形式的原则，即对空间形式的发现需要依赖对主题意义的体会和对相关文体特征的发觉。如果读者没有体会到主题中表达的乔受控于外力，因而注定悲惨的命运，或者没有注意到表达这层内涵的相关词汇，读者可能就会觉得上述的那个空间形式是不值一提的。

　　依靠小说在叙述上的安排和对主题的把握画出的环形结构，象征着乔受制于外界或超自然力的命运。不过，这种对环形的解释似乎仍然过于肤浅，不太有说服力，因为这种从现在到过去再到现在的叙事模式实在是叙事中再常见不过的了。这就是为什么我们需要用微观层面的文体分析来充实、印证可能宽泛、模糊的叙事技巧分析。接下来我们重点分析在讲述乔的这部分故事中突出的文体特征。

8.5.2 文体特征

在对这个虽然短暂却历尽波折的人物命运的讲述中，笔者发现在乔生活的不同阶段，福克纳对他采用了不同的指称方式。我们并不敢妄称这些指称一定是福克纳刻意用来表现主题的，但是，我们确实感觉到这些变化的指称是与这部小说的主题密切相关的。尤其是当这些零零碎碎的指称在上文构建的空间形式中各就其位时，不仅这些小小的指称获得了非同寻常的意义，整个空间形式也获得了寓言的或者普适的意义。也就是说，借助于这些微小的指称转换，平凡的环形获得了非凡的意义，象征了整个人类的命运。对人类命运的关注是福克纳的恒定主题。福克纳在他的文学创作中表达了对整个人类命运的关怀（李文俊，2003：135）。

让我们透过福克纳的叙述，按照小说中事件实际发生的顺序，即乔成长的各个阶段，看一看福克纳对乔采用的各种不同指称。

从第二章到第五章，故事外的叙述者都用"克里斯马斯"来指称他。甚至使用这个姓来称呼他也是推迟了许久，因为他最初在小说中出现是通过杰弗逊镇工人的眼光来表现的。在他们看来，这个新来的工人让人感觉非常陌生，即使在知道他的名字后仍然如此。其实，更确切地说，他的名字反而加重了他是个陌生人的色彩，因为小镇的工人们都觉得"克里斯马斯"不是本地人的姓，甚至不是本国人的姓。无论如何，在他的故事开始之后不久，故事之外的叙述者就用这个姓来指称他。这个称呼一直持续到第六章叙述者开始讲述他过去的经历为止。也就是说，当主人公在杰弗逊镇时，叙述者一直用"克里斯马斯"这个姓来称呼他。更重要的是，这个姓在很多时候被说成是他的名字。他到锯木厂后，工头与他谈了一会话，然后就告诉监工他的名字叫"克里斯马斯"。

小说第六章讲述了乔在孤儿院的那段生活。在这部分中，福克纳突然舍弃了先前对他的称呼——克里斯马斯，而是自始至终用 he（他）来指称他，只是在人物对话中提及了"克里斯马斯"这个姓的来历。叙述者没有接着第五章继续讲克里斯马斯在杰弗逊镇的经历，而是一下子把一个幼年的"他"展现在我们面前。在乔生命的第一个阶段，福克纳在丝毫未对他的身份、背景加以介绍的情况下，一下就把读者拉入了人物"他"的世界之中，似乎大家原先都认识"他"似的。读者就这样一下进入了"他"的世界，看到"他"，一个瘦小的5岁孩子，站在孤儿院空荡荡的走廊尽头，如影子一般。他从还在襁褓之中时就被扔到孤儿院；一直到倒叙部分开始时，他已经在那个冰冷的孤儿院里度过了生命的最初五年。前面对这部分倒叙的分析表明，这部分回忆的主体是"记忆"，而不是"他"。他在那个年纪，还没有能力理解接踵而来的不幸。孤儿院的悲惨生活从第六章一开头就通过一系列的词汇表现出来，诸如冰冷的、黑暗的、烟灰熏黑的、阴冷的墙壁，阴冷的窗户，黑色的眼泪等等。在这一部分中，除了营养师提到克里斯马斯这个姓与他被抛弃在孤儿院的日子——圣诞节（Christmas）这个词之间可能存在关系之外，叙述者一直用"他"来指称人物，一直到本章末尾他被麦克俄臣收养。有一些文体学知识的读者们都知道，当叙述者在某个人物第一次出现的时候就使用代词指称时，这表示叙述者想当然地认为读者对该代词所指代的人物非常熟悉。这是一种缩短读者与人物之间距离的文体策略。叙述者没有作任何铺垫的介绍，就把这个可怜的孩子一下推到读者面前，更容易对读者造成感情冲击。读者似乎真的看到这个五岁的孩子像影子一样飘荡在长长的、冰冷而黑暗的长廊里。看到"他"因为想偷吃一口营养师的牙膏，无意撞见营养师偷情，之后被她骂为"小黑杂种"；看到"他"半夜里被外祖父抱出孤儿院、裹在大衣里的弱小身影。在这个孩子第一次出现时就用代词来指称他，把他在孤儿院的悲惨生活直接呈现出来，这些都无疑缩短了作者本人及读者与人物"他"之间的距离，更容易引起读者对孩子的深切同情。所以，在这一部分新采用的指称——"他"中，叙述者或福克纳对这个身世凄苦的孤儿的无限同情流于笔端。

第七章到第九章叙述了乔在养父母家度过的13年。我们看到，在养父和乔的对话中，养父用的几乎都是祈使句和疑问句。祈使句是用来命令乔拿起《圣经》或脱下裤子准备挨打。疑问句则是用来质问乔是否会背他规定的《圣经》章节。从被麦克俄臣领养，一直到父子冲突、乔离家出走的13年中，养父没有喊过乔的名字，每次都是直接命令或质问乔。"Do you know it now?"（现在会背了吗？）"Take down your pants."（脱掉裤子！）"Repeat your Catechism."（把那一段背一遍！）与养父不同，养母从他一进家门，就给了他从未享受过的母爱。她总是亲切地叫他 Joe（乔）。

在这一部分中，叙述者对乔的指称方式并不是始终如一的，其中有两个最为突出，即 the boy 和 Joe（这个孩子、乔）。与上一部分中用的指称不同的是，在这一阶段的生活中，叙述者大都用这个孩子来称呼他。一开始，福克纳一改上一章一直使用的 he（他），开始用 the boy（这个孩子）来指称乔。福克纳给我们展现的画面是"这个孩子"坐在桌旁的一张直椅上，桌上摆着一盏灯和一本摊开的极大的《圣经》。福克纳在《圣经》前用的修饰语是 enormous（极大的）。这本大书因为其读者是个孩子（the boy）而显得格外巨大。这是乔被收养生活中最典型的场景，因为在该部分中我们会多次看到他的养父强迫他背诵《圣经》。在接下来养父强迫他背诵《圣经》的对话中，福克纳一再用 the boy 指他，而对他的养父，福克纳大多用的是他的姓——"麦克俄臣"。这两种称呼方式的鲜明对比表明叙述者对这两个人物的不同态度。"这个孩子"是个亲昵的、充满怜爱的称呼，而麦克俄臣这个姓则清楚地表明叙述者与这个人物保持距离。对二者的不同称谓在他们的一次争吵中表现得尤为明显。乔在 14 岁那年，有一次和一帮男孩打架，回家晚了，被养父质问。这时，福克纳分别用 the man 和 the boy 来指称这对冲突中的父子。The man 和 the boy 的鲜明反差凸显了养父的有力、专横与孩子的弱小、无力。以上种种均表明，福克纳与这个冷酷的宗教徒保持很大的距离，而 the boy 则蕴含着福克纳对这个身心备受摧残的小孩的无限怜爱和同情。

从乔 14 岁开始，福克纳除了偶尔用 the boy 指称乔外，大多数情况下用的是 Joe（乔）。在乔卖掉小牛被养父质问的一幕中，福克纳可以有很多种指称他的方法，比如他可以用与 the man 相对的 the young man，或者与 McEachern 这个姓相对的 Christmas 指他。但是，福克纳却单单选用了"乔"（Joe）并且几乎一直持续到这部分末尾他离家出走。我们知道，在对人物进行指称时，用名字比用姓显得亲近，有助于缩小作者与人物的距离。因此，"乔"和"麦克俄臣"这两种分别用名和姓指称人物的方法清楚地表明福克纳与这两个人物保持的不同距离。很明显，他是站在乔这边的。另外，在《小说文体学》一书中，Leech 用《傲慢与偏见》中的一段对话说明，当其他人物对某个人物使用不同指称方法时，作者选择其中一个指称将会表明作者站在使用这个指称的人物的立场上。福克纳用了乔的养母对乔的称呼。养母对乔的呼唤中蕴含着母亲对孩子的疼爱。那么，福克纳采用同样的称呼 Joe 自然也流露出了对这个孩子的怜爱。不仅如此，福克纳一再凸显对孩子和养父的不同称呼的鲜明对比，表明叙述者或福克纳与两个人物保持的不同距离。相比较而言，对养父用姓来指称表示叙述者与其保持更大的距离，而用名字"乔"来指称主人公则表示叙述者与他的心理距离要近得多。

在小说第十章中，主人公来到杰弗逊镇。这时，作者突然抛却以往对乔的各种爱称，从此一直用 Christmas（克里斯马斯）来指称他。这个指称和在乔第一次出现在杰弗逊镇工人面前时的指称一样，于是首尾相和。这两头相同的指称相连，似乎形成了一个完整的圆形，把中间倒叙的部分包裹起来，与按叙事学的安排形成的空间模式相一致。

以上按照叙事文体学的分析步骤单独分析了《八月之光》中的叙事技巧和文体技巧。接下来，我们将把上述分析的叙事技巧和文体技巧结合起来进行综合分析。前文提到过，这个语料比较特别，叙事结构如果没有文体特征的充实似乎过于平凡，而文体特征如果没有叙事学框架的铺垫和支撑又比较零碎，难以对表现主题起到大的作用。所以，接下来的综合分析着重突出的是把文体特征插入到空间形式中，向读者展示被文体特征填充的空间形式或被空间框架连缀的文体特征如何获得更丰富的意义，并对表达主题起到更大的作用。

8.5.3 叙事文体学综合分析

对主人公使用的不同指称不仅丰富了按照叙事学的安排粗略勾勒出的乔的命运图，而且证实了空间形式是受主题驱动的印象。这个简单而不易察觉的空间模式被文体分析证明是合理的。对这个语料的叙事文体学分析将生动地说明对微观层面的文体特征和主题的了解可以使原先构建的叙述结构呈现出新的面貌，并获得特殊的意义。对叙述结构的进一步阐释反过来又会加深对主题的理解，并使原本散漫的文体特征连缀成一个整体，彰显甚或提升其在整篇叙事作品中的意义。这就是为什么一些空间形式如果没有文体分析的进一步细化、填充和支撑，对叙事作品的意义可能是不明显的，或者是微乎其微的。

把上述分析的文体特征填充到空间形式中，原来的空间形式便呈现出以下的新面貌，见图8.3。

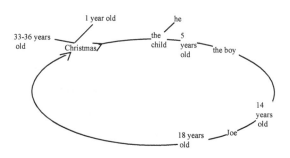

图8.3 融合文体特征与空间形式

在图8.3中，叙述者对乔·克里斯马斯的各种指称都被填充到这个简单的空间形式中。这使得"克里斯马斯"这个指称与其他的指称方式形成了鲜明的对比，被凸显出来。而且，在他的一生中，乔·克里斯马斯只是在两头的两个阶段被以姓——"克里斯马斯"称呼。一个是他一岁的时候，另一个是他生命的最后阶段，从33岁到杰弗逊镇到36岁被杀。生命的开始和最后这两个阶段的相同指称使得我们能够在图中标示出开始阶段的位置。而这个位置在前面以叙事学安排为基础的图中是无法确定的，因为对他的第一个阶段的叙述只是零散地出现在营养师和他的外祖父海因斯的对话里。读者发现在乔生命的几个阶段中，只有第一个阶段和最后一个阶段使用相同的指称时，可以把这两个阶段连接起来或重合起来，使乔的一生形成一个完整的环形，把最后一个阶段看作对第一个阶段的回归。单单地分析这些文体特征可能是没有多大意义的。即使在我们发现并归纳了不同阶段叙述者对主人公的不同指称，以及它们在不同阶段可能具有的意义时，读者仍然无法充分理解叙述者不断变换指称的意义，以及仅在首尾阶段使用姓——"克里斯马斯"来指称主人公的深层含义。当把这些散布于叙事作品中的微小的指称方式与宏观的叙述结构结合起来时，不仅二者都获得了更深的意义，而且可以让读者领悟到该叙事作品更深一层的含义。

我们在分析文体特征时强调过，在对主人公的几种指称中，"克里斯马斯"是最突出的，不仅因为"克里斯马斯"这个姓本身的特殊性及其引发的关于乔身世的各种联想，而且因为叙述者只在他生命的两端使用这个指称方式。恰恰因为在这两端使用同样的指称，由叙事学的安排为基础构建出的粗略的圆形空间形式被证实是合理的。所以，在接下来的叙事文体学综合分析部分，我们重点探讨"克里斯马斯"这个姓作为在主人公的生命开始和结束阶段的指称方式所具有的特殊意义，及其赋予该空间形式的含义。

与其他阶段充满感情和同情的指称——"他"、"这个孩子"、"乔"等相比，"克里斯马斯"这个指称方式具有以下几点特殊性。一方面，它与其他对主人公的指称方式相冲突，因为"克里斯马斯"是个姓。人们都知道，用姓来指称别人通常表示说话人希望与所提及的人物保持一定的距离，而其他的几个指称表示的是福克纳对这个孩子的同情和怜爱，因此在这个背景下，用姓来指称显得格外得不和谐。另一方面，这个指称只出现在乔的一生的两端，即在Genette所说的同样的叙述位置。这给人们的感觉是，这个指称绝不是随意的，而是与人物刻画和主题表现相关。如果仔细观察这个特殊指称在整篇叙事中出现的位置，人们就会更加确信这一点。除了在倒叙部分营养师和海因斯讲到他这个姓的来历时提过"克里斯马斯"之外，这个指称就是乔在杰弗逊镇的专用指称。当叙述者从杰弗逊镇讲到乔的过去，再把故事推进到乔在杰弗逊镇的经历时，久违的"克里斯马斯"这个指称伴随着杰弗逊镇这个地名的出现而再次出现，不能不让人们感到这个指称在该小说中具有非同寻常的意义。

在我们看来，克里斯马斯这个姓具有以下含义，也相应地赋予了该环形特殊的意义。

第一，"克里斯马斯"是主人公维护个体独立的策略；叙述者在采用这个指称方式时透露出对挣扎中的主人公的深切同情。

在乔5岁被麦克俄臣收养时，麦说："克里斯马斯是个异教徒的姓，简直亵渎神灵，我要改了它。""从现在起，他姓'麦克俄臣'。"福克纳描写乔当时的反应说："这个孩子没有听，他甚至懒得告诉自己'我不姓麦克俄臣，我姓克里斯马斯。'还没有必要去烦心那件事。还有很多时间。"初听到这个五岁的孩子对自己的姓的近乎固执的坚持，我们可能会觉得奇怪。我们用双引号圈出他的坚持，而这部分在原文中被叙述者用斜体加强。"还有很多时间"这句话预示着他将会在接下来的人生中继续坚持这个姓，尽管其他人认为这个姓是奇怪的，甚至是亵渎神灵的。继续读他的故事，人们便会明白，他当时拒绝养父给他的姓并不是出于一时冲动。对乔而言，原先的姓代表着他的独立自我，而自我独立是他毕生所拼命捍卫的。

当乔的第一个情人——餐馆的女招待问他叫什么名字时，在他的内心似乎有某个人威胁着要他改名，他说道："我不姓'麦克俄臣'，我姓'克里斯马斯'。"这里，他刻意声明他姓"克里斯马斯"，而不是"麦克俄臣"。女招待的反应是惊讶，"噢？'克里斯马斯'？那是你的姓吗？'克里斯马斯'？"在乔到了杰弗逊以后，小说的第二部分描写了锯木厂工人得知他姓"克里斯马斯"后的反应。他们都觉得这不是一个白人的姓，甚至不是本国人的姓。"克里斯马斯？""他是个外国人吗？""你听说过一个白人姓'克里斯马斯'吗？""我从未听过任何人姓这个姓。"小说的另一个主人公莉娜听到他的名字时，也说"'乔·克里斯马斯'？好有趣的名字。"

可以说，克里斯马斯这个姓给人的感觉就是怪异。它不是本地人甚或本国人的姓。但是为什么乔不愿意用养父给他改的姓，却坚持告诉别人他姓克里斯马斯，宁愿被别人视为异类呢？这显然与小说的主题相关。正如乔多次声称的那样，30年来，他一直拼命地维护着他的独立个体。拒绝使用养父给他的姓，坚持用他最初的姓，当然也是他反对别人对他个体独立侵犯的举措之一。福克纳同他的主人公一样，从未用"麦克俄臣"指称过他，而是同样使用"克里斯马斯"这个听来怪异的姓。这当中不能说没有福克纳对他的主人公维护个体完整努力的同情。

第二，克里斯马斯暗示没有归属，因此用这个指称把乔的一生包裹在里面，使得象征乔的一生的环形是看似有恶兆的，注定有厄运的。

如上文分析，所有听到这个名字的人都认为这不是本地人甚或本国人的姓。而且，知道这个姓的来历的人都明白这不是一个真正意义上的姓，不是一个代表家族，代表根的概念。它使我们想到的是圣诞夜被遗弃的孩子的凄惨身世。甚至当象征他的生命的街道继续向前延伸15年，当他到杰弗逊镇时，他仍然找不到自己的归属。福克纳用这个指称流露出对乔的同情。但是，为什么一直到乔来到杰弗逊镇，这个他即将结束短暂生命的小镇时，福克纳才采用克里斯马斯来指称他呢？

在小说第二部分中，乔最初出现在杰弗逊镇工厂，给人的印象是，"似乎在他的身上萦绕着一种没有根的感觉，似乎没有哪个城镇是属于他的，没有哪个街道，哪堵墙，哪方土地是他的家"。克里斯马斯这个另类的姓暗示了他在这个小镇、甚至这个世界上都是一个没有归属的人，预示了他的宿命。正如拜伦听到他的名字后所作的感想，"在人们听到这个名字的那一刻，似乎在那名字的声音中就有东西告诉他们将会发生什么，他身上带着不可逃避的警告，就像花带着它的香味，响尾蛇带着它的响声"。把姓和他的关系比作是花香和花的关系，或响尾蛇的响声和蛇之间的关系，说明姓对于乔来说已经不仅仅是个声音符号，而是被赋予了更深刻的内涵，成为他的标签、他的生命的一部分。难怪在四处游荡了15年之后，他仍然找不到归属。甚至在他和乔安娜像夫妻一样一起生活了三年之后，他仍然没有任何归属感，因为他的姓已经预示了他的命运。正因为这是一个异类的姓，那么它所指的那个人自然也是个异类，是最终要被清除掉的。福克纳巧妙地用这个姓暗示了乔的处境和命运。因此，当第十章继续采用第二章的这个指称方式时，乔的一生似乎在这个姓的诅咒之中终将结束。

而他的一生就被这个指称首尾相接形成的圆环牢牢地箍住、困住。他始终无法摆脱命运的这个恶咒般的圆环。在对乔的故事的叙述中或者在乔的意识中，环形意象或者与此相近的笼子的意象反复出现。比如说，乔会感觉到，他自己的肉体和所有的空间仍然是一个笼子。在很多时候，他会观察自己的身体，感觉着，甚至看着他的白色的胸脯弯哪弯哪，直到弯到他的肋骨笼子里。在他被波西·格里姆那帮种族主义者追捕的时候，他感觉到，命运已经造了一个圆环，他仍然在那圆环里面。尽管在过去的七天，他没有走过大路，但是他走的路程比他过去30年走的都多。但是，他仍然在那个圆环里面。他深深地意识到他从来都没有走出那个圆环。表现这个环形意象的有 circle、ring、cage等。这些环形意象的反复出现呼应了按照叙事学的安排构建成的环形空间形式。通过对环形的各个阶段的文体特征的解析，可以看到乔的整个一生都被困在由特殊指称——克里斯马斯象征的诅咒之中。

第三，克里斯马斯是对生命最初的回归。根据福克纳传记，环形结构是艺术和自然中最根本的原则（Blotner，1991：160）。在对乔一生命运的描写中，福克纳也没有放弃他喜爱的环形结构。在乔生命的终点站杰弗逊镇，克里斯马斯这个指称的使用正是把乔的命运画成了一个圆环。我们知道，乔出生不久就被遗弃在孤儿院，从此以后就姓克里斯马斯。在小说中，福克纳对他用过种种称呼，主要有"他"、"孩子"、"男孩"和"乔"。在他生命的最后一站，福克纳又用克里斯马斯来指称他，我们不能说这不是别有一番用心的。正如福克纳对乔的描写，"从他离家出走的那天起，千千万万的街道交汇成了一条街……它延伸了15年"。借用这个比喻，我们可以说，在乔生命的旅途中，从克里斯马斯开始，经过了"孩子"、"男孩"、"乔"等阶段之后，克里斯马斯的重新使用是一种回归。同样的指称象征着乔在杰弗逊度过的时间将和他生命的零点相合，把他领回生命的原点（见图8.3）。

旅行者走过这一圈36年的艰难旅程，最终回到生命的原点，告别了他短暂辛酸的一生。了解了主人公在杰弗逊镇的遭遇之后，再重温福克纳在乔刚刚踏上杰弗逊这块土地时首次使用的克里斯马斯这个姓时，读者不禁感到有些触目惊心，因为它是主人公生命终结的信号。

这样的解释听起来有过于浓重的宿命论色彩，但是，考虑到乔·克里斯马斯（Joe Christmas）与耶稣基督（Jesus Christ）之间有颇多相似之处，我们似乎感觉到作者对乔能够重生、过一种与此生不同的生活寄予希望。

第四，克里斯马斯是耶稣的暗示、重生的希望。《八月之光》常使人联想到基督受难的故事。Christmas（克里斯马斯）的拼写与Christ很相似。在他的悲剧命运的最后一个阶段，福克纳通过Christmas这个指称使读者把他的命运和耶稣的命运联系起来。他们两人的受难日都是星期五，两者都主动迎接死亡，"福克纳手稿上注明过克里斯马斯活到33岁，这也和基督相同"（李文俊，2003：59）。克里斯马斯是个悲剧性的人物，"他不见容于自己的社会，愿意走向死亡，以此对偏执的社会表示抗议"（ibid.：237）。克里斯马斯被捉时毫不反抗，死时又非常平静，都让人们联想到耶稣基督甘愿为人类受难、为人类赎罪的从容。克里斯马斯的死的确暂时缓解了内战给南方人带来的对种族秩序崩溃的恐惧。他死前不久，在他曾经住过3年的小屋子里出生的莉娜的孩子，一个同样失去了父亲的孩子，在某种程度上可以说是乔的重生。他的降生把乔的外祖母一下拉回了 33 年前乔出生的那一刻，以至于她把这个孩子当成她的小外孙——乔。不过，与乔不同的是，这个孩子在被亲生父亲抛弃之后，却还有母亲和拜伦的爱，不会再像乔那样孤苦无依。这个孩子的降生扫除了乔的悲剧一生给人们造成的心理上的阴霾，带来了生的希望。因此，克里斯马斯这个指称之中寄予着福克纳对他的主人公悲惨命运的深切同情。即使在他生命走到尽头的那一刻，福克纳仍然为他赋予了救世主殉难的神奇色彩，让他绝望的身后又有了重生的希望。这一点体现了福克纳对人类、甚至是最糟糕的人的同情 (Cowley，1977：xxxi)。乔身上与耶稣基督的某些相似，让我们看到福克纳对南方仍旧怀有的希望。他希望南方人能够擦干眼泪，勇敢地生存下去。扩大到整个现代社会，对指称的特殊安排象征着福克纳对现代社会的人战胜困难、过上美好生活的信心。

8.6 小结

叙事文体学是文体学与相邻学科叙事学进一步跨学科融合的结果。就文体学一方而言，前面章节探讨的各种文体学流派的分析方法都可以应用。叙事文体学的真正价值是实现叙事学对宏观叙事结构的分析和文体学对微观文体技巧的分析的真正优势互补。如果把叙事文体学归为文体学的一个流派难免会有轻叙事重文体之嫌，会把叙事文体研究引向前述的温和派的方向。叙事学和文体学的充分结合不应该是只以叙事学的理论框架作引子的文体分析，也不是简单地并置两种分析的结果。叙事学对宏观叙事技巧的分析和文体学对微观语言特征的分析可以相互证实、加强，更深入地揭示作品的主题意义。

叙事文体学代表了文体学的又一个发展方向。文体学除了随着语言学的发展和新流派的出现而不断增加新的文体分支之外，还会与其他学科结合，实现优势互补。比如，叙事文体学被用于翻译研究，如方开瑞 (2007：58-61) 探讨了叙事学和文体学在翻译研究中的应用。

第九章　新发展：多模态文体学

9.1　引言

　　现代文体学是利用语言学理论系统研究文学和非文学作品意义建构的科学。它期望通过对文本词汇语法的分析更加科学地进行文本意义解读和文本评论。伴随着文体学在 20 世纪 60 年代的兴起和繁荣，出现了形式文体学、功能文体学、认知文体学、女性文体学等众多的文体学流派，与此同时文体学研究的对象也从原来的文学语篇扩展到了非文学语篇，如新闻语篇、广告语篇、日常会话语篇等。但是，以上众多的文体学分支都不能解释越来越多地出现在文学语篇和非文学语篇中不同模态符号在语篇意义建构中的作用。因此，有必要将文体学研究的理论和方法与多模态符号学的研究相结合，探讨和发展一个新的分析框架，不仅分析语言的文体特色，而且要同时分析语言以外的其他模态符号如字体、布局、图像、颜色等在文学语篇和非文学语篇意义建构中的作用和各种模态之间的相互协同。本章重点论述多模态文体学的理论框架建构及其在多模态语篇文体分析中的应用。

9.2　多模态文体学的研究背景

　　人类对周围世界的认知历来是多模态的，并经过长期的历史积淀，形成了惯性认知心理。然而，文体学研究开始于对语言语篇的文体研究，包括对文学语篇和非文学语篇的文体研究，所以，语篇的多模态性一直没有引起语言学家的注意。但是，随着计算机和网络技术的发展和广泛应用，人类的交际越来越电子化，语言独尊的局面逐步被打破，技术多模态语境成为人类主要的交际语境。从某种意义上讲技术多模态语境是人们从语言为主的表意形态向多形态合成表意的回归（曾方本，2008：58）。语言学家也意识到交际已经不再是语言独尊，而是由多种模态共同完成的，包括空间、手势、凝视、身势、移动、声音、腔调、音乐、三维事物、口语、书面语、图形、表格、图像、动画等（Jewitt, 2009：14）。这些不同的模态各自都是一个符号系统，在一定的语境中共同表达意义，实现交际目的。从意义建构的角度看，不同模态都为意义的构建作出了贡献。20 世纪末多模态话语分析理论在西方兴起，其中最具代表性的多模态话语分析流派就是建立在 Halliday（1978：108）的"语言是一种社会符号系统"基础上的社会符号学理论（Baldry & Thibault, 2006；Bateman, 2008；Bateman et al., 2004；Kress & van Leeuwen, 1996, 2001；O' Halloran, 2004；O'Toole, 1994；Ventola et al., 2004）。其他的还有交互社会学理论（Jewitt, 2009；Norris, 2004, 2006；Scollon, 1998/2001；Scollon & Scollon, 2003）和认知科学理论（Currie, 2004；Forceville, 1996, 2006）。

多模态话语分析理论的发展为多模态文体学发展提供了理论基础。但是与多模态话语分析研究相比，多模态文体学研究尚不够成熟，目前研究主要集中在利用 Halliday 的社会符号学理论进行的多模态功能文体分析和利用认知语言学理论进行的多模态认知文体研究两个方面。Halliday（1973：103-142）从语言的功能角度探讨语言的文体特点，其文体分析的理论框架是系统功能语言学。正是受到系统功能语言学理论的启发，O'Toole（1994）从三个纯理功能的角度研究了艺术品的视觉意义；O'Halloran（1999, 2003, 2004）尝试利用系统功能语言学的理论研究了电影和数学语篇的图文特点；Ventola et al.（2004）同样在功能文体的理论框架下探讨了多模态与空间的关系；Kress 与 van Leeuwen（1996, 2001）尝试建立"视觉语法"（the grammar of visual design），目的是研究图像在语篇意义建构中的作用和图像与语言的协同作用。van Leeuwen（2005a, 2005b, 2006）建立了一个完整的字体特征系统，可以称为"字体语法"。Kress 和 van Leeuwen（1996：186-211）研究页面布局的信息价值。Kress 和 van Leeuwen（2002：343-368）还研究了颜色的文体特征，为图片解读提供依据。Barthes（1977：39）讨论图像对文字的依赖关系，Kress 和 van Leeuwen（1996：17）则提出图像和文字之间的关系理论。Royce（1998, 2002）提出了"模态互补"的概念；张德禄（2009a, 2009b）区分了逻辑关系和表现关系，探讨图文互补关系。Baldry 和 Thilbault（2006）研究了静态和动态多模态语料的转写问题。

利用以上多模态理论进行文体分析的包括：Norgaard（2009）分析了字体艺术在文学语篇中的应用；Norgaard（2010a）研究了 Foer 的小说《特别响，非常近》中的排版、布局和图片带来的独特文体特征。McIntyre（2008）利用多模态方法解读了伊恩·麦克莱（Ian McKellen）版的电影剧《理查德三世》（*Richard III*）。

从认知的角度出发研究多模态文体学的主要包括：Forceville（1996，2000，2007）从认知的角度出发研究了广告语篇中的图像隐喻和多模态隐喻；Forceville（2002）对比研究了小说和它们的电影版本的文体特征。Currie（2004）利用隐喻理论研究电影多模态语篇的文体特征。Gibbons（2010，2012）从认知的视角研究多模态叙述体裁、多模态小说的意义建构策略和读者对多模态文学语篇的解读过程。

9.3 多模态功能文体学理论

由于文体学理论主要是依附于语言学理论的发展而发展的，多模态文体学也同样要根据语言学理论的发展而发展。多模态话语分析理论主要是在三个语言学理论的基础上发展起来的：系统功能语言学理论、交互社会学理论和认知语言学理论。其中，系统功能语言学最早发展了多模态话语分析理论，因此，也最早发展了多模态文体学理论，并在此基础上发展出多模态功能文体学理论；其次是认知语言学理论，并在此基础上发展出了多模态认知文体学理论。而根据交互社会学发展的文体学理论还很少见。

9.3.1 多模态功能文体学的内涵

多模态功能文体学是多模态文体学研究的主流，其理论基础是 Halliday（1978：138）的"语言是社会符号"的社会符号学理论和他早在 20 世纪 70 年代建立起来的功能文体学理论。既然语言只是传达意义的一种社会符号，那么其他社会符号系统也应该有各自的"词汇语法系统"，并与语言协同体现意义。

这种符号学理论与功能文体学理论结合产生了多模态功能文体学。"功能"、"前景化"和"语境"是多模态功能文体学的理论核心。

"功能"是多模态功能文体学的基础性概念。Halliday 从语言的三大纯理功能入手研究语言的使用。概念功能、人际功能和语篇功能组成语言符号和其他符号共有的意义潜势,讲话者从所有意义潜势中作出的选择都可能具有文体意义。Halliday 认为语言形式自身不能表明它是否与语篇的文体有关,这种关联要通过其在交流中的价值(value)表现出来,也就是看它是否在语篇的情景语境中得到前景化,在文学作品中就是看它是否与作者创作的整体意义有关,所以"功能"是连接语言形式和情景语境的"桥梁"。

"前景化"是多模态功能文体学的基本概念。在多模态功能文体学中,无论是语言特征还是其他视觉特征(如图像、字体、布局或颜色等),只要与作者创造的情景语境相关,与讲话者交际的目的相关,就能成为语篇中的前景化特征。张德禄、穆志刚(2012:3)指出,如果语言模态是常规,那么图像模态就可能是前景化的;Norgaard(2010a)认为 Foer 的小说《特别响,非常近》中的排版、布局和图片无论与普通文字相比还是与传统小说创作的风格相比,都是凸显成分,并构成前景化特征。

"语境"是多模态功能文体学的又一个核心概念,根据 Halliday(1978)的功能语言学理论,文化语境为整个语言提供了环境,而情景语境是某个具体交际事件的语境,一个意义可以由文字实现,也可以由其他模态实现,多模态功能文体学不仅要关注不同模态符号的突出特征,还要关注语言符号和其模态符号之间如何通过协同实现意义,因为这种模态的协同特征如果与情景语境和作者的交际目的相关,便可以构成语篇的前景化特征。

9.3.1.1 视觉符号语法

对图像、字体、布局、颜色等视觉符号的"语法系统"的建构构成了多模态文体学的理论基础。

Kress 和 van Leeuwen(1996/2006)的"视觉语法"奠定了图像视觉符号解读的理论基础,提供了一个全面解读图像的语法系统。这一图像语法借用

Halliday 的语言三大元功能理论，分别从表现意义（representational meaning）、互动意义（interactional meaning）和组篇意义（compositional meaning）三个层面分析图像等视觉符号的语义关系。其中表现意义重点探讨不同图像或图像中不同成分之间存在的概念关系，它的实现依靠图像矢量（vector）、参与者和环境成分，图像矢量就相当于及物性系统中的过程，可以分为叙事类过程和概念类过程；叙事类过程又分为行动过程、反应过程、话语过程、心理过程等；概念类过程又分为分类过程、分析过程和象征过程，还有与以上分类相匹配的参与者和环境成分。互动意义重点探讨图像中参与者之间的社会关系、图像设计者的交际目的以及图像解读者对图像的介入（involvement），互动意义的实现取决于观察者的位置，具体包括凝视、距离、视角和情态。组篇意义主要研究同一图像中不同成分之间或不同图像中的信息分布（information distribution），根据图像不同成分的分布情况确定旧信息和新信息、已知信息和未知信息、信息的起点、终点和焦点，主要依靠信息结构、关联、定框和凸显实现。

van Leeuwen（2006）提出了一个字体"区别性特征"系统，这一个系统被 McIntyre 和 Busse（2010：438）称为"字体语法"，是字体文体特征分析的理论基础。这些特征包括字重（weight）、放大（expansion）、斜体（slope）、弯曲形状（curvature）、连通性（connectivity）、方向（orientation）和规则（regularity）。字重指字是粗体（bold）还是普通体，字体加粗可以达到凸显的效果，同时叮以隐喻概念意义和人际意义，粗体字表达"大胆"、"坚定"、"结实"和"重要"；而普通字体相对而言就是"胆小"、"脆弱"的意义。放大指字体是窄还是宽，字体宽窄的隐喻意义与我们对空间的感知有关，窄体字精简、经济，在页面内嵌入更多内容，给人"拥挤"和"运动受限"的感受；宽体字散布空间大，给人"有充分活动空间"和"有移动余地"之感。斜体指倾斜字体和笔直字体的区别，通常倾斜字体和笔直字体的区别是手写体和打印体的区别，根据语境不同，这种对立的意义潜势主要是基于手写和打印字体而产生的内涵义的对立，即"有机的"和"机械的"、"个人的"和"与个人无关的"、"非正式的"和"正式的"、"手工的"和"批量生产的"等；弯曲形状指字体是角状（angularity）的还是弯曲状（curving）的，两种字体概念意义潜势的不同首先源自生成角状字体和圆形字体的运动经验不同：角形生成需要控制的、快速的和果断性的运动，圆形生成需要更加渐进的、流线性的运动；也因为角状和圆形事物带给我们不同的概念和文化联想，角形的联想意义是"粗糙的"、"坚固的"、"技术性的"和"男性的"，而圆形是"光滑的"、"柔软的"、"自然的"和"母性的"。连通性指字母与字母之间的连接关系，包括词内连通和词外连通，连通除了有手写体和打印体的内涵以外，还有自己的隐喻意义潜势，词外不连通的隐喻意义是"独立"和"断裂"，而词外连通隐喻"划一"和"整体"。词内字母的不连通表示"未完成"，贬义的理解是"草率"，而褒义的理解为"随意"。方向指字体是垂直走向（vertical oriented）还是水平走向（horizontal oriented）。垂直和水平的意义潜势来源于我们重力和直立行走的经验。垂直的暗含意是"轻"、"上升的愿望"和"不稳定"，而水平的暗含意是"重"、"稳固"、"无活力"和"自满"等。规则指使用规则字体还是有意使用具有以上具体特征字体，例如使用弯曲形状、使字母超出 X 线（高出或低出）等。不规则字体的使用能够产生对规则"叛逆"的隐喻含义。van Leeuwen（2005b）将字体意义产生的两个主要符号学原理归纳为内涵（connotation）和隐喻（metaphor）意义，而 Norgaard（2009：145）则认为 Peirce 的符号图像（icon）和索引（index）这两个概念更适合解释字体产生的语篇意义。字体的符号象征指词的形状可以产生象征意义，例如使用大字体产生人"呐喊"的象征意义，因为字体的放大使用就是对人呐喊时声带拉开的视觉模仿；索引指一个字体的使用成为某个事物出现的标志，例如使用典型的机打字体库里埃字体（Courier font）暗示文本是用打字机打出来的，库里埃字体就起到了引出文本是用打字机打出的作用。

多模态文体学页面布局的研究主要建立在 Kress 和 van Leeuwen（1996：186-211）组篇理论和 van Leeuwen（2005a；219-247）布局成分的关联理论之上。Kress 和 van Leeuwen（1996：183）认为组篇理论通过三个系统将图像的表现意义和互动意义联系起来，他们分别是信息价值（information value）、定框（framing）和凸显（salience），而这种组篇理论同样适用于页面的布局。信息价值指图像和页面成分的位置分布（左—右，上—下，中央—边缘）为图像和页面本身附加意义。左—右的布局是旧信息和新信息的布局，上—下的布局是理想信息和现实信息的格局，中央—边缘的布局是焦点信息和附属信息关系。定框是在一个视觉布局中连接和区分各种成分的工具，通常包括线条、颜色和 / 或空白空间。文学作品中最常见的框架类别就是空白页面，这样的布局特征在文本的意义建构中起到不同的作用，例如，信件与其他叙述文体的不同就是利用了空行技巧。凸显指图像或页面中的成分由于分量、大小、颜色对比、敏锐性等原因能够达到吸引读者注意力的效果。一个成分的分量越大，越是凸显；尺寸越大越得到凸显；颜色越饱和越得到凸显；前景化的事物与背景事物相比能够得到凸显。作为对以上布局理论的补充，van Leeuwen（2005a：219-247）提出布局成分的关联理论，以解释图像或布局中不同成分之间的连接关系。借用 Halliday 语法成分之间的逻辑语义关系，van Leeuwen（ibid.）把包括图像和布局在内的视觉符号之间的连接关系归纳为详述关系和延伸关系，其中延伸关系又分为时间关系、空间关系和逻辑关系，每一类中又有详细的分类；针对视觉符号和语言符号之间的连接关系，van Leeuwen 认为也是详述和延伸，其中详述包括具体化（specification）和解释（explanation），延伸包括近义（similarity）、对比（contrast）和互补（complementarity）。

关于颜色理论，Kress 和 van Leeuwen（1996）在解释图像的互动意义时认为饱和度（saturation）、区别度（differentiation）和调制（modulation）是颜色作为自然情态的三个重要标识，但没有把颜色理论上升到语法的高度。Kress 和 van Leeuwen（2002：343-368）在论证了颜色同样具有三大纯理功能和三大意义潜势后，提出了用于分析视觉图像中颜色意义的 6 个区分性特征，作为建构"颜色语法"的基础，它们是价值（value）、饱和度（saturation）、纯度（purity）、调制（modulation）、区分度（differentiation）和色度（hue）。价值的等级取决于灰度（grey）的等级，灰度从最轻（白色）到最重（黑色）形成一个连续体。饱和度由最强饱和度（纯美的颜色表现）到弱饱和度（苍白、柔和的表现或沉闷、黑暗的颜色表现），最终到完全去饱和（就是黑色和白色），其表达的是一种从最强烈到最淡化的感情连续体，强饱和度表达正面的、愉快的和冒险的意义，但也比较庸俗和扎眼；弱饱和度细腻、柔和，但也冰冷和压抑，传达忧伤和情绪化的意义潜势。纯度是一个从纯度最大化到混杂最大化的连续体，常用的名称单一的颜色，例如棕色和绿色，被认为是纯色，而混合颜色例如蓝绿色被认为是混合颜色。由于颜色纯度的文化凸显性，基于纯红色，蓝色和黄色的

"蒙德里安配色方案"成为现代性意识形态的代名词；而淡蓝绿色和淡紫色的配色方案就是后现代意识形态的代表。调制是一个从颜色充分调制（如富于质感，有不同颜色和明暗的蓝色）到一个平面颜色。平面颜色简单和大胆，但过于基础和简化，调制颜色细腻丰富，能够展现颜色真实的质感，但过于挑剔和详细。颜色的调制也与情态有关，平面颜色是通用颜色，表达颜色的基本性质，调制颜色是具体颜色，表达人和物的颜色在不同光线下的真实状况，所以平面颜色是抽象的，而调制颜色才是自然真实的。区别度是从使用单色到最大限度地将不同颜色组合使用的一种颜色度量特征，单色是克制和胆小的，而多样性选择和颜色繁荣使用是大胆和具有冒险精神的象征。色度是从蓝色到红色的一个颜色度量连续体，红色端的联想意义是温暖、力量、凸显和前景化的，而蓝色端是冰冷、平静、距离和背景化的，此外，针对这种颜色的冷—暖连续体，Itten（引自 Kress & van Leeuwen，2002：357）列举了以下几个方面的具体应用：透明与模糊、镇静与刺激、稀疏和密集、空灵和世俗、远与近、轻与重、湿与干等。此后，van Leeuwen（2011）在《颜色语言简介》（*The Language of Color: An Introduction*）一书中指出了区分性特征对颜色对立二分的不足，提出了一个建立在"非区分性特征"基础上的几个共现颜色维度，并强调每个维度的"连续性"而不是"对立性"。

9.3.1.2 模态协同关系

模态协同关系的研究是多模态话语分析的最新发展，也是多模态文体学理论的核心。Barthes（1977）的锚定理论（anchorage theory）是最早深入阐述图文关系的理论，Barthes 首先确认图像和文字分属不同的系统，需要不同的分析方法，接着指出图像的意义是多重的，也是飘忽不定的，其意义的实现在一定程度上依赖于文字，需要文字对其过于弥漫的意义潜势加以控制，他将这种文字能使图像意义明确化的现象称为"锚定"（anchorage）；Barthes 强调图像对文字的依赖关系，认为文字不仅能够描述、解释图像的意义、还能够决定图像的意义。他提出的另一种关系是接续（relay）关系，指文字对图像的表达进行补充，使其具有一些新义（Kress & van Leeuwen，1996：16）。Kress 和 van

Leeuwen（1996：17）则认为图像本身有其独立的组织和结构，图像与文字之间的关系是关联性的而绝非依赖性的，虽然图像和文字这两种交流模式都对我们的文化建构起到重要作用，但二者以各自独特的方式、独立完成这一过程，并在这一理念基础上完成了视觉语法的建构，但他们对视觉模态与文字模态的关联并未作深入探讨。Royce（1998，2002）提出了"模态互补"的理论，认为"在复杂的多模态语篇中，视觉模态和文字模态是互补关系，视觉成分和文字成分的组合能够产生出比单一模态大的语篇意义"；此外他在 Hasan 词汇衔接理论基础上构建了一个以语义关系（sense relation）为基础的图文衔接理论，在原有的同义、反义、上下义等语义关系基础上增加了搭配关系。Martinec 和 Salway（2005）在 Halliday 小句间依赖关系和逻辑语义关系理论和 Barthes 图文分类理论的基础上提出了一个图文关系语法描述理论，形成了一个既包括图文之间地位关系（平等关系和不平等关系）又包括逻辑语义关系（映射和扩展）的图文关系系统。Unsworth（2008）也提出了一个包含共现（concurrence）、互补(complementarity）和连接(connection）的图文逻辑语义关系理论。O'Halloran（2005，2007a）研究数学语篇中的图文关系时，把图文互补关系扩展到了表达层（expression plane）、内容层（content plane）和语境层（context plane）。Liu 和 O'Halloran（2009）从语篇角度研究图文关系和符号间衔接，不仅从概念意义、人际意义和语篇意义三个层次入手，还提出跨级符号衔接和符号在表达层、内容层和语境层的衔接，并在原有理论框架上增加了符号间平行（inter-semiotic parallelism）和符号多义性（polysemy）的衔接手段。张德禄（2009a，2009b）在认可以上图文之间逻辑语义关系的基础上，提出了图文之间的表现关系理论，认为图文之间具有抽象具体关系、概括特殊关系、主辅关系、前景背景关系、补缺关系等，并把这种关系归纳为：(1）互补关系，包括强化和非强化；(2）非互补关系，包括交叠、内包和语境交互关系。这种把意义层面和形式层面区分对待的做法为功能文体学理解多模态符号协同关系开创了新的视角。

9.3.2 多模态功能文体学理论模式

多模态文体学研究也与多模态话语分析理论一样，是从探讨语言与图像和空间布局等的协同关系开始的。这类多模态语篇（无论是文学语篇还是非文学语篇）都是指利用现代印刷技术打印在页面上的语篇形式，不包括日常会话语篇。因此，也有人把这类多模态语篇称为印刷体多模态语篇（printed multimodal text），或页面多模态语篇（page-based multimodal text）。作为一个新兴的文体学学科，虽然人们在实践上已经有了一些研究（McIntyre，2008；Norgaard，2009，2010a；Ventola et al.，2004），但从理论上探讨的比较少（Norgaard et al.，2010；张德禄、穆志刚，2012）。本节尝试在理论上探讨多模态文体学的分析模式。

9.3.2.1 多模态语篇的特点

在多模态语篇中，不同模态要出现在同一语篇中，共同完成语篇的整体意义建构，因此，多模态语篇要具备以下基本特点：语境一致性、模态独立性和模态意义协同性。

所谓"语境一致性"是说文字模态和视觉模态（图像、字体、布局和颜色等）出现在同一个语境中，这里的同一语境指同一文化语境、同一情景语境和同一交际目的。同一文化语境指文字模态和其他视觉模态出自同一文化。在功能文体学中同一文化语境不是一个绝对的概念，因为无论一致与否，如果与作者表达的意义相关均构成文体特征，例如一个西方婚礼的文字配上西方婚礼的图片，这就是一种常规。如果文字是一种常规，那么图片就显示出一定的文体特征，但是如果故意配上东方婚礼的照片就是一种偏离或突出特征，如果与语篇整体意义相关，也会构成一种前景化文体特征。同一情景语境是指文字和图像等视觉符号阐述的是发生在同一情景语境中的事件，也就是说是同一话语范围、同一话语基调和同一话语方式。同一话语范围指不同符号指向同一事件，也就是说它们表现同一个概念意义；同一话语基调是指不同符号（文字和图像等）为交际者所共有，它们之间的关系一致；同一话语方式指文字模态和其他模态对语境有相同的依赖关系，它们有相同的交际渠道。最后，同一交际目的指文字模态和图像等其他视觉符号必须实现共同的交际目的，虽然它们各自强调不同的方面，但都实现同一个最终目的。语境的一致性在多模态语篇文体分析中非常重要，因为各种模态符号为实现同一个交际目的而服务，它们被视为实现统一语篇的基础，能够排除不相关意义的产生。

"模态独立性"指每种模态都是一个独立的符号系统，需要有不同的分析方式。尽管语篇的文字和图像等符号在共建同一个语篇，实现相同的交际目的，但它们毕竟使用的是不同的模态，具有不同表达意义的形式机制，即有不同的词汇语法系统，所以需要使用不同的分析方法。尽管不同模态符号的语法体系建构都是建立在 Halliday 的语言的三种纯理功能（概念功能、人际功能和语篇功能）和三种相应的语篇意义理论之上的，但语言模态的分析使用词汇语法系统，图像的分析使用视觉语法，字体、布局和颜色也均有各自不同的语法体系和分析方法。在每种模态内部有各自的突出语法特征，如果受语境制约并与作者的交际意图相关就是前景化特征。同时某个模态也能使另一个模态前景化（张德禄、穆志刚，2012：3），如果语言模态是常规，那么对图像模态的使用就可能是前景化的，反之亦然。多模态功能文体学的主要目的就是不仅探讨同一模态内部的前景化特征，也探讨模态协同中的前景化特征。

多模态语篇中"意义协同"有两个不同的层面。一个是意义的"同指性"，即无论指哪种模态，在同一语篇中所表达的意义必须是指向同一个目标的，意义的同指能最大限度地缩小歧义，消除来自不同模态词汇语法体系内部的多义性。"意义协同"的另外一层意思是"意义互补"，即不同模态在各自构建语篇意义过程中都有自己特殊的作用。在传统的文字和图像等模态共同出现的多模态语篇中，文字通常是主模态，而图像是对文字的进一步说明，是对文字所体现意义的一种强化（Bolter，2003：20）；但在现代出现了更多以图片为主的语篇，在这类语篇中，文字和图像用于实现语篇不同的侧面或不同阶段的意义，两者形成一种互补关系。这种互补关系如果从逻辑语义方面理解，便是一种模态提供重点信息，另外一种详述、延伸或强化，或者正好相反；从意义的具体表现关系看，有时不同模态之间是重点和补缺关系，有时是整体和部分关系，有时是抽象和具体关系等。

9.3.2.2 多模态功能文体学理论框架及其特点

基于以上多模态语篇的基本特点，在情景语境和交际目的的促动下，发话者从意义系统中作出选择，然后根据要表达的意义需要再选择合适的模态组合，最终形成语篇的多模态前景化特征。多模态功能文体学的理论分析模式可以简略由图 9.1 表示。

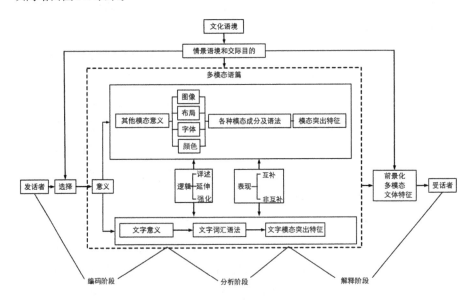

图 9.1　多模态功能文体学理论框架

图 9.1 中的多模态功能文体学理论框架的特点是：两个阶段，三个实体，四个关键。

"两个阶段"是指编码和解码两个阶段。编码阶段是以发话者为出发点的，发话者根据情景语境选择要表达的意义，在不同的模态中作出选择，然后在不同模态的语法系统中作出选择，最终形成多模态语篇；而解码阶段又包括分析阶段和解释阶段。分析阶段表示受话者需要利用不同模态的语法系统对语篇作精心分析，找出其中的突出特征，在解释阶段主要是把提炼出来的突出特征与情景语境对接，看这些突出特征是否与情景语境相关，根据这一相关性准则确定其是否成为语篇的文体特征。

"三个实体"分别是发话者、受话者和多模态语篇。发话者是意义选择的主体，在文学语篇中，作者根据艺术需求创造情景语境，再根据情景语境选择意义的表达和选择不同模态。受话者是多模态语篇的解码者，是文学作品的感受者，也可能是作品的研究者，受话者需要从语篇的词汇语法入手解读其中的突出性特征，并将其与情景语境对接以确定其是否是文体特征。语篇是连接发话者和受话者的桥梁，多模态语篇中的语言、图像、字体、布局、颜色等具体的模态是呈现在分析者面前的，承载着多重意义的媒介，而不同模态的语法系统格式是分析的重要依据。分析者只有抓住语篇模态的具体形式和利用各种模态的语法系统才能分析不同模态的突出特征。

"四个关键"分别是：语境、整体意义、模态协同和前景化。语境制约是多模态功能文体学的前提，情景语境和交际目的直接决定意义的选择，情景语境和交际目的又受文化语境制约，是文化语境的体现。而且，文字模态和图像、字体、布局和颜色等符号实现意义要在同一文化语境、同一情景语境和交际目的中进行，看它们结合在一起如何与社会文化和情景语境相联系。

在意义层面上，多模态语篇的意义是一个整体，意义的表达由文字模态和图像、字体、布局和颜色等多种模态协同完成，每一种模态有独立的语法系统，对文字意义的解读需要依靠词汇语法，对图像等其他模态意义的解读需要利用各自不同的语法，探讨的重点是不同模态如何体现语篇的整体意义，不同模态在体现语篇整体意义中各自起到什么作用，哪个模态的哪些特征是突出的，哪个模态的哪些特征得到了前景化。

模态的协同是多模态功能文体学研究的重点。在情景语境和交际目的的促动下，发话者从意义系统中作出选择，然后根据意义选择合适的模态组合实现意义，不同模态之间的关系可以根据逻辑语义分析，也可以根据它们之间的表现关系进行分析。逻辑语义关系又分为详述、延伸和强化；表现关系比较复杂，首先有互补和非互补之分，在互补中又有强化和非强化，非互补中又有交叠、内包和语境交互。

前景化的多模态特征的识别是多模态功能文体学的研究目标，在文化语境大背景下，受话者根据具体的情景语境和交际目的，选择要表达的意义，这种意义的表达可以借助不同模态，不同模态中均有各自的突出特征，但并不是所有模态中的所有突出特征都是前景化特征，因为只有当这些突出特征与情景语境和交际目的相关才能成为前景化特征。所以，相关性是最终确定一个模态特征是否能够成为多模态文体特征的决定性因素，也是多模态功能文体学理论框架的关键。

9.3.3　动态多模态功能文体学理论

传统的文学语篇（诗歌、小说、戏剧文本）属于静态多模态语篇，可以利用以上的理论框架分析它们的文体特征，但是高科技成果带来的网页、广告、电视、电影和戏剧表演等属于动态多模态语篇，对它们的文体研究需要构建动态多模态文体学理论分析框架。

9.3.3.1　动态多模态语篇的定义

动态多模态语篇和其他静态多模态语篇的区分标准是模态的状态和维度。状态的区分比较简单，静止的就是静态语篇，而画面和文字能够移动和变化的是动态语篇。另外一个重要的区分标准是媒体的维度。根据张德禄（2012：127）对多模态话语的分类，一维媒体、二维媒体中的任意两个空间维度构成的平面图形、三维媒体中任意三个空间维度（横、竖、高）构成的立体图形都属于静态媒体，自然由它们构成的语篇属于静态多模态语篇。二维媒体中的空间维度（横、竖、高）中的任何一个维度和时间维度构成的媒体、三维中的两个空间维度和时间维度构成的三维媒体，还有三个空间维度和时间构成的四维媒体都具有动态属性，它们是构成动态多模态语篇的基础。所以，时间维度是决定多模态语篇是静态还是动态的关键。这里所谓的动态多模态语篇包括以上二维、三维和四维的动态多模态语篇。

9.3.3.2　动态多模态功能文体学理论

动态多模态语篇和静态多模态语篇的区别在于时间维度的介入使图像等视

觉模态产生了动画效果，对分析者来说，动画视觉符号的切分是关键。所以，动态多模态功能文体学理论必须在静态多模态功能文体学理论的基础上增加一个时间维度和切分过程。Baldry 和 Thibault（2006）系统研究了多模态语篇的转写，他们使用集群分析方法（cluster analysis）对静态多模态语篇（如卡通、宣传单、印刷广告等）进行转写和分析，使用阶段分析法（phrasal analysis）对动态多模态语篇(例如电视广告、电影、录像等）进行转写，其中阶段(phase)、转折点（transition）和及物性框架（transitivity frames）是具体的分析工具。具体做法是寻找动态多模态语篇的转折点，按照这些转折点把语篇的镜头（shot）分成不同的阶段，再对每一个镜头中的画面进行及物性分析。张德禄（2010c）在其切分的基础上提出了动态多模态语篇的三个具体切分标准：语篇结构、经验意义、前景化的事物和特征。动态多模态语篇的构成特征是语篇的整体意义由几个阶段实现，每个阶段又包含若干个步骤或者次级单位，所以语篇的最小意义单位是由切分得到的最小单位——图像实现的。其次，根据语篇经验意义，需要寻找标志过程变化的转折点，这些转折点标志新过程的开始。最后，切分中还要关注前景化的事物和特征，因为它们是构成动态多模态语篇文体特征的基础。根据以上切分原则，在语篇层面，每个图像实现一个事件，一系列交际事件就形成一个情节，几个情节可以组成一个语篇步骤，几个步骤组成语篇体裁结构中的一个阶段。就语篇意义的最小单位图像而言，其构成成分包括图像素、图式和图像。体现一个事件的图像有几个图式组成，图式的组成成分是图像素（张德禄、袁艳艳，2011：10）。以上标准为分析录像等动态多模态语篇的文体特征提供了切分需要的基本框架。

9.3.3.3 动态多模态功能文体学理论框架及其特点

与静态多模态功能文体学理论框架相比，动态多模态功能文体学唯一的不同就是在原有的理论框架基础上增加了时间维度和切分环节，见图 9.2。

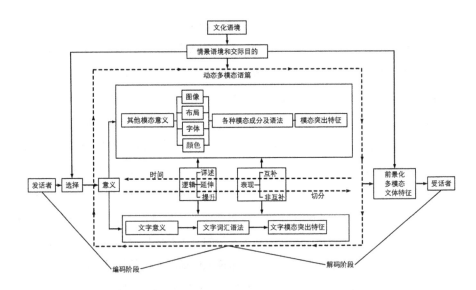

图 9.2 动态多模态功能文体学理论框架

动态多模态功能文体学理论框架的两个阶段仍然是编码和解码。在编码过程中，动态多模态功能文体学理论框架增加了一个按照时间顺序对图像进行组合的分析框架，仍以发话者为出发点。发话者根据情景语境选择要表达的意义，在不同的模态中作出选择，然后在不同模态的语法系统中作出选择，并把这些模态按照时间顺序进行设计和组合，最终形成多模态语篇；在解码阶段的分析阶段和解释阶段，受话者首先要做的是对动态多模态语篇进行切分，使其变成可以按照语法来分析的单位，然后利用不同模态的语法系统对其进行分析，找出其中的突出特征，再把提炼出来的突出特征与情景语境对接，看这些突出特征是否与情景语境相关，根据这一相关性准则确定其是否成为语篇的文体特征。

同时，动态多模态功能文体学理论框架的关键因素包括：语境、整体意义、模态协同、前景化、时间和切分。语境、整体意义、模态协同和前景化与静态理论相同，时间维度的出现表示不同模态和它们的协同能够表达一连串的意义，这些意义随着时间的推进堆积和变化，最终形成语篇的整体意义，所以这个框架是不断循环推进的动态框架。切分是针对动态多模态语篇的解读和分析而言的，要解读和研究语篇的意义，必须首先把动态语篇按照体裁结构成分切分成不同的阶段，然后每个阶段又分成不同的步骤，不同的步骤由不同的情节组成，情节内部又包含很多事件，事件的组成成分是图像和语言符号。所以，时间和切分形成逆向关系，时间是编码阶段的特征，而切分是分析阶段的必要成分。

最后，时间维度的增加使得动态多模态语篇的前景化特征的范围大大增加，在模态内部的前景化和模态协同中的前景化之外，还增加了一个模态组合的变化顺序，即图像移动的顺序如果打破常规，就形成一种新的突出特征，与语篇的整体意义相关就是多模态语篇的一个文体特征，而电影、戏剧、演讲、广告等动态多模态语篇常常利用这种打破时间维度的线性化手段创造独特的效果，这也是文体分析的关键。

9.3.4 多模态功能文体学的应用研究

虽然多模态功能文体学还处在理论探讨阶段，但是无论是多模态语法理论、多模态协同理论还是多模态语篇的前景化理论都是在应用和实践中发展和完善的。

首先，作为多模态文体学理论基础的各种语法理论被大量应用在多模态语篇文体研究中。对多模态符号语法的应用主要是利用 Kress 和 van Leeuwen 的视觉语法分析多模态语篇的特征（Gibbons，2012；Norgaard，2010a；O'Halloran，2003，2004；van Leeuwen，2006）。van Leeuwen（2006）利用自己提出的字体"区分性特征"分析一个房地产代理机构的信息手册和一个保险公司招聘信息顾问的宣传手册的设计。Norgaard（2009）利用"索引"理论分析《斯图亚特：倒退人生》中对主人公日记的引用，利用"图像"理论分析 E138 在机读支票上和库里埃字体在文学创作例如《达·芬奇的密码》中的应用。Kress 和 van Leeuwen（2002）将颜色理论应用到房间设计和颜色搭配中。就动态多模态文体学而言，Baldry 和 Thibault（2006）把自己提出的多模态语篇的转写理论应用在英国博物馆儿童指南网页和爱斯基摩人录像的多模态分析中。针对模态的系统而言，Royce（2002）把模态互补理论应用到教材分析和课堂教学分析中。在多模态语篇的文体特征研究方面，Norgaard（2010a）研究了 Foer 的小说《特别响，非常近》中的小说排版、布局和图片带来的独特文体特征，指出无论是

273

与文字相比还是与传统小说的创作风格相比，小说中的图像和视觉成分都是凸显成分。McIntyre（2008）研究伊恩·麦克莱版的戏剧《理查德三世》中的对话，展示了视觉信息与文本信息的互动关系，并证明利用多模态方法解读戏剧能够更加全面和深刻地揭示主题。

在国内，也有不少利用多模态理论分析语篇的研究。陈瑜敏、王红阳（2008）运用图像概念意义分析我国教科书的图像特点和图文关系。杨信彰（2010）从衔接的角度，分析多模态词典语篇中的文本和图像关系。张德禄（2009a，2009b，2010a，2010b）提出多模态话语分析框架，探讨模态之间的协同关系，并以此为指导研究多模态的协同和配合。李战子（2003）从社会符号学的角度分析多模态话语，希望对话语的产生、理解以及英语教学产生意义。以上的研究和对多模态理论的应用均为多模态文体学的发展奠定了基础，但真正应用多模态文体学理论研究多模态文体的很少见。王红阳（2007）对卡明斯的视觉诗"l(a"进行了多模态功能解读，但分析缺乏多模态文体学理论框架的指导；与此同时，国内对戏剧和电影的多模态文体学分析都还没有出现。刘世生、宋成方（2010：17）在对功能文体学的前景展望中提到了多模态话语分析飞速发展已经催生了一门新的文体学分支——多模态功能文体学的出现，但未进行深入讨论；曲卫国（2009：369-402）在话语文体研究中简单介绍了多模态文体学研究的基本理论，但没有给出具体分析的理论框架。

9.4 多模态认知文体学理论

与多模态功能文体学相比，多模态认知文体学尚处在萌芽阶段，下面重点探讨其定义、理论基础、理论研究和应用研究。

9.4.1 多模态认知文体学的定义

多模态认知文体学是文体学研究发生了"认知"转向和"多模态"扩展之后萌生的新兴产物。

20 世纪 90 年代以来，受到认知科学迅猛发展的影响和推动，文体学研究出现了明显的"认知转向"。Semino 和 Culpeper（2002）将认知文体学界定为跨语言学、文学研究和认知科学的新的文体学流派。认知文体学系统揭示了很多以往被忽略的大脑反应机制，说明了读者和文本如何在阅读过程中相互作用。目前国外对认知文体学的研究采取多个视角进行。例如，Nagy（2005）从认知科学的角度阐释和解读了文体概念；Burke（2011）借助神经生理学的理论，解释意象图式理论的认知理据；Stockwell（2002）以及 Gavins 和 Steen（2003）在认知诗学的理论框架之内研究文体特征，更多注重文学作品的审美意义和主题意义的读者解读和理解；Semino 和 Culpeper（2002）以及 Lambrou 和 Stockwell（2007）等更多的人则利用各种认知语言学理论，如意象图式、概念隐喻、心理空间、文本世界等甚至是广义的认知科学的方法进行各种文体分析。纵观以上研究的主要潮流，贾晓庆、张德禄（2013：6）认为，认知文体学以分析语篇的语言特征为出发点，从分析到阐释有两条路径，一条是从语言特征透视语言生成背后的认知结构，即作者或人物的概念结构；另一条是从语言特征出发阐释语言结构背后的认知过程，即读者的认知过程。

多模态文体学是伴随着文学语篇表达形式的发展和文体学研究范围从文学语篇向非文学语篇的扩大孕育而生的一个文体学分支。多模态文体学的理论基础主要是 Halliday 的"语言是社会符号"（Halliday，1978：138）的社会符号学理论。既然语言只是传达意义的一种社会符号，那么其他社会符号系统也应该有各自的"词汇语法系统"，并与语言协同为表达意义服务。这种多模态理论与蓬勃发展的认知语言学理论的结合产生了多模态认知文体学。多模态认知文体学就是研究文学语篇和非文学语篇中包括语言在内的各种模态如何在意义建构和意义解读过程中构成语篇的前景化特征并被读者认知的一门科学。

9.4.2 多模态认知文体学的理论基础

多模态认知文体学的理论基础是认知语言学。虽然认知文体学也借用心理学、神经科学等广义上认知科学的方法，但认知语言学的图形—背景理论、意象图式、概念隐喻、整合理论、语篇世界理论等是多模态认知文体学的主要理论基础。由于认知语言学认为语义存在于人的概念化过程中（赵艳芳，2001：125），认知文体学制约文体特征的条件是语言特征的概念化，所以认知文体分析关注的是那些能够体现作者认知过程或者与读者的认知方式有关联，能够解释读者的认知过程的语言特征。在认知文体学框架中，当与认知方式有关的语言特征构成一定模式，与我们的主题阐释有关时，它就会真正得以前景化（贾晓庆、张德禄，2013：7）。Halliday 的"语言是社会符号"的社会符号学理论点明了语言的社会符号学本质，但也说明了语言只是传达意义的一种社会符号，其他社会符号系统也应该有各自的形式系统，或者"词汇语法系统"，并与语言协同共同体现意义。这些模态在意义建构中的作用必然决定了其在意义解读和认知中的地位。所以出现在静态多模态语篇中的图片、字体印刷、排版设计以及颜色等视觉符号和出现在动态多模态语篇中的听觉符号、手势符号等也就成为理解作者认知过程和读者认知方式的模态特征，也可以构成语篇的前景化特征。

9.4.3 多模态认知文体学的理论研究

认知语言学和广义的认知科学所涉及的概念隐喻理论、概念整合（conceptual integration）理论、文本世界理论（text world theory）、图形—背景理论、认知语法（cognitive grammar）和指示认知（cognitive deixis）理论等都是多模态认知文体学的核心理论。

概念隐喻理论是多模态认知文体学理论中研究最完善的。概念隐喻的研究成果归功于认知语言学历史上两次隐喻研究的大革命。第一次是 Lakoff 和 Johnson 对隐喻思维性和概念性的著名论断。Lakoff 和 Johnson（1980：6）在《我们赖以生存的隐喻》（*Metaphors We Live by*）一书中提出，"隐喻不仅仅与语言有关，其实人类的思维过程绝大部分是隐喻性的"，并且"觉得大部分的概念系统具有隐喻性结构"。在随后的研究中，绝大部分研究者（Lakoff，1987；Lakoff & Johnson，1980；Lakoff & Turner，1989；Steen，1994；Turner，2000）致力于概念隐喻的分类和研究隐喻在人类认知过程中的强大作用。但是，Lakoff 和 Johnson（1980：154）也认为"隐喻首先是思维和行动上的，其次才衍生为语言"。这种只关注语言体验的隐喻研究无法反映隐喻的全貌，也无法更加深入地研究人类的思维和人类认知的本质，因为语言只是众多的意义符号中的一种，图像、音乐、颜色、印刷版式、身体动作和空间布局等多种符号模式也是可以构建和表达概念隐喻的。在这一背景下，Forceville（1996）的《广告中的图像隐喻》（*Pictorial Metaphor in Advertising*）一书开启了隐喻研究的第二次革命。他从跨学科的角度审视概念隐喻，将一直以来都局限于语言研究范围内的隐喻研究扩展到了多模态领域，2009 年 Forceville 和 Urios-Aparisi 合编的论文集《多模态隐喻》（*Multimodal Metaphor*）展开了隐喻多模态研究的新篇章。这一研究融合了认知语言学研究和多模态语篇研究，即从关注概念隐喻的语言文字表征转向语言文字只担任一种交际模式的多模态语篇表征（赵秀凤，2011：1）。在众多的模态符号中，Forceville 最先关注的是图像符号的隐喻研究，根据图像隐喻的构成，Forceville 把图像隐喻分成了四类：单体图像隐喻（MP1）、双体图像隐喻（MP2）、图像明喻（PS）和文字图像隐喻（VPM）（1996）。除此之外，该书充分肯定图像和文字在隐喻解读过程中的互补作用和隐喻的"创造性"，Forveville 利用大量的广告实例，印证了在隐喻的目标域和源域之间的相似性未必是预先客观存在的，该相似性可以通过设计者发挥主观能动性和创造性表达出来，这种创造就是语篇的文体特征的体现，而多模态文体学的认知研究就是要寻找多模态语篇中这种创造性的人类认知模式。同时，Forceville 和 Urios-Aparisi（2009：4）也认为经典的语言隐喻研究或多或少地忽视了隐喻的修辞和文体维度，除了已经固化为集体意识的常规隐喻外，创造新奇隐喻的动因可能并不仅仅是为了表达抽象概念，有时可能是处于某种修辞的需要，如增加审美乐趣或加强情感效应。

与概念隐喻研究密切相关的认知文体学理论就是概念整合。概念整合理论旨在解释概念域和大脑空间如何融合并产生新的意义。对隐喻而言，源域是一个输入空间，目标域是另外一个输入空间，两个空间整合就会产生一个新的概念结构，这一概念结构包含了所有来自两个输入空间共同特征的类属空间和来自读者个人经验的意义和推理。Dancygier（2006：6）说，"概念整合理论让我们更好地理解新意义是如何在现有的知识构建的基础上创造性地产出的。"概念整合理论同样可以用来解释多种模态在概念域和大脑空间整合并产生新意义的具体方式，尤其是新奇隐喻的创造性产出和带来的文体效应。

文本世界理论是由 Werth 首先提出的，他认为文本世界是"一个与某一言语对应的包含了足够信息的概念脚本"（1999：7）。在随后的研究中，Gavins（2007：8）认为文本世界理论展示的是建立在大脑表征基础上的人类处理语言信息的模型。他们的文本世界理论就是一个语篇框架，聚焦于语言结构如何激发不同的文本世界。然而，Downing（2003）在对广告语篇的文体研究中发现，其他的视觉符号，例如图片在构建文本世界的过程中和语言符号的运作方式是不同的，于是把文本世界理论扩展到了多模态文本的文体研究中。Gibbons（2012：36）利用文本世界理论揭示了在多模态语篇中读者的复杂处境。

图形—背景理论也是多模态认知文体学的重要理论，因为这一认知语言学理论与传统文体学中的前景化理论不同，它从心理学的角度阐释视觉对信息的接受形式。图形和背景理论把人的注意力区分成图形（figure）和背景（ground）：图形指注意力聚焦的物体，而背景指画面中除了物体之外的背景信息。图形—背景理论最早由丹麦心理学家 Rubins（1958：201）提出，他利用黑色花瓶和白色背景图片阐释了图形和背景的动态性，即人的注意力可以在图形和背景之间变化。图形—背景理论的关键是图形识别，因为图形往往是读者注意力集中的地方，在文体学中就是语篇的前景化特征。格式塔原则中的就小原则（the principle of smallness）就是一个重要的图形识别原则，其基本原则是图像中较小的成分会被视为背景映衬下的图形。Gordon（1997：6）明确指出"图形—背景关系出现在所有的感官模态中"，但是传统文体学对前景化文体特征的研究仅仅是图形—背景理论在语言模态方面的发展。在多模态语篇中，人类注意力对语篇中不同模态意义符号的处理过程必将与语言不同，这也成为多模态认知文体学研究的一个重点。

认知语法是由 Langacker（1987，1991，2008）发展起来的旨在建构语言结构的认知机制和大脑表征的语法框架。认知语法中一个极其重要的概念是图像（意象）图式，因为认知语法认为一个词语的意义不仅是这一词语在人脑中形成情景，而且是这一情景形成的具体方式。即使两个句子的情景相同，也会由于对情景不同方面的突显而产生语义对立。在认知心理学中对图形和背景的研究与述义的内容无关，而在认知语言学中，图形—背景关系是从意义突显的角度进行，所以有利于深入研究语篇的文体特色。图形—背景关系式就是用意象图式构建起来的方位关系实现的。意象图式在认知语法中通常通过介词表征。侧面化（profiling）理论是重要的认知模式，这一理论把一个述义在相关认知域中的覆盖范围称为基体（base），基体的某一个方面如果成为"注意的焦点"或被突显就叫侧面（profile）。侧面化理论从语义入手研究图形和背景关系时，意象中涉及的两个物体，被突显的那一个是射体（trajector），而另外一个是界标（landmark），射体和界标通过路径（path）联系起来。尽管比较抽象，但是 Langacker（1987）本人也强调意象图式的分析过程依靠的是图形表征。认知语法本身的图像本质使其成为语言模态与视觉模态协同的关键，所以也是多模态文体研究的切入点之一。

最后，与认知语法紧密相关的认知指示理论（cognitive deixis）也成为多模态认知文体研究的基础理论之一。认知指示理论是由 Duchan、Bruder 和 Hewitt（1995）首次提出的，传统语法对指示语的研究发现，人称代词、指示词和一些副词具有标识方位的功能。Stockwell（2002）提出了认知指示语的指示映射和指示转移功能，即阅读者把自己重置于另外一个映射出的指示立场中的想像能力。Galbraith（1995：4）研究了各种不同类型的指示转移，McIntyre（2006：11）强调把研究的重点放在虚构世界和真实世界指示转移的研究上；Gibbons（2012：31）研究了多模态文学语篇中的多模态化如何影响读者对叙事中指示关系的理解，成为多模态语篇指示认知研究的新尝试。

9.4.4　多模态认知文体学的应用研究

多模态语篇的认知文体研究虽然没有形成完整的理论体系，但是已有学者利用认知语言学理论和广义认知科学的理论从不同的角度出发对多模态文学语篇和非文学语篇的文体进行初步探索。

其中，最突出的研究当属 Forceville（1996，1999，2002，2007）的多模态隐喻理论的应用研究。1996 年，Forceville 就利用自己提出的图像隐喻理论分析过读者对 3 则 IBM 广告的解读。随后，他将图像隐喻理论用于文学作品文体研究，分析了小说《来自陌生人的安慰》（*The Comfort of Strangers*）中的隐喻及其文体效应（1999）；并于 2002 年对比研究了这一小说和其电影版本的多模态叙事风格。在将图像隐喻理论发展和完善为多模态隐喻之后，Forceville（2007）分析了荷兰电视广告中的多模态隐喻。在 2009 年 Forceville 和 Urios-Aparisi 合编的论文集《多模态隐喻》一书中，不同的作者更是将广告、漫画、手势语、音乐、电影等作为研究对象，从不同的角度分析了多模态隐喻带来的空前的文体效应。此外，Gibbons（2012）的《多模态、认知和实验文学》（*Multimodality, Cognition and Experimental Literature*）一书将文体的认知研究置于认知诗学的框架内，针对不同的实验小说的研究，采用了不同的认知语言学理论：例如利用文本世界理论研究小说《特别响，非常近》中语言如何构建一个假设的文本世界；利用指示认知理论研究小说 *VAS: An Opera in Flatland* 如何使读者产生阅读中的双重位置，并用概念整合理论和概念隐喻理论研究小说如何将虚构世界和真实感受进行整合，产生新的主题意义。在国内，也有不少学者将以上认知语言学理论用于文学语篇和非文学语篇的文体认知研究，其中赵秀凤（2011）撰文系统介绍了多模态隐喻研究的发展；赵秀凤、苏会艳（2010）从认知的视角对一则多模态广告的语篇意义建构进行探讨，以概念转喻和隐喻为切入点，聚焦隐喻性多模态语篇整体意义动态建构的过程，是多模态文体认知研究的成功范例；随后，黄东花（2013）以中央电视台学术讲座类节目《百家讲坛》为例，研究电视学术讲坛类多模态语篇的多模态隐喻现象和多模态编码的整体意义建构。

9.5 多模态文体学的研究方法

和其他文体学流派一样，多模态文体学采用将定性研究和定量研究有机结合的实证方法，但由于多模态的复杂性以及涉及因素多的特点，定性研究方法是最常用的方法。

多模态文体学的定性研究方法包括实证方法和逻辑推理方法。实证方法还包括观察法、直觉印象法和描述法等。观察法是人类认识周围事物的基本方法，认为主体和客体是相互分离的，主体可以通过对客体的客观观察而认识客体，所以，多模态文体学家首先需要对文本中使用的不同模态进行观察，以获得有关文本模态突出特征的"知识"。

直觉印象法是文学分析的传统做法，这种方法从观察者所注意到的某些文体特征出发，进而确定这些特征的特殊意义，但其特点是分析者对语言特点的选择不是盲目的，而是依靠分析者所积累的语言经验有目的、有条件地选择所分析的项目。文体学家对多模态语篇文体特征的观察和文体突出特征的确定就是依靠直觉印象。虽然直觉印象法有主观性之嫌，但是文体学家都不否认这种方法的有效性，因为我们的直觉在大多数情况下是正确的。所以，直觉印象法也是多模态文体学分析的基本方法之一。

描述法是文体分析的基本方法。因为分析者需要对选定的文本进行仔细观察，然后把观察到的语言特征客观地描述出来，为进一步研究文体风格作铺垫。在具体文体分析中，描述必须建立在一定的语言学理论模式之上，而且，可以采用一种语言分析模式对所有的突出特征进行描述，也可以根据相关的语言特征选择不同的语言模式综合进行描述，例如对多模态语篇的文体特征的描述使用功能语言学的分析模式，描述语篇的模态突出特征，并研究这些突出特征如何与语篇整体意义相关联而变成前景化特征。

多模态文体学在建构理论框架和对语篇进行文体分析时使用的逻辑推理方法包括演绎推理、归纳推理、类比推理和经验推理。演绎和归纳是两种主要的逻辑推理方法。演绎是一种从一般到具体、从共性到个性、从抽象到具体、从宏观到微观、从理论到经验的推理过程。而归纳是一种从具体到一般、从个性到共性、从具体到抽象、从经验到理论的推理过程。在文体分析中归纳推理和演绎推理必须结合使用，并从不同的角度出发认识两者的先后关系（张德禄，2007：14）。从对语言材料处理的角度看，应该首先使用演绎推理的方式对语言材料进行剖析，直到完全分析清楚语料的特征，然后再对其进行归纳，找到规律性的东西；但从理论建构的角度讲，应该对现有的材料首先进行归纳，从归纳中得出假设，然后通过演绎推理研究对假设进行验证，得出结论。多模态文体学理论框架的建立必须首先在归纳中作出假设，然后通过演绎推理对假设进行检验。类比推理是根据两个（或两类）相关对象某些属性的相同或相似之处，推出它们在另外属性上也相同或相似（王海传等，2008：174）。多模态功能文体学就是利用各种语言符号和其他符号之间的某些相同特征而推断出了其他模态符号的语法体系，例如颜色的"区别性特征"理论就是从语言学的"区别性特征"推理而来。经验推理是文体学研究中常用的推理方法，因为文体学本身就是一种经验科学。运用多模态文体学的理论框架分析语篇中出现的多模态突出特征就是利用个人经验进行推理，要把这些突出特征与语篇的整体意义结合也要依靠经验推理。

除了使用定性研究方法，多模态文体研究也使用定量研究方法，定量方法主要用于统计某些特征的出现频率，分析语篇的各种语法特征如何在一定的语境中体现语篇的三大元功能，并具体作为判断语篇文体特征的标准。目前多模态文体研究中的定量方法已经与语料库方法相结合，也可以利用数字多媒体技术。Baldry（2007：173）建立了一个基于网页的多模态语料库检索工具 MCA（multimodal corpus authoring system），用于研究者分析面对公众的多模态电影体裁，如电影、DVD、电视剧、网络电影，也可以用来分析大学讲座录像和儿童讲故事的录像等。此外，O'Halloran 等曾在新加坡的符号学研究中心的基础上建立了多模态分析实验室，主要把系统功能语言学理论和符号学理论相结合，并利用数字媒体技术对多模态语篇进行科学的量化分析。这种利用数字多媒体技术对多模态语篇文体突出特征进行的分析，将为多模态文体学理论建构和完善提供有力的科学保障。

9.6 多模态文体学研究中存在的问题

多模态文体学研究在国际和国内都还处在发展阶段，所以理论建构和实践应用中还存在很多问题。

首先，多模态功能文体学理论的基础薄弱。不同模态符号的语法系统不够完善，基本的模态语法（如图像、字体、布局、颜色等）还很不完整，而且不同的符号系统的语法体系中重叠和模糊现象严重。此外，多模态之间协同关系的研究也不够深入，既缺乏对逻辑语义关系的类别研究，又缺乏对详述、延伸和强化等内部关系的细致研究。

第二，多模态认知文体研究薄弱。由于对多模态文体研究大都借助 Halliday 的社会符号学思想和他的功能语言学理论，所以目前的研究主要是多模态功能文体研究，从认知的角度对多模态语篇进行文体研究没有得到足够的重视，既没有一个系统的理论体系，又缺乏应用和实践研究。

第三，声音模态在多模态文体学理论框架中的缺失。声音作为三种主要模态之一，是多模态文体分析中不可忽视的一个部分，例如，van Leeuwen（1999）对声音模态作了基于社会符号学的描述；O'Halloran（2004）也曾提出一个电影图像和音乐的分析模式，但都没有被完整地放置在多模态文体理论框架中。曾方本（2009：31）指出，目前多模态语篇分析中很少见到对声音模态进行分析的研究。多模态文体研究也仅局限于文字和图像组合的语篇文体研究，对"图像和声音"或"图像、文字加声音"的多模态语篇的文体研究几乎没有。

第四，利用多模态功能文体学理论和认知文体学理论对文体进行研究的实践更少。国外主要有 Norgaard（2009，2010a，2010b）和 Norgaard et al.（2010）研究多模态文体学理论，但更集中于研究多模态语篇的字体和布局带来的文体特征和 McIntyre（2008）对多模态戏剧的主题意义的分析；国内主要有王红阳（2007）对卡明斯的诗歌的多模态功能研究，但没有人同时从功能和认知多个角度展开语篇的文体分析。

第五，多模态话语分析理论和多模态文体学理论缺乏区分。多模态话语分析理论有近 20 年的研究历史，也形成了较完整的理论，这些话语分析的理论可以成为多模态功能文体学研究的基础，但是，多模态话语分析和多模态文体研究是两个不同的概念和研究领域，有必要加以区分。尽管两者都借助语言学理论，但研究对象和目的不同：话语分析的对象是语篇的篇章性、语篇的连贯和衔接机制，并最终为语篇的理解服务；而多模态文体学研究的对象是语篇中的模态突出特征和模态协同关系，目的是通过寻找多模态语篇的区别性模态特征，来解释这些多模态特征在语篇整体意义建构中的作用。

9.7 多模态文体学研究前景展望

作为一个新兴的、同时又适应现代科技发展的需求的文体学分支，多模态文体学有着广阔的发展前景，可以在以下多个领域进行深入的研究：

首先，进一步完善多模态功能文体学理论框架。本章提出的功能文体学理论框架和分析框架还不够完整和细致，其中还有很多细节有待进一步研究和细化，今后的研究可以继续健全不同模态符号的语法体系，深入研究模态之间的协同关系，并研究情景语境如何制约多模态突出特征，并最终成为语篇的前景化特征。

第二，建立系统的多模态认知文体学理论体系和构建功能—认知相结合的多维文体分析框架。认知文体学是目前文体研究的热点，但是多模态语篇的认知文体研究只是利用少数的认知语言学理论进行的零散的多模态文体分析。在今后的研究中，首先要建立起一个系统的多模态认知文体理论体系。多模态功能文体学从语篇的社会功能出发研究语篇的文体特征，认知文体学从概念化过程出发，研究作者、人物和读者对语篇意义和新奇文体特征的建构和认知，尽管路径不同、方法各异，但二者都以语篇的意义为核心，所以可以构建一个以意义为核心的多维度的多模态文体分析框架。

第三，把声音模态纳入多模态文体学理论框架中。声音模态的特质是不可逆转性，它不像文字可以反复阅读，但随着多媒体技术的发展，目前对声音的保留、复制和重放都有了技术保障，文体学家可以对声音模态实现的文体特征进行深入研究。可以在 van Leeuwen（1999）声音模态的描述基础上更好地研究动态多模态语篇中的声音模态、文字模态和图像模态的协同，并深入研究声音模态带来的语篇前景化特征。

第四，将多模态文体学理论应用于英汉语篇的多模态对比研究中可以成为文体研究的一个突破点。各种模态符号的社会属性决定了不同模态符号的文化制约性，例如，英语多模态语篇和汉语多模态语篇在模态表达相同意义时突出模态和模态协同有何异同，这种异同对多模态语篇的跨文化阅读和理解有何影响等。

最后，对多模态文体的理论研究需要和实践相结合，尤其是以语言语篇的文体研究为出发点的多模态文体研究可以成为语言教学的理论基础，可以形成一个多模态课堂教学文体学，研究课堂教学话语的多模态文体特征，以及多模态突出特征如何更好地实现教学目的。由于语言教学本身就是在多模态环境中完成的，所以，从教师的角度讲，研究多模态课堂教学的特征必将对课堂教学的设计产生影响；对学生来说，研究多模态学习能力的培养是适应时代发展的需要，也是有效学习的关键。

9.8 小结

随着科学技术的发展，文学创作和日常交际变得越来越多模态化，文体学研究也适应这种新形势的发展，把研究的范围扩大到对多模态语篇文体的研究。鉴于多模态文体学理论的主流是建立在功能语言学基础上的多模态功能文体学，本章重点探讨多模态功能文体学研究的渊源、理论基础、研究方法、理论框架的建构和应用。在回顾以往多模态语篇文体研究的基础上，总结了不同模态符号的语法理论、模态协同理论，构建了一个多模态功能文体分析框架和动态多模态功能文体分析框架，并分析了两者的特点。之后，为适应文体研究的认知转向，本章还探索性地探讨了多模态认知文体学的定义、理论基础、研究方法，并重点介绍了可以用于多模态语篇文体认知研究的认知语言学理论及其应用研究。最后，本章探讨了国内外多模态文体研究中存在的问题，并展望了多模态文体学的发展前景。

参考文献

Adolphs, S. (2006). *Introducing electronic text analysis: A practical guide for language and literary study*. London: Routledge.

Adolphs, S., & Carter, R. (2002). Point of view and semantic prosodies in Virginia Woolf's *To the Lighthouse*. *Poetica, 58*, 7-20.

Anderson, T., & Crossley, S. (2011). "Rue with a difference": A computational stylistic analysis of the rhetoric of suicide in *Hamlet*. In M. Ravassat, & J. Culpeper (Eds.), *Stylistics and Shakespeare's language* (pp.192-214). London/New York: Continuum.

Archer, D., & Bousfield, D. (2010). See better, Lear? See Lear better! A corpus-based pragma-stylistic investigation of Shakespeare's *King Lear*. In D. McIntyre, & B. Busse (Eds.), *Language and style* (pp.183-203). London: Palgrave Macmillan.

Aristotle. (1954). *The rhetoric and poetics of Aristotle*. (W. R. Roberts, Trans.). New York: Modern Library.

Aristotle. (1991). *On rhetoric: A theory of civic discourse*. (G. A. Kennedy, Trans.). Oxford: Oxford University Press.

Aristotle. (1996). *Poetics*. (M. Heath, Trans.). London: Penguin.

Austin, J. L. (1962). *How to do things with words*. Oxford: Oxford University Press.

Baayen, H., van Halteren, H., & Tweedie, F. (1996). Outside the cave of shadows: Using syntactic annotation to enhance authorship attribution. *Literary and Linguistic Computing, 11*(3), 121-132.

Bacon, F. (1605). *The advancement of learning*. London: Cassell & Company.

Bal, M. (1997). *Narratology: Introduction to the theory of narrative*. (C. van Boheemen, Trans.). Toronto: University of Toronto Press.

Baldry, A. P. (2007). The role of multimodal concordances in multimodal corpus linguistics. In T. D. Royce, & W. L. Bowcher (Eds.), *New directions in the analysis of multimodal discourse* (pp.173-194). Mahwah, NJ: Lawrence Erlbaum.

Baldry, A. P., & Thibault, P. J. (2006). *Multimodal transcription and text analysis: A multimedia toolkit and coursebook*. London/Oakville: Equinox.

Bally, C. (1905). *Précis de Stylistique. Esquisse d'une méthod fondée sur l' étude du francais modern*. Geneva: A. Eggiman.

Bally, C. (1905/1932). *Linguistique générale et linguistique française*. Berne: Francke.

Bally, C. (1909). *Traite de stylistique française*. Heidelberg: Carl Winters.

Barthes, R. (1957/1972). *Mythologies*. A. Lavers (Ed. & Trans.). New York: Hill & Wang.

Barthes, R. (1977). *Image-Music-Text*. New York: The Noonday Press.

Bateman, J. (2008). *Multimodality and genre: A foundation for the systematic analysis of multimodal documents*. London: Palgrave Macmillan.

Bateman, J., Delin, J., & Henschel, R. (2004). Multimodality and empiricism: Preparing for a corpus-based approach to the study of multimodal meaning-making. In E. Ventola, C. Charles, & M. Kaltenbacher (Eds.), *Perspectives on multimodality* (pp.65-90). Amsterdam/Philadelphia: John Benjamins.

Bell, A. (2007). Do you want to hear about it? Exploring possible worlds in Michael Joyce's hyperfiction, afternoon, a story. In M. Lambrou, & P. Stockwell (Eds.), *Contemporary stylistics* (pp. 43-55). New York: Continuum.

Biber, D. (2011). Corpus linguistics and the study of literature. *Scientific Study of Literature, 1*, 15-23.

Birch, D. (1989). Working effects with words: Whose words? Stylistics and reader intertextuality. In R. Carter, & P. Simpson (Eds.), *Language, discourse and literature: An introductory reader in discourse stylistics* (pp.259-277). London: Unwin Hyman.

Birch, D., & O'Toole, M. (Ed.). (1988). *Functions of style*. London: Pinter.

Blackwell, L. (1972). Flannery O'Connor's literary style. *The Antigonish Review, 10*, 57-65.

Blair, H. (2005). *Lectures on rhetoric and belles-lettres*. Carbondale: Southern Illinois University Press.

Bloont, T. (1654). *The academy of eloquence*. Aldershot: Scolar Press.

Blotner, J. (1991). *Faulkner: A biography*. New York: Vintage Books.

Blum-Kulka, S., House, J., & Kasper, G. (1989). *Cross-cultural pragmatics: Requests and apologies*. Norwood, NJ: Ablex.

Boase-Beier, J. (2011). *Stylistic approaches to translation*. Shanghai: Shanghai Foreign Language Education Press.

Bolter, J. D. (2003). Critical theory and the challenge of new media. In M. E. Hocks, & M. R. Kendrick (Eds.), *Eloquent images: Word and image in the age of new media* (pp.19-36). Cambridge, MA: MIT Press.

Bourg, T. (1996). The role of emotion, empathy, and text structure in children's and adults' narrative text comprehension. In R. J. Kreuz, & M. S. MacNealy (Eds.), *Empirical approaches to literature and aesthetics* (pp.241-260). Norwood, NJ: Ablex.

Bousfield, D. (2007). Never a true word said in jest: A pragmastylisitc analysis of impoliteness as banter in *Henry IV, Part I*. In M. Lambrou, & P. Stockwell (Eds.), *Contemporary stylistics*. New York: Continuum.

Bradford, R. (1997). *Stylistics*. London: Routledge.

Brinegar, C. S. (1963). Mark Twain and the Quintus Curtius Snodgrass letters: A statistical test of authorship. *Journal of the American Statistical Association, 58*, 85-96.

Brooks, C., & Warren, R. P. (1959/1979). *Understanding fiction*. Englewood Cliffs: Prentice-Hall.

Brown, P., & Levinson, S. (1978). Universals in language usage: Politeness phenomena. In E. N. Goody (Ed.), *Questions and Politeness: Strategies in Social Interaction* (pp.256-289). Cambridge: Cambridge University Press.

Bruhn, (2011). Exchange values: Poetics and cognitive science. *Poetics Today, 32*(3), 403-460.

Burke, K. (1945/1969). *A Grammar of motives*. Berkeley: University of California Press.

Burke, K. (1950/1969). *A Rhetoric of motives*. Berkeley: University of California Press.

Burke, M. (2011). *Literary reading, cognition and emotion*. New York: Routledge.

Burrows, J. F. (2002a). The Englishing of Juvenal: Computational stylistics and translated texts. *Style, 36*(4), 677-679.

Burrows, J. F. (2002b). "Delta": A measure of stylistic difference and a guide to likely authorship. *Literary and Linguistic Computing, 17*, 267-287.

Burton, D. (1980). *Dialogue and discourse: A sociolinguistic approach to modern drama dialogue and natural occurring conversation*. London: Routledge & Kegan Paul.

Burton, D. (1982). Through glass darkly: Through dark glasses. In R. Carter (Ed.), *Language and literature: An introductory reader in stylistics* (pp.195-214). London: George Allen & Unwin.

Busse, B. (2006a). Linguistic aspects of sensuality: A corpus-based approach to will-construing contexts in Shakespeare's works. In C. Houswitschka, G. Knappe, & A. Muller (Eds.), *Anglistentag 2005 Bamberg: Proceedings* (pp.123-142). Trier: WVT.

Busse, B. (2006b). *Vocative constructions in the language of Shakespeare*. Amsterdam: John Benjamins.

Busse, B. (2007). The stylistics of drama: *The Reign of King Edward III*. In M. Lambrou, & P. Stockwell (Eds.), *Contemporary stylistics* (pp.232-243). New York: Continuum.

Busse, U. (2008). An inventory of directives in Shakespeare's *King Lear*. In A. H. Jucker, & I. Taavitsainen (Eds.), *Speech acts in the history of English* (pp.85-114). Amsterdam/Philadelphia: John Benjamins.

Butler, C. (2004). Corpus studies and functional linguistic theories. *Functions of*

Language, 11(2), 147-186.

Butt, D. G., & Lukin, A. (2009). Stylistic analysis: Construing aesthetic organization. In M. A. K. Halliday, & J. Webster (Eds.), *Continuum companion to systemic functional linguistics* (pp. 190-215). London: Continuum.

Carminati, M. N., Stabler, J., Roberts, A. M., & Fischer, M. H. (2006). Readers' responses to sub-genre and rhyme scheme in poetry. *Poetics, 34*, 204-218.

Carter, R. A. (1978). Register, styles and teaching some aspects of the language of literature, *Educational Review, 30*(3), 227-236.

Carter, R. A. (1987). Is there a literary language? In R. Steele, & T. Threadgold (Eds.), *Language topics: Essays in honour of Micheal Halliday*. (Vol. 2, pp. 431-450). Amsterdam: John Benjamins.

Carter, R. A. (1989). Poetry and conversation: An essay in discourse analysis. In R. Carter, & P. Simpson (Eds.), *Language, discourse and literature: An introductory reader in discourse stylistics* (pp. 59-74). London: Unwin Hyman.

Carter, R. A., & Simpson, P. (1989). Introduction. In R. Carter, & P. Simpson (Eds.), *Language, discourse and literature: An introductory reader in discourse stylistics* (pp. 1-20). London: Unwin Hyman.

Carter, R. A., & Simpson, P. (Eds.). (1989). *Language, discourse and literature: An introductory reader in discourse stylistics*. London: Unwin Hyman.

Chatman, S. B. (Ed.). (1971). *Literary style: A symposium.* Oxford: Oxford University Press.

Chatman, S. B., & Levin, S. R. (Eds.). (1967). *Essays on the language of literature.* Boston: Houghton Mifflin.

Ching, M. K. L., Haley, M. C., & Lunsford, R. F. (Eds.). (1989). *Linguistic perspectives on literature*. London: Routledge & Kegan Paul.

Chomsky, N. (1957). *Syntactic structures*. Hague: Monton de Gruyter.

Cicero, M. T. (1878). *On oratory and orators.* Michigan: Harper & Bros.

Corbeill, A. (2002). Rhetorical education in Cicero's *Youth*. In J. M. May (Ed.), *Brill's companion to Cicero's oratory and rhetoric* (pp. 23-48). Leiden: Brill.

Cowley, M. (1977). *The portable Faulkner.* New York: Penguin Books.

Cox, L. (2009). *Arte or crafte of rhetoryke*. Gloucester: Dodo Press.

Crombie, W. (1985). *Process and relation in discourse and language learning*. Oxford: Oxford University Press.

Culler, J. D. (1975). *Structuralist poetics: Structuralism, linguistics and the study of literature*. London: Routledge.

Culpeper, J. (1995). Review on *A Stylistics of Drama: With Special Focus on Stoppard's Travesties* by Peter K. W. Tan. 1993. *A stylistics of drama: With special focus on Stoppard's Travesties.* Singapore: Singapore University Press.

Culpeper, J. (1998). (Im)politeness in drama. In J. Culpeper, M. Short, & P. Verdonk (Eds.), *Studying drama: From text to context* (pp. 83-95). London: Routledge.

Culpeper, J. (2001). *Language and characterization: People in plays and other texts.* Harlow: Longman.

Culpeper, J. (2002). Computers, language and characterization: An analysis of six characters in *Romeo and Juliet.* In U. Melander-Marttala, C. Ostman, & M. Kyto (Eds.), *Conversation in life and in literature.* Uppsala, Sweden: Universitetstryckeriet.

Culpeper, J. (2009). Keyness: Words, parts-of-speech and semantic categories in the character-talk of Shakespeare's *Romeo and Juliet. International Journal of Corpus Linguistics, 14*(1), 29-59.

Culpeper, J., Short, M., & Verdak, P. (1998). *Exploring the language of drama: From text to context.* London: Routledge.

Cummings, M., & Simmons, R. (1983). *The language of literature: A stylistic introduction to the study of literature.* Oxford: Pergamon.

Cupchik, G. C., Oatley, K., & Vorderer, P. (1998). Emotional effects of reading excerpts from short stories by James Joyce. *Poetics, 25,* 363-377.

Currie, G. (2004). Cognitivism. In T. Miller, & R. Stam (Eds.), *A companion to film theory* (pp. 105-122). Oxford: Blackwell.

Dancygier, B. (2006). What can blending do for you? *Language and Literature, 15*(1), 5-15.

Day, A. (1599). *The English Secretary.* Gainesville: Scholars' Facsimiles and Reprints.

Derrida, J. (1990). Jacques Derrida on rhetoric and composition: A conversation. *Journal of Advanced Composition, 10*(1), 1-21.

Devardhi, J., & Nelson, D. (2013). Whitman's "One's self I sing": A linguistic and stylistic analysis based on formalism. *IUP Journal of English Studies, 8*(2), 78-89.

Dillon, G. L. (2010). Review on texture: A cognitive aesthetics of reading. *Journal of Literary Semantics, 39*(2), 189-193.

Dodge, E., & Lakoff, G. (2005). Image schemas: From linguistic analysis to neural grounding. In B. Hampe (Ed.), *From perception to meaning: Image schemas in cognitive linguistics* (pp. 57-91). Berlin: Mouton de Gruyter.

Doležel, L. (1969). A framework for the statistical analysis of style. In L. Doležel & W. B.

Richard (Eds.), *Statistics and Style* (pp. 10-25). New York: Elsevier.

Downey, C. (1993). *Lectures on Rhetoric and Belles Lettres.* Delmar, NY: Scholars' Facsimiles & Reprints.

Downing, H. L. (2003). Text world creation in advertising discourse, CLAC13. Retrieved June 20, 2013, from http://pendientedemigracion.ucm.es/info/circulo/no13/hidalgo. htm.

Duchan, J. E., Bruder, G. A., & Hewitt, L. E. (Eds.). (1995). *Deixis in narrative: A cognitive science perspective.* Hillsdale, NJ: Lawrence Erlbaum.

Eco, U. (1979). *The role of reader: Explorations in the semiotics of texts.* Bloomington: Indian University Press.

Emmott, C. (2006). Reference: Stylistic aspects. In K. Brown (Ed.), *Encyclopedia of language and linguistics* (2nd ed.). (pp. 441-450). Oxford: Elsevier.

Emmott, C., Sanford, A. J., & Morrow, L. I. (2006). Capturing the attention of readers? Stylistic and psychological perspectives on the use and effect of text fragmentation in narratives. *Journal of Literary Semantics, 35,* 1-31.

Enkvist, N. E., Spencer, J., & Gregory, M. (1964). *Linguistics and style.* London: Oxford University Press.

Erlich, V. (1955/1980). *Russian formalism: History, doctrine.* The Hague: Mouton.

Fairclough, N. (1989). *Language and Power.* London: Longman.

Fairclough, N. (1995). *Critical discourse analysis: The critical study of language.* London: Longman.

Fairclough, N. (2000). *New labour, new language.* London: Routledge.

Faulkner, W. (1932/1960). *Light in August.* New York: Penguin Books.

Fenner, D. (1584/1966). The artes of logike and rhetorike. In R. D. Pepper (Ed.), *Four Tudor books on education* (pp. 151-180). Gainesville, Florida: Scholars Facsimiles & Reprints.

Ferenčik, M. (2004). *A survey of English stylistics.* Prešov: PULIB.

Fischer-Starcke, B. (2009). Keywords and frequent phrases of Jane Austin's *Pride and Prejudice*: A corpus stylistic analysis. *International Journal of Corpus Linguistics, 14,* 492-523.

Fischer-Starcke, B. (2010). *Corpus linguistics in literary analysis: Jane Austen and her contemporaries.* London: Continuum.

Fish, S. E. (1970). Literature and the reader: Affective stylistics. *New Literary History, 2,* 123-162.

Fish S. E. (1973/1996). What is stylistics and why are they saying such terrible things about it? In J. J. Weber (Ed.), *The stylistics reader: From Roman Jakobson to the present* (pp.94-116). London: Edward Arnold.

Fleary, F. G. (1874). On metrical tests applied to dramatic poetry. *New Shakespearean Society Transaction, 1*, 1-84.

Fludernik, M. (2003). Chronology, time, tense and experientiality in narrative. *Language and Literature, 12*, 117-134.

Fludernik, M. (2007). The stylistics of drama : *The Reign* of *King Edward III.* In M. Lambrou, & P. Stockwell (Eds.), *Contemporary stylistics* (pp. 232-243). New York: Continuum.

Forceville, C. (1996). *Pictorial metaphor in advertising.* London/New York: Routledge.

Forceville, C. (1999). The metaphor COLIN IS A CHILD in Ian McEwan's, Harold Pinter's & Paul Schrader's *The comfort of strangers. Metaphor and Symbol, 14*(3), 179-198.

Forceville, C. (2000). Compasses, beauty queens and other PCs: Pictorial metaphors in computer advertisements. *Journal of Linguistics, 24*, 31-55.

Forceville, C. (2002). The conspiracy in *The comfort of strangers*: Narration in novel and the film. *Language and Literature, 11*(2), 119-135.

Forceville, C. (2006). Non-verbal and multimodal metaphor in a cognitive framework: Agendas for research. In G. Kristiansen, M. Achard, R. Dirven, & I. de Mendoza. (Eds.), *Cognitive linguistics: Current applications and future perspectives* (pp. 379-402). Berlin/New York: Mouton de Gruyter.

Forceville, C. (2007). Multimodal metaphor in ten Dutch TV commercials. *The Public Journal of Semiotics, 1*(1), 19-51.

Forceville, C., & Urios-Aparisi, E. (Eds.). (2009). *Multimodal Metaphor.* Berlin/New York: Mouton de Gruyter.

Fowler, R. (Ed.). (1966). *Essays on style and language: Linguistic and critical approaches to literary style.* London: Routledge & K. Paul.

Fowler, R. (1973). Review on *A Linguistic Guide to English Poetry*: G. N. Leech. *Poetics, 3*(1), 116-117.

Fowler, R. (1977). *Linguistics and the novel.* London: Methuen.

Fowler, R. (1986/1996). *Linguistic criticism.* Oxford: Oxford University Press.

Fowler, R. (1989). Polyphony in *Hard Times.* In R. Carter, & P. Simpson (Eds.), *Language, discourse and literature* (pp. 76-93). London/New York: Routledge.

Fowler, R., Hodge, R., Kress, G., & Trew, T. (1979). *Language and control.* London: Routledge & K. Paul.

Freeman, D. C. (Ed.). (1970). *Linguistics and literary Style*. New York: Holt, Rinehart and Winston.

Freeman, D. C. (Ed.). (1981). *Essays in modern stylistics*. London: Methuen & Co.

Freeman, M. H. (2002). The body in the word: A cognitive approach to the shape of a poetic text. In E. Semino, & J. Culpeper (Eds.), *Cognitive stylistics*. Amsterdam: Benjamins.

Freeman, M. H. (2005). The poem as complex blend: Conceptual mappings of metaphor in Sylvia Plath's *The Applicant*. *Language and Literature, 14*(1), 25-44.

Fucks, W. (1952). On the mathematical analysis of style. *Biometrika, 39,* 122-129.

Furnival, F. J. (1887). *Introduction to the Leopold Shakespeare*. London: Cassel & Co.

Galbraith, M. (1995). Deictic shift theory and the poetics of involvement in narrative. In J. E. Duchan, G. A. Bruder, & L. E. Hewitt. (Eds.), *Deixis in narrative: A cognitive science perspectives*. Hillsdale, NJ: Lawrence Erlbaum.

García, J-M. N. (1995). Some reflections on the analysis of discourse and dramatic text: Stoppard's *Jumpers*. *Revista Alicantina de Estudios Ingleses, 8,* 161-175.

Garvin, P. L. (1970). Foreword to *standard language and poetic language*. In D. C. Freeman (Ed.), *Linguistics and Literary Style*. New York: Holt, Rinehart & Winston.

Gavins, J. (2007). *Text world theory: An introduction*. Edinburgh: Edinburgh University Press.

Gavins J. & Steen, G. (2003). *Cognitive poetics in practice*. London: Routledge.

Genette, G. (1980). *Narrative discourse*. (Jane E. Lewin, Trans.). New York: Cornell University Press.

Gerrig, R. J. (1993). *Experiencing narrative worlds*. New Haven: Yale University Press.

Gibbons, A. (2010). I contain multitudes: Narrative multimodality and the book that bleeds. In R. Page (Ed.), *New perspectives on narrative and multimodality* (pp. 99-114). New York/London: Routledge.

Gibbons, A. (2012). *Multimodality, cognition and experimental literature*. London/New York: Routledge.

Gordon, I. E. (1997). *Theories of visual perception*. West Sussex: John Wiley & Sons.

Greimas, A. J. (1983). *Structural semantics: An attempt at a method*. (D. McDowell, R. Schleifer, & A. Velie, Trans.) Lincoln, Nebraska: University of Nebraska Press.

Grice, H. P. (1975). Logic and conversation. In P. Cole, & J. Morgan (Eds.), *Syntax and semantics, 3: Speech acts* (pp. 41-58). New York: Academic Press.

Guiraud, P. (1963). *La stylistique*. Paris: P. U. F.

Halliday, M. A. K. (1967). Notes on transitivity and theme in English. *Journal of Linguistics*, *8*, 179-215.

Halliday, M. A. K. (1971). Linguistic function and literary style: An inquiry into the language of William Golding's *The Inheritors*. In S. Chatman (Ed.), *Literary style: A symposium* (pp. 330-365). Oxford: Oxford University Press.

Halliday, M. A. K. (1973). *Explorations in the functions of language*. London: Edward Arnold.

Halliday, M. A. K. (1978). *Language as a social semiotic: The social interpretation of language and meaning*. London: Edward Arnold.

Halliday, M. A. K. (1981). Linguistic functions and literary style: An inquiry into the language of William Golding's *The Inheritors*. Reprinted in Freeman, D. C. (Ed.), *Essays in Modern Stylistics* (pp. 325-360). London: Methuen.

Halliday, M. A. K. (1983). Preface. In M. Cummings, & R. Simmons. The language of literature: *A stylistic introduction to the study of literature*. Oxford: Pergamon Press.

Halliday, M. A. K. (1987). Poetry as scientific discourse: The nuclear sections of Tennyson's *In Memoriam*. In D. Birch, & M. O'Toole (Ed.), *Functions of style* (pp. 31-44). London: Pinter.

Halliday, M. A. K. (1988). On the language of physical science. In M. Ghadessy (Ed.), *Register of written English: Situational factors and linguistic features*. London: Pinter.

Halliday, M. A. K. (1994). *Introduction to functional grammar*. London: Edward Arnold.

Halliday, M. A. K. (1996). Things and relations: Regrammaticizing experience as technical knowledge. In J. R. Martin, & R. Veel (Eds.), *Reading science: Critical and functional perspectives on discourse of science* (pp. 185-235). London: Routledge.

Halliday, M. A. K. (1998). Language and knowledge: The "unpacking" of text. In D. Allison, L. Wee, B. Zhiming, & S. A. Abraham (Eds.), *Text in education and society* (pp. 157-178). Singapore: Singapore University Press and World Scientific.

Halliday, M. A. K. (1999). The Grammatical construction of scientific knowledge: The framing of the English clause. In R. Rossini, G. Sandri, & R. Scazzieri (Eds.), *Commensurability and translation* (pp. 123-130). Cheltenham: Edgar.

Halliday, M. A. K., & Hasan, R. (1976). *Cohesion in English*. London: Longman.

Halliday, M. A. K., & Hasan, R. (1985/1989). *Language, context and text: Aspects of language in a semiotic perspective*. Victoria: Deakin University Press.

Han, C. (2011). Reading Chinese online entertainment news: Metaphor and language play. *Journal of Pragmatics*, *43*, 3473-3488.

Hannah, W., & Vittorio, G. (2011). How stories make us feel: Toward an embodied narratology. *California Italian Studies, 2*(1).

Hanauer, D. (1998). The genre-specific hypothesis of reading: Reading poetry and encyclopedic items. *Poetics, 26*, 63-80.

Hardy, D. E. (2004). Collocational analysis as a stylistic discovery procedure: The case of Flannery O'Connor's *Eyes. Style, 38*(4), 410-427.

Hardy, D. E., & Durian, D. (2000). The stylistics of syntactic complements: Grammar and seeing in Flannery O'Cornor's fiction. *Style, 34*, 92-116.

Hasan, R. (1964). *A linguistic study on contrasting features in the style of two contemporary English prose writers.* Unpublished Ph. D. thesis. Edinburg: University of Edinburgh.

Hasan, R. (1989). *Linguistics, language, and verbal art* (2nd ed.). Oxford: Oxford University Press.

Haynes, J. (1989). Metre and discourse. In R. Carter, & P. Simpson (Eds.), *Language, discourse and literature: An introductory reader in discourse stylistics* (pp. 235-256). London: Unwin Hyman.

Herdan, G. (1966). *The advanced theory of language as choice and chance.* Berlin: Springer-Verlag.

Herman, D. (1991). Dramatic dialogue and the systematics of turn-taking. *Semiotica, 83*, 97-121.

Herman, D. (1995). *Dramatic discourse: Dialogue as interaction in plays.* London: Routledge.

Herman, V. (1989). Subject construction as stylistic strategy in *Gerard Manley Hopkins.* In R. Carter, & P. Simpson (Eds.), *Language, discourse and literature: An introductory reader in discourse stylistics* (pp. 213-233). London: Unwin Hyman.

Hill, A. A. (1958). *Introduction to linguistic structure: From sound to sentence.* New York: Harcourt Brace.

Hjelmslev, L. (1961). *Prolegomena to a theory of language.* Madison, Wisconsin: University of Wisconsin Press.

Ho, Yufang. (2011). *Corpus stylistics in principles and practice: A stylistic exploration of John Fowles' The Magus.* New York/London: Continuum.

Hodge, R., & Kress, G. (1993). *Language as ideology.* London: Routledge.

Hoover, D. (2001). Statistical stylistics and authorship attribution: An empirical investigation. *Literary and Linguistic Computing, 16*(4), 421-444.

Hoover, D. (2002). Frequent word sequences and statistical stylistics. *Literary and Linguistic Computing, 17*(2),157-180.

Hoover, D. (2006). All the way through: Testing for authorship in different frequency strata. *Literary and Linguistic Computing, 22,* 27-47.

Hoover, D. (2007). Corpus stylistics, stylometry, and the styles of Henry James. *Style, 41,* 174-203.

Hoover, D. (2008). Searching for style in modern American poetry. In S. Zyngier et al. (Eds.), *Directions in empirical literary studies: Essays in honor of Willie van Peer* (pp. 21-27). Amsterdam: John Benjamins.

Hoover, D. (2010a). Some approaches to corpus stylistics. *Journal of Foreign Languages, 2,* 67-81.

Hoover, D. (2010b). Authorial style. In D. McIntyre, & B. Busse (Eds.), *Language and Style* (pp. 250-271). Basingstoke: Palgrave Macmillam.

Hoover, D., Culpeper, J., & Louw, W. (2008). *Approaches to corpus stylistics.* London: Routledge.

Hori, M. (2004). *Investigating Dickens' style: A collocational analysis.* Basingstoke: Palgrave Macmillan.

Horn, L. (1988). Pragmatic theory. In J. Newmeyer (Ed.), *Linguistics: The Cambridge survey.* (Vol. 1, pp. 113-145). Cambridge: Cambridge University Press.

Ingram, J. K. (1874). On the weak endings of Shakespeare. *New Shakespearean Society Transaction, 1,* 442-446.

Inaki, A., & Okita, T. (2006). A small-corpus-based approach to Alice's roles. *Literary and Linguistic Computing, 21*(3), 283-294.

Iser, W. (1978). *The act of reading: A theory of aesthetic response.* Baltimore: John Hopkins University Press.

Jakobson, R. (1960). Closing statement: Linguistics and poetics. In T. A. Sebeok (Ed.), *Style in language* (pp. 350-377). Cambridge, MA: MIT Press.

Jakobson, R., & Halle, V. (Eds.). (1956). *Fundamentals of language.* The Hague: Mouton.

Jeffries. L. (2001), Schema theory and White Asparagus: Readers of literature as culturally multilingual. *Language and Literature, 10*(4), 325-343.

Jeffries. L. (2008). The role of style in reader-involvement: Deitic shifting in contemporary poems. *Journal of Literary Semantics, 1,* 69-85.

Jewitt, C. (Ed.). (2009). *The Routledge handbook of multimodal analysis.* London: Routledge.

Kaplan, A. (1964). *The conduct of inquiry: Methodology for behavioral science*. Scranton: Chandler.

Kennedy, G. A. (2000). *An introduction to corpus linguistics*. Beijing: Foreign Language Teaching and Research Press.

Kopytko, R. (1995). Linguistic politeness strategies in Shakespeare's plays. In A. H. Jucker (Ed.), *Historical pragmatics* (pp. 515-540). Amsterdam: John Benjamins.

Kress, G., & van Leeuwen, T. (1996/2006). *Reading images: The grammar of visual design*. London: Routledge.

Kress, G., & van Leeuwen, T. (2001). *Multimodal discourse: The modes and media of contemporary communication discourse*. London: Edward Arnold.

Kress, G., & van Leeuwen, T. (2002). Color as a semiotic mode: Notes for a grammar of color. *Visual Communication, 1*(3), 343-368.

Kronenfe, J. Z. (1979). Review on Roger Fowler's *Linguistics and the Novel*. *Linguistics Society of America, 55*(1), 264-265.

Labov, W. (1972). *Language in the inner city: Studies in the Black English vernacular*. Philadelphia: University of Pennsylvania Press.

Lahey, E. (2007). Megametaphorical mappings and the landscapes of Canadian poetry. In E. Semino, & J. Culpeper (Eds.), *Cognitive Stylistics*. Amsterdam: Benjamins.

Lakoff, G. (1987). *Women, fire, and dangerous things: What categories reveal about the mind*. Chicago: University of Chicago Press.

Lakoff, G. (1991). Cognitive versus generative linguistics: How commitments influence results. *Language and Communication, 11*, 53-62.

Lakoff, G., & Johnson, M. (1980). *Metaphors we live by*. Chicago: University of Chicago Press.

Lakoff, G., & Turner, M. (1989). *More than cool reason: A field guide to poetic metaphor*. Chicago, London: University of Chicago Press.

Lambrou, M., & Stockwell, P. (2007). *Contemporary stylistics*. New York: Continuum.

Langacker, R. (1987). *Foundations of cognitive grammar volume I: Theoretical prerequisites*. Stanford, CA: Stanford University Press.

Langacker, R. (1991). *Foundations of Cognitive Grammar volume II: Descriptive applications*. Stanford, CA: Stanford University Press.

Langacker, R. (2008). *Cognitive grammar: A basic introduction*. Oxford: Oxford University Press.

Laver, J. (1975). Communicative functions of phatic communion. In A. Kendon, R. M.

Harris, & M. R. Key (Eds.), *The organization of behavior in face-to-face interaction* (pp. 215-238). The Hague: Mouton.

Leech, G. (1969). *A linguistic guide to English poetry*. London: Longman.

Leech, G. (1985). Stylistics. In T. A. van Dijk (Ed.), *Discourse and literature: New approaches to the analysis of literary genres* (pp. 39-56). Amsterdam: John Benjamins.

Leech, G. (1992). Pragmatic principles in Shaw's *You Will Never Tell*. In M. Toolan (Ed.), *Language, text and context: Essays in stylistics* (pp. 259-280). London: Routledge.

Leech, G. (2008). *Language in literature: Style and foregrounding*. Harlow: Longman.

Leech, G. (2010). Analysing literature through language: Two Shakespearean speeches. In D. McIntyre, & B. Busse (Eds.), *Language and style* (pp. 15-31). Basingstoke: Palgrave Macmillam.

Leech, G., & Short, M. (1981). *Style in fiction: A linguistics introduction to English fictional prose*. London: Longman.

Leech, G., & Short, M. (2001). Style in fiction: *A linguistic introduction to English fictional prose*. Beijing: Foreign Language Teaching and Research Press.

Leech, G., & Short, M. (2007). Style in fiction: New directions for research. *Style, 41*(2), 15-116, 252-253.

Levin, S. R. (1965). Internal and external deviation in poetry. *Word, 21*, 225-237.

Levinson, M. (2007). What is new formalism? *PMLA, 122*(2), 558-569.

Levinson, S. C. (1992). Activity Type and Language. In P. Drew, & J. Heritage (Eds.), *Talk at work: Language use in institutional and work-place settings* (pp.66-100). Cambridge: Cambridge University Press.

Lévi-Strauss, C. (1969). *The raw and the cooked: Introduction to a science of mythology* (Vol. 1). New York: Harper/Colophon.

Liu, Y., & O'Halloran, K. L. (2009). Intersemiotic texture: Analyzing cohesive devices between language and images. *Social Semiotics, 19*(4), 367-388.

Louw, W. (2004). Irony in the text or insincerity of the writer: The diagnostic potential of semantic prosodies. In G. Simpson, & D. McCarthy (Eds.), *Corpus linguistics: Readings in a widening discipline* (pp. 229-241). London: Continuum.

Louwerse, M., & van Peer, W. (Eds.). (2002). *Thematics: Interdisciplinary studies*. Amsterdam/Philadelphia: John Benjamins.

Love, G. A., & Payne, M. (1976). *Contemporary essays on style*. Glenview: Scott, Foresman and Company.

Mackay, R. (1996). Mything the point: A critique of objective stylistics. *Language and Communication, 16* (1), 81-93.

Magliano, J. P., Baggett, W. B., & Graesser, A. C. (1996). A taxonomy of inference categories that may be generated during the comprehension of literary texts. In R. J. Kreuz, & M. S. MacNealy (Eds.), *Empirical approaches to literature and aesthetics* (pp.201-220). Norwood, NJ: Ablex.

Mahlberg, M. (2007a). A corpus stylistic perspective on Dickens' *Great Expectations*. In M. Lambrou, & P. Stockwell (Eds.), *Contemporary stylistics*. New York: Continuum.

Mahlberg, M. (2007b). Clusters, key clusters and local textual functions in Dickens. *Corpora, 2,* 1-31.

Mahlberg, M. (2009). Corpus stylistics and the Pickwickian watering-pot. In P. Baker (Ed.), *Contemporary corpus linguistics* (pp. 47-63). London: Continuum.

Mahlberg, M. (2010). Corpus linguistics and the study of nineteenth-century fiction. *Journal of Victorian Culture, 15*(2), 292-298.

Mahlberg, M. (2013). *Corpus stylistics and Dickens' fiction.* New York/London: Taylor & Francis.

Mahlberg, M., & Smith, C (2010). Corpus approaches to prose fiction: Civility and body language in *Pride and Prejudice*. In D. McIntyre, & B. Busse (Eds.), *Language and style* (pp. 449-467). Basingstoke: Palgrave Macmillam.

Mahlberg, M., Smith, C., & Preston, S. (2013). Phrases in literary contexts: Patterns and distributions of suspension in Dickens's novels. *International Journal of Corpus Linguistics, 18*(1), 35-56.

Mannion, D. & Dixon, P. (2004). Sentence-length and authorship attribution: The case of Oliver Goldsmith. *Literary and Linguistic Computing, 19*(4), 497-508.

Martin, J. R. (1992). *English text: System and structure.* Amsterdam: John Benjamins.

Martin, J. R. (2000). Beyond exchange: APPRAISAL systems in English. In S. Hunston, & G. Thompson (Eds.). *Evaluation in text: Authorial stance and the construction* (pp. 142-175). Oxford: Oxford University Press.

Martin, J. R. (2010). Incongruent and proud: Revivifying "nominalization". In W. Zhenghua (Eds.). *Studies on discourse semantics* (pp. 401-411). Shanghai: Shanghai Jiaotong University Press.

Martin, W. (2005). Stylistics: corpus approach. Retrieved 10 May, 2013 from http://www. pala.ac.uk/resources/sigs/corpus-style/Corpora_stylistics.pdf.

Martinec, R., & Salway, A. (2005). A system for image-text relations in new (and old) media. *Visual Communication, 4*(3), 337-371.

Martinez I. A. (2001). Impersonality in the research article as revealed by analysis of the transitivity structure. *English for Specific Purposes, 20*, 227-247.

McIntyre, D. (2004). Point of view in drama: A social-pragmatic analysis of Dennis Potter's *Brimstone and Treacle. Language and Literature, 13*(2), 139-160.

McIntyre, D. (2006). *Point of view in plays: A cognitive approach to viewpoint in drama and other text-types*. Amsterdam: John Benjamins.

McIntyre, D. (2007). Deixis, cognition and the construction of viewpoint. In M. Lambrou, & P. Stockwell (Eds.), *Contemporary stylistics* (pp. 118-130). London & New York: Continuum.

McIntyre, D. (2008). Integrating multimodal analysis and the stylistic of drama: A multimodal perspective on Ian McKellen's *Richard III. Language and Literature, 17*(4), 309-334.

McIntyre, D. (2010). Dialogue and characterization in Quentin Tarantino's *Reservoir Dogs*: A corpus stylistics analysis. In D. McIntyre, & B. Busse (Eds.), *Language and style* (pp. 162-182). London: Palgrave Macmillan.

McIntyre, D. (2013). Context, cognition, discourse, history: Peter Verdonk's *Stylistics of Poetry*. In P. Verdonk (Ed.), *The Stylistics of Poetry: Context, cognition, discourse, history* (pp. 1-9). London & New York: Bloomsbury.

McIntyre, D. & Busse, A. (Eds.). (2010). *Language and style*. Basingstoke: Palgrave Macmillam.

McIntyre, D. & Culpeper, J. (2010). Activity types, incongruity and humor in dramatic discourse. In D. McIntyre & B. Busse (Eds.), *Language and style* (pp. 204-222). London: Palgrave.

Mendenhall, T. C. (1887). The characteristic curves of composition. *Science, IX*, 237-249.

Miall, D. S. (1993). Constructing understanding: Emotion and literary response. In S. B. Straw, & D. Bogdan (Eds.), *Constructive reading: Teaching beyond communication* (pp. 63-81). Portsmouth, NH: Boynton/Cook.

Miall D. S. (1995). Anticipating and feeling in literary response: A neuropsychological response. *Poetics, 23*, 275-298.

Miall D. S. (2001). Sound contrast: An empirical approach to phonemic iconicity. *Poetics, 29*, 55-70.

Miall, D. S., & Kuiken, D. (1994). Foregrounding, defamiliarization, and affect: Response to literary stories. *Poetics, 22*, 389-407.

Miall, D. S., & Kuiken, D. (1998). The form of reading: Empirical studies of literariness. *Poetics, 25*, 327-341.

Miall, D. S., & Kuiken, D. (2001). Shifting perspectives: Readers' feelings and literary response. In W. van Peer, & S. Chatman (Eds.), *New perspectives on narrative perspective* (pp. 289-301). Albany, NY: State University of New York Press.

Millis, K. K. (1995). Encoding discourse perspective during the reading of a literary text. *Poetics, 23*, 235-253.

Mills, S. (1992). Knowing y/our place: Towards a Marxist feminist contextualized stylistics. In M. Toolan (Ed.), *Language, text and context: Essays in stylistics* (pp. 182-207). London: Routledge.

Mills, S. (1995). *Feminist stylistics*. London: Routledge.

Mukařovský, J. (1938). Standard language and poetic language. In A. Hazard (Ed.), *Critical theory since Plato* (pp. 975-982). Orlando: Harcourt Brace Jovanovich.

Mukařovský, J. (1958). Standard language and poetic language. In P. L. Garvin (Ed.), *A Prague School reader on esthetics: Literary structure and style* (pp. 17-30). Washington D. C.: Georgetown University Press.

Mukařovský, J. (1970). Standard language and poetic language. Reprinted in Freeman, D. C. (Eds.), *Linguistics and literary style* (pp. 40-56). New York: Holt, Rinehart and Winston.

Murry, M. (1922). *The problem of style*. General Books.

Nagy, G. T. (2005). *A cognitive theory of style*. Berlin: Peter Lang.

Nash. W. (1982). On a passage from Laurence's *Odour of Chrysanthemums*. In R. Carter (Ed.), *Language and literature* (pp. 101-122). London: George Allen & Unwin.

Nash, W. (1989). *Rhetoric: The wit of persuasion*. Oxford: Basil Blackwell.

Newmark P. (2001). *Approaches to translation*. Shanghai: Shanghai Foreign Language Education Press.

Norgaard, N. (2009). The semiotics of typography in literary texts: A multimodal approach. *Orbis Litterarum, 64*(2), 141-160.

Norgaard, N. (2010a). Multimodality and the literary text: Making sense of Safran Foer's *Extremely Loud and Incredibly Close*. In R. Page (Ed.), *New perspectives on narrative and multimodality* (pp. 115-126). London/New York: Routledge.

Norgaard, N. (2010b). Mutilmodality: Extending the stylistic toolkit. In D. McIntyre, & B. Busse (Eds.), *Language and style* (pp. 433-448). Basingstoke: Palgrave Macmillan.

Norgaard, N., Montoro, R., & Busse, B. (2010). *Key Terms in Stylistics*. London: Continuum.

Ogden, C. K., & Richards. I. A. (1923). *The meaning of meaning: A study of the influence of language upon thought and of the science of symbolism.* New York: Harcourt, Brace & World.

O'Halloran, K. L. (1999). Towards a systemic functional analysis of multisemiotic mathematics texts. *Semiotica, 124*(1-2), 1-29.

O'Halloran, K. L. (2003). Intersemiosis in mathematics and science: Grammatical metaphor and semiotic metaphor. In A. M. Simon-Vandenbergen, M. Taverniers, & L. Ravelli (Eds), *Grammatical metaphor: Views from systemic functional linguistics* (pp. 337-365). Amsterdam: John Benjamins.

O'Halloran, K. L. (Ed.). (2004). *Multimodal discourse analysis: Systemic functional perspectives.* London/New York: Continuum.

O'Halloran, K. L. (2005). *Mathematical discourse: Language, symbolism and visual images.* London: Continuum.

O'Halloran, K. L. (2007a). Systemic functional multimodal discourse analysis (SF-MDA) approach to mathematics, grammar, literacy. In A. McCabe, M. O' Donnell, & R. Whittaker (Eds.), *Advances in language and education* (pp. 77-102). London/New York: Continuum.

O'Halloran, K. L. (2007b). The subconscious in James Joyce's *Eveline:* A corpus stylistic analysis that chews on the "fishhook". *Language and Literature, 16*, 117-244.

Ohmann, R. (1964). Generative grammars and the concept of literary style. *Word, 20*, 423-439.

Ohmann, R. (1970). Generative grammars and the concept of literary style. In D. C. Freeman (Eds.), *Linguistics and literary style* (pp. 258-278). New York: Holt, Rinehart and Winston.

Opas-Hännninen, L. L., & Seppänen, T. (2010). 2D and 3D visualization of stance in popular fiction. In D. McIntyre, & B. Busse (Eds.), *Language and style* (pp. 272-292). London: Palgrave.

O'Toole, M. (1988). Henry Reed and what follows the "Naming of Parts". In D. Birch, & M. O'Toole (Eds.), *Functions of style* (pp. 12-30). London: Pinter Publishers.

O'Toole, M. (1994). *The language of displayed art.* London: Frances Painter.

Parkington, A. (1998). *Patterns and meanings.* Amsterdam: John Benjamins.

Parkington, A. (2003). *The linguistics of political argument: The spin-doctor and the wolf-pack at the white house.* London: Routledge.

Parkington, A. (2004). Utterly content in each other's company: Semantic prosody and semantic preference. *International Journal of Corpus Linguistics, 9*, 131-156.

Peacock, M. (2012). New formalism at the millennium. *Green Mountains Review*, *25*(1), 268-272.

Perelman, C. (1984). The new rhetoric and the rhetoricians: Remembrances and comments. *Quarterly Journal of Speech*, *70*(2), 188-196.

Perelman, C. (2001). The new rhetoric: A theory of practical reasoning. In P. Bizzell & B. Herzberg (Eds.), *The rhetorical tradition* (pp. 1384-1409). New York: Bedford Books.

Pounds, G. (2012). Multimodal expression of authorial affect in a British television news programme. *Discourse, Context and Media*, *1*(2-3), 68-81.

Pratt, M. (1977). *Towards a speech act theory of literary discourse*. Bloomington: Indiana UP.

Pratt, M. (1993). "Yo soy la Malinche": Chicana writers and the poetics of ethnonationalism. In P. Verdonk (Ed.), *Twentieth-Century poetry: From text to context* (pp. 171-187). London/New York: Routledge.

Prince, G. (1987). *A dictionary of narratology*. Aldershot: Scolar Press.

Puttenham, G. (1970/1589). *The arte of English poesie*. A facsimile reproduction. Intro. Baxter.

Ravassat, M., & Culpeper, J. (2011). *Stylistics and Shakespeare's language*. London/New York: Continuum.

Rayson, P. (2008). Wmatrix: A Web-based corpus processing environment. Computing Department, Lancaster University. Retrieved Sept. 10, 2009, from http://www.comp. lancs.Ac.uk/ucrel/wmatrix/.

Richardson, A., & Steen, F. F. (Eds). (2002). *Literature and the cognitive revolution*. Durham, North Carolina: Duke University Press.

Richard, B. (1997). *Stylistics*. New York: Routledge.

Richards, I. A., & Campbell, G. (1965). *The philosophy of rhetoric*. Cambridge: The Cambridge University Press.

Richards, J., Platt, J., & Platt, H. (2000). *Longman dictionary of language teaching and applied linguistics*. Beijing: Foreign Language Teaching and Research Press.

Riffaterre, M. (1959). Criteria for stylistic analysis. *Word*, *15*, 154-174.

Ross, D. (1973). Beyond the concordance: Algorithms for description of English clauses and phrases. In A. J. Aitken, R. W. Bailey, & N. Hamilton-Smith (Eds.), *The computer and literary style* (pp. 85-99). Edinburgh: Edinburgh University Press.

Royce, T. (1998). Synergy on the page: Exploring intersemiotic complementarity in page-based multimodal text. *JASFL Occasional Papers*, *1*(1), 25-49.

Royce, T. (2002). Multimodality in the TESOL classroom: Exploring visual-verbal synergy. *TESOL Quarterly, 36*(2), 191-212.

Rubins, E. (1958). Figure and ground. In D. C. Beardslee, & M. Wertheimer. (Eds.), *Readings in perception* (pp. 194-203). Princeton, NJ: D. Van Nostrand.

Rudanko, J. (2006). Aggravated impoliteness and two types of speaker intention in an episode in Shakespeare's *Timen of Athens. Journal of Pragmatics, 38*(6), 829-841.

Sacks, H., Schegloff, E., & Jefferson, G. (1978). The simplest systematics for the organization of turn-taking for conversation. In J. Schekein (Ed.), *Studies in the organization of conversational interaction* (pp. 7-55). New York: Academic Press.

Sarangi, S. (2000). Activity types, discourse types and interactional hybridity: The case of genetic counseling. In S. Sarangi, & M. Coulthard (Eds.), *Discourse and social life* (pp. 1-27). London: Pearson.

Scholes, R. (1974). *Structuralism in literature: An introduction.* New Haven/London: Yale University Press.

Scollon, R. (1998/2001). *Mediated discourse as social interaction.* London: Longman.

Scollon, R., & Scollon, S. W. (2003). *Discourse in place: Language in the material world.* London: Routledge.

Scott, M., & Tribble, C. (2006). *Textual patterns, key words and corpus analysis in language education.* Amsterdam: John Benjamins.

Searle, J. R. (1969). *Speech acts: An essay in the philosophy of language.* Cambridge: Cambridge University Press.

Semino, E. (1995). Schema theory and the analysis of text worlds in poetry. *Language and Literature, 4*(2), 79-108.

Semino, E. (1997). *Language and world creation in poems and other texts.* London/New York: Longman.

Semino, E. (2002). Cognitive stylistic approach to mind style in narrative fiction. In E. Semino, & J. Culpeper (Eds.), *Cognitive stylistics: Language and cognition in text analysis* (pp. 95-122). Amsterdam/Philadelphia: John Benjamins.

Semino, E., & Culpeper, J. (Eds.). (2002). *Cognitive stylistics: Language and cognition in text analysis.* Amsterdam/Philadelphia: John Benjamins.

Semino, E., & Short, M. (2004). *Corpus stylistics: Speech, writing and thought presentation in a corpus of English writing.* London: Routledge.

Sherry, R. (2012). *A Treatise of schemes and tropes.* Retrieved Sept. 10, 2009, from rare booksclub. com.

Shklovskij, V. (1965). Art as technique. In L. T. Lemon, & M. J. Reis (Trans.), *Russian formalist criticism: Four essays*. Lincoln/London: University of Nebraska Press.

Short, M. (1976). Why we sympathize with Lennie. *MALS Journal* (New Series), (1), 1-9.

Short, M. (1982). Prelude I to a literary linguistic stylistics. In R. Carter (Ed.), *Language and literature: An introductory reader in stylistics* (pp. 55-64). London: George Allen & Unwin.

Short, M. (1983). *Reading, analyzing and teaching literature*. London: Longman.

Short, M. (Ed.). (1989a). *Reading, analyzing and teaching literature*. London: Longman.

Short, M. (1989b). Discourse analysis and the analysis of drama. In R. Carter, & P. Simpson (Eds.), *Language, discourse and literature: An introductory reader in discourse stylistics* (pp. 139-170). London: Unwin Hyman.

Short, M. (1996). *Exploring the language of poems, plays and prose*. London: Longman.

Sieller N. J. (1982). *Modals and modality in English for Academic Purposes: Science and technology*. Gainesville: University of Florida.

Simpson, E. H. (1949). Measurement of diversity. *Nature, 163*, 688.

Simpson, P. (1989). Politeness phenomena in Ionesco's *The Lesson*. In R. Carter & P. Simpson (Eds). *Language, discourse and literature: An introductory reader in discourse stylistics* (pp. 171-193). London: Unwin Hyman.

Simpson, P. (1993). *Language, ideology and point of view*. London: Routledge.

Simpson, P. (2004). *Stylistics: A resource book for students*. London & New York: Routledge.

Sinclair, J. M. (2004). *Trust the text: Language, corpus and discourse*. London: Routledge.

Sinclair, J. M., & Coulthard, M. (1975). *Towards an analysis of discourse: The English used by teachers and pupils*. Oxford: Oxford University Press.

Somers, H. H. (1966). Statistical methods in literary analysis. In J. Leed (Ed.), *The computer and literary style* (pp. 128-140). Kent, OH: Kent State University Press.

Sperber, D., & Wilson, D. (1986/1995). *Relevance: Communication and cognition*. Oxford: Blackwell.

Spitzer, L. (1948). *Linguistics and literary history: Essays in stylistics*. Princeton: Princeton University Press.

Spitzer, L. (1986). Linguistics and literary history. In V. Lambropoulos, & D. N. Miller. (Ed.), *Twentieth century literary theory: An introductory anthology* (pp. 207-238). Albany: SUNY Press.

Stamatatos, E., Fakotakis, N., & Kokkinakis, G. (2001). Computer-based authorship attribution without lexical measures. *Computers and the Humanities, 35*, 193-214.

Steen, G. (1994). *Understanding metaphor in literature: An empirical approach*. London: Longman.

Sternberg, M. (2003). Universals of narrative and their cognitivist fortunes. *Poetics Today, 24*(2), 297-395.

Stockwell, P. (2002). *Cognitive poetics: An introduction*. London: Routledge.

Stockwell, P. (2009). *Texture: A cognitive aesthetics of reading*. Edinburgh: Edinburgh University Press.

Stubbs, M. (2005). Conrad in the computer: Examples of quantitative stylistic methods. *Language and Literature, 14*, 5-24.

Studer, P. (2008). *Historical corpus stylistics: Media, technology and change*. London: Continuum.

Tan, P. K.W. (1993). *A stylistics of drama: With special focus on Stoppard's Travesties*. Singapore: Singapore University Press.

Taylor, T. J. (1980). *Linguistic theory and structural stylistics*. Oxford: Pergamon Press.

Taylor, T. J., & Toolan, M. (1984). Recent trends in stylistics. *Journal of Literary Semantics, 13*, 57-79.

Teubert, W., & Cermakova, A. (2009). *Corpus linguistics: A short introduction*. Beijing: World Book Publishing House.

Thorne, J. P. (1970). Generative grammar and stylistic analysis. In J. Lyons (Ed.), *New horizons in linguistics* (pp. 185-197). Harmondsworth: Penguin.

Thornborrow, J., & Wareing, S. (2000). *Patterns in language—An introduction to language and literary style*. Beijing: Foreign Language Teaching and Research Press.

Todorov, T. (1981). *Introduction to poetics*. Brighton: Harvester Press.

Toolan, M. (1988). *Narrative: A critical linguistic introduction*. London: Routledge.

Toolan, M. (1989). Analysing conversation in fiction: An example from Joyce's portrait. In R. Carter, & P. Simpson (Eds), *Language, discourse and literature: An introductory reader in discourse stylistics* (pp. 194-211). London: Unwin Hyman.

Toolan, M. (1990). *The stylistics of fiction*. London: Routledge.

Toolan, M. (Ed.). (1992). *Language, text and context: Essays in stylistics*. London/New York: Routledge.

Toolan, M. (1998). *Language in literature: An introduction to stylistics*. London: Edward Arnold.

Toulman, S. E. (1958/2003). *The uses of argument*. Cambridge: Cambridge University Press.

Traugott, E. C., & Pratt, M. L. (1980). *Linguistics for students of literature*. New York, London & Sydney: Hartcourt Brace Jovanovich.

Tuldava, J. (2004). The development of statistical stylistics (a survey). *Journal of Quantitative Linguistics, 11*, 1-2, 141-151.

Turner, M. (2000). *Death is the mother of beauty: Mind, metaphor and criticism*. Christchurch: Cybereditions.

Ulmann, S. (1964). *Language and style*. N. Y.: Barnes & Noble.

Unsworth, L. (2008). Explicating inter-modal meaning-making in media and literary texts: Towards a metalanguage of image/language relations. In A. Burn, & C. Durrant (Eds.), *Media teaching: Language, audience and production*. London: AATE-NATE and Wakefield Press.

van Leeuwen, T. (1999). *Speech, music, sound*. London: Macmillan.

van Leeuwen, T. (2005a). *Introducing social semiotics*. London: Routledge.

van Leeuwen, T. (2005b). Typographic meaning. *Visual Communication, 4*(2), 137-143.

van Leeuwen, T. (2006). Towards a semiotics of typography. *Information Design Journal & Document Design. 14*(2). 139-155.

van Leeuwen, T. (2011). *The Language of color: An introduction*. London: Routledge.

van Peer, W. (1986). *Stylistics and psychology: Investigations of foregrounding*. London: Croom Helm.

van Peer, W. (1989). Quantitative studies of style: A critique and an outlook. *Computers and Humanity, 23*, 301-307.

Ventola, E., Charles, C., & Kaltenbacher, M. (Eds.). (2004). *Perspectives on multimodality*. Amsterdam: John Benjamins.

Verdonk, P. (Ed.). (1993). *Twentieth-Century poetry: From text to context*. NY: Routledge.

Verdonk, P. (2005). Painting, poetry, parallelism: Ekphrasis, stylistics and cognitive poetics. *Language and Literature, 14*, 231-244.

Verdonk, P. (2013). *The stylistics of poetry: Context, cognition, discourse, history*. London& New York: Bloomsbury.

Verdonk, P., & Weber, J. (Eds.). (1995). *Twentieth-Century fiction: From text to context*. London/New York: Routledge.

Wales, K. (1992). *The language of James Joyce*. Houndmills, Basingstoke, Hampshire: Macmillan Education.

Wales, K. (2001/2011). *A dictionary of stylistics* (3rd ed.). Harlow, Essex: Pearson Education.

Wales, K. (2010). The stylistics of poetry: Walter de la Mare's *The Listeners*. In D. McIntyre & B. Busse (Eds.), *Language and style* (pp. 71-83). London: Palgrave Macmillan.

Walker, B. (2010). Wmatrix, key concepts and the narrators in Julian Barnes's *Talking It Over*. In D. McIntyre, & B. Busse (Eds.), *Language and style* (pp. 364-387). London: Palgrave.

Weber, J. J. (1996). *A stylistic reader: From Roman Jakobson to the present*. Amsterdam-Atlanta, GA: Rodopi.

Werth, P. (1999). *Text worlds: Representing conceptual space in discourse*. London: Longman.

West, D. (2013). *I. A. Richards and the rise of cognitive stylistics*. New York: Bloomsbury.

Whately, R. (1964). *Elements of rhetoric: Comprising an analysis of the laws of moral evidence and of persuasion, with rules for argumentative composition and elocution*. London: BiblioLife.

White, P. R. R. (2003). Beyond modality and hedging: A dialogic view of the language of intersubjective stance. *Text, 2* (5), 259-284.

Widdowson, H. G. (1975). *Stylistics and the teaching of literature*. London: Longman.

Widdowson, H. G. (1992). *Practical stylistics: An Approach to Poetry*. London: Oxford University Press.

Williams, C. B. (1970). *Style and vocabulary: Numerical studies*. London: Griffin.

Wilson, D. & Sperber, D. (1992). On verbal irony. *Lingua, 87*, 53-76.

Wilson, T. (2009). *Arte of rhetorique*. 1560. London: BiblioLife.

Winter, W. (1969). Styles as dialects. In L. Doležel, & W. B. Richard (Eds.), *Statistics and style* (pp. 3-9). New York: Elsevier.

Wodak, R., & Busch, B. (2004). Approaches to media texts. In J. H. Downing (Eds.), *The Sage handbook of media studies* (pp. 105-123). London: Sage.

Wojciehowski, H., & Vittorio, G. (2011). How stories make us feel: Toward an embodied narratology. *California Italian Studies, 1*, 1-8.

Yule, G. U. (1938). On sentence length as a statistical characteristic of style in prose with application to two cases of disputed authorship. *Biometrika, 30*, 363-390.

Yule, G. U. (1944). *The statistical study of literary vocabulary*. Cambridge: Cambridge University Press.

Zhuravleva, N. N. (2012). Application of quantitative methods to the analysis of author's style and the solution of the problems of attribution. *Tyumen state university herald, 1*, 136-141.

陈瑜敏、王红阳，2008，多模态语篇图像的概念意义与图文关系——当代教科书的多模态语篇分析，《宁波大学学报》(1)，124-129。

迟维东，2005，《逻辑方法与创新思维》。北京：中央编译出版社。

崔凤爽，2004，英语新闻文体在中国的研究，《中国海洋大学学报》(2)，86-90。

戴凡，2002，对一首诗的功能文体学分析，《外语与外语教学》(1)，12-14。

戴凡，2005，《〈喜福会〉的人物话语和思想表达方式——叙述学和文体学分析》。广州：中山大学出版社。

董启明，2008，《新编英语文体学教程》。北京：外语教学与研究出版社。

范伟达，2010，《现代社会研究方法》。上海：复旦大学出版社。

方汉泉、何广铿，2005，布拉格学派对现代文体学发展的贡献，《外语教学与研究》(5)，383-386。

方开瑞，2007，叙述学和文体学在小说翻译研究中的应用，《中国翻译》(4)，58-61。

方梦之，1989，《科技英语实用文体》。上海：上海翻译出版公司。

方梦之，2011，《英语科技文体：范式与翻译》。北京：国防工业出版社。

顾曰国，1990，西方古典修辞学与西方新修辞学，《外语教学与研究》(2)，13-25。

管淑红，2007，前景化与意识流小说主题的构建——试析伍尔夫短篇小说《邱园记事》，《外语与外语教学》(12)，22-24。

管淑红，2009，《达洛维夫人的系统功能文体分析》。博士论文。上海：上海外国语大学。

郭鸿，1998，《英语文体分析》。北京：军事谊文出版社。

侯维瑞，1987a，漫论英语新闻（上），《外国语》(2)，1-8。

侯维瑞，1987b，漫论英语新闻（下），《外国语》(3)，7-12。

侯维瑞，1988，《英语语体》。上海：上海外语教育出版社。

侯维瑞，2008，《文学文体学》。上海：上海外语教育出版社。

胡曙中，1993，《英汉修辞比较研究》。上海：上海外语教育出版社。

胡壮麟，1997，高吉亚斯修辞学与柏拉图真修辞学——西方文体学萌芽时期的一场论战，《外语与外语教学》(4)，6-10。

胡壮麟，2000，《理论文体学》。北京：外语教学与研究出版社。

胡壮麟，2001，功能主义的文体观，《外语与外语教学》(1)，2-8。

胡壮麟，2012，认知文体学及其与相邻学科的异同，《外语教学与研究》(2)，163-172。

胡壮麟、朱永生、张德禄，1989，《系统功能语法概论》。长沙：湖南教育出版社。

黄东花，2013，电视学术讲坛类节目的多模态隐喻研究——以"百家讲坛"《易经的奥秘》为例，《宁夏社会科学》(4)，121-126。

黄立华，2012，《贝克特戏剧文本中隐喻的认知研究》。北京：中国科学出版社。

黄任，2005，《英语修辞与写作》。上海：上海外语教育出版社。

贾晓庆、张德禄，2013，认知文体学理论建构的几个重要问题探讨，《外语与外语教学》（3），6-10。

蒋逸民，2011，《社会科学方法论》。重庆：重庆大学出版社。

李国庆，2005，试论及物性系统结构和语篇体裁，《外语教学》（6），13-18。

李华东，2007，《戏剧舞台指令的语用文体研究》。北京：科学出版社。

李华东，2010，文体学研究：回顾、现状与展望——2008 文体学国际研讨会暨第六届全国文体学研讨会综述，《外国语》（1），63-69。

李华东、俞东明，2001a，戏剧文体学的话轮转换量化分析方法，《四川外语学院学报》（3），46-49。

李华东、俞东明，2001b，从话轮转换看权势关系、性格刻画和情节发展，《解放军外国语学院学报》（2），26-30。

李娟，2006，关于文体学若干问题的争论，《外语学刊》（5），37-42。

李文俊，2003，《福克纳传》。北京：新世界出版社。

李战子，2003，多模态话语的社会符号学分析，《外语研究》（5），1-8。

林觉，1987，英语新闻中的情感成分，《外国语》（1），26-29。

刘家荣、林文治，2004，文体本质的研究，载王守元、郭鸿编，《文体学研究在中国的进展》。上海：上海外语教育出版社。

刘润清，1999，《外语教学中的科研方法》。北京：外语教学与研究出版社。

刘绍忠，2013，戏剧认知文体学研究的新突破——评《贝克特戏剧文本中隐喻的认知研究》，《当代外语研究》（10），73-76。

刘世生，1994，系统功能理论对现代文体学的影响，《外国语》（1），14-17+7。

刘世生，1996，文体功能与形式分析——《功能文体学》评介，《山东外语教学》（3），51-52。

刘世生，1997，《西方文体学论纲》。济南：山东教育出版社。

刘世生，2002，文学文体学：理论与方法，《外语教学与研究》（3），194-197。

刘世生、宋成方，2010，功能文体研究，《外语教学》，（6），14-19。

刘世生、朱瑞青，2006，《文体学概论》。北京：北京大学出版社。

刘晓敏，2011，《从文学文体学的角度论诗歌的风格翻译》。硕士论文。兰州：西北师范大学。

卢卫中、夏云，2010，语料库文体学：文学文体学研究的新途径，《外国语》（1），47-53。

罗益民，2003，诗歌语用与英语诗歌文体的本质特征，《外语教学与研究》（5），345-351。

马菊玲，2007，生命的空间——《乞力马扎罗山的雪》的认知文体分析，《外语教学》
　　（1），78-81。

马菊玲，2008，《哈哈镜里的荒诞"世界"：美国黑色幽默小说的文本世界研究》。开
　　封：河南大学。

米克·巴尔，1995，《叙述学：叙事理论导论》，谭君强译。北京：社会科学文献出
　　版社。

潘绍章，1998，《英语修辞与写作》。上海：上海交通大学出版社。

钱瑗，2006，《实用英语文体学》。北京：外语教学与研究出版社。

秦秀白，2004，《英语语体与文体要略》。上海：上海外语教育出版社。

曲卫国，2009，《话语文体学导论：文本分析方法》。上海：复旦大学出版社。

任绍曾，2006，概念隐喻及其语篇体现——对体现概念隐喻的语篇的多维分析，《外
　　语与外语教学》（10），17-21。

任晓霏、毛瓒等，2010，戏剧对白翻译中的话轮转换——戏剧翻译研究的一项戏剧
　　文体学案例分析，《外语教学理论与实践》（1），77-83。

申丹，1997，有关功能文体学的几点思考，《外国语》（5），1-7。

申丹，1998a，两个最新的文体学派别述评，《外语与外语教学》（2），31-37。

申丹，1998b，《叙述学与小说文体学研究》。北京：北京大学出版社。

申丹，2000，西方现代文体学百年发展历程，《外语教学与研究》（1），22-28。

申丹，2001a，《叙述学与小说文体学研究》。北京：北京大学出版社。

申丹，2001b，《文学文体学与小说翻译》。北京：北京大学出版社。

申丹，2002，功能文体学再思考，《外语教学与研究》（3），188-193。

申丹，2004，试论文体学与叙述学之间的辩证关系，载王守元编，《文体学研究在
　　中国的进展》。上海：上海外语教育出版社。

申丹，2005，《叙述学与小说文体学研究》（第3版）。北京：北京大学出版社。

申丹，2006，及物性系统与深层象征意义——休斯《在路上》的文体分析，《外语
　　教学与研究》（1），4-10。

申丹，2008a，再谈西方当代文体学流派的区分，《外语教学与研究》（4），293-298。

申丹，2008b，《西方文体学的新发展》。上海：上海外语教育出版社。

申丹，2009a，《叙事、文体和潜文本——重读英美经典短篇小说》。北京：北京大
　　学出版社。

申丹，2009b，谈关于认知文体学的几个问题，《外国语文》（1），1-5。

宋海波，2005，及物性系统与权力关系——对凯瑟琳·曼斯菲尔德《蝇王》的文体分
　　析，《国外文学》（4），97-104。

苏晓军，2008，认知文体学研究：选择性述评，《重庆大学学报》（1），114-118。

苏晓军，2009，国外认知诗学研究概观，《外国语文》(2)，6-10。

孙爱珍，2008，《计算文体学工作模式探究——曼斯菲尔德作品中的情感词汇分布和情感流动》。开封：河南大学。

孙爱珍，2009，语料库文体学述评，《焦作大学学报》(3)，10-12。

孙爱珍，2010，计算文体学模式构建，《外语电化教学》(6)，32-38。

童佩智，1985，Bally 的法语文体学，《外语教学与研究》(4)，32-36。

王海传、岳丽艳、陈素、礼征坤（编），2008，《普通逻辑学》。北京：科学出版社。

王虹，2006，《戏剧文体分析——话语分析的方法》。上海：上海外语教育出版社。

王红阳，2007，卡明斯诗歌"l(a"的多模态功能解读，《外语教学》(5)，22-26。

王敏琴，2007，《已故上校的女儿》的叙述学和文体学分析，《外国文学研究》(1)，46-153。

王文融，1984，从修辞学到文体学，《法国研究》(1)，43-49。

王湘云，2010，《英语诗歌文体学研究》。济南：山东大学出版社。

王玉龙，1996，《英语修辞与写作》。青岛：青岛出版社。

王振华，2001，评价系统及其运作——系统功能语言学的新发展，《外国语》(1)，13-20。

王振华，2004，"物质过程"的评价价值——以分析小说人物形象为例，《外国语》(5)，41-47。

王佐良、丁往道，1987，《英语文体学引论》。北京：外语教学与研究出版社。

韦兰芝，2006，艾米莉·狄金森诗中的偏离现象阐释，《天津外国语学院学报》(6)，59-64。

吴礼权，2004，韵文体刚健风格与柔婉风格的计算研究，《湖北师范学院学报》(3)，93-96。

武建国，2005，论文本主义文体学与语境主义文体学的结合，《外语教学》(6)，34-36。

辛斌，2000，批评语言学与英语新闻语篇的批评性分析，《外语教学》(4)，44-48。

辛斌，2007，转述言语与新闻语篇的对话性，《外国语》(4)，36-42。

辛斌，2008，汉英新闻语篇中转述动词的比较分析，《四川外国语学院学报》(5)，61-65。

熊学亮，2001，认知语言学简述，《外语研究》(3)，11-25。

徐有志，2000a，现代文体学研究的 90 年，《外国语》(4)，65-74。

徐有志，2000b，有关普通文体学理论建构的几个问题，《外语与外语教学》(11)，24-31。

徐有志，2003，文体学流派区分的出发点、参照系和作业面，《外国语》(5)，53-59。

徐有志，2005，《英语文体学教程》。北京：高等教育出版社。

薛玉凤，2006，《第二十二条军规》中的偏离现象阐释，《解放军外国语学院学报》
　　（2），85-89。

杨传普，2003，现代文体学世纪回眸，《外语与外语教学》（1），24-27。

杨信彰，1992，英文小说中语言的功能意义，《外国语》（5），29-32。

杨信彰，2010，多模态词典语篇中的图文关系。国际语篇分析研讨会暨第 12 届全
　　国语篇分析研讨会宣读论文，上海，2010 年 11 月。

杨雪燕，1989，试论戏剧在语言文体学中的地位，《外国语》（1），67-70。

杨雪燕，1991，话语分析与戏剧语言文体学，《外语教学与研究》（2），17-22。

于学勇，2007，《英语诗歌的文体学研究》。北京：科学出版社。

俞东明，1994，戏剧文体学的范围、性质与方法，载王德春、邱天河、俞东明等编，
　　《英语百人百论》（下卷）。成都：四川科技出版社。

俞东明，1996，戏剧文体与戏剧文体学，《浙江大学学报》（1），100-103。

俞东明，2001，文学文体学研究的新进展，《外语教学与研究》（1），76-77。

俞东明，2010，《文体学研究：回顾、现状与展望》。上海：上海外语教育出版社。

俞东明、左进，2004。语用模糊、会话策略与戏剧人物刻画，《外语教学与研究》（5），
　　379-384。

袁方，1997，《社会研究方法教程》。北京：北京大学出版社。

袁文娟、马菊玲，2012，从"只可意会"走向"亦可言传"——《文本肌理：关于
　　阅读的认知美学》评介，《外语教学与研究》（4），634-638。

曾方本，2009，多模态符号整合后语篇意义的嬗变与调控——兼论从语言语篇分析
　　到多模态语篇分析转向时期的若干问题，《外语教学》（6），28-32。

张德禄，1995，语相突出特征的文体效应，《山东外语与教学》（2），1-5。

张德禄，1999，韩礼德功能文体学理论述评，《外语教学与研究》，（1），42-49。

张德禄，2005，《语言的功能与文体》。北京：高等教育出版社。

张德禄，2007，功能文体学研究方法探索，《四川外语学院学报》（6），12-16。

张德禄，2009a，多模态话语分析综合理论框架，《中国外语》（1），24-30。

张德禄，2009b，多模态话语理论与媒体技术在外语教学中的应用，《外语教学》（4），
　　15-20。

张德禄，2010a，多模态外语教学的设计与模态调用初探，《中国外语》（3），48-53。

张德禄，2010b，多模态话语模态的协同及其在外语教学中的体现，《外语学刊》（3），
　　97-102。

张德禄，2010c，多模态课堂话语的模态配合及语篇和语法。国际语篇分析研讨会
　　暨第 12 届全国语篇分析研讨会宣读论文，上海，2010 年 11 月。

张德禄，2012，多模态符号资源及媒体系统探索，《当代外语研究》(3)，122-127。

张德禄、穆志刚，2012，多模态功能文体学理论框架探索，《外语教学》(3)，1-6。

张德禄、袁艳艳，2011，动态多模态话语的模态协同研究——以电视天气预报多模态语篇为例，《山东外语教学》(5)，9-16。

张辉、杨波，2008，心理空间与概念整合：理论发展及其应用，《解放军外国语学院学报》(1)，7-14。

张健，2004，《新闻英语文体与范文评析》。上海：上海外语教育出版社。

张玮，2004，功能语言学与认知语言学互补性初探，《四川外语学院学报》(6)，84-90。

赵卫，2005，诗歌解读中形式与功能文体学模式的相容性，《外语教学》(3)，27-31。

赵晓囡，2009，吉尔曼短篇小说《黄色墙纸》的功能文体分析，《西南民族大学学报》(S2)，66-69。

赵秀凤，2009，意识的隐喻表征和合成——意识流小说《到灯塔去》的认知文体学分析，《外国语文》(2)，11-17。

赵秀凤，2010，意识流语篇中心理空间网络体系的构建——认知诗学研究视角，《解放军外国语学院学报》(5)，7-11。

赵秀凤，2011，概念隐喻研究的新发展——多模态隐喻研究——兼评 Forceville & Urios-Aparisi《多模态隐喻》，《外语研究》(1)，1-10。

赵秀凤、苏会艳，2010，多模态隐喻性语篇意义的认知建构——多模态转喻和隐喻互动下的整合，《北京科技大学学报》(4)，18-24。

赵艳芳，2001，《认知语言学概论》。上海：上海外语教育出版社。

朱立元（编），1997，《当代西方文艺理论》。上海：华东师范大学出版社。

朱永生，2001，功能语言学对文体分析的贡献，《外语与外语教学》(5)，1-4。

朱永生、严世清，2001，《系统功能语言学多维思考》。上海：上海外语教育出版社。

文体学术语汉英对照表

A

哀歌   elegy

B

八行诗   octave
伴随   accompaniment
半谐音   assonance
半押韵   half-rhyme
伴言语行为   paralinguistic act
伴语言   paralanguage
伴语言特征   paralinguistic features
悲剧诗   tragedy
背景   background
背景化   backgrounding
悖论   paradox
被识别者   the identified
本体论   ontology
本质   nature; quality; essence
鼻音   nasal
比较   comparison
比较范围   scope of comparison
比较推理   comparative inference
比较性的   comparative
比喻   figure of speech; comparison
比喻手段   metaphorical device
比喻意义   figurative meaning
比喻语言   figurative language
必要成分   obligatory element
编码   encoding

变量   variable
变体   variety
变体特征   variations
变异   variation
标题   title
标注   annotate; annotation
标准   criterion
标准差   standard deviation
标准语言；标准语   standard language
表层结构   surface structure
表达   expression
表达层   expression plane
表达方式   style of expression
表达功能   representational function
表达力   expressiveness
表达手段   expression devices
表达行为   expressive behavior
表情价值   expressive value
表情系统   system of expressivity
表情性   expressiveness
表述行为   representative behavior
表现手段   means of expression
表现意义   representational meaning
表演；重现   enactment
表意词汇，实义词   content words
表语   predicative
宾语   object

并列关系；意合法	parataxis
波浪形的	wavelike
博喻	megametaphor
补语	complement
不合意的	undesirable
不合语法性	ungrammaticality
不可能情景	impossible situation
不确定性	indeterminacy
不一致	inconsistency
布局	layout
布拉格学派	The Prague School

C

参与者	participant
参照库	reference corpus
操作性定义	operational definition
策略	strategy
侧面	profile
侧面化	profiling
层次	level
层次间交互性	interactivity between levels
层级性	hierarchy
蝉联法	anadiplosis
阐释主义	interpretivism
常规	norm
场合性	context-bound
场景	setting
场形的	field-like
超规则的	overregular
超级读者	superreader
嘲讽	ridicule
陈述	statement

称呼语；称谓	terms of address
成分	element; constituent
承诺行为	commissive
程度	extent
程式化	schematization
程序	procedure
冲突	conflict
重复	repetition
重现；重复	recursion; recurrence
重新注册	re-entry
重言；冗言；冗辞	tautology
重言法	hendiadys
抽象化	abstraction
抽样	sampling
出发点	point of departure
出乎意料的	unexpected
穿梭运动	shuttling process
传情的	expressive
传统派	traditional school
传统修辞学	traditional rhetoric
词	word
词干	stem
词根	root
词汇	lexis
词汇场	lexical field
词汇集	lexical set
词汇密度	lexical density
词汇系列修辞	rhetoric of series
词汇衔接	lexical cohesion
词汇语法	lexicogrammar
词汇语法特征	lexicogrammatical feature
词块	cluster

词类分布	word class distribution	倒置复说	epanodos
词频统计	word frequency statistics	倒装句	inversion
		得体；合适	adequate; decorum
词群	word cluster	得体性	appropriateness
词群统计	word group statistics	得体性标准	criteria of appropriateness
词首音脱落	aphesis		
词素	morpheme	等价关系	relationships of equivalence
词尾音脱落	apocope		
词中音脱落	syncope	等价原则	equal-value principle
词缀	affix	低结构主义	low structuralism
词缀交替	polyptoton	第一时态	primary tense
词组	group	第一叙述层；主叙述层	first narrative level
刺激	stimulus		
从属关系；形合法	hypotaxis	典故	allusion
		典型的；通常的	typical
粗俗文体；低级文体	low style	电影多模态语法	film multimodal discourse
存在过程	existential process	电影文体学	film stylistics
存在者	existent	调	tone
措辞；用词	diction	调查法	survey (investigation) method
D		调成分	tonic element
搭配	collocation	调动起来的；激活的	mobilized
搭配统计	statistics of collocation		
		调和谐	tone harmony
大脑认知情感输入	mind-fed cognitive emotive input	调前成分	pre-tonic
		调群	tone group
代称	antonomasia	调音步	tonic foot
单变结构	univariant structure	调音节	tonic syllable
单体图形隐喻	mono-image metaphor	掉尾句；圆周句	periodic sentence
导语	guide		
倒格法；错格法	anacoluthon	定框	framing
		定量方法	quantitative method
倒叙；回叙	analepsis; flashback	定性方法	qualitative method
倒置法；倒装	hyperbaton		

动态的	dynamic	多模态话语分析	multimodal discourse analysis
动态多模态功能文体学	dynamic multimodal functional stylistics	多模态认知文体学	multimodal cognitive stylistics
动态多模态语篇	dynamic multimodal text (discourse)	多模态文体学	multimodal stylistics
动因；动机；理据	motivation	多模态小说文体	multimodal fictional style
逗号铰接	comma splice	多模态性	multimodality
独白	soliloquy; monologue	多模态叙述体裁	multimodal narrative genre
独特特征	unique feature	多模态隐喻	multimodal metaphor
独特性	uniqueness	多模态转写	multimodal transcription
读者	reader		
读者反应	reader's response	多声音；一符多音	polyphony; polyvocality
读者反应批评	reader's response criticism		
		多样性	variation
对比；对比性	contrast	多样性比率	variation ratio
对称	parallelism	多义性	polysemy
对等	equivalence		
对等结构	equivalent structure	**E**	
对话	dialogue	ERP 神经成像技术	ERP imaging technology
对话骚乱	conversational turbulence	二分模式	bi-planar model
		二元对立	binary opposition
对立；对立性	opposition	二元论	dualism
对立假设	alternative hypothesis	二元论者	dualist
对偶	antithesis	二元模式	binary model
对象	target		
顿绝法	aposiopesis	**F**	
多变结构	multivariant structure		
多层次性	multi-level	发话者；发话人	addresser
多方言交际	heteroglossia		
多功能主义；多元论	pluralism	发声语音学	articulatory phonetics
		乏味	vapidity
多模态功能文体学	multimodal functional stylistics	法律文体	legal (forensic) style
多模态话语	multimodal discourse	反讽	irony

反馈	feedback
反义词	antonym
反义关系	antonymy
反应；反响	response
反应语言	language-as-reflection
反语法	anti-grammar
反语言	anti-language
反韵	reverse rhyme
泛化的；概括的	generalized
范畴	category
范畴化	categorization
范式	model; pattern
范围	range; scope
方法	method
方法论	methodology
方式；手段	means
方式准则	maxim of manner
方位指示语	place deictics
方向	orientation
方言	dialect
非常规	abnormal
非惯例化	non-habitualization
非规则的	irregular
非理性的	irrational
非逻辑性的	illogical
非人格化	depersonification
非人格性	impersonality
非实用性	impracticality
非熟悉化	de-familiarization
非言语行为	non-linguistic act
非正式性	informality
非自动化	deautomatize

非自动化；非习惯化	de-automatization
分化	diversification
分级性	gradability
分类成分	classifier
分离的	separate
分裂句	cleft sentence
分析阶段	analytic stage
封闭系统	closed system
封闭语类	closed class
封闭语篇	closed text
封闭性语域	closed register
丰富	rich
风格	style
风趣	humorous
讽刺	satire
讽喻；寓指	allegory
否定的	negative
符号	sign; symbol
符号标记	marking
符号间平行	inter-semiotic parallelism
符号输入文本现象	sign-fed textual phenomenon
符号系统	semiotic system
符号学	semiotics
符码	coding
符合常规	conform to norm
浮华	flashy; showy
辅音	consonant
辅助型的	ancillary
辅助性语言	ancillary language
附加	addition
附加问句	tag question

附加语；状语；修饰语	adjunct
负偏离	negative deviation
复合借喻法	kenning
复合隐喻	compound metaphor
复杂的	complex
复杂性	complexity
复指	epanalepsis

G

概率	probability
概念	concept
概念功能	ideational function
概念合成；概念整合	conceptual integration
概念化	conceptualization
概念结构	conceptual structure
概念意义	ideational meaning
概念隐喻	conceptual metaphor
感觉	intuition
感觉辞格	tactile figure
感情；感受	feeling; affection
感情功能	affective function
感受文体学	affective stylistics
感受者	senser
高层次注意力	high-level focus
高贵义体	noble style
高级文体	high style
高结构主义	high structuralism
高频率出现	high frequency of occurrence
高雅文体；豪华文体	grand style
格律	meter

格律故事	metrical tale
格律学	metrics
哥特式风格	Gothic style
格律音韵	meter and rhyme
个人传记	autobiography
个体；个人	individual
个体方言	idiolect
个体间	inter-organism
个体内	intra-organism
个体特征	personal idiosyncracy
个性特征	personal characteristics
给予	giving
工具	tool; instrument
公共性	public
公理；格言；至言	aphorism
功能	function
功能成分	functional component (element)
功能词汇	functional word
功能加括法	functional bracketing
功能文体	functional style
功能文体学	functional stylistics
功能语法	functional grammar
功能主义	functionalism
功能转变	functional shift
共轭支配；轭式搭配法	zeugma
共核特征	commoncore feature
共核语言	common core
共同点；共性特征	common feature (characteristics)
共现	concurrence

共现知识	shared knowledge	含义	implicit meaning
构成型的	constitutive	寒暄功能	phatic function
构式辞格	schemes	寒暄语	phatic communion
古典修辞学	classic rhetoric	行话	jargon
故事	fabula; histories	行内休止	caesura
故事延续测试法	story continuation test	行首弱音	anacrusis
观察法	observation method	合意的	desirable
关键词	key word	合作	cooperation
关键性	keyness	合作原则	cooperative principles
关联	linking	和声	consonance
关联原则	relevance principle	和谐	harmony
关系过程	relational process	黑话	argot
关系化	relationalization	恒素法	homoioteteuton
关系准则	maxim of relation	宏观层面	macro-level
观众；听众；受话人	audience	宏观结构	macro-structure
规定	stipulation; regulation	后行为主义感受文体学	post-behaviorist affective stylistics
规定性	prescriptive	后置修饰	postmodifier
规范	norm	后缀	suffix
规范性形式主义	normative formalism	呼格结构	vocative constructions
规则	regularity	呼唤功能	vocative function
规则的	regular	呼应	echo
归纳	induction	呼语	vocative
归属式的	attributive	互补	complementarity
过程	process	互动	interaction
过程文体学	processing stylistics	互动意义	interactive meaning
过低词汇密度	under-lexicalization	华而不实	flashy
过高词汇密度	over-lexicalization	华丽措辞	aureate diction
		话步	move
H		话段	transaction
含混；矛盾心理	ambivalence	话轮	turn
		话轮转换	turn-taking
		话题	topic
		话题转移	topic shift

话语　　　　　locution; discourse
话语范围　　　field of discourse
话语方式　　　mode of discourse
话语分析　　　discourse analysis
话语过程　　　verbal process
话语基调　　　tenor of discourse
话语 / 语篇文　discourse/text
体学　　　　　stylistics
灰度　　　　　grey
回合　　　　　exchange
回指；上指；　anaphoric
衔接
会话　　　　　conversation
会话含义　　　conversational
　　　　　　　implicature
会话原则　　　conversational
　　　　　　　principles

J

讥讽性的　　　ironic
机敏性　　　　deftness
积极面子　　　positive face
积极情感　　　positive emotion
基本意义　　　essence
基本假设　　　basic assumption
基础主义　　　foundationalism
基调　　　　　key
基体　　　　　base
激活的；有动　activated
因的
激进的　　　　radical
激进文体学；　radical stylistics
溯本文体学
激进形式主义　activist formalism
吉卜赛风格　　Gipsy style

及物性框架　　transitivity frames
级转位　　　　rank-shifting
极性；归一性　polarity
集　　　　　　set
集合特征　　　collective feature
集群分析方法　cluster analysis
计算文体学　　computational
　　　　　　　stylistics
记忆　　　　　memoria
技巧　　　　　skill; technique
技术　　　　　technology
技术词汇　　　technical vocabulary
假分裂句　　　pseudo-cleft
假设检验　　　hypothesis test
假省笔法　　　paralipsis
价值　　　　　value
价值中立　　　value free
简单的　　　　simple
简单文体　　　simple style
简短；简洁　　brevity; terseness
简短文体　　　curt style
简化性　　　　simplicity
简洁　　　　　terseness
简洁性　　　　conciseness
简约主义　　　reductionism
渐降法；顿降　bathos; anti-climax
法
间接引语　　　indirect speech
间离　　　　　alienation
建立常规；强　attainment of norm
化常规
鉴赏　　　　　appreciation
建设性的　　　constructive
渐升法；高潮　climax

间歇重复	ploce	解构（理论）	deconstruction
讲话风尚	fashions of speech	解码	decoding
讲话者；讲话人	speaker	解释	explanation
		解释阶段	interpretive stage
交叉	intersection	解说技巧	technique of exposition
交错配列	chiasmus		
交换	exchange	界标	landmark
交际动力	communicative dynamism	介入	involvement
		介绍	introduction
交际理论	communication theory	借喻；转喻	metonymy
交流	exchange	进程	progression
交流角色	interactional role	禁忌语	taboo
交易	transaction	近义	similarity
交织	interweaving	精密度	delicacy
角度；方面	perspective	经验推理	empirical method
角色；身份	role	经验意义	experiential meaning
教学文体学	pedagogical stylistics	静拍	silent beat
阶段	phase	静态的	static
阶段分析法	phrasal analysis	镜头	shot
接触	contact	镜像神经	mirror neuron
接受者	receiver	就小原则	principle of smallness
接续成分	continuant	局部特征	local feature
接续理论	relay theory	举喻法；提喻法	synecdoche
节奏	rhythm		
结构	structure	句片	sentence fragment
结构的	structural	具身模仿	embodied simulation
结构仿拟	structural simulation	具体的	concrete
结构主义	structuralism	具体化	specification
结构主义文体学	structuralist stylistics	具体形象	concrete and vivid
		具体语场	field specific
结果	result	具像效果	representational effect
结局；收场	closure	聚合关系	paradigmatic relation
结尾	peroration; coda; denouncement	聚类分析	cluster analysis
		聚焦	focalization

决定论	determinism	**L**	
		拉米斯派	Ramus School
K		累赘；冗余；赘余	redundancy
开放语域	open register		
科技英语	English for Science and Technology	类比推理；类推	analogy
科学文体	scientific style	类属意义	generic meaning
科学主义	scientism	礼貌原则	politeness principle
可接受的	acceptable	俚语	slang
可能世界	possible world	里昂韵	Leone rhyme
可笑性	absurdity	理论取向	theoretical orientation
可选择成分	optional element	理论文体学	theoretical stylistics
刻板拘谨	rigid and formal	理想读者	ideal reader
客观调查法	objective survey method	理性化	intellectualization
		立论	argument
客观性	objectivity	连词叠用	polysyndeton
客体	object	连词省略	asyndeton
肯定的；积极的	positive	连贯；连贯性	coherence
		连接成分	conjunctive
空间	spaces	连接关系	conjunction
空间布局	layout; special arrangement	连接性；连通性	connectivity
空间排列	spacing	连续体	continuum; cline
空间形式	spatial form	连续性	continuity
口气；腔调	tone of voice	连续重复	epizeuxis
口音；重音；重音性	accent; accentuation	联觉	synaesthesia
		联系；联想	association
口语	spoken language	联想效果	associative effect; evocative effect
口语体	orality		
夸张	hyperbole	联想意义	associative meaning
跨行	enjamb(e)ment	量上的	quantitative
款待；乐趣	entertainment	临造词	nonce words
框架；构架	frame; framing	零度现象	zero phenomenon
扩展	expansion	零散特征	dispersed feature

零视角	zero perspective
流畅的	eloquent
流音	liquid
六行诗	sestet
路径	path
论说	argument
论说文	argumentation
论证性的	argumentative
逻各斯	logos
逻辑	logic
逻辑意义	logical meaning
逻辑语义关系	logico-semantic relation

M

矛盾	contradiction
矛盾修辞法	oxymoron
锚定	anchorage
锚定理论	anchorage theory
媒介	medium
美	beauty
美学	aesthetics
美学的；臻美的	aesthetic
美学功能	aesthetic function
美学价值	aesthetic value
美学效果	aesthetic effect
觅材取材	inventio
密度	density
面子	face
描述	description
描述法	descriptive method
描述文	description
描述文体学	descriptive stylistics

描述性统计	descriptive statistics
描写	description
民谣	ballad
民族方言	racial dialect
敏感性；敏感程度	sensitivity
名物化	nominalization
明喻	simile
明指意义；明指；外延	denotation
明智读者	wise reader
命令	command
命题	proposition
模范读者	model reader
模拟	mimicry; simulation
模拟现实	mock reality
模式	pattern
模式；模型	model
模态	mode; modality
模态独立性	modal independency
模态互补	modal complementarity
模态协同	synergy of modes
模态意义协同	multimodal meaning synergy
模型化	modelization
魔术功能	magical function
陌生化	defamiliarization
谋篇布局；篇章设计	dispositio
谋篇机制	texture
目标	goal; objective; aim
目标语料库	target corpus
目标域	target domain

目的	purpose; aim	评价阶段	evaluative stage
牧歌	pastoral	评价理论	appraisal theory
		评价性的	evaluative
N		评价意义	evaluative meaning
内包句	embedded clause	平均值	mean value
内涵意义；涵义	connotation；connotative meaning	平行法	parallel approach
		平行分析	parallel analysis
内容层	content plane	朴实	plain
内韵	internal rhyme	普遍性	generality
内视角	internal perspective	普适性	universality
内指的	endophoric	普通实义词	general word
拟古词；拟古法	archaism	普通文体学	general stylistics
拟人	personification		
拟声	onomatopoeia	**Q**	
拟声双关	paronomasia	祈使句；祈使性	imperative
纽带	tie	歧义；歧义性	ambiguity
女性特征	feminine feature	启发的	heuristic
女性文体学	feminist stylistics	恰好；适当	adequacy
女性主义	feminism	前景	foreground
		前景化	foregrounding
P		前叙	prolepsis
排比；平行结构	parallelism	前置	fronting
批评话语分析	critical discourse analysis	前缀	prefix
		潜势；潜在	potential
批评文体学	critical stylistics	浅薄	shallowness
毗邻对	adjacency pair	强调	emphasis; highlighting
毗邻关系	relationships of contiguity	强度	intensity
		强加	superimposition
偏离；变异	deviation	亲密度	intimacy
偏离常规	deviation from the norm	亲密体	intimate style
		清晰性	clarity
频率	frequency	情感反应	emotional (affective) response
平淡文体	plain style		

情感功能	emotive function	劝说	persuasion
情感谬误	pathetic fallacy	群体	population
情感效果	emotional effect	群体风格；群	group style
情感意义；感	emotive	体文风	
情的			
情节	plot; sjuzet	**R**	
情景	situation	人格	personality
情景成分	circumstantial element	人际功能	interpersonal function
情景构型	situational configuration	人际意义	interpersonal meaning
		人际指示词	interpersonal deixis
情景类型	situation type	人物	character
情景文体学	contextualized stylistics	人物刻画	characterization
		人物形象	character profile
情景型	circumstantial	认知	cognition
情景语境	context of situation	认知反应	cognitive response
情境性	situationality	认知理据	cognitive motivation
情态	modality	认知倾向的	cognitive sympathetic
情态成分	modal	认知—情感输	mind-feel cognitive-
求取	demanding	入	emotive input
求雅换词	elegant variation	认知诗学	cognitive poetics
区别度；区分	differentiation	认知文体学	cognitive stylistics
度		认知叙事学	cognitive narratology
区别性特征	distinctive feature	认知意义	cognitive meaning
区分度	différance	认知语法	cognitive grammar
曲言法；间接	litotes; meiosis	认知指示	cognitive deixis
肯定法；双重		冗言	pleonasm
否定		柔和	softness
区域方言	regional dialect		
渠道	channel	**S**	
取向；定向；	orientation	三段式	three stage model
方向		三行体	triplet
权位关系	power relationship	三元音	triphthong
全知的	omniscient	散点形的	dotted
全知叙述者	omniscient narrator	散文	essay
劝告性的	hortatory		

删除规则	deletion rules	失衡	deflection
善	good	失协	incongruity
商议性	consultative	诗歌	poetry
上下文	co-text	诗歌段	verse paragraph
上下义关系	hyponymy	诗歌许可证；诗歌破格	poetic license
上义词；上坐标词	superordinate	诗歌语言	poetic language
社会方言	sociolect	诗节	stanza
社会共识	social consensus	诗体传奇	romance
社会距离	social distance	诗体戏剧	dramatic poetry
社会角色	social role	诗性	poetic nature
社会文化文体学	socio-cultural stylistics	诗学功能	poetic function
射体	trajector	诗学效果	poetic effect
设问	rhetorical question	施事	agent
身体反应	body (physical) response	时长	duration
身体体验	physical experience	时间方言	temporal dialect
深层意义	implied meaning	时空指示词	spatial and temporal deixis
神经人文主义	neuro humanism	时态	tense
神经叙事学	neuronarratology	时序	chronological sequence
审美功能	aesthetic function	识别式	identifying
生成文体学	generative stylistics	识别者	identifier
生动性	vividness	识解	construe
生理反应	physiological response	实体	substance
生硬	hardness	实验方法	experimental method
声波语音学	acoustic phonetics	实验文体学	experimental stylistics
声调	pitch	实用功能	pragmatical
声音；腔调	voice	实用文体	practical style
省略关系	ellipsis	实用文体学	practical stylistics
省略句	omission	实用性	practicality
省音	elision	实证主义	positivism
剩余部分	residue	史诗	epic
		世界观	world-view

事件	event	双分法	binarism
事实	truth	双关	pun
事物	thing	双行体	couplet
视点	point of view	双声音	double voiced; dual voice
视角	angle; perspective		
视觉美	perceptual beauty	双体图像隐喻	dual-image metaphor
视觉特征	visual feature	双语体现象	diglossia
视觉意义	visual meaning	顺序	sequencing
视觉语法	grammar of visual design	说话者	sayer
		说教辞格	didactic figure
是非疑问句；一般疑问句	yes/no question	说明	exposition
		说明性的	expository
适当理由	good reason	思维风格	mind style
适切条件	felicity condition	思想	idea; thought
释者	interpreter	四行诗	quatrain
收场白	epilogue	松散句	loose sentence
首尾重复	symploce	松散文体	loose style
首语重复；回指；衔接	anaphora	颂歌	ode
		素材	material
首尾韵	pararhyme	索引	index
受话者；受话人	addressee	随便的	casual
受限语码	restricted code	**T**	
受益者	beneficiary	态度性的	attitudinal
书面语	written language	搪塞语；调节语	hedge; hedging
抒情诗	lyric		
抒情特征	emotive feature	特殊特征	special feature
熟悉度	familiarity	特殊性	particularity
属性	attribute	特殊疑问句	wh-question
述位	rheme	特性形容成分	epithet
数理统计	statistics	特征	feature
数量突出	quantitative prominence	梯度；递级	gradience
		提供	offer
数量准则	maxim of quantity	提问	question
双词习语	binomial		

提议	proposal	统一体	unified whole
题材	subject matter	统一性	uniformity
体裁	genre	头韵	alliteration
体裁混合性	genre-mixing	投射	projection
体裁结构	generic structure	投射世界	projected world
体裁结构潜势	generic structure potential	投射说	the projection theory
体裁一致性	genre consistency	凸显	salience
体现	realization	突出	prominence; foregrounding
体现规则	realization rules	突出方式	mode of prominence
体现说明	realization statement	突显的；显耀的	highlighting
替换关系	substitution		
添加规则	additional rules	突显性	highlighting; outstanding
田园诗	idyll		
调制	modulation	图式理论	schema theory
跳跃韵律	sprung rhythm	图文衔接理论	image-text cohesion theory
听话者；听话人	listener		
		图像	icon; image
听觉辞格	auditory figure	图像明喻	image simile
听声语音学	auditory phonetics	图像矢量	vector
停顿	pause	图像图式；意象图式	image schema
通俗性	popular		
同类关系	co-classification	图像隐喻	image metaphor
同外延关系	co-extension	图像语法	image grammar
同形异义词	homograph	图形背景理论	figure-ground theory
同义词	synonym	土语；本地语	vernacular
同义关系	synonymy	推断；推测	inference
同音异义词	homonym	推理	reasoning
同语溯用	antistrophe	推理性统计	inferential statistics
同指关系	co-reference		
同指性	co-referentiality	**W**	
统计方法	statistical method	挖苦	sarcasm
统计文体学	statistical stylistics; stylostatistics	外视角	external perspective
		外指的	exophoric

微型段落	mini-paragraph	文体特征；文体特色	stylistic feature
违背；违反；打破	violation	文体效应；文体效果	stylistic effects
违反（违背）常规	violation of norm	文体选择	stylistic choice (selection)
伪装叙述	coloured narrative	文体学	stylistics
尾语重复法	epistrophe	文体意义	stylistic significance
尾重；尾中心	end-focus; end-weight	文学	literature
委婉语	euphemism	文学批评	literary criticism
谓体	predicative	文学文体	literary style
谓语动词	predicator	文学文体学	literary stylistics
温和的	moderate	文学性	literariness
文本	text	文艺批评	literary critics
文本变化检测法	text change detection method	文字图像隐喻	graph-image metaphor
文本世界理论	text world theory	文字学	graphetics
文本主义文体学	text stylistics	问卷调查法	questionnaire
文辞	diction; wording	无标记的	unmarked
文化语境	context of culture	无生命的	inanimate
文体	style	无效偏离	ineffective deviation
文体测量学	stylometry; stylometrics	五艺说	five canons
文体分析	stylistic analysis	物品与服务	goods-&-services
文体风格；表达风格	elocution	物质过程	material process
文体技巧	stylistic technique	误解	misunderstanding
文体价值	stylistic value	误差	error
文体结构	stylistically significant structure		
文体能力	stylistic competence	**X**	
文体区分特征（因子）	style discriminator	西方文体学	Western stylistics
文体特点	stylistic characteristics	西塞罗派	Cicero School
		习惯化	habitualization
		习用的	idiomatic; customized
		习语；习语性	idiom; idiomaticity
		喜剧诗	comedy
		戏剧	drama

戏剧独白	dramatic monologue	想象性的	imaginative
戏剧反讽	dramatic irony	项目	item
系统功能	systemic-functional	象声	onomatopoeia
系统网络	system network	象似性	iconicity
系统性	systematicity	象似性原则	principle of iconicity
系统语法	systemic grammar	象形；图像	icon; iconicity
下指	cataphora	象征	symbolism
下指的	cataphoric	消极面子	negative face
衔接	cohesion	消极情感	negative emotion
衔接机制	cohesive device	小句	clause
衔接力	cohesive force	小句群	clause complex
衔接链	cohesive chains	小说	fiction
显性的	explicit	小说文体学	stylistics of fiction
显性化	explicitness	效拟；模仿文	parody; pastiche
显著	salient	效应	effect
显著性差异	significant difference	协同	synergy
现代修辞学	modern rhetoric	斜押韵	slant rhyme
现实化	actualization	谐音	chiming
现象	phenomenon	心理反应	psychological reaction
限定成分；限定性的	finite	心理过程	mental process
		心理空间理论	mental space theory
相对性的	relative	心理文体；个体文体	mind style
相关性	relevance		
相关性准则	criteria of relevance	心理效果	psychological effect
相互协同	synergy with each other	欣赏	appreciation
		新闻体词	journalese
相互依赖关系	interdependency	新信息	new (information)
相邻的	adjacent	新形式主义	new formalism
相似；相似性	similarity	新颖	new
相似情景	simulated situation	新造词	neologism
详尽语码	elaborated code	信度	reliability
详说	elaboration	信息	message
想象的未来	fantasy universe	信息单位	information unit
想象情景	imagined situation		

信息分布	information distribution
信息功能	informative function
信息价值	information value
信息结构	information structure
行动；具体情节	action
行动功能；主动语态	active
行动语言	language-in-action
形容词化	adjectivization
形式	form
形式变量	form variable
形式特征	formal feature
形式文体学	formalist stylistics
形象	profile
形象性	imagery
形状	shape
行为；行动	act
行为过程	behavioural process
行为类型理论	activity type theory
行为潜势	behaviour potential
行为者	actor; behaver
行为主义	behaviorism
型式	construction
性别方言	genderlect
雄辩术	oratory
修辞（学）	rhetoric
修辞方式	rhetorical mode
修辞格	rhetorical figures; figure of speech
修辞技巧	rhetorical technique
修辞手段	rhetorical device
修辞手段派	School of Rhetorical Devices

修辞效果	rhetorical effect
修辞学家	rhetor; rhetorician
修辞艺术	art of rhetoric
修缮	enhancement
修饰	modifier
虚构的	fictitious
虚构性	fictionality
虚拟语料库	virtual corpus
虚无假设	null hypothesis
序言	prologue
叙事技巧	narrative technique
叙事诗	narrative poem
叙事文体学	narrative stylistics
叙事学	narratology
叙事者；叙述者	narrator
叙述；记叙文	narrative
叙述功能	narrative function
叙述技巧	narrative technique
叙述视角	narrative perspective
宣传	propaganda
宣告行为	declarative
宣讲	delivery
旋律单位	melodic unit
选择	choice; selection
选择轴	axis of choice
学科依赖性	discipline dependency

Y

押韵	rhyme
押韵模式	rhyme scheme
延伸	extension
言后行为	perlocutionary act
言外行为	illocutionary act

言外之力	illocutionary force
言语	parole
言语；演讲；口语	speech
言语功能	speech function
言语事件	speech event
言语行为	speech act
言语行为	locutionary act
研究范围	scope of study
演讲技巧	pronuntiatio
演绎	deduction
眼球追踪和延续实验	eye-tracking and continuation test
扬扬格	spondee
扬抑格	trochee
扬抑扬格	amphimacer
扬抑抑格	dactyl
扬抑抑抑格	paeon
阳韵	masculine rhyme
样本	sample
页面布局	page layout
页面多模态语篇	page-based multimodal text
一般话语范围	field general
一般式；一致性	congruency
一元论	monism
一元论者	monist
移情	empathy
移位的	displaced
移位交互	displaced interaction
疑问句	interrogative
已接受的	accepted
已知信息	given (information)

以重音定节拍	stress-timing
义务	obligation
艺术	art
艺术效果	artistic effect
异常	anomaly
异常的	abnormal
异形同音词	homophone
异叙法；一笔双叙法	syllepsis
抑扬格	iamb
抑扬扬格	bacchius
抑扬抑格	amphibrach
抑抑格	pyrrhic
抑抑扬格	anapest
意动功能	conative function
意识流	stream of consciousness
意识形态	ideology
意态	modulation
意图；意向	intention
意象	image
意象美	imagery beauty
意象派风格	imagist style
意象图式	image schema
意义	meaning
意义成分	semantic component
意义单位	semantic unit
意义方式	mode of meaning
意义构型	semantic configuration
意义互补	semantic complementarity
意义建构	meaning-making
意义浓缩	meaning contraction

意义潜势	meaning potential
意义特征	semantic feature
意义转移	meaning transference
意愿	inclination
因果性	causality
因素；要素	element
因素分析	factor analysis
阴韵	feminine rhyme
音变	phonetic transference
音步	foot
音节	syllable
音速；语速	tempo
音位	phoneme
音位变体	allophone
音系学	phonology
音响联觉	phonoaesthesia
音乐的	musical
音乐美	musical beauty
音韵格律学	phonometrics
引言	preom
隐含的	implied
隐含读者	implied reader
隐含意义	implied meaning
隐含作者	implied author
隐性变量	implicit variable
隐性的	implicit
隐语	cant
隐喻；暗喻	metaphor
隐喻模式	metaphorical pattern
印刷体多模态语篇	printed multimodal text
印象派	impressionist
印象派风格	the impressionistic style

印象主义	impressionism
应对	interaction
映射	mapping
英雄双行体	heroic couplet
英语文体学	English stylistics
用途	use
用者；使用人	user
优选限制	optimality constraint
幽默的	humorous
幽默性	humorousness
有标记的	marked
有动因的突出	motivated prominence
有区别性的	distinctive
有生命的	animate
有效偏离	effective deviation
迂说法	periphrasis; circumlocution
语词误用；引申错误	catachresis
语调	intonation
语段	passage
语法单位	grammatical unit
语法的	grammatical
语法范畴	grammatical category
语法格律学	grammetrics
语法功能	grammatical function
语法隐喻	grammatical metaphor
语符	linguistic sign
语境	context
语境层	context plane
语境构型	contextual configuration
语境特征	contextual feature
语境依赖性	context dependency

语境主义文体学	context stylistics	语义场	semantic field
语句	utterance	语义范畴	semantic category
语句衔接	sentence cohesion	语义负荷	semantic load
语料库	corpus	语义关系	sense relation
语料库方法	corpus method	语义结构	semantic structure
语料库文体学	corpus stylistics	语义三角	semantic triangle
语码	code	语义韵律	semantic prosody
语码转换	code-switching	语音学	phonetics
语篇；文本；篇章	text; discourse	语用文体学	pragmatic stylistics
语篇功能	textual function	语用戏剧文体学	pragmatic drama stylistics
语篇框架	text frame	语用学	pragmatics
语篇切分	text fragmentation	语域	register
语篇世界	discourse world	语域依附性	register dependency
语篇意义	textual meaning	域	domain
语篇语法	text grammar	预辩法	prolepsis
语篇语言学	text linguistics	预测落空	defeated expectancy
语气	mood	预设	presupposition
语态	voice	预序	pre-order
语体	style; genre	寓言	fable
语体学	stylistics; genre theory	寓义美	metaphorical beauty
语文圈	philological circle	元功能；纯理功能	meta-function
语文文体学	philological stylistics	元音	vowel
语序；词序	word order	元语言功能	metalingual function
语言	langue	原因	cause
语言（言语）社团	language (speech) community	源域	source domain
语言变体	language variation	悦耳音	euphony
语言能力	competence	阅读时间实验	reading time experiment
语言特征	linguistic feature	阅读注意力	reading focus
语言行为	performance	运用；使用	use
语言学文体学	linguistic stylistics	韵律特征	prosodic features
语言应用领域	domain		

韵律学；诗体学	prosody

Z

载体	carrier
占有型	possessive
张力	tension
真	truth
整体部分关系	meronymy
整体性	totality
正偏离	positive deviation
正确性	correctness
正式程度	degree of formality
正文	body
支配；控制	control
直陈语气	indicative
直感；直觉	intuition
直接性	directness
直接引语	direct speech
直觉印象法	intuitive expression method
指陈性语句	constative utterance
指称对象；指称关系；所指	reference
指称功能	referential function
指称物；指示物	referent
指令行为	directive
指示认知	cognitive deviation
指示语	deixis
指示指称	deictic reference
制约	constrain
制约因素	constraint
质量上的	qualitative

质量准则	maxim of quality
中和	neutralization
中世纪风格	medieval style
中庸文体；中间文体；中性文体	middle style
中语重复	medial repetition
中缀	infix
重音	stress
主观阐释	subjective interpretation
主观调查法	subjective survey method
主观感受	subjective affection
主观性	subjectivity
主题	thesis; topic
主题词检索	key word searching
主题意义	thematic meaning
主体	subject
主体间性	subjectivity
主位	theme
主位推进程序	thematic progression
主语	subject
注意力；专注（程度）	attentiveness
专门用途英语	English for Specific Purposes
专用性	specificity
转换	transformation
转换规则	transformation rules
转位特性形容词	transferred epithet
转义修辞格	trope
转喻	metonymy

转折点	transition	字素变体	allograph
庄严；庄重	solemn	字体语法	grammar of graphology
资源	resource	字系系统	graphological system
自嘲性的	sardonic	字系学	graphology
自动化；常规化	automatization	字重	weight
自然的	natural	总结	summary
自然效果	natural effect	组成成分	exponent
自由间接思维	free indirect thought	组合关系	syntagmatic relation
自由间接引语	free indirect speech	组合轴	axis of chain
自由直接思维	free direct thought	组篇意义	compositional meaning
自由直接引语	free direct speech	最多加括法	maximal bracketing
自足性	self-sufficiency	最小化阅读	minimal reading
字符	graph	最小加括法	minimal bracketing
字面的；直接的	literal	作者	author
字素	grapheme